BARACK OBAMA

Hoffnung wagen

GOLDMANN
Lesen erleben

Buch

Barack Obama schrieb dieses Buch, bevor er sich um das Präsidentenamt der Vereinigten Staaten bewarb. Er gewinnt Anhänger mit elegantem Charme, ausgewogenem Denken und der Fähigkeit, Menschen unterschiedlicher Positionen zusammenzuführen – in jenem Respekt vor der Freiheit des Andersdenkenden, der die USA einmal groß gemacht hat. Wer sein Buch heute liest, erkennt die visionäre Kraft und die leidenschaftliche Überzeugung, mit der Barack Obama eine tief gespaltene Nation aufrütteln und für einen grundlegenden gesellschaftlichen Wandel begeistern konnte.

Autor

Barack Obama wurde 1961 in Honululu geboren. Sein Vater ist Kenianer, seine Mutter stammt aus Kansas. Er verbrachte seine Jugend in Indonesien und auf Hawaii, studierte dann in New York Politikwissenschaft und in Harvard Jura. Der Demokrat wurde zunächst Mitglied des Senats von Illinois und gewann 2004 als Vertreter seines Landes mit überwältigender Mehrheit den Sitz im Bundessenat.
Das britische Magazin »New Statesman« hatte ihn 2005 zu einem der »zehn Menschen, die die Welt verändern werden« gekürt. Am 4. November 2008 wurde Barack Obama zum 44. Präsidenten der Vereinigten Staaten gewählt. Die Amtsgeschäfte übernahm er im Januar 2009. Noch im gleichen Jahr erhielt er den Friedensnobelpreis.

Barack Obama

Hoffnung wagen

Gedanken zur Rückbesinnung auf den American Dream

Aus dem Englischen
von Helmut Dierlamm und Ursel Schäfer,
VerlagsService Dr. Ulrich Mihr

GOLDMANN

Die amerikanische Originalausgabe erschien 2006 unter dem Titel »The Audacity of Hope« bei Crown Publishers, New York, USA.

Die deutsche Erstausgabe erschien 2007 im Riemann Verlag, München, in der Verlagsgruppe Random House GmbH.

Dieses Buch ist auch als E-Book erhältlich.

MIX
Papier aus verantwor-
tungsvollen Quellen
FSC® C014496
FSC www.fsc.org

Verlagsgruppe Random House FSC® N001967

1. Auflage
Taschenbuchausgabe Oktober 2017
Wilhelm Goldmann Verlag, München,
in der Verlagsgruppe Random House GmbH
Neumarkter Str. 28, 81673 München
Copyright © 2006 der Originalausgabe by Barack Obama
Copyright © 2007 der deutschsprachigen Ausgabe by Riemann Verlag, München,
in der Verlagsgruppe Random House GmbH
Redaktion: Ulrich Mihr
Umschlaggestaltung: UNO Werbeagentur, München
Umschlagfoto: Steffi Loos / getty images
KF • Herstellung: kw
Druck und Einband: GGP Media GmbH, Pößneck
Printed in Germany
ISBN: 978-3-442-15954-3
www.goldmann-verlag.de

Besuchen Sie den Goldmann Verlag im Netz

Den Frauen, die mich aufzogen:

Meiner Großmutter mütterlicherseits, Tutu.
Sie war mein ganzes Leben lang ein Fels,
auf den ich bauen konnte.

Und meiner Mutter.
Ihr liebender Geist trägt mich bis heute.

INHALTSVERZEICHNIS

Es ist jetzt fast zehn Jahre her, dass ich zum ersten Mal für ein politisches Amt kandidierte. Ich war damals fünfunddreißig, hatte vier Jahre zuvor mein Jurastudium abgeschlossen, war frisch verheiratet und insgesamt ungeduldig, was mein Leben betraf. Ein Sitz im Senat von Illinois war frei geworden, und mehrere Freunde schlugen mir vor zu kandidieren, weil sie fanden, dass ich als Bürgerrechtsanwalt und dank meinen Kontakten aus meiner Zeit als Community Organizer* ein geeigneter Kandidat sei. Ich besprach die Sache mit meiner Frau, und dann tat ich, was jeder tut, der zum ersten Mal für ein politisches Amt kandidiert: Ich sprach mit jedem, der mir zuhören wollte. Ich besuchte Nachbarschaftstreffen und kirchliche Veranstaltungen, Schönheitssalons und Friseure. Wenn ich zwei Leute an einer Ecke stehen sah, überquerte ich die Straße und überreichte ihnen Wahlkampfbroschüren. Und wo immer ich hinkam, bekam ich verschiedene Versionen derselben zwei Fragen zu hören.

»Wo haben Sie diesen komischen Namen her?«

Und: »Sie machen einen wirklich netten Eindruck. Warum wollen Sie sich in einem so schmutzigen und gemeinen Bereich wie der Politik engagieren?«

Mit der zweiten Frage war ich vertraut. Sie war nur eine Variante der Frage, die mir Jahre zuvor gestellt worden war, als ich in Chicago ankam und dort in Vierteln mit einkommensschwacher

---

* Er organisierte »eine politische Kampagne zur Wählerregistrierung in der afroamerikanischen Gemeinschaft (in Chicago), die 150 000 Menschen mobilisierte«.

Bevölkerung arbeitete. Die Frage brachte eine zynische Haltung nicht nur gegenüber der Politik, sondern gegenüber dem bloßen Gedanken eines öffentlichen Engagements zum Ausdruck, eine Haltung, die sich (zumindest in den Vierteln der South Side, die ich zu vertreten versuchte) durch den generationenlangen Bruch von Versprechen verfestigt hatte. Normalerweise reagierte ich mit einem Lächeln auf die Frage, nickte und sagte, dass ich den Skeptizismus meines Gesprächspartners verstünde. Es gebe aber auch eine andere politische Tradition, und sie habe schon immer bestanden, von der Gründungszeit der Vereinigten Staaten bis zu den glorreichen Tagen der Bürgerrechtsbewegung, und diese Tradition beruhe auf dem einfachen Gedanken, dass wir gemeinsame Interessen mit unseren Mitmenschen hätten, dass uns mehr miteinander verbinde als trenne und dass wir, wenn genug Menschen an diese Idee glaubten und danach handelten, zwar nicht alle Probleme lösen, aber etwas Sinnvolles erreichen könnten.

Für mich war das ein ziemlich überzeugender kleiner Vortrag. Ich weiß zwar nicht sicher, ob die Leute, denen ich ihn hielt, davon ähnlich beeindruckt waren wie ich, aber viele von ihnen schätzten doch meine Ernsthaftigkeit und meinen jugendlichen Überschwang so sehr, dass ich in den Senat von Illinois gewählt wurde.

Sechs Jahre später, als ich beschloss, für den US-Senat zu kandidieren, war ich meiner Sache schon nicht mehr so sicher.

Allem Anschein nach hatte ich mit meiner Entscheidung für eine Karriere als Politiker Erfolg gehabt. Nach zwei Wahlperioden, in denen ich für die Minderheitsfraktion der Demokraten gearbeitet hatte, errang meine Partei im Senat von Illinois die Mehrheit. Danach bekam ich eine ganze Reihe von Gesetzen durch, angefangen bei einer Reform des Systems der Todesstrafe in Illinois bis zu einer Erweiterung des staatlichen Gesundheitsprogramms für Kinder. Ich behielt meine Stelle als Dozent an der juristischen Fakultät der University of Chicago, weil mir die Arbeit gefiel, und wurde häufig als Redner zu Veranstaltungen in der Stadt eingeladen. Auch bewahrte ich mir meine Unabhängigkeit, meinen guten Namen und meine Ehe, drei Dinge, die statistisch gesehen gefährdet waren, sobald ich den Fuß in die Landeshauptstadt setzte.

Doch die Jahre hatten auch ihren Tribut gefordert. Zum Teil lag es vermutlich einfach daran, dass ich älter wurde. Wenn man sich selbst gut beobachtet, lernt man jedes Jahr mehr über die eigenen Fehler – blinde Flecke in der Wahrnehmung, sich wiederholende Denkmuster, die genetisch oder von der Umwelt bedingt sein können, sich aber mit der Zeit fast unweigerlich verschlimmern, so sicher wie ein Hinken irgendwann zu Schmerzen in der Hüfte führt. Bei mir war einer dieser Fehler meine chronische Unrast; eine Unfähigkeit, selbst wenn alles gut lief, das Positive in meiner unmittelbaren Umgebung zu erkennen. Dieser Fehler ist, glaube ich, typisch für das moderne Leben (und ein Wesenszug der Amerikaner), und er tritt nirgends deutlicher zutage als in der Politik. Ob er tatsächlich durch die Politik verstärkt wird oder ob die Politik einfach Menschen anzieht, die diesen Wesenszug haben, ist eine offene Frage. Jemand sagte einmal, jeder Mann versuche in seinem Leben den Erwartungen seines Vaters gerecht zu werden oder die Fehler seines Vaters wiedergutzumachen, und ich glaube, das ist nicht die schlechteste Erklärung für meine Schwäche in dieser Hinsicht.

Jedenfalls war es eine Folge dieser Unrast, dass ich im Jahr 2000 gegen einen amtierenden demokratischen Kongressabgeordneten kandidierte. Die Entscheidung war unklug, und ich erlitt eine schwere Niederlage – die Art von Lektion, aus der man lernt, dass das Leben keineswegs so laufen muss, wie man es geplant hat. Eineinhalb Jahre später waren meine Wunden einigermaßen vernarbt, und ich aß mit einem Medienberater zu

Mittag, der mich seit geraumer Zeit ermutigt hatte, für ein Bundesamt zu kandidieren. Zufällig fand das Essen Ende September 2001 statt.

»Ihnen ist bestimmt klar, dass sich die politische Dynamik verändert hat«, sagte der Medienberater, während er in seinem Salat herumstocherte.

»Wie meinen Sie das?«, fragte ich, obwohl ich genau wusste, was er meinte. Wir blickten beide auf die Zeitung, die neben ihm lag. Auf der Titelseite war ein Bild von Osama bin Laden.

»Teuflisch, nicht?«, sagte er. »Wirklich großes Pech. Sie können natürlich Ihren Namen nicht ändern. Die Wähler werden misstrauisch, wenn man so was tut. Wenn Sie erst am Beginn ihrer Karriere stünden, könnten Sie vielleicht einen Spitznamen benützen oder was in der Art. Aber jetzt ...« Er brach ab, zuckte entschuldigend die Achseln und winkte dem Kellner, damit er uns die Rechnung brachte.

Ich vermutete, dass er Recht hatte, und der Verdacht nagte an mir. Zum ersten Mal in meiner politischen Laufbahn wurde ich neidisch, wenn jüngere Politiker Erfolg hatten, wo ich gescheitert war; wenn sie höhere Ämter bekamen und mehr erreichten als ich. Die Freuden der Politik, die Adrenalinstöße in der Debatte, die animalische Wärme beim Händeschütteln im Wahlkampf, das Bad in der Menge, begannen gegenüber der Bürde des Amtes zu verblassen: dem Betteln um Geld, den langen Heimfahrten, wenn ein Bankett zwei Stunden länger als geplant gedauert hatte, dem miesen Essen und der schlechten Luft und den kurzen Telefongesprächen mit einer Ehefrau, die bis jetzt zu mir gehalten hatte, nun aber die Kinder nicht mehr allein aufziehen wollte und mich fragte, ob ich die richtigen Prioritäten setze. Selbst die parlamentarische Arbeit, das politische Gestalten, das mich überhaupt erst zu einer Kandidatur motiviert hatte, erschien mir inzwischen zu ineffektiv, zu weit entfernt von den wirklichen Schlachten um Steuern, Sicherheit, Gesundheit oder Arbeitsplätze, die alle in Washington geschlagen wurden. Ich zweifelte allmählich daran, ob ich den richtigen Weg eingeschlagen hatte. Ich begann mich zu fühlen, wie sich vermutlich ein Schauspieler oder ein Sportler fühlt, der jahrelang vergeblich einem Traum nachgejagt ist. Er hat zwischen den Vorsprechterminen als Kellner gearbeitet oder in der Amateurliga hart erarbeitete Treffer erzielt und muss nun erkennen, dass er mit seiner Begabung und seinem Glück das Ende der Fahnenstange erreicht hat und sein Traum nicht in Erfüllung gehen wird. Nun kann er entweder wie ein Erwachsener den Tatsachen ins Auge sehen und sich eine vernünftigere Tätigkeit suchen, oder er stellt sich der Wahrheit nicht und endet als bitterer, streitsüchtiger und wohl auch bemitleidenswerter Mann.

Realitätsverweigerung, Wut, Verhandeln, Verzweiflung – ich weiß nicht, ob ich all diese von Fachleuten beschriebenen Stadien durchgemacht habe. An einem bestimmten Punkt jedoch gelangte ich zur Akzeptanz, zur Anerkennung meiner Grenzen und in gewisser Weise meiner Sterblichkeit. Ich fand einen neuen Schwerpunkt für meine Arbeit im Senat von Illinois und zog Befriedigung aus den Reformen und Initiativen, die ich in meiner Position anstoßen konnte. Ich verbrachte mehr Zeit zu Hause und erlebte mit, wie meine Töchter heranwuchsen. Ich pflegte die Beziehung zu meiner Frau und machte mir Gedanken über meine langfristigen finanziellen Verpflichtungen. Ich trieb Sport und las Romane und lernte, mich darüber zu freuen, dass sich die Erde um die Sonne dreht und die Jahreszeiten kommen und gehen, ohne dass ich mich dafür besonders anstrengen muss.

Es war, glaube ich, diese Akzeptanz, die es mir erlaubte, mich mit der wirklich verrückten Idee einer Kandidatur für den Senat der Vereinigten Staaten zu befassen. Als »Aufsteigen oder Aufhören« erklärte ich meine neue Strategie meiner Frau, als letzten Versuch, meine politischen Ideen zu verwirklichen, bevor ich mir eine ruhigere, stabilere und besser bezahlte Existenz suchte. Und meine Frau war (vielleicht mehr aus Mitleid denn aus Überzeugung) mit dieser letzten Kandidatur einverstanden, auch wenn sie sagte, dass ich nicht unbedingt mit ihrer Stimme rechnen solle, weil sie für unsere Familie ein ruhiges und gesichertes Leben vorziehen würde.

Ich tröstete sie damit, dass meine Chancen sehr schlecht waren. Der amtierende republikanische Senator Peter Fitzgerald hatte 19 Millionen Dollar aus seinem Privatvermögen ausgegeben, um seine Vorgängerin Carol Moseley Braun zu schlagen. Er war nicht sonderlich populär und schien nicht einmal großen Gefallen an der Politik zu finden, aber er hatte immer noch fast unbegrenzte Geldmittel zur Verfügung, und er besaß eine persönliche Integrität, die ihm bei den Wählern eine Art widerwilligen Respekt einbrachte.

Irgendwann tauchte Carol Moseley Braun wieder auf. Sie war Botschafterin in Neuseeland gewesen und trug sich mit dem Gedanken, ihren alten Sitz zurückzuerobern, was mich zum Verzicht auf meine Kandidatur veranlasst hätte. Als sie sich schließlich entschied, doch lieber für die Präsidentschaft zu kandidieren, war der Senatswahlkampf bereits in die heiße Phase getreten.

Fitzgerald gab bekannt, dass er auf eine erneute Kandidatur verzichtete, aber inzwischen hatte ich sechs Gegner in den Vorwahlen, darunter den amtierenden State Comptroller; einen Geschäftsmann mit Hunderten Millionen Dollar Privatvermögen; den früheren Stabschef des Chicagoer Bürgermeisters Richard Daley; und eine schwarze Gesundheitsfachfrau, durch deren Kandidatur die Reichen und Mächtigen die schwarze Wählerschaft spalten wollten, damit ich überhaupt keine Chance mehr hätte.

Es war mir egal. Angstfrei, weil ich ohnehin keine großen Erwartungen hatte, und mit gesteigerter Glaubwürdigkeit, weil mich ein paar wichtige Leute unterstützten, stürzte ich mich mit einer Energie und einer Freude in den Wahlkampf, die ich eigentlich für immer verloren geglaubt hatte. Ich engagierte vier Mitarbeiter, aufgeweckte junge Leute zwischen Ende zwanzig und Anfang dreißig, die einigermaßen bezahlbar waren, und wir fanden ein kleines Büro, in dem wir Telefone und mehrere Computer installierten. Vier bis fünf Stunden täglich rief ich wichtige demokratische Spender an oder wartete auf ihre Rückrufe. Ich veranstaltete Pressekonferenzen, zu denen niemand kam. Wir meldeten uns zum jährlichen Umzug am St. Patrick's Day an und bekamen den allerletzten Platz im Zug, sodass meine zehn freiwilligen Helfer und ich nur ein paar Schritte vor den städtischen Müllwagen marschierten und den paar Nachzüglern zuwinkten, die noch am Straßenrand standen, als die Arbeiter den Müll zusammenkehrten und die grünen Aufkleber mit dem irischen Kleeblatt von den Laternenpfählen kratzten.

Die meiste Zeit jedoch fuhr ich, häufig allein, zunächst von Stadtbezirk zu Stadtbezirk, dann von County zu County und schließlich kreuz und quer im Staat herum, an endlosen Mais- und Bohnenfeldern, Bahnlinien und Silos vorbei. Es war keine effiziente Methode. Ohne Unterstützung durch den Apparat der Demokratischen Partei von Illinois und ohne eine ordentliche Mailingliste oder Kampagne im Internet, musste ich darauf bauen, dass Freunde oder Bekannte bei meinen Wahlveranstaltungen wildfremde Menschen in ihre Häuser ließen oder eine Veranstaltung in ihrer Kirche, ihrem Gewerkschaftshaus, bei ihrer Bridgegruppe oder in ihrem Rotary Club arrangierten. Manchmal fand ich nach zwei oder drei Stunden Fahrt nur zwei oder drei Leute vor, die an einem Küchentisch auf mich warteten. In solchen Fällen versicherte ich meinen Gastgebern, dass das Echo sonst besser sei, und bedankte mich für die Erfrischungen, die sie bereitgestellt hatten. Manchmal besuchte ich extra einen Gottesdienst, um danach eine Rede zu halten, aber der Pfarrer vergaß, mir das Wort zu erteilen. Oder der Chef eines gewerkschaftlichen Ortsverbands ließ mich vor den Gewerkschaftsmitgliedern sprechen, nur um dann zu verkünden, dass die Gewerkschaft einen anderen Kandidaten unterstützte.

Aber gleichgültig, ob ich zwei oder fünfzig Personen vor mir hatte, ob die Veranstaltung in einem der gut beschatteten, stattlichen Häuser am North Shore, in einer bescheidenen Mietwohnung in der West Side oder in einem Farmhaus am Stadtrand von Bloomington stattfand, und gleichgültig, ob die Leute freundlich, gleichgültig oder manchmal auch aggressiv ablehnend waren, ich gab mir immer alle Mühe, den Mund zu halten und zuzuhören, was sie zu sagen hatten. Ich hörte sie über ihre Arbeitsstelle oder ihr Geschäft reden oder über die örtliche Schule. Sie schimpften über Bush und über die Demokraten, erzählten von ihren Hunden, ihren Rückenschmerzen, ihrem Kriegsdienst und von Dingen, die sie noch aus ihrer Kindheit in Erinnerung hatten. Einige hatten ausgefeilte Theorien, um die Arbeitsplatzverluste in der Fabrikproduktion oder die hohen Kosten im Gesundheitsbereich zu erklären. Einige wiederholten, was sie bei dem rechtsgerichteten Radiomoderator Rush Limbaugh oder auf National Public Radio (NPR) gehört hatten. Aber die meisten von ihnen waren zu beschäftigt mit ihrer Arbeit oder ihren Kindern, als dass sie der Politik viel Aufmerksamkeit geschenkt hätten, und sie sprachen lieber von dem, was sie unmittelbar betraf: eine Fabrikschließung, eine Beförderung, eine hohe Heizölrechnung, ein Elternteil im Altersheim, der erste Schritt eines Kindes.

Ich gewann keine weltbewegenden Erkenntnisse aus den zahllosen Gesprächen in diesen Monaten. Wenn ich überhaupt etwas erfuhr, dann, was für Hoffnungen die einfachen Leute hatten, und dass sie vieles, was sie glaubten, offenbar unabhängig von ihrer Rasse, Region, Religion oder Klasse glaubten. Sie meinten, dass jeder Arbeitswillige eine Stelle finden sollte, mit der er seinen Lebensunterhalt verdienen konnte. Sie waren der Ansicht, dass Menschen nicht bankrottgehen durften, nur weil sie krank wurden. Sie fanden, dass jedes Kind eine wirklich gute Ausbildung erhalten (und nicht nur mit einem Haufen Geschwätz traktiert werden) sollte, und sie fanden, dass eine College-Ausbildung auch für die Kinder armer Eltern möglich sein sollte. Sie wollten wirksam vor Kriminellen und Terroristen geschützt werden. Sie wollten saubere Luft, sauberes Wasser und Zeit für ihre Kinder. Und im Alter wollten sie mit einer gewissen Würde in den Ruhestand gehen können.

Das war so ziemlich alles. Es war nicht viel. Und obwohl sie wussten, dass ihr Leben größtenteils von ihren eigenen Anstrengungen abhing, obwohl sie nicht damit rechneten, dass der Staat all ihre Probleme lösen würde, und obwohl sie ganz bestimmt nicht wollten, dass ihre Steuergelder verschwendet wurden, erwarteten sie doch staatliche Hilfe.

Ich sagte ihnen, dass sie Recht hätten. Der Staat könne nicht alle ihre Probleme lösen. Aber wenn wir die Prioritäten ein bisschen anders setzten, könnten wir dafür sorgen, dass jedes Kind in seinem Leben ordentliche Chancen bekomme, und wir könnten uns den Problemen stellen, die unser Land plagten. Meistens nickten die Leute zustimmend und fragten, was sie dafür tun könnten. Und wenn ich danach wieder im Auto saß (mit der Karte auf dem Beifahrersitz auf dem Weg zu meiner nächsten Station), wusste ich wieder einmal, warum ich in die Politik gegangen war.

Ich hatte Lust, härter zu arbeiten, als ich je in meinem Leben gearbeitet hatte.

Dieses Buch ist direkt aus den Gesprächen im Wahlkampf entstanden. Meine Begegnungen mit den Wählern bestätigten nicht nur meine Vermutung, dass das amerikanische Volk grundanständig ist, sondern riefen mir auch in Erinnerung, dass der Kern der amerikanischen Erfahrung aus einer Reihe von Idealen besteht, die bis heute unser kollektives Bewusstsein beschäftigen; ein gemeinsamer Satz von Werten, die uns trotz aller Unterschiede verbinden; ein roter Faden der Hoffnung, der dafür sorgt, dass unser unwahrscheinliches Experiment der Demokratie funktioniert. Diese Werte und Ideale finden nicht nur auf den Marmorplatten der Denkmäler und in Zitaten aus Geschichtsbüchern ihren Ausdruck. Sie sind bis heute in den Herzen und Köpfen der meisten Amerikaner lebendig, und sie können uns zu Stolz, Pflichtbewusstsein und Opferbereitschaft inspirieren.

Ich bin mir der Risiken solcher Sätze bewusst. In einer Ära der Globalisierung und des Schwindel erregenden technischen Wandels, halsabschneiderischer Politik und unaufhörlicher Kulturkriege verfügen wir anscheinend nicht einmal mehr über die gemeinsame Sprache, um überhaupt noch über unsere Ideale zu reden, ganz zu schweigen von den geeigneten Instrumenten, um wenigstens einen groben Konsens darüber herbeizuführen, wie wir bei der Verwirklichung dieser Ideale als Volk zusammenarbeiten könnten. Die meisten von uns durchschauen die Strategien der Werbefachleute, Meinungsforscher, Redenschreiber und so genannten Experten. Wir wissen, dass hochfliegende Worte zynisch missbraucht und die erhabensten Ideen durch Machtlüsternheit, Eigennutz, Gier oder Intoleranz befleckt werden können. In jedem normalen Schulgeschichtsbuch kann man lesen, wie weit sich das reale Leben in Amerika von den amerikanischen Mythen entfernt hat. In einem solchen Klima kann jede Berufung auf gemeinsame Ideale oder Werte hoffnungslos naiv oder gar ausgesprochen gefährlich erscheinen – als ein Versuch, ernsthafte Differenzen in Wort und Tat zu übertünchen, oder, schlimmer noch, als Versuch, die Klagen jener zum Verstummen zu bringen, die sich durch den gegenwärtige Zustand unserer Institutionen benachteiligt fühlen.

Mein Argument lautet jedoch, dass wir keine Wahl haben. Man muss keine Meinungsumfrage veranstalten, um zu wissen, dass die große Mehrheit der Amerikaner – Republikaner, Demokraten und Unabhängige – die tote Zone satthaben, zu der die Politik geworden ist. Eine Zone, in der kleine Gruppen um die Durchsetzung von Sonderinteressen ringen und ideologische Minderheiten dem ganzen Volk ihre Version der absoluten Wahrheit aufzwingen wollen. Unabhängig davon, ob wir aus einem roten (republikanischen) oder blauen (demokratischen) Staat stammen, haben wir das starke Gefühl, dass es unseren politischen Debatten an Ehrlichkeit, Genauigkeit und gesundem Menschenverstand fehlt, und wir haben einen Widerwillen gegen einen unaufhörlichen Strom von Entscheidungen, die uns falsch oder halbherzig vorkommen. Gleichgültig, ob wir religiös oder weltlich, schwarz, weiß oder braun sind, haben wir zu Recht das Gefühl, dass die wichtigsten Probleme unseres Landes überhaupt nicht zur Kenntnis genommen werden und dass wir ohne einen baldigen Kurswechsel nach sehr langer Zeit vielleicht die erste Generation sein werden, die ihren Nachkommen ein schwächeres und gespalteneres Amerika hinterlassen wird, als sie es geerbt hat. Mehr als zu jedem anderen Zeitpunkt unserer jüngeren Geschichte brauchen wir heute wahrscheinlich eine neue Politik, eine Politik, die die gemeinsamen Fundamente, die wir als Amerikaner haben, wieder ausgräbt und auf ihnen baut.

Es ist das Thema dieses Buches, wie wir den Prozess beginnen können, der unsere Politik und unser Leben als Staatsbürger verändern wird. Nicht dass ich genau wüsste, wie dieser Veränderungsprozess ins Werk zu setzen ist. Ich weiß es nicht. Zwar spreche ich in jedem Kapitel eine Anzahl unserer massivsten politischen Probleme an und skizziere in groben Strichen den Weg, dem wir meiner Ansicht nach folgen sollten, aber meine Art, die Themen zu behandeln, ist häufig parteiisch oder unvollständig. Weder habe ich eine einheitliche Theorie des amerikanischen Regierungssystems zu bieten, noch enthalten diese Seiten ein Manifest mit Handlungsanweisungen, komplett mit Schaubildern, Kurven, Terminen und Zehn-Punkte-Plänen.

Was ich anbiete, ist wesentlich bescheidener: persönliche Reflexionen über die Werte und Ideale, die mich motiviert haben, in die Politik zu gehen; ein paar Überlegungen, warum unser gegenwärtiger politischer Diskurs uns unnötig entzweit; und meine ehrliche, auf meine Erfahrungen als Senator und Rechtsanwalt, Ehemann und Vater, Christ und Skeptiker gestützte Einschätzung, wie wir unsere Politik auf die Idee des Gemeinwohls gründen können.

Lassen Sie mich genauer erläutern, wie das Buch gegliedert ist: In Kapitel eins wird eine Bilanz unserer jüngeren politischen Geschichte gezogen und versucht, einige der Ursachen für die heutige extreme Polarisierung zu erklären. In Kapitel zwei behandle ich die gemeinsamen Werte, die vielleicht als Grundlage für einen neuen politischen Konsens dienen könnten. In Kapitel drei wird die Verfassung nicht nur als Grundlage individueller Rechte, sondern auch als Mittel untersucht, um einen demokratischen Dialog über unsere gemeinsame Zukunft zu organisieren. In Kapitel vier versuche ich begreiflich zu machen, dass bestimmte institutionelle Kräfte (Geld, Medien, Interessenverbände, das Gesetzgebungsverfahren) selbst den engagiertesten Politiker lähmen können. In den restlichen fünf Kapiteln mache ich Vorschläge, wie wir unsere Differenzen überwinden und die Lösung konkreter Probleme wirksam in Angriff nehmen können: die wachsende wirtschaftliche Unsicherheit vieler amerikanischer Familien, die rassischen und religiösen Spannungen innerhalb der Gesellschaft und die transnationalen Bedrohungen – vom Terrorismus bis zur Pandemie –, die sich jenseits unserer Küsten zusammenbrauen.

Womöglich werden manche Leser finden, dass ich die Probleme nicht ausgewogen genug darstelle. Was diesen Vorwurf betrifft, bekenne ich mich schuldig. Ich bin schließlich Mitglied der Demokratischen Partei; meine Ansichten über die meisten Themen stimmen mehr mit den Kommentaren in der *New York Times* überein als mit denen im *Wall Street Journal*. Ich bin zornig über eine Politik, die die Reichen und Mächtigen ständig den Durchschnittsamerikanern vorzieht, und ich bestehe darauf, dass es eine wichtige Aufgabe des Staates ist, für allgemeine Chancengleichheit zu sorgen. Ich glaube an die Existenz der Evolution, an den Nutzen wissenschaftlicher Forschung und an die Existenz der Klimaerwärmung; ich glaube an die freie Rede, sei sie politisch korrekt oder inkorrekt, und ich werde misstrauisch, wenn der Staat irgendwelche religiösen Überzeugungen (auch meine eigenen) Nicht-Gläubigen aufzwingen will. Außerdem bin ich ein Gefangener meiner eigenen Biografie: Ich kann gar nicht anders, als die amerikanische Erfahrung mit den Augen eines schwarzen Mannes aus einer Mischehe zu sehen. Ich kann nicht vergessen, dass Generationen von Menschen, die aussahen wie ich, unterjocht und stigmatisiert wurden und dass die Rassen- und Klassenzugehörigkeit auch heute noch unser Leben auf subtile und weniger subtile Weise beeinflusst.

Aber das ist nicht alles, was mich ausmacht. Ich finde *auch*, dass meine Partei manchmal selbstgefällig, abgehoben und dogmatisch sein kann. Ich glaube an freie Marktwirtschaft, Wettbewerb und Unternehmertum, und ich bin der Ansicht, dass viele staatliche Programme nicht wie geplant funktionieren. Ich wollte, das Land besäße weniger Rechtsanwälte und mehr Ingenieure. Ich glaube, dass Amerika in der Welt häufiger Gutes als Schlechtes bewirkt hat. Ich mache mir kaum Illusionen über unsere Feinde und habe große Achtung vor dem Mut und der Kompetenz unserer Militärs. Ich bin gegen eine Politik, die allein auf Rassen- oder Geschlechteridentität, sexueller Orientierung oder überhaupt auf der Selbstdefinition als Opfer beruht. Ich glaube, dass viele der Probleme in den Innenstädten durch einen kulturellen Bruch verursacht sind, der sich nicht allein mit Geld heilen lässt, und dass unsere Werte und unser spirituelles Leben mindestens genauso wichtig sind wie unser Bruttoinlandsprodukt.

Zweifellos werde ich wegen einiger dieser Überzeugungen Schwierigkeiten bekommen. Ich bin neu genug in der nationalen politischen Szene, dass ich als leere Leinwand dienen kann, auf die Leute mit sehr verschiedenem politischem Hintergrund ihre diversen Ansichten projizieren. In dieser Eigenschaft werde ich zwangsläufig manche, und vielleicht sogar alle enttäuschen. Womit sich vielleicht ein zweites, persönlicheres Thema dieses Buches andeutet, nämlich wie ich (oder sonst jemand) in einem öffentlichen Amt den Fallen des Ruhms, der Eitelkeit, der Angst vor Niederlagen entgehen und mir dadurch den wahren Kern bewahren kann, jene innere Stimme, die jeden von uns an seine tiefsten Überzeugungen erinnert.

Kürzlich passte mich eine der Reporterinnen, die über den Capitol Hill berichten, auf dem Weg zu meinem Büro ab. Sie sagte, dass sie mein erstes Buch gern gelesen habe. Und dann meinte sie: »Ich frage mich, ob Sie in Ihrem nächsten Buch noch einmal genauso interessant sein können.« Was sie eigentlich sagen wollte, war: Ich frage mich, ob Sie auch als US-Senator noch so ehrlich sein können.

Das frage ich mich manchmal auch. Und ich hoffe, dass ich die Frage mit diesem Buch beantworten kann.

KAPITEL EINS

Republikaner und Demokraten

An den meisten Tagen betrete ich das Kapitol durch den Keller. Ich fahre mit einer kleinen U-Bahn vom Hart Building, wo ich mein Büro habe, durch einen Tunnel, der mit den Flaggen und Siegeln der 50 Staaten geschmückt ist. Der Zug kommt quietschend zum Stehen, und ich bahne mir meinen Weg durch ein Getümmel von Kongressangestellten, Wartungstechnikern und Gruppen von Touristen zu einer Wand mit altertümlichen Aufzügen, die mich in den zweiten Stock des Kapitols bringen. Wenn ich aus dem Aufzug komme, winke ich dem Schwarm von Reportern zu, der sich normalerweise dort versammelt, begrüße die Beamten der Capitol Police und betrete durch eine stattliche Doppeltür den Sitzungssaal des US-Senats.

Der Saal ist nicht der schönste Raum im Kapitol, aber er ist dennoch eindrucksvoll. Die dunkelbraunen Wände sind durch Paneele aus blauem Damast und Säulen aus feingeädertem Marmor gegliedert. Die Decke bildet ein cremeweißes Oval mit dem Wappen der USA, dem amerikanischen Adler, im Zentrum. Rund um die Zuschauergalerie stehen in feierlicher Ruhe die Büsten der ersten zwanzig Vizepräsidenten der Vereinigten Staaten.

Unten sind auf flachen Stufen leicht ansteigend in vier hufeisenförmigen Reihen 100 Mahagoni-Pulte um die Front des Saales herum angeordnet. Einige Pulte stammen noch aus dem Jahr 1819; auf jedem befindet sich ein hübscher Behälter für Tintenfass und Federkiele. In die Schublade jedes Pultes haben alle Senatoren, die es je benutzt haben, ihren Namen eingekratzt

oder hineingeschrieben: Taft und Long, Stennis und Kennedy ...
Manchmal, wenn ich dort im Sitzungssaal stehe, stelle ich mir vor,
wie Paul Douglas oder Hubert Humphrey an ihrem Pult für die
Bürgerrechtsgesetze eintreten; oder ich sehe ein paar Pulte weiter
Joe McCarthy, wie er Listen von Personen durchgeht, die er der
kommunistischen Verschwörung bezichtigen will; oder ich sehe
Lyndon B. Johnson durch die Gänge wandern und Senatoren
am Revers packen, damit sie richtig abstimmen. Manchmal gehe
ich zu dem Pult hinüber, an dem Daniel Webster einst saß, und
stelle mir vor, wie er sich vor dem amerikanischen Bürgerkrieg
im vollbesetzten Haus und bei vollbesetzter Zuschauergalerie
erhebt und mit blitzenden Augen und donnernder Stimme die
Union gegen die Befürworter der Sezession verteidigt.

Aber diese Augenblicke verfliegen rasch. Außer in den paar
Minuten, die eine Abstimmung dauert, verbringen meine Kollegen und ich kaum Zeit im Sitzungssaal. Die meisten Entscheidungen – darüber, welche Gesetze diskutiert und wann sie
aufgerufen werden, wie mit Änderungsanträgen verfahren wird
und wie man widerspenstige Senatoren zur Mitarbeit bewegt –
werden vom Führer der Senatsmehrheit, von den zuständigen
Ausschussvorsitzenden, von ihren Stäben und (je nachdem,
wie umstritten ein Gesetz ist und wie großzügig die Republikaner den Gesetzesvorschlag handhaben) auch von den entsprechenden Vertretern der Demokraten getroffen. Wenn ein Gesetz
im Sitzungssaal vorgelegt wird und der Protokollführer die
Namen aufruft, haben alle Senatoren unter Berücksichtigung
ihrer Mitarbeiter, ihres Fraktionsführers, ihres bevorzugten
Lobbyisten, bestimmter Interessenverbände, der Briefe ihrer
Wähler und ihrer jeweiligen ideologischen Präferenzen längst
entschieden, welche Position sie zu dem Thema einnehmen.

Dies beschleunigt das Verfahren, was den Senatoren recht ist,
da sie Zwölf- oder Dreizehnstundentage haben und wieder in
ihre Büros zurückkehren wollen, um Besucher aus ihren Wahl-

kreisen zu empfangen oder Anrufe zu beantworten. Manche treffen sich auch in einem nahe gelegenen Hotel mit Spendern oder geben ein Live-Interview in einem Fernsehstudio. Wer jedoch etwas länger im Saal bleibt, sieht vielleicht einen einsamen Senator noch an seinem Pult stehen, nachdem alle anderen gegangen sind. Er wartet auf die Erlaubnis, vor dem Senat eine Stellungnahme abzugeben. Es kann sich um die Erläuterung eines Gesetzes handeln, das er verabschieden lassen will, oder um einen ausführlicheren Kommentar zu einem ungelösten Problem. Vielleicht bebt die Stimme des Redners vor Leidenschaft; die Argumente, mit denen er sich gegen Kürzungen bei den Unterstützungsprogrammen für die Armen, gegen die Obstruktion des Senats bei Richterernennungen oder für mehr Unabhängigkeit im Energiesektor ausspricht, können sehr überzeugend sein. Doch er spricht in einem fast leeren Saal: Nur der präsidierende Senator, ein paar Referenten, der Protokollführer und das nimmermüde Auge von C-SPAN* sind noch da. Der Sprecher kommt zum Ende. Ein blau uniformierter Saaldiener holt leise das Dokument für das offizielle Protokoll bei ihm ab. Während der eine Senator geht, betritt vielleicht eine Senatorin den Saal, geht an ihr Pult, bittet ums Wort und hält ihre Rede. Das Ritual wiederholt sich.

Im bedeutendsten Ratsgremium der Welt hört niemand zu.

Meine Erinnerung an den 4. Januar 2005, an dem ich zusammen mit einem Drittel der Senatoren als Mitglied des 109. Kongresses vereidigt wurde, ist angenehm verschwommen. Die Sonne schien, und die Luft war ungewöhnlich warm für die Jahreszeit. Aus Illinois, Hawaii, London und Kenia waren Verwandte und Freunde von mir gekommen. Sie drängten sich auf der Zuschau-

---

* Cable-Satellite Public Affairs Network ist ein TV-Sender, der ausschließlich über die US-Regierung berichtet.

ergalerie des Senats und spendeten Beifall, als meine Kollegen und ich neben dem marmornen Podium standen und die rechte Hand zum Amtseid hoben. Im alten Sitzungssaal des Senats traf ich danach meine Frau Michelle und unsere zwei Töchter für eine Wiederholung der Zeremonie und einen Fototermin mit Vizepräsident Cheney. (Meine sechsjährige Tochter Malia gab dem Vizepräsidenten höflich die Hand, während die dreijährige Sasha ihm grüßend zunickte und dann herumwirbelte und in die Kameras winkte.) Später sah ich zu, wie die Kinder die Treppe auf der Ostseite des Kapitols hinunterhüpften und ihre Kleidchen rot und pink vor dem majestätischen Hintergrund der weißen Säulen des Supreme Court flatterten. Michelle und ich nahmen die Kinder an der Hand, und zu viert gingen wir zur Library of Congress, wo wir von ein paar Hundert extra angereisten Gratulanten erwartet wurden. Die nächsten paar Stunden verbrachten wir mit Händeschütteln, Umarmungen, Fotografieren und Autogramme geben.

Ein Tag des Lächelns und des Dankes, der Etikette und des Pomps – so muss es den Besuchern im Kapitol erschienen sein. Aber obwohl ganz Washington sich an diesem Tag von seiner besten Seite zeigte und eine kollektive Pause machte, um sich des Fortbestands unserer Demokratie zu versichern, lag doch eine gewisse Spannung in der Luft, ein Gefühl, dass die gute Stimmung nicht lange halten würde. Als die Verwandten und Freunde nach Hause gegangen und die Empfänge zu Ende waren, hatte sich die Sonne schon wieder hinter graue Winterwolken verzogen, und eine finstere, scheinbar unabänderliche Tatsache hing wie ein Schatten über der Stadt: Das Land war gespalten und Washington ebenfalls, die Kluft war größer, als sie seit der Zeit vor dem Zweiten Weltkrieg jemals gewesen war.

Das Gefühl der Spaltung war sowohl durch die Präsidentschaftswahl als auch durch verschiedene statistische Erhebungen bestätigt worden. Die Amerikaner lagen über eine ganze Palette von Themen im Zwist: über den Irak, das Steuer-, Abtreibungs- und Waffenrecht, die Zehn Gebote, die Schwulen-Ehe, die Einwanderung, die Handels- und Bildungspolitik, die Umweltgesetzgebung, die Größe der Regierung und die Rolle der Gerichte. Und sie waren sich nicht nur uneinig, sondern lagen in erbittertem Streit, wobei bestimmte Angehörige beider Lager hemmungslos Gift verspritzten. Weder über das Ausmaß und das Wesen noch über die Gründe ihrer Differenzen konnten sie sich einigen. Alles war umstritten: die Ursachen des Klimawandels, die Tatsache des Klimawandels, die Höhe der Staatsverschuldung oder die Frage, wer für die Schulden verantwortlich war.

Für mich war nichts von alledem wirklich überraschend. Aus einiger Entfernung hatte ich verfolgt, wie die politischen Schlachten in Washington immer erbitterter wurden. Die Iran-Contra-Affäre und Ollie North, die Nominierung von Robert Bork, Willie Norton, Clarence Thomas* und Anita Hill, die Wahl Bill Clintons und Newt Gingrichs Revolution, die Whitewater-Affäre um einen Immobiliendeal von Bill und Hillary Clinton und die Untersuchung von Starr gegen Clinton wegen Monica Lewinsky, die Blockierung der Staatsausgaben und

* Iran-Contra-Affäre: Illegale Waffenlieferungen an den Iran zur Finanzierung der Contra in Nicaragua. Oliver North war damals militärischer Berater des Nationalen Sicherheitsrates. Er wurde in erster Instanz schuldig gesprochen, in den Jahren 1985 und 1986 illegal Waffen in den Iran geliefert und mit den Gewinnen aus diesen Transaktionen die Contras unterstützt zu haben. Das Urteil wurde später aufgehoben.
Der konservative Jurist Robert Heron Bork wurde 1987 von Ronald Reagan für den Supreme Court nominiert, aber vom Senat nicht bestätigt.
Der Freigänger Willie Norton wurde wegen Vergewaltigung und Mord verhaftet: Munition für Bush senior im Präsidentschaftswahlkampf gegen Michael Dukakis.
Clarence Thomas, Richter am Supreme Court. Thomas wurde 1991 von Präsident George H. W. Bush als Verfassungsrichter nominiert. Die Nominierung wurde gegen heftigen Widerstand der Demokraten bestätigt.

das Amtsenthebungsverfahren gegen Bill Clinton, die ungenau gestanzten Lochkarten bei der Präsidentschaftswahl und das Verfahren Bush gegen Gore wegen des umstrittenen Wahlausgangs. Wie der Rest der Republik hatte auch ich beobachtet, dass sich die Wahlkampfkultur wie ein Krebsgeschwür in der Gesellschaft ausbreitete und eine – nachhaltige und durchaus profitable – Beleidigungsindustrie entstand und das Kabelfernsehen, das Talk Radio* und die Bestsellerliste der *New York Times* beherrschte.

Auch in den acht Jahren als Senator in Illinois hatte ich eine Ahnung davon bekommen, wie das Spiel inzwischen gespielt wurde. Als ich 1997 in Springfield eintraf, hatte die republikanische Mehrheit im Senat von Illinois dieselbe Geschäftsordnung verabschiedet, mit der Newt Gingrich als Speaker das US-Repräsentantenhaus unter absoluter Kontrolle hielt. Die Demokraten mochten schreien und brüllen und schäumen vor Wut, aber sie hatten nicht die Möglichkeit, auch nur die kleinste Gesetzesänderung debattieren zu lassen, geschweige denn durchzusetzen, und sie mussten hilflos zusehen, wie die Republikaner große Steuervergünstigungen für die Reichen verabschiedeten, die Arbeiterschaft benachteiligten oder die Sozialleistungen zusammenstrichen. Mit der Zeit wurde die demokratische Fraktion von einem tiefen Zorn erfasst, und meine Kollegen merkten sich sorgfältig jede Kränkung und jeden Machtmissbrauch durch die GOP (Grand Old Party). Sechs Jahre später errangen die Demokraten die Mehrheit, und nun erging es den Republikanern nicht besser. Einige Veteranen erinnerten sich wehmütig an eine Zeit, als Republikaner und Demokraten abends noch zusammen gespeist und bei Steaks und Zigarren Kompromisse

---

* Radioformat, das einen hohen Wortanteil besitzt und auf Diskussionen ausgerichtet ist.

ausgehandelt hatten. Aber selbst bei diesen alten Kämpen verblassten solche Erinnerungen schnell, wenn die Wahlhelfer der anderen Seite sie zum ersten Mal aufs Korn nahmen und ihre Wahlbezirke mit Postwurfsendungen überschwemmten, die ihnen Straftaten, Korruption, Inkompetenz und sittliche Verkommenheit vorwarfen.

Ich will nicht behaupten, dass ich bei alledem nur ein passiver Zuschauer wäre. Ich verstehe Politik als eine Kontaktsportart, bei der man Ellenbogenstöße und auch mal einen unverhofften Schlag wegstecken muss. Aber da ich eine unumstrittene demokratische Hochburg als Wahlkreis hatte, blieben mir die schlimmsten republikanischen Rufmordkampagnen erspart. Gelegentlich verfasste ich sogar zusammen mit ausgesprochen konservativen Kollegen Gesetzesvorschläge, und manchmal wurde uns bei einem Pokerspiel oder einem Bier bewusst, dass wir mehr gemeinsam hatten, als wir öffentlich zugeben wollten. Das erklärt vielleicht, warum ich während all der Jahre in Springfield an der Idee festhielt, dass Politik anders sein kann und die Wähler sie anders wollen; dass sie die Tatsachenverdrehungen, die Beschimpfungen und die Patentlösungen für komplizierte Probleme satthatten; dass ihr intuitives Gefühl für Fairness und ihr gesunder Menschenverstand sich durchsetzen würden, wenn ich es nur schaffte, sie direkt anzusprechen, ihnen die Probleme zu erklären, wie ich sie sah, und ihnen die möglichen Alternativen ehrlich vor Augen zu führen. Wenn genug Politiker dieses Risiko eingehen würden, könnte sich meiner Ansicht nach nicht nur das politische Klima in den Vereinigten Staaten, sondern auch die Politik selbst verbessern.

Mit dieser Einstellung begann ich 2004 meinen Wahlkampf um einen Sitz im US-Senat. Solange die Kampagne dauerte, sagte ich möglichst, was ich dachte, versuchte sauber zu argumentieren und mich auf Inhalte zu konzentrieren. Als ich die demokratische Vorwahl und dann die allgemeine Wahl jeweils mit einem ordentlichen Vorsprung gewann, war ich versucht zu glauben, dass sich meine Hoffnung, dass eine andere Politik möglich sei, erfüllt hatte.

Es gab nur ein Problem: Mein Wahlkampf war so gut verlaufen, dass es nach einem Glückstreffer aussah. Politische Beobachter wiesen darauf hin, dass von den sieben Kandidaten bei den Vorwahlen der Demokratischen Partei kein einziger einen negativen Spot im Fernsehen gebracht hatte. Der reichste Kandidat von allen, ein ehemaliger Wertpapierhändler mit einem Vermögen von mindestens 300 Millionen Dollar, gab 28 Millionen Dollar aus, und zwar größtenteils für eine Vielzahl positiver Fernsehspots, scheiterte aber in den letzten Wochen des Wahlkampfs, weil belastende Unterlagen aus seinem Scheidungsverfahren an die Öffentlichkeit kamen. Mein republikanischer Gegenkandidat, ein gut aussehender, wohlhabender früherer Teilhaber der Investmentbank Goldman Sachs, der inzwischen Lehrer an einer Innenstadtschule geworden war, kritisierte von Anfang an scharf meine Vergangenheit, aber noch bevor sein Wahlkampf richtig auf Touren gekommen war, wurde auch er durch einen Scheidungsskandal schachmatt gesetzt. Fast einen Monat lang reiste ich in Illinois herum, ohne scharf angegriffen zu werden. Dann hielt ich die Grundsatzrede auf dem Parteitag der Demokraten: 17 Minuten ungekürzte, ununterbrochene Sendezeit im US-weiten Fernsehen. Und schließlich wählte die Republikanische Partei von Illinois unerklärlicherweise den ehemaligen Präsidentschaftskandidaten Alan Keyes zu meinem neuen Gegner, einen Mann, der nie in Illinois gelebt hatte und sich politisch so hart und unnachgiebig gab, dass selbst konservative Republikaner Angst vor ihm bekamen.

Später erklärten mich einige Journalisten zum größten Glückspilz unter den Kandidaten in allen 50 Staaten. Privat waren einige von meinen Mitarbeitern wegen solcher Äußerungen empört, denn sie meinten, unsere harte Arbeit und die Attraktivität unserer Wahlaussagen sei nicht angemessen berücksichtigt worden. Trotzdem war unbestreitbar, dass ich geradezu unheimliches Glück gehabt hatte. Ich war ein Ausreißer, eine Laune der Natur, und für politische Insider bewies mein Sieg überhaupt nichts.

Kein Wunder, dass ich mich bei meiner Ankunft in Washington im Januar 2005 wie ein frischgebackener Profispieler fühlte, der auf sein erstes Spiel brennt, in seinem makellosen Dress aber erst nach dem Spiel eintrifft, als seine schlammbespritzten Mannschaftskameraden in der Kabine schon ihre Wunden lecken. Während ich mit Fototerminen und Interviews beschäftigt gewesen war und großartige Ideen über die Notwendigkeit von weniger Parteilichkeit und Streit vertreten hatte, waren die Demokraten auf der ganzen Linie geschlagen worden – bei der Wahl des Präsidenten, bei den Wahlen zum Senat und bei den Wahlen zum Repräsentantenhaus. Meine neuen Kollegen von der Demokratischen Partei hätten mich nicht herzlicher empfangen können, für sie war mein Sieg einer von ganz wenigen Lichtblicken. Aber wenn wir uns in den Sitzungspausen in den Gängen des Kapitols trafen, nahmen sie mich beiseite und erinnerten mich daran, wie die typischen Wahlkämpfe für den Senat inzwischen aussahen.

Sie berichteten mir, wie der demokratische Fraktionschef Tom Daschle in South Dakota gescheitert war, weil man ihn mit negativer Wahlwerbung im Wert von Millionen Dollar bekämpft hatte: ganzseitige Zeitungsanzeigen und Fernsehspots, in denen seinen Nachbarn täglich mitgeteilt wurde, er habe für Kindsmord und Männer in Hochzeitskleidern gestimmt. Manche warfen ihm sogar vor, er habe seine erste Frau schlecht behandelt, obwohl sie eigens nach South Dakota gereist war, um für seine Wiederwahl zu werben. Wir sprachen auch über Max Cleland, den früheren demokratischen Senator aus Georgia, einen dreifach amputierten Kriegsveteranen, der in der vorherigen Wahlperiode seinen Sitz verlor, weil man ihm mangelnden Patriotismus vorwarf und ihm unterstellte, er helfe und begünstige Osama bin Laden.

Und dann gab es da noch die kleine Geschichte von den Swift Boat Veterans for Truth. Diese »Schnellbootveteranen für die Wahrheit« hatten mit schockierender Effizienz durch ein paar gut platzierte Anzeigen und das Echo in den konservativen Medien John Kerry, einen hochdekorierten Helden des Vietnamkriegs, in einen schlappen Beschwichtigungspolitiker verwandelt.

Zweifellos gab es auch Republikaner, die sich ungerecht behandelt fühlten. Und vielleicht war es richtig, was in den Zeitungskommentaren stand, die in der ersten Sitzungswoche erschienen; vielleicht war es wirklich an der Zeit, dass beide Parteien sich abregten, ihre Wahlkampfmunition verstauten und sich daranmachten, wenigstens ein oder zwei Jahre lang das Land zu regieren. Vielleicht wäre das möglich gewesen, wenn nicht schon wieder Wahlen vor der Tür gestanden wären und der Irakkrieg nicht mehr getobt hätte oder wenn die Interessenverbände, viele »Experten« und Vertreter der Medien nicht davon profitiert hätten, dass sie das Klima aufheizten. Vielleicht wäre unter einer anderen Regierung auch der Frieden ausgebrochen, einer Regierung, die sich weniger entschlossen einem permanenten Wahlkampf gewidmet hätte, einem Weißen Haus, das einen Sieg von 51 zu 48 Prozent als Aufforderung zur Demut und Kompromissbereitschaft und nicht als unbestreitbares Mandat interpretiert hätte.

Aber welche Bedingungen für eine solche Entspannung auch immer nötig gewesen wären, sie waren 2005 keinesfalls gegeben. Es gab keine Konzessionen und keine Geste des guten Willens. Zwei Tage nach der Wahl trat Präsident Bush vor die Kameras und verkündete, er habe überschüssiges politisches Kapital und gedenke, es zu nutzen. Am selben Tag sagte der konservative Aktivist Grover Norquist, der nicht die Zurückhaltung eines hohen Amtsträgers üben musste, im Hinblick auf die Lage der Demokraten, dass »einem jeder Bauer sagen kann, dass bestimmte Tiere herumrennen und lästig sind, aber ganz friedlich und zahm werden, sobald man sie fest angebunden hat«. Zwei Tage nach meiner Vereidigung stellte die Abgeordnete Stephanie Tubbs Jones aus Cleveland im Repräsentantenhaus wegen der zahlreichen Unregelmäßigkeiten, die es bei den Wahlen in Ohio gegeben hatte, den Wahlausgang in diesem Staat in Frage. Bekannte und unbekannte Republikaner machten finstere Gesichter (»schlechte Verlierer«, hörte ich einige murmeln), aber der Sprecher des Repräsentantenhauses Dennis Hastert und der Mehrheitsführer Tom DeLay blieben mit unbewegten Gesichtern auf dem Podium sitzen; sie fühlten sich völlig sicher, weil sie sowohl die Mehrheit als auch den Vorsitz hatten. Die Senatorin Barbara Boxer aus Kalifornien unterstützte Tubbs Antrag, und als wir in den Sitzungssaal des Senats zurückkehrten, stimmte ich in meiner ersten Abstimmung zusammen mit 73 von 74 Senatoren, die an diesem Tag abstimmten, für eine zweite Amtszeit von George W. Bush als Präsident der Vereinigten Staaten.

Danach bekam ich erstmals eine Menge kritischer Telefonanrufe und Briefe. Ich rief ein paar von meinen verärgerten demokratischen Anhängern zurück und versicherte ihnen, dass ich ebenfalls mit den Problemen in Ohio vertraut sei und ebenfalls eine Untersuchung für richtig hielte, aber dennoch glaube, dass George Bush die Wahl gewonnen habe. Außerdem war es nötig, ihnen zu versichern, dass ich mich nicht schon nach zwei Amtstagen verkauft hatte oder bestochen worden war. In derselben Woche begegnete ich dem in Ruhestand gehenden Senator Zell Miller, einem schlanken und scharfsichtigen Demokraten aus Georgia. Er saß im Vorstand der National Rifle Association (NRA), hatte sich mit der Demokratischen Partei zerstritten,

George Bush unterstützt und jene flammende Grundsatzrede auf dem Parteitag der Republikaner gehalten – eine hemmungslose Tirade gegen die Treulosigkeit von John Kerry und seine angeblich windelweiche Haltung zu Fragen der nationalen Sicherheit. Wir hatten einen kurzen Wortwechsel voller versteckter Ironie – der ältere Südstaatler auf dem Rückzug und der junge schwarze Nordstaatler auf dem Vormarsch, ein Unterschied, auf den die Presse in den Berichten über unsere beiden Grundsatzreden hingewiesen hatte. Senator Miller war sehr höflich und wünschte mir viel Glück in meinem neuen Amt. Später stieß ich auf einen Auszug aus seinem Buch *A Deficit of Decency*, in dem er meine Rede auf dem Parteitag als eine der besten bezeichnete, die er je gehört hatte, bevor er (mit einem süffisanten Lächeln, wie ich mir vorstelle) notierte, dass sie kaum geeignet gewesen sei, eine Wahl zu gewinnen.

Mit anderen Worten: Mein Mann hatte verloren. Zell Millers Mann hatte gewonnen. Das war die harte, kalte politische Realität. Alles andere war reine Sentimentalität.

Meine Frau kann Ihnen sagen, dass ich kein Mensch bin, der leicht aus der Ruhe zu bringen ist. Wenn ich Ann Coulter oder Sean Hannity auf dem Bildschirm hetzen sehe, fällt es mir schwer, sie ernst zu nehmen. Ich nehme an, dass sie nur so reden, weil sie mehr Bücher verkaufen oder ihre Quote steigern wollen, auch wenn ich mich frage, wer seine kostbaren Abende mit solchen Miesmachern vergeudet. Wenn mir demokratische Parteigenossen bei Veranstaltungen versichern, dass wir in der schlimmsten aller politischen Zeiten leben und uns ein schleichender Faschismus langsam die Luft abschnürt, gebe ich mitunter zu bedenken, dass die Internierung der Amerikaner japanischer Abstammung unter Franklin Delano Roosevelt, die Alien und Sedition Acts (Fremden- und Aufruhrgesetze) unter John Adams oder 100 Jahre Lynchjustiz unter mehr als zwei

Dutzend Regierungen vielleicht doch noch schlimmer gewesen sind und wir vielleicht alle einmal tief Luft holen sollten. Wenn ich auf Dinnerpartys gefragt werde, wie ich unter den gegebenen politischen Bedingungen, bei all den negativen Wahlkämpfen und persönlichen Angriffen, überhaupt arbeiten kann, erwähne ich vielleicht Nelson Mandela oder Alexander Solschenizyn oder einen Mann, der in irgendeinem chinesischen oder ägyptischen Gefängnis sitzt. Wenn man nur beschimpft wird, statt im Gefängnis zu landen, ist das eigentlich gar nicht so schlimm.

Trotzdem bin auch ich zutiefst beunruhigt. Und wie die meisten Amerikaner kann ich mich des Gefühls kaum erwehren, dass mit unserer Demokratie etwas ernsthaft schiefläuft.

Es ist nicht nur die Kluft zwischen der Realität und den Idealen, zu denen sich unsere Nation bekennt, die uns jeden Tag vor Augen geführt wird. In der einen oder anderen Form hat es diese Kluft seit der Gründung der Vereinigten Staaten immer gegeben. Kriege wurden geführt, Gesetze verabschiedet, Systeme reformiert, Gewerkschaften gegründet und Demonstrationen veranstaltet, um Ideal und Wirklichkeit näher zusammenzubringen.

Nein, was mir wirklich Sorgen macht, ist die Kluft zwischen dem Ausmaß unserer Probleme und den kläglichen Resultaten unserer Politik, die Leichtigkeit, mit der wir uns vom Unbedeutenden und Trivialen ablenken lassen, unsere chronische Vermeidung schwerer Entscheidungen, unsere offenkundige Unfähigkeit, einen belastbaren Konsens zur Lösung auch nur eines der großen Probleme zu finden.

Wir wissen, dass wir aufgrund des globalen Wettbewerbs (und erst recht, wenn wir uns den Werten der Chancengleichheit und der sozialen Mobilität verpflichtet fühlen) unser Bildungssystem von Grund auf reformieren, unsere Lehrerschaft vergrößern, die Ausbildung in Mathematik und den Naturwissenschaften energisch verbessern und den Analphabetismus bei den Kindern der Innenstädte mit aller Macht bekämpfen müssten. Doch unsere Bildungsdebatte stagniert fruchtlos zwischen Extrempositionen: Die einen wollen das öffentliche Schulsystem ganz auflösen, und die anderen verteidigen einen unhaltbaren Status quo; die einen behaupten, dass im Bildungswesen durch Geld nichts bewirkt werden könne, und die anderen fordern mehr Geld für Bildung, ohne den Nachweis über den konkreten Nutzen zu erbringen.

Wir wissen, dass unser Gesundheitssystem mangelhaft ist: unglaublich teuer, schrecklich ineffizient und schlecht angepasst an eine Volkswirtschaft, die nicht mehr auf lebenslangen Beschäftigungsverhältnissen aufbaut – ein System, durch das hart arbeitende Amerikaner chronischer Unsicherheit ausgesetzt und von äußerster Armut bedroht sind. Trotzdem herrscht aus ideologischen Gründen und wegen politischer Winkelzüge seit Jahren Untätigkeit, mit der einen Ausnahme, dass im Jahr 2003 ein neues Gesetz über rezeptpflichtige Medikamente verabschiedet wurde, bei dem es irgendwie gelang, die schlimmsten Auswüchse des privaten und des öffentlichen Sektors zu kombinieren: Preistreiberei und bürokratische Verwirrung, Lücken in der Bedarfsdeckung und haarsträubende Kosten für den Steuerzahler.

Wir wissen, dass der Kampf gegen den internationalen Terrorismus nicht nur ein bewaffneter Kampf, sondern auch ein Wettbewerb der Ideen ist, dass unsere langfristige Sicherheit sowohl von einem klugen Einsatz unserer Militärmacht als auch von verstärkter Zusammenarbeit mit anderen Ländern abhängt und dass eine weltweite Armutsbekämpfung und die Sanierung gescheiterter Staaten nicht nur aus humanitären Gründen notwendig ist, sondern auch in unserem nationalen Interesse liegt. Wer jedoch unsere außenpolitischen Debatten verfolgt, der gewinnt überwiegend den Eindruck, dass wir nur eine Alternative haben: Kriegführung oder Isolationismus.

Wir betrachten den Glauben als eine Quelle von Trost und Verständnis für unsere Mitmenschen, müssen aber feststellen, dass durch unsere Glaubensäußerungen Zwietracht entsteht; wir halten uns für ein tolerantes Volk, obwohl wir allerorten mit rassischen, religiösen und kulturellen Spannungen konfrontiert sind. Und statt dass die Politiker nach Lösungen für diese Probleme suchen oder in den Konflikten vermitteln, heizen sie die Konflikte an, beuten sie aus und entzweien uns dadurch noch mehr.

Im persönlichen Gespräch wird diese Diskrepanz zwischen der Politik, die wir haben, und der Politik, die wir brauchen, von den politischen Entscheidungsträgern durchaus eingestanden. Natürlich sind die Demokraten gar nicht glücklich mit der bestehenden Lage, da sie zumindest gegenwärtig auf der Verliererseite stehen, besiegt von Republikanern, die durch Wahlen, bei denen der Sieger alles bekommt, alle Instanzen der Regierung kontrollieren und Kompromisse nicht für nötig halten. Nachdenkliche Republikaner sind vielleicht trotzdem nicht zu übermütig. Denn die Demokraten sind zwar unterlegen, aber die Republikaner haben mit Versprechungen gewonnen, die häufig realitätsfern waren (Steuersenkungen ohne Abbau staatlicher Leistungen, Privatisierung der Sozialversicherung ohne Änderung der Leistungen, Krieg ohne Opfer) und ihnen das Regieren nun massiv erschweren.

Trotzdem ist in der Öffentlichkeit kaum etwas davon zu spüren, dass in den feindlichen Lagern so etwas wie Selbstkritik eingesetzt hätte und man wenigstens einen kleinen Teil der eigenen Verantwortung für den Stillstand erkennen würde. Was wir stattdessen nicht nur im Wahlkampf, sondern auch in den Leitartikeln, in den Buchregalen oder in dem sich ständig erweiternden Universum der Blogs im Internet beobachten können, sind die Zurückweisung von Kritik und das Verteilen von Schuldzuweisungen. Je nach Geschmack ist unsere Misere die natürliche Folge von radikalem Konservatismus oder extremem Linksliberalismus, von Tom DeLay oder Nancy Pelosi, von Big Oil oder gierigen Anwälten in Schadenersatzprozessen, von religiösen Fanatikern oder Aktivisten der Schwulenbewegung, von Fox News oder der *New York Times*. Wie gut diese Geschichten jeweils erzählt werden, wie scharfsinnig ihre Argumente sind und wie sauber ihre Beweisführung ist, hängt von den Autoren ab. Ich will hier nicht verhehlen, dass ich eine Vorliebe für die Geschichten der Demokraten habe und die Argumente der Linksliberalen meiner Ansicht nach häufiger auf Vernunft und Tatsachen beruhen. In destillierter Form jedoch sind die Erklärungen der Rechten wie der Linken Spiegelbild der jeweils anderen geworden. Beide Seiten kolportieren Verschwörungstheorien, denen zufolge Amerika von einer bösen Clique erobert worden sein soll. Wie alle guten Verschwörungstheorien enthalten die Geschichten beider Seiten gerade genug Wahrheit, um gutgläubige Anhänger zu überzeugen, und verschweigen alle Widersprüche, die Zweifel an ihrer Grundaussage wecken könnten. Sie sollen nicht die andere Seite eines Besseren belehren, sondern die eigene Basis in ihrer Haltung bestärken und bei der Stange halten. Darüber hinaus sollen so viele Gegner zum Überlaufen verlockt werden, dass die Gegenseite zur Unterwerfung gezwungen werden könnte.

Natürlich gibt es noch eine andere Geschichte. Sie wird von den Millionen Amerikanern erzählt, die ein ganz normales Leben führen. Sie haben einen Arbeitsplatz oder suchen Arbeit, gründen Unternehmen oder helfen ihren Kindern bei den Hausaufgaben. Sie haben mit hohen Gasrechnungen oder mit ihrer unzureichenden Krankenversicherung zu kämpfen, oder sie müssen damit leben, dass ihnen von irgendeinem Insolvenzgericht der Zugriff auf ihre Altersversorgung genommen wurde. Sie blicken manchmal hoffnungsvoll und manchmal ängstlich in die Zukunft. Ihr Leben ist voller Widersprüche und Mehrdeutigkeiten. Und weil die Politik so selten zur Sprache bringt, was sie durchmachen (und weil sie begriffen haben, dass Politik heutzutage ein Geschäft ist und keine Berufung und dass, was als Debatte durchgeht, heute nicht viel mehr als ein billiges Spektakel ist), gehen sie in die innere Emigration, weg von dem Geschrei und Gezänk und dem endlosen Geschwätz.

Eine Regierung, die diese Amerikaner wirklich repräsentieren und ihnen ernsthaft dienen soll, muss eine andere Politik machen. Diese Politik muss sich damit beschäftigen, wie in unserem Land wirklich gelebt wird. Sie ist kein Fertigprodukt, das man nur aus dem Regal zu nehmen braucht. Sie muss sich auf unsere besten Traditionen gründen und darf auch die dunklen Aspekte unserer Vergangenheit nicht verdrängen. Wir müssen verstehen, wie genau wir in die heutige Misere geraten und zu einem von Hass und Stammesfehden zerrissenen Land geworden sind. Und wir müssen uns trotz aller Differenzen daran erinnern, wie viel wir gemeinsam haben: gemeinsame Hoffnungen, gemeinsame Träume, ein Band, das nicht reißen wird.

Nach meiner Ankunft in Washington fiel mir alsbald der relativ herzliche Umgang auf, den die älteren Mitglieder des Senats miteinander pflegten: die unerschütterliche Höflichkeit, von der jede Interaktion zwischen John Warner und Robert Byrd geprägt war, oder die echte Freundschaft zwischen dem Republikaner Ted Stevens und dem Demokraten Daniel Inouye. Es wird allgemein behauptet, dass diese Männer einer aussterbenden Spezies angehörten, einer Spezies, die nicht nur den Senat liebe, sondern auch für eine weniger an der Parteizugehörigkeit orientierte Politik stehe. Und tatsächlich gehört es zu den wenigen Dingen, auf die sich konservative und linksliberale Kommentatoren einigen können, dass es in Washington eine Zeit vor dem Sündenfall gegeben haben soll, ein goldenes Zeitalter, in dem unabhängig davon, welche Partei gerade an der Macht war, ein höflicher Umgang gepflegt wurde und die Regierung funktionierte.

Eines Abends kam ich auf einem Empfang mit einem alten Washingtoner Hasen ins Gespräch, der fast 50 Jahre im Kapitol und darum herum gedient hatte. Ich fragte ihn, warum sich die Atmosphäre im Vergleich zu früher geändert habe.

»Es liegt an der neuen Generation«, sagte er ohne zu zögern. »Früher hatten fast alle, die in Washington irgendwelche Macht besaßen, im Zweiten Weltkrieg gedient. Auch wir stritten manchmal wie Hund und Katze miteinander. Wir hatten sehr unterschiedliche Werdegänge, kamen aus unterschiedlichen Vierteln, vertraten unterschiedliche politische Philosophien. Aber durch den Krieg hatten wir alle etwas gemeinsam. Aus dieser gemeinsamen Erfahrung erwuchsen ein gewisses Vertrauen und eine gewisse Achtung. Das half uns, Differenzen zu überwinden und etwas zu erreichen.«

Als der alte Mann seine Erinnerungen an Dwight Eisenhower und Sam Rayburn, Dean Acheson und Everett Dirksen zum Besten gab, wäre ich der Faszination des leicht verschwommenen Porträts fast erlegen, das er von einer Zeit zeichnete, in der es noch keine 24-stündigen Nachrichtenzyklen und noch keine permanente Spendenkampagne gab und in der ernsthafte Männer ernsthafte Arbeit geleistet hatten. Ich musste mir bewusst ins Gedächtnis rufen, dass der Grund für seine Begeisterung für diese Ära wohl sein selektives Gedächtnis war. Aus seinem Bild waren die Senatoren aus den Südstaaten gelöscht, die im Senat die Bürgerrechtsgesetzgebung angegriffen hatten; auch die üble Hexenjagd des McCarthyismus, die bittere Armut, auf die Robert Kennedy vor seinem Tod hingewiesen hatte, und das Fehlen von Frauen und Minderheiten an den Schalthebeln der Macht kamen in seiner verklärten Vergangenheit nicht vor.

Mir wurde außerdem bewusst, dass der Konsens der führenden Politiker jener Zeit, den mein Gesprächspartner mitgetragen hatte, einer Reihe einzigartiger Umstände zu verdanken war: nicht nur den gemeinsamen Erfahrungen der Abgeordneten im Zweiten Weltkrieg, sondern auch der fast völligen Einigkeit, die durch den Kalten Krieg und die Bedrohung durch die Sowjetunion entstanden war. Vielleicht war die konkurrenzlose Dominanz der amerikanischen Volkswirtschaft in den fünfziger und sechziger Jahren noch wichtiger, weil Europa und Japan die Trümmer des Krieges wegräumen mussten.

Trotzdem lässt sich nicht bestreiten, dass die amerikanische Politik in den Jahren nach dem Zweiten Weltkrieg viel weniger ideologisch geprägt war und die Parteizugehörigkeit eine viel weniger scharf umrissene Bedeutung hatte als heute. Die Koalition von Demokraten, die den Kongress den größten Teil dieser Zeit kontrollierte, war ein Amalgam aus linksliberalen Nordstaatlern wie Hubert Humphrey, aus konservativen Südstaatlern wie James Eastland und aus loyalen Parteifunktionären, die sich in den Parteiapparaten der Großstädte hochgedient hatten. Zusammengehalten wurde sie durch den ökonomischen Populismus des New Deal – einer Vision von fairen Löhnen und Sozialleistungen, staatlicher Fürsorge und Staatsbetrieben und einem kontinuierlich steigenden Lebensstandard. In jener Zeit herrschte in der Partei eine Philosophie der falschen Toleranz, die in der Duldung oder gar aktiven Förderung der Rassenunterdrückung in den Südstaaten ihren Ausdruck fand; eine Philosophie, die von einer Kultur geprägt war, in der soziale Normen, etwa im sexuellen Bereich oder in Bezug auf die Rolle der Frau, praktisch nicht in Frage gestellt wurden; eine Kultur, die noch nicht über das Vokabular verfügte, um Unbehagen über diese Zustände zu artikulieren oder sie zum Gegenstand einer politischen Debatte zu machen.

In den ganzen fünfziger und frühen sechziger Jahren tolerierte auch die GOP alle Arten ideologischer Gegensätze, etwa zwischen dem Weststaaten-Liberalismus eines Barry Goldwa-

ter und dem Oststaaten-Paternalismus eines Nelson Rocke-
feller; zwischen denen, die unter Berufung auf Republikaner
wie Abraham Lincoln und Teddy Roosevelt für eine aktive Rolle
des Staates eintraten, und denen, die sich auf den Konservatismus von Edmund Burke beriefen, der als Traditionalist soziale Experimente ablehnte. Die Überwindung dieser regionalen
und charakterlichen Gegensätze bezüglich der Bürgerrechte,
des Ausmaßes staatlicher Regulierung und sogar bezüglich des
Steuerrechts war alles andere als problemlos. Aber genau wie die
Demokraten wurde auch die GOP vor allem durch wirtschaftliche Interessen zusammengehalten, durch eine Philosophie der
freien Marktwirtschaft und der steuerlichen Zurückhaltung, die
all ihre Wähler teilten, vom Ladenbesitzer an der Main Street
bis zum Industriemanager und Countryclub-Mitglied. (Die
Republikaner mögen in den fünfziger Jahren auch eine schärfere
Form des Antikommunismus favorisiert haben als die Demokraten, aber wie nicht zuletzt John F. Kennedy bewies, waren
die Demokraten jederzeit bereit, die Republikaner auf diesem
Gebiet herauszufordern und zu überbieten, wann immer ein
Wahltag näher rückte.)

Erst in den sechziger Jahren wurden diese politischen Bündnisse aus heute gut dokumentierten Gründen gesprengt. Zuerst
entstand die Bürgerrechtsbewegung, die schon in ihren ersten
glücklichen Tagen die bestehende Sozialstruktur radikal in
Frage stellte und die Amerikaner zwang, Partei zu ergreifen.
Präsident Johnson entschied sich letztlich für die richtige Seite, aber als Südstaatler verstand er besser als die meisten, was
mit dieser Entscheidung verbunden war. Nachdem er 1964 den
Civil Rights Act unterzeichnet hatte, sagte er zu seinem Berater
Bill Moyers, er habe gerade mit einem einzigen Federstrich den
Süden auf absehbare Zeit der GOP ausgeliefert.

Dann kamen die Studentenproteste gegen den Vietnamkrieg
und die Erkenntnis, dass Amerika nicht immer Recht hatte, dass

es nicht immer richtig handelte und dass die neue Generation nicht jeden Preis zahlen und jede Last tragen würde, die ihr die Alten auferlegen wollten.

Als schließlich die Mauern des Status quo fielen, strömten alle Arten von »Außenseitern« durch die Breschen: Feministinnen, Latinos, Hippies, Black Panthers, allein erziehende Mütter, die Sozialhilfe bezogen, Schwule, und sie alle bestanden auf ihren Rechten, sie alle verlangten einen Platz am Tisch und ein Stück vom Kuchen.

Es sollte mehrere Jahre dauern, bis sich die Anstrengungen dieser Bewegungen auszahlten. Dass Nixon auf den Süden setzte, dass er das gerichtlich angeordnete Verfrachten von Schulkindern mit Bussen in andere Stadtbezirke, um das rassische Ungleichgewicht an den Schulen auszugleichen, kritisierte und an die schweigende Mehrheit appellierte, zahlte sich an den Wahlurnen sofort aus. Doch seine Regierungsphilosophie verfestigte sich nie zu einer radikalen Ideologie. Es war Nixon, der die ersten nationalen Affirmative-Action-Programme initiierte (Quotenregelungen für Frauen und Behinderte oder Erleichtern des Zuganges zu Universitäten für Afroamerikaner) und die Gesetze zur Gründung der Umweltbehörde EPA (Environmental Protection Agency) und der Bundesbehörde für Arbeitsschutz und Arbeitsmedizin (Occupational Safety and Health Administration) unterzeichnete. Jimmy Carter bewies, dass die Unterstützung der Bürgerrechtsbewegung auch mit dem Programm des eher konservativen Flügels der Demokraten zu vereinbaren war. Zwar wechselten damals einige Demokraten aus den Südstaaten zu den Republikanern, aber die meisten Kongressabgeordneten aus den Südstaaten, die in der Demokratischen Partei blieben, wurden aufgrund ihres Amtsbonus wieder gewählt, sodass die Demokraten zumindest im Repräsentantenhaus die Mehrheit behielten.

Doch ein politisches Erdbeben hatte stattgefunden: Politik

war nicht mehr nur eine Sache des Geldbeutels, sondern auch ein moralisches Anliegen. Sie wurde moralischen Imperativen und moralischen Absoluta unterworfen. Und sie wurde entschieden persönlich, das heißt, sie wurde für jeden zwischenmenschlichen Kontakt, sei es zwischen schwarz und weiß oder zwischen Männern und Frauen relevant und kam bei jeder Bejahung oder Ablehnung von Autorität zum Ausdruck.

Entsprechend waren Linksliberalismus und Konservatismus in den Augen der Öffentlichkeit künftig nicht mehr durch die Klassenzugehörigkeit, sondern durch die Haltung gekennzeichnet, die man zur traditionellen Kultur und zur Gegenkultur hatte. Es kam nicht mehr nur darauf an, wie man über das Streikrecht oder die Besteuerung der Großkonzerne dachte, sondern auch darauf, welche Einstellung man zu Sexualität, Drogen und Rock and Roll, zur lateinischen Messe oder zu Blooms Canon* hatte. Ethnisch orientierte weiße Wähler im Norden und die meisten weißen Wähler im Süden konnten mit dem neuen Linksliberalismus wenig anfangen. Dass es Gewalt auf den Straßen gab und diese von Intellektuellen tendenziell entschuldigt wurde, dass Schwarze ins Nachbarhaus zogen und weiße Kinder in Bussen quer durch die Städte gekarrt, dass amerikanische Flaggen verbrannt und Veteranen angespuckt wurden, all dies war für viele eine Beleidigung und Herabsetzung der Werte, die ihnen am teuersten waren: die Familie, der Glauben, die Nationalflagge, gute Nachbarschaft und – für einige zumindest – die Privilegien der Weißen. Dann folgte auf diese turbulente Zeit mit ihren politischen Morden, ihren brennenden Stadtvierteln und der bitteren Niederlage in Vietnam auch noch eine Rezession, die durch Schlangen an den Tankstellen, Geldentwertung

---

* In dem Buch *The Western Canon* des konservativen amerikanischen Literaturwissenschaftlers Harold Bloom findet sich eine umfassende Aufzählung der Werke, die seiner Ansicht nach das Rückgrat der westlichen Kultur ausmachen.

und Fabrikschließungen geprägt war. Als Jimmy Carter dazu nichts anderes einfiel, als den Thermostat herunterzudrehen, und als die schiitischen Revolutionäre im Iran die Empörung über das Preisdiktat der OPEC durch eine demütigende Botschaftsbesetzung noch verschärften, da begann ein großer Teil der alten New-Deal-Koalition nach einer neuen politischen Heimat Ausschau zu halten.

Ich hatte schon immer ein gespaltenes Verhältnis zu den sechziger Jahren. In gewissem Sinn bin ich ein lupenreines Produkt dieser Ära: Als Kind eines gemischtrassigen Ehepaars wäre mein Leben ohne die gesellschaftliche Umwälzung, die damals stattfand, völlig anders verlaufen, und ich hätte überhaupt keine Chancen gehabt. Doch ich war damals zu jung, um das Wesen dieser Veränderungen ganz zu begreifen, und ich war, weil ich auf Hawaii und in Indonesien lebte, zu weit weg vom Geschehen, um seine negativen Auswirkungen auf die amerikanische Psyche zu begreifen. Vieles, was ich über die sechziger Jahre weiß, hat mir meine Mutter vermittelt, die sich bis zum Ende ihres Lebens stolz als unbelehrbare Linksliberale bezeichnete. Sie war besonders von der Bürgerrechtsbewegung begeistert und erzog mich in möglichst vollkommener Übereinstimmung mit den Werten, die sie in dieser Bewegung sah: Toleranz, Gleichheit, Einsatz für die Benachteiligten.

In vieler Hinsicht jedoch war das Verständnis meiner Mutter für die sechziger Jahre begrenzt, und zwar sowohl durch die große räumliche Entfernung (sie hatte das amerikanische Festland 1960 verlassen) als auch durch ihren notorischen und liebenswerten Romantizismus. Intellektuell versuchte sie vielleicht zu verstehen, was es mit Black Power oder dem SDS auf sich hatte oder mit den Frauen, die aufhörten, sich die Beine zu rasieren, aber die Wut und den oppositionellen Geist dieser Gruppen hatte sie einfach nicht in sich. Gefühlsmäßig stammte ihr linker Liberalismus definitiv aus der Zeit vor 1967, ihr Herz war eine Zeitkapsel mit Bildern vom Raumfahrtprogramm, vom Peace Corps* und den Freedom Rides**, von Mahalia Jackson und Joan Baez.

Erst als ich älter wurde, begriff ich in den siebziger Jahren, dass viele US-Bürger, die wichtige Ereignisse der sechziger Jahre miterlebt hatten, das Gefühl hatten, die Lage sei völlig außer Kontrolle geraten. Zum Teil wurde mir dieser Sachverhalt durch das Murren meiner Großeltern mütterlicherseits bewusst. Diese langjährigen Demokraten gaben zu, dass sie 1968 Nixon gewählt hatten, ein Verrat, den ihnen meine Mutter ihr ganzes Leben nicht verzieh. Vor allem stützte sich mein Verständnis der sechziger Jahre jedoch auf meine eigenen Recherchen, als ich in den politischen und kulturellen Veränderungen, die damals bereits langsam abebbten, eine Rechtfertigung für meine eigene jugendliche Rebellion suchte. Als Teenager war ich fasziniert von der dionysischen Qualität einer Ära, in der alles möglich schien; und aus Büchern, Filmen und Musik gewann ich ein Bild von den sechziger Jahren, das sich stark von dem meiner Mutter unterschied: ein Bild, das geprägt war von Huey Newton und der Black Panther Party, vom demokratischen Parteitag von 1968, von der Luftbrücke nach Saigon, mit der die letzten Amerikaner aus Vietnam evakuiert wurden, und dem Konzert der Stones in Altamont, bei dem ein Schwarzer von Hells Angels erstochen wurde. Obwohl ich keinen

---

* Das Peace Corps ist eine »unabhängige Bundesagentur«, dazu gedacht, das Verständnis zwischen Amerikanern und Nicht-Amerikanern im Ausland zu verbessern. Es wurde 1961 auf Anweisung von John F. Kennedy eingerichtet und im selben Jahr vom US-Kongress als eine permanente Einrichtung des amerikanischen Außenministeriums anerkannt.
** Durch die Freedom Rides (ab 1961) sollten die lokalen Proteste in den Südstaaten unterstützt werden, indem Studenten und Studentinnen aus den Nordstaaten in den Süden fuhren und sich an direkten gewaltfreien Aktionen beteiligten.

unmittelbaren Grund hatte, für eine Revolution zu kämpfen, kam ich zu dem Schluss, dass auch ich in Stil und Haltung ein Rebell sein konnte, der sich durch das Traditionen verhaftete Denken der Über-Dreißigjährigen keine Fesseln anlegen ließ.

Schließlich schlug meine antiautoritäre Haltung allerdings in Zügellosigkeit und Selbstzerstörung um, und als ich mich am College einschrieb, hatte ich bereits erkannt, dass das Infragestellen von Konventionen seine eigenen Exzesse und seine eigene Orthodoxie mit sich bringen kann. Ich überprüfte meine Grundannahmen und rief mir die Werte ins Gedächtnis, die mir meine Mutter und meine Großeltern vermittelt hatten. Im Verlauf dieses langsamen, manchmal jedoch auch sprunghaften Prozesses, in dem ich meine Überzeugungen einer Revision unterzog, registrierte ich im Stillen, wann meine Mitstudenten im Gespräch plötzlich aufhörten zu denken und nur noch Phrasen droschen. Die Anklage des Kapitalismus oder des amerikanischen Imperialismus kam ihnen dann allzu leicht von den Lippen, und sie proklamierten Freiheit von der Monogamie oder der Religion, ohne dass sie den Wert solcher Beschränkungen ganz begriffen hatten. Auch sahen sie sich allzu gern als Opfer, um keine Verantwortung tragen zu müssen oder Ansprüche erheben zu können oder um sich moralische Überlegenheit über weniger Benachteiligte anzumaßen.

All dies erklärt vielleicht, warum ich Reagans Anziehungskraft verstehen konnte, obwohl ich verstört war, als er 1980 gewählt wurde, und obwohl ich keineswegs beeindruckt war von seinem an John Wayne erinnernden Paternalismus, von der Art, wie er durch Anekdoten Politik machte, oder von seinen durch nichts gerechtfertigten Angriffen auf die Armen. Trotzdem übte er eine ähnliche Anziehungskraft aus, wie sie die Militärstützpunkte auf Hawaii mit ihren sauberen Straßen, ihrer gut geölten Maschinerie und den schneidig salutierenden Soldaten in ihren schmucken Uniformen auf mich ausgeübt hatten, als ich noch ein Junge war. Sie hatte etwas mit der Freude zu tun, die ich bis heute an einem guten Baseballspiel habe oder die meine Frau an der *Dick Van Dyke Show* hat. Reagan sprach über die amerikanische Sehnsucht nach Ordnung, über die Notwendigkeit zu glauben, dass wir nicht nur blinden, unpersönlichen Kräften unterworfen sind, sondern unser individuelles und kollektives Schicksal selbst bestimmen können, wenn wir die traditionellen Tugenden Fleiß, Patriotismus, persönliche Verantwortungsbereitschaft, Optimismus und Vertrauen wieder entdecken.

Dass Reagans Botschaft ein so empfängliches Publikum fand, lag nicht nur an seinem Geschick als Kommunikator; es lag auch daran, dass es der Regierung Carter nicht gelungen war, den Wählern aus der Mittelschicht in einer Periode der wirtschaftlichen Stagnation das Gefühl zu vermitteln, dass sie sich für sie einsetzte. Tatsache war nämlich, dass diese Regierung auf allen Ebenen zu großzügig mit dem Geld der Steuerzahler umgegangen war. Nur allzu oft hatte die Regierungsbürokratie nicht berücksichtigt, was ihre Maßnahmen kosteten. Allzu oft waren in der linksliberalen Rhetorik Rechte und Ansprüche höher bewertet worden als Pflicht und Verantwortung. Reagan zeichnete vielleicht ein gar zu finsteres Bild von den Sünden des Wohlfahrtsstaats, und die Linksliberalen hatten Recht, wenn sie ihm vorwarfen, dass seine Innenpolitik die wirtschaftlichen Eliten stark bevorzugte und Raubtierkapitalisten in den ganzen achtziger Jahren schon wieder satte Gewinne machten, während Gewerkschaften zerschlagen wurden und das Einkommen des durchschnittlichen Arbeiters weiterhin stagnierte.

Trotzdem bot Reagan den Amerikanern mit seinem Versprechen, sich auf die Seite derer zu stellen, die hart arbeiteten, dem Gesetz gehorchten, für ihre Familie sorgten und ihr Land liebten, das Gefühl, ein gemeinsames Ziel zu haben, was den Liberalen offenbar nicht mehr gelang. Und je schärfer Reagans Kritiker wurden, umso mehr spielten sie die Rolle, in die er sie drängen wollte: eine realitätsferne, auf höhere Steuern und Ausgaben erpichte, politisch korrekte Elite, die er für alle Missstände in Amerika verantwortlich machte.

Was mich dabei wundert, ist nicht, dass die von Reagan entwickelte politische Formel damals Erfolg hatte, sondern dass dieser Erfolg so dauerhaft war. Obwohl der Aufruhr der sechziger Jahre und die darauf folgende Gegenreaktion inzwischen 40 Jahre zurückliegen, prägen sie bis heute den politischen Diskurs. Dies spricht einerseits dafür, dass die Konflikte der sechziger Jahre für die Männer und Frauen, die damals erwachsen wurden, sehr tiefgreifend waren, dass die Auseinandersetzungen dieser Ära immer weniger als rein politische Meinungsverschiedenheiten und immer mehr als persönliche Entscheidungen verstanden wurden, von denen die Identitäten und die moralischen Standpunkte der Menschen geprägt wurden.

Meiner Ansicht nach wirft die fortdauernde Relevanz der damaligen Auseinandersetzung auch ein Licht darauf, dass die zentralen Probleme der sechziger Jahre bis heute nicht wirklich gelöst sind. Die Wut der Gegenkultur hat sich vielleicht stärker in der Verbraucherschutzbewegung, in der Wahl des Lebensstils und in musikalischen Präferenzen niedergeschlagen als in politischem Engagement, doch die Probleme Rassismus, Krieg, Armut und Geschlechterbeziehungen haben sich nicht in Luft aufgelöst.

Vielleicht hat die fortdauernde Relevanz der sechziger Jahre auch mit der schieren Größe der Generation der Babyboomer zu tun, einer demographischen Macht, die in der Politik dasselbe Gewicht hat wie in allen anderen Bereichen auch, vom Markt für Viagra bis zur Anzahl der Becherhalter, die die Automobilhersteller in ihren Autos anbringen.

Wie auch immer die Erklärung lautet, jedenfalls wurden die Trennlinien zwischen Republikanern und Demokraten, Linksliberalen und Konservativen nach Reagan ideologisch schärfer gezogen. Dies galt natürlich für die heißen Probleme der Affirmative Action, der Verbrechensbekämpfung, der Sozialhilfe, der Abtreibung und des Schulgebets, die durchweg eine Fortsetzung früherer Schlachten waren. Aber es galt auch für alle anderen großen oder kleinen Probleme in der Innen- und Außenpolitik. Sie alle wurden auf mundgerecht servierte, fernsehtaugliche Entweder-oder- und Für-oder-Wider-Alternativen reduziert. Wirtschaftspolitik beruhte nicht mehr auf einer Abwägung zwischen den konkurrierenden Zielen Produktivität und Verteilungsgerechtigkeit, einer Abwägung zwischen dem Wachstum des Kuchens und seiner Verteilung. Vielmehr war man entweder für Steuerkürzungen oder für Steuererhöhungen, entweder für einen schwachen oder für einen starken Staat. Umweltpolitik beruhte nicht mehr auf einer Abwägung zwischen einem verantwortlichen Umgang mit den natürlichen Ressourcen und den Anforderungen einer modernen Volkswirtschaft. Vielmehr unterstützte man entweder eine unkontrollierte Entwicklung mit ungebremstem Tagebau, Ölbohrungen und dergleichen, oder man war für eine alles erstickende Bürokratie und eine Flut von Verboten, die jedes Wachstum erstickten. In der proklamierten Politik, wenn auch nicht unbedingt in ihrer konkreten Umsetzung, war die Simplifikation zur Tugend geworden.

Manchmal habe ich den Verdacht, dass es nicht einmal den republikanischen Führern, die direkt nach Reagan kamen, ganz wohl bei dieser Entwicklung der Politik war. Bei Männern wie George H. W. Bush und Bob Dole wirkte die polarisierende Rhetorik, wenn sie sich auf eine Politik des Ressentiments einließen, immer ein wenig gezwungen. Sie schienen zu wissen, dass sie mit diesem Konzept zwar den Demokraten Wähler abspenstig machen, aber nicht unbedingt regieren konnten.

Für die jüngere Generation der Republikaner (Männer wie Newt Gingrich und Karl Rove, Grover Norquist und Ralph Reed), die schon bald an die Macht kommen sollte, war die hitzige Rhetorik dagegen keine bloße Wahlkampfstrategie mehr. Sie glaubten wirklich, was sie sagten, wenn sie verkündeten: »Keine neuen Steuern« oder »Wir sind eine christliche Nation«. Tatsächlich erinnerten diese neuen Führungskräfte der Konservativen mit ihren rigiden Doktrinen, ihrem Hauen und Stechen und ihren übertriebenen Behauptungen, dass ihnen Unrecht geschehen sei, auf unheimliche Weise an einige Führer der Neuen Linken in den sechziger Jahren. Genau wie ihre linken Spiegelbilder verstanden diese neuen Avantgardisten der Rechten Politik nicht nur als Wettbewerb zwischen politischen Konzepten, sondern als Konflikt zwischen gut und böse. Funktionäre beider Parteien begannen Lackmustests zu entwickeln, Checklisten der Orthodoxie, mit deren Hilfe bei den Demokraten zum Beispiel Abtreibungsgegner isoliert und bei den Republikanern Befürworter eines Waffenkontrollgesetzes kaltgestellt wurden. In diesem fanatischen Glaubenskrieg wirkte Kompromissbereitschaft zunehmend wie eine Schwäche, die bestraft oder ausgemerzt werden musste: Wer nicht für uns ist, ist wider uns. Du musst dich für eine Seite entscheiden.

Es war Bill Clintons besonderer Beitrag, dass er versuchte, diesen ideologisch verursachten toten Punkt zu überwinden. Er erkannte nicht nur, dass die neuen Bedeutungen von »konservativ« und »linksliberal« im politischen Schubladendenken inzwischen den Republikanern nutzten, sondern auch, dass sie für die Lösung der aktuellen Probleme der Vereinigten Staaten unbrauchbar waren. Bei seinem ersten Wahlkampf erschienen die Gesten, mit denen er um unzufriedene Demokraten warb, die zu Reagan übergelaufen waren, vielleicht plump und leicht durchschaubar: Was ist eigentlich aus Sister Souljah* geworden?,

---

* Die politische Aktivistin Sister Souljah wurde in der *Washington Post* mit der Äußerung zitiert: »Wenn Schwarze jeden Tag Schwarze töten, warum sollen sie dann nicht mal eine Woche lang Weiße umbringen.« Clinton distanzierte sich von ihrem Radikalismus.

sowie von abstoßender Gefühlskälte (zum Beispiel, als Clinton unmittelbar vor einer wichtigen Vorwahl zuließ, dass ein geistig Behinderter hingerichtet wurde). Außerdem war Clinton gezwungen, in den ersten zwei Jahren seiner Präsidentschaft wichtige Ziele seines Programms (etwa eine allgemeine Gesundheitsversorgung und energische Investitionen in Bildung und Ausbildung) aufzugeben – Ziele, mit denen man langfristigen Trends vielleicht hätte entgegenwirken können. Bekanntlich wirkten sich die neuen Informationstechnologien und die Globalisierung negativ auf die Lage von Arbeiterfamilien aus.

Trotzdem erkannte Clinton, dass dem amerikanischen Volk falsche Alternativen präsentiert wurden. Er wusste, dass gut geplante staatliche Ausgaben und Regulierungsmaßnahmen das Wirtschaftswachstum stimulieren können, anstatt es zu bremsen, und dass der Staat durch marktwirtschaftliche Methoden und Steuerdisziplin mehr soziale Gerechtigkeit schaffen kann. In seinem Programm (wenn auch nicht unbedingt in seiner realen Politik) überwand Clinton die Spaltung und stützte sich auf die pragmatische, unideologische Haltung der meisten Amerikaner.

Tatsächlich fand Clintons Politik, die offensichtlich progressiv war, aber gemäßigte Ziele verfolgte, am Ende seiner Präsidentschaft in der Öffentlichkeit breite Unterstützung. Er hatte es geschafft, der Demokratischen Partei einige der Exzesse abzugewöhnen, die zur Folge gehabt hatten, dass sie bei den Wahlen stets unterlegen war. Dass es ihm trotzdem nicht gelang, auf seiner populären Politik eine stabile Regierungskoalition zu gründen, sagt einiges über die demographischen Schwierigkeiten aus, mit denen die Demokraten zu kämpfen hatten (z.B., dass sich das Bevölkerungswachstum auf den immer stabiler republikanisch wählenden Süden verlagerte). Auch hatten die Republikaner strukturelle Vorteile im Senat, wo die Stimmen der zwei Senatoren aus Wisconsin, einem Staat mit 493 782 Einwohnern, genauso viel zählten wie die Stimmen der beiden Senatoren aus Kalifornien mit einer Bevölkerung von 33 871 648 Bürgern.

Der Misserfolg der Demokraten war aber auch dem Geschick zu verdanken, mit dem Gingrich, Rove, Norquist und andere die konservative Bewegung konsolidierten und institutionalisierten. Sie zapften die enormen Ressourcen von Unternehmen und reichen Privatspendern an und finanzierten damit ein ganzes Geflecht von Denkfabriken und Medien. Sie nutzten modernste Technik zur Mobilisierung ihrer Basis und verbesserten die Parteidisziplin, indem sie die Macht im Repräsentantenhaus zentralisierten.

Auch erkannten sie, welche Bedrohung Clinton für ihren Traum von einer langfristigen konservativen Mehrheit darstellte, was die Vehemenz erklärt, mit der sie ihn vor allem wegen seiner diversen Verfehlungen und Eskapaden angriffen. Seine Politik war keineswegs linksradikal, doch seine Biographie (die Legende von dem Einberufungsbescheid, das Paffen von Marihuana, sein Ivy-League-Intellektualismus, seine berufstätige Frau, die keine Plätzchen buk, und vor allem sein Sexualverhalten) bot eine riesige Angriffsfläche, um ihn bei der konservativen Basis der Republikaner in Verruf zu bringen. Bei ausreichender Wiederholung der Vorwürfe und lockerem Umgang mit den Fakten, aber auch angesichts der letztlich unwiderlegbaren Beweise für seine privaten Fehltritte konnte Clinton als lebendige Verkörperung der negativen Eigenschaften der linken Achtundsechziger präsentiert werden, gegen die sich die konservative Bewegung ursprünglich gerichtet hatte. Clinton selbst erzielte in seinem Kampf mit dieser Bewegung eine Art Patt, aber die Konservativen gingen gestärkt aus der Auseinandersetzung hervor und konnten in der ersten Amtszeit von George W. Bush die Regierung der Vereinigten Staaten komplett übernehmen.

Ich weiß, dass diese Interpretation der Ereignisse zu oberflächlich ist. Sie lässt entscheidende Faktoren außer Acht, nämlich
den Niedergang der Industrieproduktion und die Entlassung
der streikenden Fluglotsen durch Reagan, die der amerikanischen Gewerkschaftsbewegung schweren Schaden zufügte;
die Schaffung von Wahlkreisen in den Südstaaten, in denen
die schwarze Minderheit die Mehrheit besaß, was einerseits
bewirkte, dass mehr Vertreter der Schwarzen gewählt wurden, aber andererseits die Wahlchancen der Demokraten in der
Region verschlechterte; die schlechte Zusammenarbeit vieler
demokratischer Abgeordneter mit Clinton, die fett und bequem
geworden waren und nicht erkannten, was für einen existen-
ziellen Kampf sie führen mussten. Auch ist nicht berücksichtigt,
wie stark die zunehmende Verdrehung von Tatsachen zur Polarisierung des Kongresses beitrug oder wie stark die politische
Atmosphäre durch den Einsatz von Geld und negativen Fernsehspots vergiftet wurde.

Doch wenn ich darüber nachdenke, was mir der alte Washingtoner Veteran an jenem Abend erzählte, wenn ich an die Arbeit
eines George Kennan oder eines George Marshall denke oder
wenn ich die Reden von Robert Kennedy oder Everett Dirksen
lese, kann ich mich trotz allem des Eindrucks nicht erwehren,
dass die Politik von heute unter einer schweren Lähmung leidet. Für die erwähnten Männer waren die Probleme, mit denen
Amerika konfrontiert war, niemals abstrakt und deshalb niemals einfach. Ein Krieg konnte die Hölle sein und trotzdem das
Richtige. Eine Volkswirtschaft konnte trotz hervorragend aus-
gearbeiteter Pläne zusammenbrechen. Menschen konnten ihr
ganzes Leben hart arbeiten und trotzdem alles verlieren.

Die folgende Generation politischer Führer wuchs in ver-
gleichsweise bequemen Verhältnissen auf und hat wegen ihrer
anderen Erfahrungen eine andere Einstellung zur Politik. In den
Auseinandersetzungen zwischen Clinton und Gingrich und

während der Wahlen von 2000 und 2004 hatte ich manchmal das Gefühl, als ob ich einem Psychodrama der Babyboomer-Generation zuschaute – einer Geschichte, die in alten Feindschaften und Racheplänen ihre Ursprünge hatte, die lange zuvor an einer Hand voll Universitäten entstanden waren und nun auf nationaler Ebene ausgetragen wurden. Die Siege, die die Generation der Achtundsechziger errungen hat: das volle Bürgerrecht für Minderheiten und Frauen, die Stärkung der individuellen Freiheiten und die heilsame Bereitschaft, Autoritäten in Frage zu stellen, haben Amerika zu einem weit besseren Land für all seine Staatsbürger gemacht. Was jedoch dabei verloren ging und noch ersetzt werden muss, sind die gemeinsamen Grundüberzeugungen sowie Vertrauen und Gemeinschaftsgefühl, die uns als Amerikaner zusammenschweißen.

Was schließen wir daraus? Theoretisch hätte die Republikanische Partei ihren eigenen Clinton hervorbringen können, einen Parteiführer der rechten Mitte, der auf Clintons steuerlichem Konservatismus aufgebaut, die Reform der eingerosteten Bundesbürokratie energischer vorangetrieben und in der Sozialpolitik mit eher marktwirtschaftlichen oder auf Vertrauen beruhenden Lösungen experimentiert hätte. Und ein solcher Führer könnte tatsächlich noch auftauchen. Nicht alle Republikaner, die heute ein Wahl-Amt ausüben, stimmen mit den Überzeugungen der vorherrschenden konservativen Bewegung überein. Sowohl im Repräsentantenhaus als auch im Senat, aber auch in den Hauptstädten der amerikanischen Bundesstaaten gibt es Abgeordnete, die sich den konservativen Werten der Mäßigkeit und Zurückhaltung verpflichtet fühlen. Diese Männer und Frauen sind der Ansicht, dass es verantwortungslos ist, Schulden zu machen, um die Steuern für die Reichen zu senken, dass die Staatsverschuldung nicht zu Lasten der Armen abgebaut werden kann, dass die Trennung von Kirche und Staat den Staat und die Kirche gleichermaßen schützt, dass Umweltschutz und konservative Bewahrung nicht im Widerspruch zueinander stehen und dass Außenpolitik auf Tatsachen und nicht auf Wunschdenken basieren sollte.

Leider sind es nicht diese Republikaner gewesen, die in den letzten sechs Jahren die Debatte bestimmt haben. Statt durch den »mitfühlenden Konservatismus«, den George Bush 2000 im Wahlkampf versprach, ist der ideologische Kern der GOP von heute durch eine Art Absolutismus gekennzeichnet. Es herrscht dort ein Absolutismus der Marktwirtschaft, der Steuerfreiheit, der radikalen Deregulierung und der Abschaffung aller sozialen Sicherheitsnetze, ein Absolutismus, der den Staat tatsächlich nur noch zum Schutz des Privateigentums und für die nationale Verteidigung in Anspruch nehmen möchte.

Und es gibt den religiösen Absolutismus der christlichen Rechten, einer Bewegung, die zunächst dank des zweifellos schwierigen Problems der Abtreibung Zulauf bekam, inzwischen jedoch viel umfassendere Ziele verfolgt als das Abtreibungsverbot. Sie vertritt nicht nur die Ansicht, dass das Christentum in Amerika die vorherrschende Religion sei, sondern dass eine besonders fundamentalistische Spielart dieses Glaubens die Politik des Staates bestimmen sollte, und zwar so, dass alle anderen Erkenntnisquellen wie etwa die Schriften der liberalen Theologen, die Forschungserkenntnisse der National Academy of Sciences oder die Worte Thomas Jeffersons dahinter zurückstehen müssten.

Auch der Glaube an die Autorität des Mehrheitswillens ist absolut, zumindest bei denen, die im Namen der Mehrheit die Macht beanspruchen. Und er ist gepaart mit Verachtung für alle institutionellen Kontrollinstanzen, die den unaufhaltsamen Marsch in das Neue Jerusalem womöglich verlangsamen könnten (die Gerichte, die Verfassung, die Presse, die Genfer Konventionen, die Geschäftsordnung des Senats oder die Regeln, die für die Umstrukturierung von Wahlbezirken gelten).

Natürlich gibt es auch in der Demokratischen Partei Fanatiker. Aber sie waren immer weit davon entfernt, die Macht eines Rove oder eines DeLay zu besitzen, die Macht, die Partei zu übernehmen, sie mit loyalen Anhängern aufzufüllen und einige ihrer besonders radikalen Ideen in Gesetzesform zu bringen. Die starken regionalen, ethnischen und wirtschaftlichen Unterschiede innerhalb der Demokratischen Partei, die geographische Verteilung ihrer Wähler und die Struktur des Senats, die Notwendigkeit, für die Wahlkampffinanzierung Geld von den wirtschaftlichen Eliten zu bekommen, all diese Faktoren sind dafür verantwortlich, dass Amtsträger der Demokraten sich in der Regel nie weit von der Mitte entfernen. Tatsächlich kenne ich nur sehr wenige demokratische Abgeordnete, die dem Klischeebild des Linksliberalen entsprächen. So befürwortet John Kerry den Erhalt der Überlegenheit des amerikanischen Militärs, Hillary Clinton glaubt an die Wohltaten des Kapitalismus, und fast alle schwarzen Kongressmitglieder glauben, dass Jesus für ihre Sünden gestorben ist.

Allerdings sind wir Demokraten, nun ja, verwirrt. Manche von uns setzen sich immer noch für ihre alten Überzeugungen ein. Sie verteidigen jedes Programm des New Deal und der Great Society* gegen die republikanischen Angriffe und erzielen damit bei linken Interessenverbänden Bewertungen von 100 Prozent. Aber sie wirken bei ihren Anstrengungen erschöpft, sind ständig in der Defensive und verfügen nicht über die Energie oder die neuen Ideen, um sich den neuen Bedingungen im Rahmen der Globalisierung oder dem Problem der marginalisierten und verwahrlosten Innenstädte zu stellen. Andere haben einen eher »zentristischen« Ansatz. Sie glauben vernünftig zu

---

* Motto Lyndon B. Johnsons für seine Sozialpolitik: Gesetze zum sozialen Wohnungsbau und zur Stadtentwicklung, zur Krankenversorgung, zur Verbesserung der Bildung, zum Schutz der Schwarzen und zur Bekämpfung der Armut.

handeln, wenn sie sich mit der republikanischen Führung auf halbem Weg einigen, und merken dabei nicht, dass sie jedes Jahr mehr Boden preisgeben. Im Einzelnen propagieren die demokratischen Abgeordneten und Kandidaten eine Vielzahl vernünftiger, wenn auch entwicklungsbedürftiger Gedanken in der Energie-, Bildungs-, und Gesundheitspolitik und im Bereich der inneren Sicherheit, und sie hoffen, dass sich das alles zu einer Art Regierungsphilosophie zusammenfügen ließe.

Vor allem jedoch ist die Demokratische Partei eine Partei geworden, die nur noch reagiert. Sie reagiert auf einen schlecht geplanten Krieg, indem sie jeder Art von Militäraktion misstrauisch gegenübersteht. Sie reagiert auf die Behauptung, der Markt könne alle Probleme lösen, indem sie sich auch gegen praktikable marktwirtschaftliche Lösungen für drängende Probleme wehrt. Sie reagiert auf die Übertreibungen religiöser Fundamentalisten, indem sie Toleranz mit Säkularismus verwechselt und auf die moralische Sprache verzichtet, die ihrer Politik mehr Gewicht verleihen könnte. Sie verliert Wahlen und hofft, dass die Gerichte die Pläne der Republikaner durchkreuzen. Sie verliert die Gerichte und wartet auf einen Skandal im Weißen Haus.

Und sie hat zunehmend das Bedürfnis, mit der republikanischen Rechten an Schärfe und Skrupellosigkeit zu konkurrieren. Bei vielen Interessenverbänden und Aktivisten der Demokratischen Partei ist heutzutage Folgendes Konsens: Die Republikanische Partei gewinnt in letzter Zeit ständig Wahlen, nicht weil sie ihre Basis erweitert hat, sondern weil sie die Demokraten schlechtmacht, deren Wählerschaft spaltet, ihren eigenen rechten Flügel mobilisiert und Abweichler streng diszipliniert. Wenn die Demokraten je wieder an die Macht kommen wollten, müssten sie folglich denselben Ansatz verfolgen.

Ich verstehe die Frustration dieser Aktivisten. Die Leistung der Republikaner, immer wieder durch die Polarisierung des

Wahlkampfs zu gewinnen, ist wirklich eindrucksvoll. Mir ist klar, dass es angesichts der leidenschaftlichen Intensität der konservativen Bewegung gefährlich sein kann, feinsinnig zu argumentieren. Und meiner Ansicht nach gibt es viele Maßnahmen der Regierung Bush, auf die rechtschaffene Empörung die angemessene Antwort ist.

Letztlich glaube ich jedoch, dass alle, die für eine eher parteiliche und ideologische Strategie der Demokratischen Partei eintreten, die Zeichen der Zeit nicht verstehen. Ich bin überzeugt davon, dass wir verlieren, wenn wir übertreiben oder dämonisieren, zu sehr vereinfachen oder zu dick auftragen. Wir verlieren, wenn wir das Niveau der politischen Debatte senken. Denn gerade das Streben nach ideologischer Reinheit, die rigide Orthodoxie und die schlichte Voraussehbarkeit der heutigen politischen Debatte hindern uns daran, neue Lösungen für die Probleme des ganzen Landes zu finden. Wegen dieser ideologischen Vereinfachung bleiben wir dem Schwarz-Weiß-Denken verhaftet, der Vorstellung, dass wir nur einen sehr starken Staat oder gar keinen Staat haben können; der Annahme, dass wir entweder zulassen müssen, dass 46 Millionen Amerikaner keine Krankenversicherung haben oder für die Verstaatlichung des Gesundheitswesens eintreten müssen.

Dieses doktrinäre Denken und diese Art von Parteilichkeit hat die Amerikaner von der Politik entfremdet. Für die Rechte ist das kein Problem; eine polarisierte Wählerschaft – oder eine, die wegen des gemeinen, unredlichen Tons der Debatte beide Parteien ablehnt – ist geradezu ideal für alle, die den Staat als solchen in Frage stellen. Ein zynisches Wahlvolk ist nämlich ein selbstsüchtiges Wahlvolk.

Wer jedoch der Ansicht ist, dass der Staat eine aktive Rolle spielen sollte, um Chancengleichheit und Wohlstand aller Amerikaner zu fördern, der kann über eine polarisierte Wählerschaft nicht glücklich sein. Nur eine knappe demokratische Mehrheit herauszuholen, ist nicht genug. Gebraucht wird eine breite Mehrheit von Amerikanern (Demokraten, Republikanern und gutwilligen Unabhängigen), die sich für ein neues Projekt der nationalen Erneuerung engagieren und erkannt haben, dass ihre Eigeninteressen und die Interessen anderer untrennbar verbunden sind.

Ich habe nicht die Illusion, dass der Aufbau einer solchen arbeitsfähigen Mehrheit leicht sein wird. Aber wir müssen darauf hinarbeiten, gerade weil es schwierig ist, die amerikanischen Probleme zu lösen. Wir müssen schwere Entscheidungen treffen und Opfer bringen. Wenn die politischen Führer nicht für neue Ideen offen sind, sondern sich nur für neue Verpackungen interessieren, werden wir nicht genug Herzen und Hirne erreichen, um eine wirksame Energiepolitik in die Wege zu leiten oder die Staatsverschuldung unter Kontrolle zu bringen. Wir bekommen dann nicht genug öffentliche Unterstützung für eine Außenpolitik, die sich der Globalisierung und dem Terrorismus stellt, ohne in Isolationismus zu verfallen oder die bürgerlichen Freiheitsrechte abzubauen. Wir bekommen auch nicht das Mandat, das kaputte Gesundheitssystem der Vereinigten Staaten zu reformieren. Und wir werden weder die breite politische Unterstützung noch die richtigen Strategien finden, um eine große Anzahl unserer Mitbürger aus der Armut zu befreien.

Ich brachte diese Argumente in einem Brief vor, den ich im September an das linksorientierte Blog Daily Kos schickte. Damals hatten Interessenverbände und Aktivisten einige meiner Kollegen aus der Demokratischen Partei angegriffen, weil diese für die Bestätigung der Nominierung von John Roberts zum Präsidenten des Obersten Gerichtshofs gestimmt hatten. Die Mitarbeiter in meinem Stab waren ein bisschen nervös wegen des Briefes. Da ich gegen Roberts' Bestätigung gestimmt hatte, sahen sie keinen Grund, warum ich eine Diskussion mit einem so engagierten und lautstarken Teil der demokratischen Basis vom

Zaun brechen sollte. Ich hatte jedoch den Meinungsaustausch in den Blogs zu schätzen gelernt, und in den Tagen, nachdem mein Brief erschienen war, äußerten sich 600 Menschen auf wirklich demokratische Weise dazu. Einige stimmten mit mir überein. Andere meinten, ich sei zu idealistisch: Die Politik, die ich vorschlage, könne angesichts der republikanischen PR-Maschine nicht funktionieren. Eine ziemlich große Gruppe vermutete, ich sei von der Washingtoner Elite »vorgeschickt« worden, um die Kritiker an der Parteibasis zu beschwichtigen, und/oder ich sei zu lange in Washington gewesen und im Begriff, den Kontakt zur amerikanischen Bevölkerung zu verlieren, und/oder ich sei, wie einer der Blogger es formulierte, einfach nur ein »Idiot«.

Vielleicht haben meine Kritiker Recht. Vielleicht können wir die große politische Spaltung nicht verhindern, vielleicht handelt es sich wirklich um eine endlose Schlacht zwischen zwei Armeen, und alle Bemühungen, die Regeln des Gefechts zu ändern, sind vergeblich. Vielleicht ist auch die Trivialisierung der Politik nicht mehr rückgängig zu machen, sodass die meisten Leute sie nur noch als eine weitere Zerstreuung betrachten, als einen Sport, in dem die Politiker als bierbäuchige Gladiatoren fungieren und die politisch Interessierten nur noch Zuschauer sind: Sie malen sich die Gesichter rot oder blau an, jubeln der eigenen Seite zu und buhen die andere Seite aus, und wenn ein paar Fouls notwendig sind, um den Gegner zu schlagen, ist das auch egal, denn es kommt ja nur auf das Gewinnen an.

Ich bin nicht dieser Ansicht. Es gibt sie wirklich in unserem Land, die ganz normalen Bürger, die in all den politischen und kulturellen Schlachten groß geworden sind und es, wenigstens in ihrem eigenen Leben, geschafft haben, Frieden mit ihren Nachbarn und sich selbst zu schließen. Ich stelle mir den weißen Südstaatler vor, der damit aufwuchs, dass sein Vater ständig über die Nigger lästerte, nun aber mit den schwarzen Kollegen in seinem Büro Freundschaft geschlossen hat und versucht, seinen Sohn anders zu erziehen. Allerdings sieht er trotzdem nicht ein, dass der Sohn eines schwarzen Arztes bei der Zulassung zum Jurastudium gegenüber seinem Sohn bevorzugt wird. Oder ich denke an den ehemaligen Black Panther, der in das Immobiliengeschäft eingestiegen ist und ein paar Gebäude im Viertel gekauft hat und der die Drogenhändler vor seinen Gebäuden genauso ätzend findet wie die Bankbeamten, die ihm den Kredit nicht geben, mit dem er expandieren könnte. Oder ich denke an die Feministin mittleren Alters, die immer noch trauert, weil sie einst eine Abtreibung vornehmen ließ, oder an die gläubige Christin, die ihrer minderjährigen Tochter das Geld für die Abtreibung gab, und ich denke an die Millionen von Bedienungen und Teilzeitsekretärinnen und Schwesternhelferinnen und Angestellten von Supermärkten, die sich jeden Monat Sorgen machen müssen, ob das Geld reicht, um die Kinder aufzuziehen, die sie geboren haben.

Ich stelle mir vor, dass sie auf eine Politik und auf Politiker warten, die reif genug sind, um Realismus und Idealismus in ein Gleichgewicht zu bringen, um klar zu unterscheiden, wo Kompromisse möglich sind und wo nicht, und die einsehen und zugeben können, dass auch die andere Seite manchmal Recht hat. Diese Normalbürger verstehen nicht immer, worum es in dem Streit zwischen Linken und Rechten, Konservativen und Liberalen eigentlich geht, aber sie können zwischen Dogmatismus und gesundem Menschenverstand, zwischen Verantwortungsbereitschaft und Verantwortungslosigkeit, zwischen dauerhaften Errungenschaften und Strohfeuern unterscheiden.

Sie leben in unserem Land und warten darauf, dass die Demokraten und Republikaner sie endlich zu sich holen.

KAPITEL ZWEI

Werte

Das erste Mal sah ich das Weiße Haus 1984. Ich hatte gerade meinen Abschluss am College gemacht und arbeitete vom Harlemer Campus des City College of New York aus als Community Organizer. Präsident Reagan hatte damals gerade vorgeschlagen, die Unterstützung für Studenten zu kürzen, also arbeitete ich mit einer Gruppe von Stundentenführern zusammen. (Die meisten waren schwarz, puertoricanisch oder osteuropäischer Herkunft, und fast alle waren das erste Mitglied ihrer Familie, das ein College besuchte.) Wir sammelten Unterschriften gegen die Kürzungen und lieferten sie bei den New Yorker Kongressabgeordneten in Washington ab.

Es war eine kurze Reise, und wir verbrachten die meiste Zeit in den endlosen Korridoren des Rayburn Building, wo wir freundliche, aber unverbindliche Audienzen bei Referenten hatten, die nicht viel älter waren als wir selbst. Gegen Abend jedoch gingen die Studenten und ich zu Fuß zur Mall und zum Washington Monument und schauten uns ein paar Minuten das Weiße Haus an. Wir standen auf der Pennsylvania Avenue, nur ein paar Meter vom Posten der Marines am Haupteingang entfernt; hinter uns schoben sich die Fußgänger auf dem Gehweg aneinander vorbei, und auf der Straße war lebhafter Verkehr. Mich faszinierte nicht so sehr die elegante Auffahrt des Weißen Hauses als vielmehr die Tatsache, dass es dem lebhaften Treiben der Stadt so sehr ausgesetzt war, dass wir so nahe am Tor stehen durften und später sogar ungehindert um das Gebäude herumgehen konnten, um einen Blick auf den Rosengarten und die dahinter liegende Residenz zu erhaschen. Ich dachte damals, dass die Offenheit des Weißen Hauses etwas über das Selbstvertrauen unserer Demokratie aussagte. Sie war ein Symbol für die Auffassung, dass unsere Führer sich gar nicht so sehr von uns unterschieden und dem Gesetz und unserer kollektiven Zustimmung unterworfen waren.

Zwanzig Jahre später war es nicht mehr so einfach, an das Weiße Haus heranzukommen. Es war im Umkreis von zwei Straßenzügen durch Kontrollpunkte, bewaffnete Posten, Lieferwagen, Spiegel, Hunde und mobile Barrikaden abgeschottet. Auf der Pennsylvania Avenue durften nur noch Autos mit Sondergenehmigung fahren. An einem kalten Januarnachmittag, einen Tag vor meiner Vereidigung als Senator, war der Lafayette Park fast leer, und als mein Auto am Tor des Weißen Hauses durchgewinkt wurde und die Auffahrt entlangfuhr, schmerzte mich die Einsicht, dass hier etwas verloren gegangen war.

Das Innere des Weißen Hauses ist lange nicht so glanzvoll, wie es in Film und Fernsehen aussehen mag. Es wirkt gepflegt, aber abgenutzt, ein großes altes Haus, das in kalten Winternächten wohl ein bisschen zugig ist. Trotzdem musste ich, als ich in der Empfangshalle stand und die Korridore hinunterspähte, unwillkürlich daran denken, dass hier Geschichte gemacht worden war: John und Bobby Kennedy hatten hier wegen der Kubakrise beraten; Franklin Delano Roosevelt (FDR) hatte letzte Korrekturen an seinen Radioreden vorgenommen; Lincoln war allein durch die Säle gegangen und hatte die Last einer ganzen Nation auf den Schultern getragen. (Lincolns Schlafzimmer bekam ich erst mehrere Monate später zu Gesicht. Der nicht sonderlich große Raum war mit antiken Möbeln und einem Himmelbett möbliert, an der Wand hing ein Original der Gettysburg-Rede hinter Glas – und auf einem der Schreibtische stand ein großer Flachbildschirm. Wer, fragte ich mich, schaut sich wohl *Sports Center* an, wenn er die Nacht in Lincolns Schlafzimmer verbringt?)

Ich wurde sofort von mehreren Mitarbeitern des Weißen Hauses begrüßt, die offenbar mit der Betreuung von Volksvertretern beauftragt waren. Sie führten mich in den Gold Room, wo sich die meisten neuen Mitglieder des Senats und des Repräsentantenhauses schon versammelt hatten. Punkt 16 Uhr wurde Präsident Bush angekündigt und stieg auf das Podium. Er wirkte kraftvoll und fit mit seinem federnden, energischen Gang, der vermuten ließ, dass er einen engen Terminplan hatte und Abschweifungen tunlichst vermeiden wollte. Er redete etwa zehn Minuten, machte ein paar Witze und forderte das Volk zum Zusammenhalt auf. Dann lud er uns in den gegenüberliegenden Flügel des Weißen Hauses ein, wo Erfrischungen serviert wurden und man sich mit ihm und der First Lady fotografieren lassen konnte.

Ich war zufällig sehr hungrig, also ging ich schnurstracks zum Büfett, während die anderen Abgeordneten für ihre Fotos Schlange standen. Als ich mich an den Vorspeisen gütlich tat und dabei mit einigen Mitarbeitern des Weißen Hauses sprach, erinnerte ich mich an meine zwei früheren Begegnungen mit dem Präsidenten: an seinen ersten kurzen Anruf, als er mir zu meiner Wahl gratulierte, und an ein Frühstück im Weißen Haus mit ihm und den anderen neu gewählten Senatoren. Beide Male hatte ich den Präsidenten als liebenswürdigen Menschen empfunden, schlau und diszipliniert, aber mit jener Art von Offenheit, die zweifellos zu seinen zwei Wahlsiegen beigetragen hatte. Man konnte ihn sich leicht als einen Mann vorstellen, der das Autohaus unten an der Straße besitzt, eine Kindermannschaft trainiert oder in seinem Hinterhof Grillfeste feiert – einen Mann, der ein angenehmer Gesprächspartner ist, solange sich das Gespräch um Sport und die Kinder dreht.

Als wir bei diesem Frühstück nach dem routinemäßigen Austausch von Komplimenten und dem üblichen Smalltalk alle am Tisch saßen, Vizepräsident Dick Cheney gleichmütig seine Eggs

Benedict aß und Karl Rove am anderen Ende des Tisches diskret sein BlackBerry-Handheld studierte, erlebte ich allerdings auch eine andere Seite des Präsidenten. Er hatte gerade die Agenda für seine zweite Amtszeit vorgestellt, größtenteils eine Wiederholung der wichtigsten Punkte seines Wahlprogramms: Im Irak galt es, den Kurs zu halten, der Patriot Act musste erneuert, das Sozialsystem und das Steuersystem mussten reformiert werden. Und Bush war fest entschlossen, für die von ihm ernannten Richter eine Bestätigung oder eine Ablehnung zu bekommen. Da war es plötzlich, als hätte jemand in einem Hinterzimmer einen Schalter umgelegt. Die Augen des Präsidenten wurden starr; seine Stimme bekam einen aufgeregten Ton. Er sprach schnell wie jemand, der Unterbrechungen weder gewohnt noch zu dulden bereit ist, und seine lockere Leutseligkeit war plötzlich durch eine fast messianische Selbstgewissheit ersetzt. Als ich beobachtete, wie die größtenteils republikanischen Senatoren jedes Wort gierig aufsogen, musste ich an die gefährliche Isolation denken, in die man geraten kann, wenn man an der Macht ist, und ich war froh, dass die Staatsgründer so klug gewesen waren, ein System der verfassungsrechtlichen Kontrolle der Macht einzuführen.

»Senator?«

Unsanft aus meinen Gedanken gerissen, schaute ich auf und sah einen der älteren Schwarzen neben mir stehen, die im Weißen Haus den größten Teil der Kellner stellen.

»Darf ich Ihnen den Teller abnehmen?«

Ich nickte, versuchte ein Hühnergericht hinunterzuschlucken und sah, dass die Schlange vor dem Präsidentenpaar verschwunden war. Weil ich meinen Gastgebern noch danken wollte, steuerte ich auf den Blue Room zu. Doch ein junger Marine an der Tür gab mir freundlich zu verstehen, dass die Foto-Session zu Ende sei und der Präsident schon seinen nächsten Termin wahrnehmen müsse. Bevor ich mich jedoch zum Gehen wenden konnte, erschien George Bush selbst in der Tür und winkte mich herein.

»Obama!«, sagte er und schüttelte mir die Hand. »Kommen Sie herein und lernen Sie Laura kennen. Laura, du erinnerst dich doch an Obama. Wir haben ihn in der Wahlnacht im Fernsehen gesehen. Wunderbare Familie. Und Ihre Frau – eine wirklich eindrucksvolle Lady.«

»Wir haben mehr bekommen, als wir verdient haben, Mr. President«, sagte ich, gab der First Lady die Hand und hoffte, dass ich mir die Krümel vom Mund gewischt hatte. Der Präsident wandte sich an einen Assistenten, der in der Nähe stand, und dieser spritzte ihm einen großen Klumpen Desinfektionsmittel in die Hand.

»Sie auch?«, fragte der Präsident. »Das Zeug ist gut. Es verhindert, dass Sie eine Erkältung bekommen.«

Ich wollte zeigen, dass mir Hygiene wichtig war, und nahm einen Spritzer.

»Kommen Sie einen Moment hier rüber«, sagte der Präsident und führte mich auf die andere Seite des Raums. »Hören Sie«, meinte er dann in gedämpftem Ton. »Ich hoffe, Sie haben nichts dagegen, wenn ich Ihnen einen Rat gebe.«

»Überhaupt nicht, Mr. President.«

Er nickte. »Sie haben eine glänzende Zukunft vor sich«, sagte er. »Wirklich glänzend. Aber ich bin nun schon eine ganze Weile hier in der Stadt, und ich muss Ihnen sagen, es kann hart sein. Wer wie Sie eine Menge Aufmerksamkeit erregt, wird irgendwann unter Beschuss genommen. Nicht unbedingt nur von Leuten aus meinem Lager, verstehen Sie? Auch aus Ihrem. Alle werden auf einen Ausrutscher warten, verstehen Sie, was ich meine? Also passen Sie gut auf sich auf.«

»Danke für den Rat, Mr. President.«

»Bitte. Ich muss jetzt los. Übrigens haben wir etwas gemeinsam.«

»Was denn?«

»Wir mussten beide mit Alan Keyes debattieren. Der Mann ist ein harter Brocken, nicht wahr?«

Ich lachte und erzählte ihm auf dem Weg zur Tür ein paar Geschichten aus meinem Wahlkampf. Erst als er den Raum verlassen hatte, wurde mir bewusst, dass ich ihm beim Reden kurz den Arm um die Schultern gelegt hatte – eine unbewusste Geste, von der ich allerdings vermute, dass sie bei vielen meiner Freunde großes Unbehagen ausgelöst hätte, und dasselbe galt sicher auch für die Sicherheitsleute im Raum.

Seit ich im Senat sitze, bin ich ein beharrlicher und gelegentlich scharfer Kritiker der Regierung Bush. Ich halte Bushs Steuersenkungen für die Reichen für steuerpolitisch unverantwortlich und moralisch bedenklich. Ich habe die Administration kritisiert, weil sie kein sinnvolles Gesundheitsprogramm, kein ernsthaftes energiepolitisches Konzept und keine Strategie hat, Amerika konkurrenzfähiger zu machen. Schon 2002, bevor ich meine Kandidatur für den Senat bekannt gab, hielt ich eine Rede auf einer der ersten Antikriegsdemonstrationen in Chicago, in der ich bezweifelte, dass die Regierung über Beweise für irakische Massenvernichtungswaffen verfügte, und warnte, dass sich eine Invasion im Irak als kostspieliger Fehler erweisen könne. Keine Nachricht, die uns in letzter Zeit aus Bagdad oder dem Rest des Nahen Ostens erreicht hat, war geeignet, diese Ansichten zu widerlegen.

Angesichts meiner Haltung sind demokratische Zuhörer oft überrascht, wenn ich sage, dass ich George Bush nicht für einen schlechten Menschen halte und annehme, dass er und seine Regierungsmannschaft tun, was ihrer Ansicht nach das Beste für das Land ist.

Ich sage das nicht, weil ich durch die Nähe zur Macht korrumpiert wäre. Ich sehe die Einladungen ins Weiße Haus als das, was sie sind: Übungen in normaler politischer Höflichkeit, und ich weiß genau, wie schnell die langen Messer gezückt werden, wenn die Agenda der Regierung ernsthaft bedroht sein sollte. Außerdem werde ich mir jedes Mal bewusst, dass die Taten der Regierenden gewaltige Folgen haben, wenn ich einen Brief an eine Familie schreibe, die einen geliebten Menschen im Irak verloren hat, oder eine E-Mail lese, in der eine meiner Wählerinnen sich darüber beklagt, dass sie ihr Studium abbrechen musste, weil ihr die staatliche Unterstützung gestrichen wurde. Das sind konkrete Folgen der Politik, welche die Regierenden fast nie selbst tragen müssen.

Ich denke, dass der Präsident und seine Mitarbeiter, wenn man von dem ganzen Drum und Dran des Amtes absieht, ganz normale Menschen sind, mit derselben Mischung von Tugenden und Lastern, Unsicherheiten und lange verdrängten Verletzungen, die uns allen eigen ist. Gleichgültig, wie verbohrt mir ihre Politik auch vorkommen mag (und gleichgültig wie sehr ich mir wünsche, dass sie für die Folgen ihrer Politik zur Verantwortung gezogen werden), halte ich es immer noch für möglich, die Motive dieser Männer und Frauen zu verstehen, wenn ich mit ihnen rede, und in ihren Motiven Werte zu erkennen, die wir teilen.

Eine solche Haltung ist in Washington nicht leicht zu vertreten. Die Streitfragen, um die es in den politischen Debatten geht, sind oft so schwerwiegend (ob wir unsere jungen Männer und Frauen in den Krieg schicken; ob wir die Stammzellenforschung legalisieren), dass sogar kleine Unterschiede in der Sichtweise enormes Gewicht gewinnen. Anforderungen der Parteiloyalität, Wahlkampfzwänge und die Aufbauschung der Konflikte durch die Medien tragen allesamt dazu bei, dass eine Atmosphäre des Misstrauens entsteht. Außerdem sind die meisten Leute, die in Washington arbeiten, entweder als Juristen oder als Berufspolitiker ausgebildet, Berufe, in denen fast immer mehr Wert auf das Gewinnen von Auseinandersetzungen als auf die Lösung von

Problemen gelegt wird. Ich kann verstehen, dass man nach einer gewissen Zeit in der Hauptstadt in Versuchung gerät anzunehmen, dass die Gegner im politischen Streit völlig andere Werte haben, ja sogar böse Absichten verfolgen und vielleicht wirklich böse Menschen sind.

Außerhalb von Washington jedoch wirkt Amerika viel weniger gespalten. Illinois zum Beispiel gilt heute nicht mehr als Bellwether State*. Seit über einem Jahrzehnt wird es immer demokratischer, zum Teil, weil es zunehmend verstädtert, und zum Teil, weil der sozialpolitische Konservatismus der heutigen GOP im Heimatstaat Lincolns nicht gut ankommt. Trotzdem ist Illinois ein Mikrokosmos des ganzen Landes, eine grobe Mischung von Nord und Süd, Ost und West, städtisch und ländlich, schwarz und weiß, man findet dort alle Zwischentöne. Chicago hat vielleicht das gleiche kulturelle Flair wie Los Angeles, aber der Süden von Illinois ist geographisch und kulturell Little Rock oder Louisville ähnlicher, und große Gebiete des Staates werden im modernen politischen Jargon als tiefrot (zutiefst republikanisch) bezeichnet.

Ich bereiste erstmals 1997 den Süden von Illinois. Es war der Sommer nach meiner ersten Wahlperiode als Senator von Illinois, und Michelle und ich hatten noch keine Kinder. Als der Senat Sitzungspause hatte, ich keine Juraseminare halten musste und Michelle mit ihrer eigenen Arbeit beschäftigt war, überzeugte ich meinen Referenten Dan Shomon, eine Landkarte und ein paar Golfschläger ins Auto zu schmeißen und mit mir eine Woche durch den Staat zu kutschieren. Dan war bei mehreren Kampagnen im Süden von Illinois sowohl UPI-Reporter als auch Wahlkampfkoordinator gewesen und kannte die Gegend ziemlich gut. Trotzdem merkte ich, als das Datum

---

* Staat, der mit dem Trend stimmt: In den USA gilt Missouri als typischer Bellwether State, da es seit 1904 in jedem Präsidentschaftswahlkampf mit nur einer Ausnahme für den Kandidaten stimmte, der später Präsident wurde.

unserer Reise näherrückte, dass er nicht genau wusste, wie man uns in den Countys empfangen würde, die wir besuchen wollten. Er sagte mir viermal, wie ich packen sollte: nur Khaki und Polohemden, bloß keine Seidenhemden und Leinenhosen. Ich versicherte ihm, dass ich überhaupt keine Leinenhosen und Seidenhemden besäße. Auf dem Weg in den Süden hielten wir an einem TGI Friday's, und ich bestellte einen Cheeseburger. Als die Bedienung das Essen brachte, fragte ich, ob sie Senf aus Dijon habe. Dan schüttelte den Kopf.

»Er will keinen Dijon«, sagte er und schickte die Bedienung mit einer Handbewegung fort. »Hier«, sagte er und schob eine gelbe Flasche mit French's Mustard in meine Richtung. »Da ist doch Senf.«

Die Bedienung wirkte verwirrt. »Wir haben Dijon, wenn Sie wollen«, sagte sie zu mir.

Ich lächelte. »Das wäre wunderbar, vielen Dank.« Als die Bedienung weg war, sagte ich leise zu Dan, ich hätte nicht den Eindruck, dass es hier Fotografen gebe.

Und so reisten wir durch das Land, spielten jeden Tag an einem anderen Ort eine Runde Golf in der drückenden Hitze und fuhren viele Kilometer an Maisfeldern, dichten Eschen- und Eichenwäldern und schimmernden Seen entlang, die von Schilf und Baumstümpfen gesäumt waren. Wir kamen durch große Städte wie Carbondale und Mount Vernon mit ihren Einkaufsmeilen und Wal-Mart-Supermärkten und durch kleine Städte wie Sparta und Pickneyville, häufig mit einem Gerichtsgebäude aus Backstein im Stadtzentrum, mit Hauptstraßen, in denen das Wirtschaftsleben fast zum Erliegen gekommen und jedes zweite Geschäft geschlossen war, und mit Ständen am Straßenrand, an denen frische Pfirsiche oder frische Maiskolben angeboten wurden. Allerdings sahen wir auch ein Paar, an dessen Stand ein Schild mit der Aufschrift »Gutes Angebot an Schwertern und Schusswaffen« prangte.

Wir besuchten mit dem Bürgermeister von Chester ein Café, aßen Kuchen und tauschten Witze aus. Wir posierten vor der 15 Meter hohen Statue von Superman im Stadtzentrum von Metropolis. Wir hörten, dass massenweise junge Leute in die Großstädte zögen, weil Arbeitsplätze in der Produktion und in der Kohleförderung abgebaut wurden. Wir wurden über die Chancen der lokalen Football-Mannschaft in der kommenden Saison informiert und über die gewaltigen Entfernungen, die Veteranen zurücklegen mussten, wenn sie die nächste Einrichtung der Veterans' Administration (VA) besuchen wollten. Wir lernten Frauen kennen, die in Kenia Missionarinnen gewesen waren und mich in Suaheli begrüßten, und Farmer, die den Finanzteil des *Wall Street Journal* studierten, bevor sie mit dem Traktor aufs Feld fuhren. Mehrmals täglich wies ich Dan auf Männer hin, die Freizeithosen aus Leinen und seidene Hawaiihemden trugen. Im kleinen Esszimmer eines Parteifunktionärs in Du Quoin fragte ich den örtlichen Staatsanwalt, wie sich die Kriminalität in seiner größtenteils ländlichen, fast rein weißen County entwickle. Ich erwartete, dass er von Spritztouren ohne Führerschein oder Jagen außerhalb der Jagdsaison berichten würde.

»Gangster Disciples*«, sagte er, an einer Karotte kauend. »Wir haben einen rein weißen Ableger hier – junge Arbeitslose, die Dope und Speed verkaufen.«

Am Ende der Woche fiel mir der Abschied von der Region schwer. Nicht nur, weil ich so viele neue Freunde gefunden hatte, sondern auch, weil ich in den Gesichtern aller Männer und Frauen Spuren meiner selbst entdeckt hatte. Ich sah die Offenheit meines Großvaters, die Nüchternheit meiner Großmutter, die Freundlichkeit meiner Mutter. Das Brathuhn, der Kartoffelsalat, die halben Trauben in Götterspeise – all das war mir vertraut.

---

* Eine Chicagoer Jugendbande, die sich zu einer der größten kriminellen Vereinigungen in den USA entwickelt hat.

Dieses Gefühl der Vertrautheit überkommt mich immer, wenn ich in Illinois herumreise. Es stellt sich ein, wenn ich eine Gaststätte in der Chicagoer West Side besuche. Es stellt sich ein, wenn ich in einem Park in Pilsen Latino-Männern beim Fußballspielen zuschaue, die von ihren Frauen und Kindern angefeuert werden. Es stellt sich ein, wenn ich in einer der nördlichen Vorstädte Chicagos eine indische Hochzeit besuche.

Dicht unter der Oberfläche werden wir meiner Ansicht nach ähnlicher, nicht unterschiedlicher.

Ich will in diesem Punkt nicht übertreiben und behaupten, dass die Umfragen lügen und die (rassischen, religiösen, regionalen oder ökonomischen) Unterschiede eigentlich belanglos sind. In Illinois ist die Abtreibung wie überall ein quälendes Problem. In bestimmten Teilen des Staates gilt die bloße Erwähnung strengerer Waffengesetze als Sakrileg. Die Ansichten über alle möglichen Themen, von der Einkommenssteuer bis zum Sex im Fernsehen, sind in den einzelnen Orten sehr unterschiedlich.

Trotzdem habe ich das bestimmte Gefühl, dass in ganz Illinois und in ganz Amerika eine ständige gegenseitige Befruchtung stattfindet, ein nicht sonderlich geregelter, aber kontinuierlicher Austausch zwischen Menschen und Kulturen. Identitäten werden eingeschmolzen und kristallisieren sich neu heraus. Überzeugungen lassen sich nicht mehr sicher voraussagen. Traditionelle Erwartungen werden enttäuscht, und einfache Erklärungen greifen nicht mehr. Nehmen Sie sich Zeit, um mit Amerikanern zu sprechen, und Sie werden feststellen, dass die meisten Evangelikalen toleranter und die meisten Säkularisten spiritueller sind, als die Medien uns glauben machen wollen. Die meisten Reichen wollen, dass auch die Armen Erfolg haben, und die meisten Armen sind selbstkritischer und ehrgeiziger, als es der allgemeinen Überzeugung entspricht. In den meisten republikanischen Hochburgen leben 40 Prozent Demokraten und umgekehrt. Aus den politischen Etiketten linksliberal und konservativ lässt sich kaum auf die persönlichen Eigenschaften eines Menschen schließen.

Aus alledem ergibt sich die Frage: Was sind die wichtigsten Werte, die wir als Amerikaner gemeinsam haben? Natürlich wird das Problem normalerweise anders formuliert; in unserer politischen Kultur konzentriert man sich auf Wertkonflikte und nicht auf Gemeinsamkeiten. Unmittelbar nach den Wahlen von 2004 wurde zum Beispiel eine Umfrage publiziert, die in den ganzen USA beim Verlassen der Wahllokale gemacht worden war. Darin sagten die Wähler, »moralische Werte« seien bei ihrer Wahlentscheidung am wichtigsten gewesen. Kommentatoren interpretierten dieses Ergebnis so, dass umstrittene soziokulturelle Fragen, wie insbesondere die Schwulen-Ehe, in einer Reihe von Bundesstaaten den Ausgang der Wahl bestimmt hätten. Konservative verkündeten stolz die Umfrageergebnisse, weil sie überzeugt waren, dass sie die wachsende Macht der christlichen Rechten bewiesen.

Bei einer späteren Analyse der Umfrageergebnisse stellte sich jedoch heraus, dass die Kommentatoren die Bedeutung »moralischer Werte« übertrieben hatten. Tatsächlich hatten die Wähler die nationale Sicherheit als wichtigstes Thema der Wahl bewertet. Auch hatte eine große Zahl von Wählern tatsächlich »moralische Werte« als wichtigen Faktor bei ihrer Wahlentscheidung genannt, aber der Begriff war so vage, dass er sich auf alles beziehen konnte, von der Abtreibung bis zu den Missetaten von Großkonzernen. Sofort wurden bei den Demokraten Seufzer der Erleichterung laut, als ob das linksliberale Lager von einem geringeren Gewicht des »Wertefaktors« profitieren würde, als ob eine Wertediskussion gefährlich wäre, eine unnötige Ablenkung von den materiellen Anliegen, die für das demokratische Wahlprogramm typisch waren.

Ich glaube, Demokraten, die eine Debatte über Werte vermeiden, haben Unrecht, genauso Unrecht wie Konservative, die darin nur ein Mittel sehen, um der Demokratischen Partei Wähler aus der Arbeiterklasse abspenstig zu machen. Es ist die Sprache der Werte, mit der Menschen ihre Welt kartographieren. Werte können sie dazu motivieren, aktiv zu werden und ihre Isolation zu durchbrechen. Die Umfrage nach der Wahl war vielleicht schlecht entworfen, aber die weitergehende Frage nach den gemeinsamen Werten – den Normen und Grundsätzen, die die Amerikaner in ihrem Leben und im Leben des Landes mehrheitlich für wichtig halten, sollte das Herz unserer Politik sein, der Eckstein jeder sinnvollen Debatte über Haushalte und Projekte, Vorschriften und politische Vorhaben.

»Folgende Wahrheiten erachten wir als selbstverständlich: dass alle Menschen gleich geschaffen sind; dass sie von ihrem Schöpfer mit gewissen unveräußerlichen Rechten ausgestattet sind; dass dazu Leben, Freiheit und das Streben nach Glück gehören.«

Diese einfachen Worte aus unserer Verfassung sind der Ausgangspunkt unserer Geschichte als Amerikaner. Sie sind nicht nur die Gründungserklärung unseres Staates, sondern auch die Substanz unserer gemeinsamen Weltanschauung. Wahrscheinlich kann sie nicht jeder Amerikaner auswendig, und nur wenige könnten die Entstehung der amerikanischen Unabhängigkeitserklärung auf ihre Ursprünge im liberalen und republikanischen Denken des 18. Jahrhunderts zurückverfolgen. Doch die zentralen Gedanken, die der Erklärung zugrunde liegen: dass wir frei geboren werden, und zwar alle; dass wir alle von Geburt an eine Reihe von Rechten haben, die uns kein Staat und keine Person ohne gerechten Grund nehmen darf; dass wir durch unser eigenes Handeln aus unserem Leben machen können und müssen, was wir wollen; das sind Gedanken, die alle Amerikaner verstehen. Sie dienen uns jeden Tag zur Orientierung und Kursbestimmung.

Tatsächlich ist der Wert der individuellen Freiheit so tief in uns verankert, dass wir ihn oft für selbstverständlich halten. Wir vergessen leicht, dass die Idee der individuellen Freiheit zu der Zeit, als unsere Nation gegründet wurde, in ihren Konsequenzen absolut radikal war, genauso radikal wie die Thesen, die Martin Luther an die Kirchentüre schlug. Sie ist eine Idee, die von einem Teil der Menschheit bis heute abgelehnt wird und auf das Leben eines noch viel größeren Teils der Menschheit bis heute kaum konkrete Auswirkungen hat.

Tatsächlich schätze ich die Bill of Rights nicht zuletzt deshalb so sehr, weil ich einen Teil meiner Kindheit in Indonesien verbracht habe und immer noch Verwandte in Kenia besitze, in Ländern, wo der Schutz der Menschenrechte fast völlig von der Selbstbeherrschung von Generälen und den Launen korrupter Bürokraten abhängig ist. Ich weiß noch, wie ich mit Michelle kurz vor unserer Heirat das erste Mal nach Kenia reiste. Als Afroamerikanerin war sie begeistert, dass wir den Kontinent ihrer Vorfahren besuchten, und wir hatten dort eine herrliche Zeit, als wir im Landesinneren meine Großmutter besuchten, durch die Straßen Nairobis schlenderten, in der Serengeti campten und vor der Insel Lamu fischten.

Aber während unserer Reisen erfuhr Michelle auch (wie ich während meiner ersten Afrikareise ebenfalls erfahren hatte), dass die meisten Kenianer das schreckliche Gefühl hatten, dass ihr Leben nicht ihnen gehörte. Meine Vettern erzählten ihr, wie schwierig es ist, ohne Bestechung ein eigenes Geschäft zu gründen. Politische Aktivisten erzählten uns, dass man sie ins Gefängnis geworfen hatte, weil sie Kritik an der Politik der Regierung geäußert hatten. Selbst in meiner eigenen Verwandtschaft erlebte Michelle, wie erstickend Familienbande und Stammesloyalitäten sein können. Sie registrierte, dass entfernte Verwandte ständig um Gefälligkeiten baten oder Onkel und Tanten unangekündigt zu Besuch kamen. Auf dem Rückflug nach Chicago gab Michelle zu, dass sie sich darauf freute, wieder nach Hause zu kommen. »Ich habe nicht gewusst, wie amerikanisch ich eigentlich bin«, sagte sie. Sie hatte nicht erkannt, wie frei sie im Grunde war und wie sehr sie diese Freiheit schätzte.

Auf der elementarsten Ebene verstehen wir unsere Freiheit negativ. Wir glauben im Allgemeinen an das Recht, in Ruhe gelassen zu werden, und stehen jedem misstrauisch gegenüber, der sich in unser Leben einmischen will, egal ob es sich dabei um den Großen Bruder – den Staat– oder um lärmende Nachbarn handelt. Aber wir verstehen unsere Freiheit auch positiv: als Chancengleichheit und im Sinne der ergänzenden Werte, die uns helfen, Chancen wahrzunehmen – all die schlichten Tugenden, die Benjamin Franklin erstmals durch den *Poor Richard's Almanack* popularisierte und denen wir auch in den folgenden Generationen treu geblieben sind: den Werten Selbstvertrauen, Arbeit an sich selbst und Risikobereitschaft; den Werten Elan, Disziplin, Mäßigung und Fleiß; den Werten Sparsamkeit und persönliche Verantwortungsbereitschaft.

Diese Werte gründen auf einer grundsätzlich optimistischen Lebenseinstellung und einem Vertrauen in den freien Willen – dem Vertrauen, dass sich jeder von uns durch Schneid, Schweiß und Schmerzen über die Umstände seiner Geburt erheben kann. Doch sie beruhen auch auf dem weitergehenden Optimismus, dass die Gesellschaft als ganze gedeiht, wenn Männer und Frauen die Freiheit haben, ihre eigenen Interessen zu verfolgen. Unser System der Selbstregierung und unsere freie Marktwirtschaft beruhen darauf, dass die Mehrheit der Amerikaner an diese Werte glaubt. Die Legitimität unserer Regierung und unseres Wirtschaftssystems sind davon abhängig, in welchem Maße diese Werte uns nützen, weshalb die Werte der Chancengleichheit und des Diskriminierungsverbots unsere Freiheit eher ergänzen als beschränken.

Zwar sind wir Amerikaner im Kern unseres Wesens individualistisch, wenn wir uns instinktiv an einer Vergangenheit mit Stammespflichten, Traditionen, Sitten und Kasten reiben, aber es wäre ein Fehler anzunehmen, dass wir nur das sind. Unser Individualismus war immer in eine Reihe gemeinsamer Werte eingebunden, jenen Kitt, auf dem der Zusammenhalt jeder gesunden Gesellschaft beruht. Wir bejahen die Anforderungen des Familienlebens und die generationenübergreifenden Verpflichtungen, die jedes Familienleben mit sich bringt. Wir bejahen die Gemeinschaft, die gute Nachbarschaft, die sich darin ausdrückt, dass man beim Bau einer Scheune hilft oder eine Fußballmannschaft trainiert. Wir bejahen den Patriotismus und die staatsbürgerlichen Pflichten, ein Gefühl der Verpflichtung und Opferbereitschaft gegenüber unserer Nation. Wir bejahen den Glauben an etwas Größeres, als wir selbst es sind, gleichgültig, ob dieses Etwas in einer offiziellen Religion oder in ethischen Geboten seinen Ausdruck findet. Und wir bejahen die Verhaltensweisen, mit denen wir Achtung vor unseren Mitmenschen ausdrücken können: Ehrlichkeit, Fairness, Bescheidenheit, Freundlichkeit, Höflichkeit und Anteilnahme.

In jeder Gesellschaft (und in jedem Individuum) stehen diese zwei Stränge – der individualistische und der gemeinschaftliche, Autonomie und Solidarität – in einem Spannungsverhältnis, und es ist einer der Vorzüge Amerikas, dass wir diese Spannungen dank den Gründungsbedingungen unserer Nation besser bewältigen konnten als die meisten anderen Länder. Wir mussten keine der gewaltsamen Umwälzungen durchmachen, die Europa erlebte, als es sich aus seiner feudalen Vergangenheit befreite. Unser Übergang von einer Agrar- zu einer Industriegesellschaft wurde durch die schiere Größe des Kontinents erleichtert, durch gewaltige Flächen von Land und durch Rohstoffe im Überfluss, die es Einwanderern ermöglichten, ihr Leben immer wieder neu zu gestalten.

Trotzdem lassen sich Spannungen nicht gänzlich vermeiden.

Manchmal treten unsere Werte in Widerspruch zueinander, weil im menschlichen Denken und Handeln jeder Wert Verzerrungen und Übertreibungen unterworfen ist. Selbstvertrauen und Unabhängigkeit können sich in Selbstsucht und Zügellosigkeit verwandeln, Ehrgeiz in Gier und in fanatisches Streben nach Erfolg um jeden Preis. Mehr als einmal in unserer Geschichte haben wir erlebt, wie Patriotismus zu Chauvinismus und Ausländerfeindlichkeit degenerierte und in seinem Namen abweichende Meinungen unterdrückt wurden; wir haben erlebt, wie Glauben verknöcherte und zu Selbstgerechtigkeit, Engstirnigkeit und Grausamkeit gegen andere führte. Selbst der Impuls zur Wohltätigkeit kann in einen erstickenden Paternalismus abgleiten, eine fehlende Bereitschaft zu sehen, was andere für sich selbst tun können.

Wenn dies geschieht, etwa wenn sich ein Unternehmen auf den Wert der Freiheit beruft, um sich dafür zu rechtfertigen, dass es Gift in unsere Flüsse einleitet, oder wenn unser kollektives Interesse am Bau eines neuen, modernen Einkaufszentrums instrumentalisiert wird, um Menschen aus ihren Häusern zu vertreiben, dann müssen wir uns auf gegensätzliche Werte beziehen, um unsere Urteile zu mäßigen und Exzesse zu vermeiden.

Manchmal ist es relativ einfach, das richtige Gleichgewicht zu finden. Wir sind uns zum Beispiel alle einig, dass die Gesellschaft das Recht hat, die persönliche Freiheit einzuschränken, wenn ihre Durchsetzung anderen zu schaden droht. Der erste Zusatzartikel der Verfassung gibt uns nicht das Recht, in einem vollbesetzten Theater »Feuer« zu schreien, und das Recht auf freie Religionsausübung beinhaltet nicht das Recht, Menschen zu opfern. Auch sind wir uns alle einig, dass die Macht des Staates, unser Verhalten zu kontrollieren, begrenzt sein muss, selbst wenn die Kontrollen unserem eigenen Wohl dienen sollen. Nur wenige Amerikaner wären damit einverstanden, dass der Staat überwacht, was wir essen, gleichgültig, wie viele Todesfälle und welche medizinischen Kosten durch die starke Zunahme der Fettleibigkeit verursacht werden.

Häufiger jedoch ist es schwierig, das richtige Gleichgewicht zwischen konkurrierenden Werten zu finden. Wertekonflikte entstehen nicht nur, weil wir einen falschen Kurs gesteuert haben, sondern schlicht und einfach, weil wir in einer komplexen und widersprüchlichen Welt leben. Zum Beispiel bin ich der festen Überzeugung, dass wir seit dem 11. September mit den Grundsätzen unserer Verfassung Schindluder getrieben haben, um den Terrorismus zu bekämpfen. Ich muss jedoch zugeben, dass es selbst für den weisesten Präsidenten und den klügsten Kongress ein harter Kampf wäre, das wichtige Anliegen unserer kollektiven Sicherheit mit dem genauso wichtigen Anliegen des Schutzes der Bürgerrechte in Einklang zu bringen. Ich glaube ferner, dass unsere Wirtschaftspolitik der Verdrängung der Fabrikarbeiter und der Zerstörung von Industriestädten zu wenig Aufmerksamkeit widmet. Aber ich kann nicht verhehlen, dass die Werte der Arbeitsplatzsicherheit und der Konkurrenzfähigkeit manchmal im Gegensatz zueinander stehen.

Unglücklicherweise kommen wir in unseren nationalen Debatten häufig nicht einmal zu dem Punkt, an dem diese schwierigen Alternativen gegeneinander abgewogen würden. Stattdessen übertreiben wir lieber, in welchem Ausmaß politische Maßnahmen, die wir missbilligen, gegen unsere heiligsten Grundwerte verstoßen, oder wir stellen uns taub, wenn unsere eigene Politik gegen wichtige Werte verstößt. Konservativen sträuben sich beispielsweise die Haare, wenn der Staat die Freiheit des Marktes oder das Recht, Waffen zu tragen, einschränken will. Viele von diesen Konservativen haben jedoch nur geringe oder überhaupt keine Bedenken, wenn der Staat ohne richterliche Genehmigung Leitungen anzapft oder das Sexualverhalten seiner Bürger überwacht. Andererseits empören sich die meisten Linksliberalen schnell über Einschränkungen der Pressefreiheit oder der Selbstbestimmung der Frau, was die Geburt von Kindern betrifft. Spricht man jedoch mit denselben Linksliberalen über die Kosten, die staatliche Vorschriften einem kleinen Unternehmer verursachen können, stößt man oft auf blankes Unverständnis.

In einem so vielfältigen Land wie dem unseren wird es immer leidenschaftliche Auseinandersetzungen darüber geben, wo man die Grenze bei der Tätigkeit des Staates zieht. So funktioniert unsere Demokratie. Sie könnte jedoch noch ein bisschen besser funktionieren, wenn wir erkennen würden, dass alle von uns Werte haben, die Achtung verdienen. Wenn doch die Linksliberalen wenigstens einräumen würden, dass der Freizeitjäger ein ähnliches Verhältnis zu seinem Gewehr hat wie sie zu den Büchern in ihrer Bibliothek, und wenn die Konservativen einsehen würden, dass den meisten Frauen ihre Freiheit, keine Kinder zu bekommen, genauso wichtig ist wie den Evangelikalen ihr Recht, Gott anzubeten.

Die Ergebnisse einer solchen Übung in gegenseitigem Verstehen können manchmal überraschend sein. In dem Jahr, als die Demokraten im Senat von Illinois die Mehrheit eroberten, brachte ich ein Gesetz ein mit der Vorschrift, Verhöre und Geständnisse bei Kapitalverbrechen auf Video aufzunehmen. Obwohl die Todesstrafe offenbar keine große Abschreckungswirkung hat, bin ich der Ansicht, dass einige Verbrechen – etwa Massenmord oder die Vergewaltigung und Ermordung von Kindern – so scheußlich sind, dass die Gemeinschaft berechtigt ist, ihrem Abscheu Ausdruck zu verleihen, indem sie die schwerstmögliche Strafe verhängt. Andererseits waren die Ermittlungen bei Kapitalverbrechen in Illinois damals so angelegt, dass sich Irrtümer, fragwürdige Polizeimethoden, rassische Vorurteile und schlechte Verteidigung so häuften, dass 13 Menschen, die bereits in der Todeszelle saßen, freigesprochen werden mussten und ein republikanischer Gouverneur für alle Hinrichtungen ein Moratorium verhängte.

Obwohl das System der Todesstrafe durchaus reformbedürftig schien, hielten es nur wenige Beobachter für wahrscheinlich, dass mein Gesetz verabschiedet werden würde. Die Staatsanwälte und Polizeiorganisationen waren absolut gegen das Gesetz. Sie hielten die Aufzeichnung der Verhöre per Video für zu teuer und umständlich und vertraten die Ansicht, dass sie den Abschluss von Prozessen behindern würde. Manche Gegner der Todesstrafe dagegen fürchteten, dass jede Reformanstrengung von ihrem grundsätzlichen Anliegen ablenken würde. Meine Kollegen im Senat hatten Bedenken, sich gegenüber Verbrechern in irgendeiner Weise nachsichtig zu zeigen. Und der neue demokratische Gouverneur hatte schon im Wahlkampf verkündet, dass er gegen die Aufzeichnung von Verhören sei.

Für die heutige Art, Politik zu machen, wäre es typisch gewesen, wenn beide Seiten stur geblieben wären. Wenn die Gegner der Todesstrafe lieber weiter über Rassismus und polizeiliches Fehlverhalten geklagt und die Strafverfolger das Gesetz durch den Vorwurf der Verzärtelung von Schwerverbrechern diskreditiert hätten. Stattdessen organisierten wir mehrere Wochen lang manchmal tägliche Treffen zwischen Staatsanwälten, Pflichtverteidigern, Polizeiorganisationen und Gegnern der Todesstrafe und hielten unsere Verhandlungen so weit wie möglich aus der Presse heraus.

Anstatt mich auf die ernsten Meinungsverschiedenheiten am Tisch zu konzentrieren, sprach ich über die beiden Werte, die wir meiner Ansicht nach unabhängig von unserer Einstellung zur Todesstrafe alle teilten, nämlich dass kein Unschuldiger in der Todeszelle landen und kein Kapitalverbrecher ungestraft davonkommen sollte. Als die Polizeivertreter konkret darlegten, wie das Gesetz ihre Ermittlungen behindern würde, modifizierten wir den Gesetzentwurf. Als die Polizeivertreter nur der

Aufzeichnung von Geständnissen zustimmen wollten, blieben wir hart und wiesen darauf hin, dass das Gesetz ja gerade den Zweck habe, die Öffentlichkeit davon zu überzeugen, dass die Geständnisse ohne Anwendung von Zwang zustande kämen. Am Ende der Verhandlungen wurde das Gesetz von allen Beteiligten unterstützt. Der Senat von Illinois verabschiedete es einstimmig, und es trat mit der Unterzeichnung in Kraft.

Natürlich funktioniert diese Art, Gesetze zu machen, nicht immer. Manchmal ist den Politikern und Interessenverbänden eine Einigung gar nicht recht, weil sie ihren übergeordneten ideologischen Zielen abträglich wäre. Die meisten organisierten Abtreibungsgegner haben den Abgeordneten aus ihrem Lager ausdrücklich abgeraten, bei der Gesetzgebung Kompromisse einzugehen, die die Zahl der so genannten Partial-Birth-Abtreibungen stark reduziert hätten, weil sie durch die Empörung, die diese Art von Abtreibung im öffentlichen Bewusstsein hervorruft, neue Anhänger gewannen. (Partial-Birth-Abtreibungen werden bis zum sechsten Monat vorgenommen. Der Embryo wird beim Verlassen des Mutterleibes getötet.)

Manchmal sind wir auch ideologisch so verbohrt, dass wir Schwierigkeiten haben, das Offensichtliche überhaupt noch zu sehen. Einmal, als ich noch im Senat von Illinois saß, hörte ich einen republikanischen Kollegen eine flammende Rede gegen den Plan halten, Vorschülern ein Schulfrühstück anzubieten. Dieser Plan, sagte er, werde der Fähigkeit der Schüler, sich selbst zu versorgen, schaden. Ich wies darauf hin, dass ich nicht gerade viele fünfjährige Selbstversorger kenne, aber viele Kinder, die in ihren Entwicklungsjahren zu hungrig sind, um zu lernen, und später durchaus dem Staat zur Last fallen könnten.

Obwohl ich mir alle Mühe gab, kam das Gesetz über das Schulfrühstück nicht durch, und die Vorschüler in Illinois wurden wenigstens vorläufig vor den verderblichen Auswirkungen von Haferflocken und Milch bewahrt (eine andere Version des

Gesetzes wurde später verabschiedet). Die Rede meines Kollegen wirft jedoch ein gutes Licht auf einen der Unterschiede zwischen wertorientiertem und ideologischem Verhalten: Wer sich wertorientiert verhält, unterzieht die vorliegenden Tatsachen einer gewissenhaften wertbezogenen Prüfung, der Ideologe dagegen lässt alle Tatsachen außer Acht, die seiner Weltsicht widersprechen.

Ein Gutteil der Verwirrung in der Wertedebatte wird durch die falsche Annahme sowohl der Politiker als auch der Öffentlichkeit verursacht, dass Politik und Staat dasselbe seien. Die Aussage, dass ein Wert wichtig ist, bedeutet nicht, dass er in Vorschriften gefasst oder durch eine neue Behörde gepflegt werden müsste. Umgekehrt gilt auch, dass ein Wert, der sich nicht in einem Gesetz niederschlägt, trotzdem ein gutes Thema für eine öffentliche Debatte sein kann.

Ich lege beispielsweise Wert auf gute Manieren. Jedes Mal, wenn ich einem Kind begegne, das sich klar ausdrückt und mir in die Augen schaut und das »ja Sir« und »danke« und »bitte« und »Entschuldigung« sagt, habe ich mehr Hoffnung für das Land. Und ich glaube nicht, dass es nur mir so geht. Trotzdem kann ich gute Manieren nicht gesetzlich vorschreiben. Aber ich kann mich immer dafür einsetzen, wenn ich vor einer Gruppe junger Leute rede.

Dasselbe gilt für Kompetenz. Nichts verschönert meinen Tag mehr, als wenn ich mit jemandem zu tun habe, der auf seine Arbeit stolz ist und nicht nur Dienst nach Vorschrift macht, ganz gleich, ob er Buchhalter, Klempner, General oder eine Person am anderen Ende der Leitung ist, die mir wirklich bei der Lösung meines Problems helfen will. Ich habe das Gefühl, dass ich solchen engagierten Leuten in letzter Zeit seltener begegne. Es scheint länger zu dauern, bis ich im Supermarkt eine Person finde, die mir hilft, oder bis eine Lieferung eintrifft. Anderen fällt das bestimmt auch auf; es macht uns alle gereizt, und für uns Volksvertreter ist es genau wie für Unternehmer gefährlich, wenn wir solchen Wahrnehmungen keine Beachtung schenken. (Obwohl ich keine statistischen Beweise dafür habe, bin ich überzeugt davon, dass die Ressentiments gegen die Besteuerung, gegen den Staat und gegen die Gewerkschaften jedes Mal wachsen, wenn sich in einer Behörde eine Warteschlange bildet, weil nur einer von vier Schaltern offen ist und sich drei von vier Angestellten vor den Augen der Wartenden angeregt unterhalten.)

Wir Progressiven sind in diesem Punkt offenbar besonders verwirrt, deshalb bekommen wir im Wahlkampf so oft den Kopf gewaschen. Neulich hielt ich eine Rede in der Kaiser Family Foundation, nachdem diese eine Studie herausgebracht hatte, laut der sich die Anzahl der Sexszenen im Fernsehen in den letzten Jahren zuvor verdoppelt hatte. Nun habe ich wie viele Männer meine Freude an HBO (US-amerikanischer Pay-TV-Sender), und es ist mir in der Regel gleichgültig, was sich Erwachsene in ihren vier Wänden anschauen. Was die Kinder betrifft, haben meiner Ansicht nach vor allem die Eltern die Pflicht aufzupassen, was die Kleinen sich im Fernsehen anschauen, und in meiner Rede äußerte ich sogar die ketzerische Ansicht, dass alle etwas davon hätten, wenn die Eltern das Gerät einfach mal abschalten würden und versuchten, mit ihren Kindern zu reden.

Nachdem ich all das gesagt hatte, fügte ich hinzu, dass ich auch nicht besonders glücklich sei, wenn ich mir mit meinen Töchtern im Raum ein Football-Spiel ansehen würde und alle 15 Minuten Werbung für ein Medikament gegen Erektionsstörungen über den Bildschirm flimmere. Ich äußerte außerdem die Ansicht, dass eine beliebte Fernsehsendung für Teenager, in der junge Leute ohne erkennbare Einkommensquelle mehrere Monate damit verbringen, sich zu besaufen und nackt mit Fremden in die Badewanne zu springen, nichts mit »der wirklichen Welt« zu tun habe. Am Schluss machte ich den Vorschlag, die Fernsehindustrie und die Kabelgesellschaften sollten bessere Normen verabschieden und ihre Technik verbessern, damit die Eltern kontrollieren könnten, was in ihren Haushalten auf den Bildschirm komme.

Man hätte meinen können, ich hätte mich in den puritanischen Geistlichen Cotton Mather verwandelt. In Reaktion auf meine Rede tönte eine Zeitung, es stehe dem Staat nicht zu, die Redefreiheit einzuschränken, obwohl ich gar nicht für eine gesetzliche Regulierung eingetreten war. Einige Journalisten meinten, dass ich in der politischen Mitte auf Stimmenfang gehe, um meinen nächsten Wahlkampf vorzubereiten. Erstaunlich viele meiner Wahlkampfunterstützer schrieben an unser Büro, dass sie für mich gestimmt hätten, damit ich das Programm von Bush bekämpfe, und nicht, damit ich den Moralapostel heraushänge.

Und doch klagen alle Eltern, die ich kenne, egal ob sie linksliberal oder konservativ sind, über die Verrohung unserer Sitten, über die Propagierung eines oberflächlichen Materialismus und sofortiger Bedürfnisbefriedigung und einer Sexualität ohne Intimität. Sie sind nicht unbedingt für staatliche Zensurmaßnahmen, aber sie wollen, dass ihre Sorgen zur Kenntnis genommen und ihre Erfahrungen beachtet werden. Wenn progressive Politiker aus Angst, als Befürworter von Zensurmaßnahmen zu erscheinen, nicht einmal die Existenz dieses Problems einräumen können, dann werden sich die betroffenen Eltern den Politikern zuwenden, die sich gern um das Problem kümmern und vielleicht weniger Rücksicht auf verfassungsrechtliche Hemmnisse nehmen.

Natürlich haben auch die Konservativen ihre blinden Flecke, wenn es um Fragen unserer Kultur geht. Nehmen wir zum Beispiel die Bezahlung von Konzernvorständen. Im Jahr 1980 verdiente ein Konzernchef im Durchschnitt das 40-fache eines durchschnittlichen Arbeiters, 2005 das 262-fache. Sprachrohre der Konservativen wie das *Wall Street Journal* versuchen, die abstruse Höhe von Managergehältern und Aktienoptionen mit dem Argument zu rechtfertigen, nur auf diese Weise könnten Spitzentalente gewonnen werden, und sie vertreten die Ansicht, dass es der Wirtschaft besser gehe, wenn die amerikanischen Konzernchefs fett und glücklich wären. Doch die Explosion der Chefgehälter hat kaum etwas mit besseren Leistungen zu tun. Tatsächlich hatten einige der bestbezahlten Konzernchefs der USA im letzten Jahrzehnt dramatisch sinkende Gewinne, fallende Aktienkurse, Massenentlassungen und unterfinanzierte Pensionsfonds ihrer Beschäftigten zu verantworten.

Der massive Anstieg der Chefgehälter ist nicht durch den Markt diktiert. Er ist kulturell bedingt. In einer Zeit, in der das Einkommen des durchschnittlichen Arbeiters nur wenig oder gar nicht steigt, haben viele amerikanische Konzernchefs jedes Schamgefühl verloren und sacken alles ein, was ihnen ihre fügsamen, handverlesenen Aufsichtsräte bewilligen. Vielen Amerikanern ist bewusst, welchen Schaden eine solche Ethik der Gier in unser aller Leben anrichtet. In einer kürzlich veranstalteten Umfrage bewerteten sie Korruption in Regierung und Wirtschaft sowie Gier und Materialismus als zwei der drei wichtigsten moralischen Probleme der Nation (»Kinder mit den richtigen Werten aufziehen« stand an erster Stelle). Konservative Politiker haben vielleicht Recht, wenn sie sagen, dass der Staat keinen Einfluss auf die Bezahlung von Topmanagern nehmen sollte. Aber sie sollten sich zumindest mit derselben moralischen Empörung und derselben Wut gegen das widerliche Verhalten in den Vorstandsetagen aussprechen, mit der sie über anzügliche Texte in der Rap-Musik wettern.

Natürlich ist die Wirksamkeit von moralischen Appellen begrenzt. Manchmal können unsere Werte nur durch Gesetze wirksam geschützt werden, insbesondere wenn es um die Rechte und Chancen der Machtlosen in unserer Gesellschaft geht. Ganz gewiss hat dies für unsere Anstrengungen zur Beendigung der Rassendiskriminierung gegolten. Moralische Appelle trugen sicher viel dazu bei, in der Zeit der Bürgerrechtsbewegung Herz und Verstand der weißen Amerikaner zu verändern. Was aber der Rassendiskriminierung letztlich das Kreuz brach und eine neue Ära der Rassenbeziehungen einläutete, waren die Verfahren vor dem Obersten Gerichtshof, die in Brown vs. Board of Education kulminierten, sowie das Bürgerrechtsgesetz von 1964 und das Wahlrechtsgesetz von 1965. Auch bei den Debatten über diese Gesetze wurde argumentiert, dass der Staat nicht in die Zivilgesellschaft eingreifen dürfe und kein Gesetz Weiße zwingen könne, Umgang mit Schwarzen zu pflegen. Martin Luther King antwortete auf diese Argumente Folgendes: »Vielleicht kann das Gesetz nicht vorschreiben, dass ich geliebt werde, aber es kann verhindern, dass ich gelyncht werde, und das finde ich auch ganz schön wichtig.«

Manchmal brauchen wir sowohl eine kulturelle Transformation als auch staatliche Maßnahmen, einen Wertewandel und einen politischen Wandel, um der Gesellschaft näherzukommen, die wir uns wünschen. Der Zustand der Schulen in unseren Innenstädten ist ein solcher Fall. Nicht durch alles Geld der Welt lassen sich die Leistungen ihrer Schüler verbessern, wenn ihre Eltern nicht die Anstrengung machen, ihren Kindern die Werte Fleiß und Triebverzicht zu vermitteln. Wenn wir jedoch als Gesellschaft so tun, als könnten Kinder aus armen Familien in baufälligen, unsicheren Schulen mit veralteter Ausstattung und mit Lehrern, die in den Fächern, die sie unterrichten, nicht ausgebildet sind, ihr Potential ausschöpfen, dann belügen wir diese Kinder und uns selbst. Und wir verraten unsere Werte.

Wahrscheinlich ist das einer der Gründe, warum ich bei den Demokraten bin: Der Gedanke, dass unsere sozialen Werte –

Verantwortung für den Mitmenschen und gesellschaftliche Solidarität – nicht nur in den Kirchen, Museen und Synagogen und nicht nur in dem Viertel, wo wir wohnen, an unserem Arbeitsplatz oder in unserer Familie, sondern auch für die Regierung Geltung besitzen sollten. Wie viele Konservative glaube ich, dass kulturelle Faktoren sowohl für den individuellen Erfolg als auch für den sozialen Zusammenhalt entscheidend sein können, und ich glaube, dass wir sie nicht straflos ignorieren können. Aber ich glaube auch, dass der Staat eine Rolle dabei spielen kann, unsere Kultur positiv – oder auch negativ – zu prägen.

Ich frage mich oft, warum es für Politiker derart schwierig ist, auf eine Weise über Werte zu sprechen, dass es weder berechnend noch verlogen wirkt. Vielleicht liegt es daran, dass ihre öffentlichen Auftritte heutzutage so berechnet und die Gesten, mit denen sich die Kandidaten im Wahlkampf zu ihren Werten bekennen (ein Besuch in einer schwarzen Kirche, ein Jagdausflug, der Besuch an einer Autorennbahn, das Vorlesen in einem Kindergarten), so standardisiert sind, dass es für die Bürger immer schwieriger wird, zwischen ernsthaften Überzeugungen und Schauspielerei zu unterscheiden.

Natürlich spielt auch eine Rolle, dass die moderne politische Praxis selbst wertfrei erscheint. In der Politik und bei politischen Äußerungen ist ein Verhalten, das wir normalerweise als skandalös bezeichnen würden, nicht nur erlaubt, sondern häufig sogar nützlich: die Erfindung von Geschichten, die Verzerrung der offensichtlichen Bedeutung der Äußerungen anderer Politiker, das Verächtlichmachen oder Bezweifeln ihrer Motive, die Durchleuchtung ihres Privatlebens auf der Suche nach diskreditierenden Informationen.

Während meines Wahlkampfs um einen Sitz im US-Senat engagierte zum Beispiel mein republikanischer Gegenkandidat einen jungen Mann, der all meine öffentlichen Auftritte mit einer

Handkamera filmen musste. Diese Maßnahme ist inzwischen in vielen Wahlkämpfen Routine geworden, doch der junge Mann war entweder übereifrig, oder er hatte den Auftrag, mich zu provozieren. Jedenfalls war er so aufdringlich, dass sein Verhalten an Belästigung grenzte. Er folgte mir von morgens bis abends auf Schritt und Tritt und hielt in der Regel nicht mehr als zwei bis drei Meter Abstand. Sogar im Aufzug filmte er mich. Er filmte mich, wenn ich aus der Toilette kam. Und er filmte mich, wenn ich mit dem Handy mit Frau und Kindern telefonierte.

Zuerst versuchte ich, mit ihm zu reden. Ich blieb stehen, fragte ihn nach seinem Namen, sagte ihm, ich verstünde, dass er nur seinen Job mache, und schlug ihm vor, so viel Abstand zu halten, dass er bei meinen Gesprächen nicht mehr mithören könne. Er reagierte auf meine Bitten vor allem mit Schweigen und sagte nur, dass er Justin heiße. Ich schlug ihm vor, seinen Boss anzurufen und ihn zu fragen, ob er sich wirklich so verhalten solle. Er sagte mir, ich könne ruhig selbst anrufen und gab mir die Nummer. Nach zwei oder drei Tagen hatte ich genug. Mit Justin dicht auf den Fersen ging ich in das Pressebüro des Landesparlaments und versammelte einige der Reporter um mich, die dort beim Mittagessen saßen.

»Hey Jungs«, sagte ich. »Ich will euch Justin vorstellen. Der junge Mann hier ist von Ryans Wahlkampfmanagement beauftragt worden, mir auf Schritt und Tritt zu folgen.«

Während ich die Situation erklärte, blieb Justin ungerührt stehen und filmte. Die Reporter wandten sich ihm zu und bombardierten ihn mit Fragen.

»Folgen Sie ihm auch auf die Toilette?«

»Rücken Sie ihm immer so dicht auf die Pelle?«

Bald trafen mehrere Kamerateams ein und filmten, wie Justin mich filmte. Der junge Mann wiederholte wie ein Kriegsgefangener seinen Namen, seinen Rang und die Telefonnummer der Wahlkampfzentrale seines Kandidaten. Um 18 Uhr wurde die Geschichte von den meisten Lokalsendern gebracht. Am Ende wurde sie eine Woche lang im ganzen Staat thematisiert: in Karikaturen, Kommentaren und im Radio. Nach einer Trotzphase von mehreren Tagen gab mein Gegenkandidat dem Druck schließlich nach, bat Justin, mehr Abstand zu halten und veröffentlichte eine Entschuldigung. Doch der für ihn entstandene Schaden war nicht mehr gutzumachen. Die Leute verstanden vielleicht nicht, warum wir über den staatlichen Gesundheitsdienst oder die Diplomatie im Nahen Osten verschiedener Meinung waren, aber sie wussten, dass mein Gegner in seinem Wahlkampf einen Wert verletzt hatte, der ihnen wichtig war: Anstand.

Die Kluft zwischen dem Verhalten, das uns im täglichen Leben als angemessen erscheint, und dem, das uns berechtigt erscheint, um einen Wahlsieg zu erringen, ist nur einer der Gradmesser für die Wertorientierung eines Politikers. In kaum einem anderen Beruf muss man sich Tag für Tag zwischen so vielen konkurrierenden Anforderungen entscheiden: zwischen den Ansprüchen verschiedener Wählerschichten, zwischen den Interessen des ganzen Landes und des eigenen Staates, zwischen der Parteiloyalität und dem eigenen Bedürfnis nach Unabhängigkeit, zwischen dem Dienst für das Vaterland und den Pflichten gegenüber der eigenen Familie. In dieser Kakophonie von Stimmen läuft ein Politiker stets Gefahr, seine moralische Richtschnur zu verlieren und sich nur noch von der öffentlichen Meinung steuern zu lassen.

Vielleicht ist das der Grund, warum wir uns bei den Politikern so nach der kaum definierbaren Qualität Authentizität sehnen, der Eigenschaft, wirklich der zu sein, der zu sein man vorgibt, und eine Wahrhaftigkeit zu besitzen, die sich nicht nur auf das Wort erstreckt. Mein Freund, der verstorbene US-Senator Paul Simon, hatte diese Eigenschaft. Für den größten Teil seiner Karriere verblüffte er die politischen Experten, indem er die Unterstützung von Leuten gewann, die zu seiner linksliberalen Politik in manchmal sogar erbittertem Gegensatz standen. Für das Phänomen mitverantwortlich war seine Vertrauen erweckende Erscheinung; er wirkte wie ein Kleinstadtdoktor mit seiner Brille, seiner Fliege und dem immer leicht sorgenvollen Ausdruck im Gesicht. Doch die Leute spürten auch, dass er nach seinen Werten lebte, dass er ehrlich war, dass er für seine Überzeugungen eintrat und, vielleicht das Wichtigste, dass sie und ihr Schicksal ihm wichtig waren.

Diesen letzten Aspekt von Pauls Charakter – sein Einfühlungsvermögen – weiß ich selbst immer mehr zu schätzen, je älter ich werde. Er steht im Zentrum meines Moralkodex und er prägt mein Verständnis der Goldenen Regel (des kategorischen Imperativs) als ein Verhalten, bei dem nicht nur Mitgefühl oder Wohltätigkeit gefordert sind, sondern etwas Schwierigeres, nämlich dass man sich in einen anderen hineinversetzt und die Welt mit seinen Augen sieht.

Wie die meisten meiner Werte habe ich auch das Einfühlungsvermögen von meiner Mutter gelernt. Sie verabscheute jede Art von Grausamkeit oder Gedankenlosigkeit oder Machtmissbrauch, gleichgültig, ob sie sich in Form von rassistischem Verhalten, als Mobbing auf dem Schulhof oder als Unterbezahlung von Arbeitern manifestierten. Wann immer sie bei mir eine Spur solchen Verhaltens wahrnahm, sah sie mir scharf in die Augen und sagte: »Was glaubst du, wie du dich dabei fühlen würdest?«

Doch es war die Beziehung zu meinem Großvater, durch die ich wahrscheinlich erstmals die volle Bedeutung des Begriffs Einfühlungsvermögen verstand. Weil meine Mutter oft in Übersee arbeitete, wohnte ich in meiner Highschool-Zeit oft bei meinen Großeltern, und da mein Vater abwesend war, musste sich vor allem mein Großvater mit meinem jugendlichen Widerspruchsgeist herumschlagen. Er selbst war auch nicht gerade ein einfacher Mensch: Er war zwar warmherzig, geriet aber leicht in Wut. Auch war er ziemlich verletzlich, vielleicht weil er beruflich nicht besonders erfolgreich gewesen war. Als ich sechzehn war, stritten wir uns die ganze Zeit, in der Regel, weil ich mich weigerte, eine meiner Ansicht nach endlose Reihe von kleinlichen und willkürlichen Vorschriften zu befolgen, wie etwa sein Auto wieder vollzutanken, wenn ich es ausgeliehen hatte, oder die Milchkartons immer auszuspülen, bevor ich sie in den Müll warf.

Dank eines gewissen rhetorischen Talents und weil ich mir meiner eigenen Ansichten sehr sicher war, gewann ich diese Auseinandersetzungen meist, zumindest in dem engen Sinne, dass sie meinen Großvater verwirrt und wütend machten und er nicht mehr vernünftig argumentierte. Ab einem bestimmten Zeitpunkt jedoch, vielleicht in meinem letzten Schuljahr, konnte ich diese Siege nicht mehr so recht genießen. Ich begann, über die Kämpfe und Enttäuschungen im Leben meines Großvaters nachzudenken. Ich begann zu verstehen, dass er in seinem eigenen Haus respektiert werden wollte. Ich erkannte, dass es mich wenig kostete, ihm aber viel bedeutete, wenn ich mich an seine Regeln hielt. Ich sah, dass er manchmal auch wirklich Recht hatte und dass ich mich selbst herabwürdigte, wenn ich stets meinen Willen durchsetzte, ohne auf seine Gefühle oder Bedürfnisse zu achten.

An solchen Erkenntnisprozessen ist nichts Ungewöhnliches; in der einen oder anderen Form müssen wir sie alle durchmachen, wenn wir erwachsen werden wollen. Und doch greife ich immer wieder auf den einfachen Grundsatz meiner Mutter zurück und mache die Frage »Was glaubst du, wie du dich dabei fühlen würdest?« zu einer Richtschnur meiner Politik.

Meiner Ansicht nach stellen wir uns diese Frage nicht oft genug; das ganze Land scheint mir an einem Mangel an Einfühlungsvermögen zu leiden. Wir würden keine Schulen tolerieren, in denen Lernen nicht möglich ist, die chronisch unterfinanziert, unterbesetzt und einfallslos sind, wenn wir uns vorstellen würden, dass unsere Kinder auf solche Schulen gehen müssten. Auch ist es kaum denkbar, dass ein Konzernchef sich selbst eine Prämie in Millionenhöhe bewilligen und zugleich die Leistungen der Betriebskrankenversicherung seiner Arbeiter kürzen würde, wenn er sie in gewissem Sinne als seinesgleichen betrachtete. Und es ist sicher, dass die Regierenden es sich länger und sorgfältiger überlegen würden, ob sie einen Krieg anfangen, wenn sie sich vorstellten, dass ihre eigenen Söhne und Töchter im Kampf zu Schaden kommen könnten.

Ich glaube, ein Mehr an Einfühlungsvermögen würde unsere Politik zugunsten derjenigen verändern, die in dieser Gesellschaft zu kämpfen haben. Schließlich sind ihre Kämpfe unsere eigenen, wenn sie sind, wie wir sind. Und wenn wir ihnen nicht helfen, würdigen wir uns selbst herab.

Dies bedeutet jedoch nicht, dass wer zu kämpfen hat (oder wer behauptet, für die zu sprechen, die zu kämpfen haben) sich keine Mühe mehr geben müsste, auch jene zu verstehen, denen es besser geht. Führer der Schwarzen müssen sich in die berechtigten Ängste hineinversetzen, die manche Weiße vielleicht zum Widerstand gegen Affirmative Action (Quotenregelung zur Gleichstellung von Minderheiten) motivieren. Gewerkschaftsvertreter machen ihre Arbeit schlecht, wenn sie den Konkurrenzdruck ignorieren, unter dem viele Arbeitgeber stehen. Ich bin dazu verpflichtet, die Welt auch mit den Augen George Bushs zu sehen, gleichgültig, wie stark meine Ansichten von seinen abweichen mögen. Genau das leistet Einfühlungsvermögen; es nimmt uns alle in die Pflicht, die Konservativen und die Progressiven, die Mächtigen und die Machtlosen, die Unterdrückten und die Unterdrücker. Wir alle werden aus unserer Trägheit gerissen. Wir alle werden gezwungen, unseren Horizont zu erweitern.

Jedermann ist dazu verpflichtet, nach einem gemeinsamen Nenner zu suchen.

Natürlich reicht ein Gefühl gegenseitigen Verständnisses letztlich nicht aus. Reden kostet nichts; wie bei allen Werten muss auch das Einfühlungsvermögen praktische Konsequenzen haben. Als Community Organizer in den achtziger Jahren forderte ich die Führer eines Stadtviertels oft heraus, indem ich sie fragte, was sie mit ihrer Zeit, ihrer Energie und ihrem Geld anfingen. Daran zeige sich wirklich, worauf wir Wert legten, sagte ich zu ihnen, gleichgültig, was wir uns gerne einredeten. Wenn wir nicht bereit seien, einen Preis für unsere Werte zu zahlen und für ihre Verwirklichung auch Opfer zu bringen, sollten wir uns fragen, ob wir wirklich an sie glaubten.

Nach diesen Kriterien hat es zumindest den Anschein, dass die Amerikaner von heute auf nichts so großen Wert legen wie darauf, reich, schlank, jung, berühmt und sicher zu sein und sich gut zu amüsieren. Wir sagen, es sei uns wichtig, was für ein Erbe wir der folgenden Generation hinterlassen, und dann belasten wir sie mit einem riesigen Schuldenberg. Wir sagen, wir würden an Chancengleichheit glauben, und sehen tatenlos zu, wie Millionen amerikanischer Kinder in Armut leben müssen. Wir sagen, dass uns das Familienleben wichtig ist, strukturieren aber unsere Volkswirtschaft und unsere Leben so, dass wir immer weniger Zeit für unsere Familie haben.

Und doch weiß ein Teil von uns es besser. Wir halten an unseren Werten fest, selbst wenn sie manchmal matt und abgenutzt wirken, selbst wenn wir sie als Nation und in unserem eigenen Leben häufiger verraten haben, als uns noch in Erinnerung ist. Was sonst könnte uns leiten? Die Werte sind unser Erbe, sie machen uns zu dem, was wir als Volk sind. Und obwohl wir erkennen, dass sie in Frage gestellt werden, dass sie von Kulturkritikern und Intellektuellen herumgestoßen, in den Staub getreten, für veraltet erklärt und in ihr Gegenteil verkehrt werden können, haben sie sich quer durch alle Rassen, Klassen, Glaubensrichtungen und Generationen als erstaunlich haltbar und konstant erwiesen. Wir können in ihrem Namen Forderungen stellen, solange wir begreifen, dass unsere Werte den Tatsachen und der Erfahrung standhalten müssen, und solange wir uns daran erinnern, dass sie Taten erfordern und nicht nur Worte.

Wenn wir uns anders verhielten, würden wir den besten Teil unserer Identität opfern.

KAPITEL DREI

Unsere Verfassung

Auf die Frage nach ihrem ersten Jahr auf dem Capitol Hill antworten viele Senatoren mit dem Satz: »Es ist, als trinke man aus einem Feuerwehrschlauch.«

Das Bild ist treffend, denn während der ersten paar Monate im Senat scheint alles auf einmal zu passieren. Ich musste Mitarbeiter engagieren und in Washington und Illinois Büros aufmachen. Ich musste über Ausschusssitze verhandeln und mich über die Probleme ins Bild setzen, die auf der Agenda standen. Seit dem Wahltag hatten sich 10 000 Briefe aus meinem Wahlkreis und 300 Einladungen für Vorträge angesammelt. Im Halbstundenrhythmus wurde ich vom Sitzungssaal des Senats in die Räume der Ausschüsse, in Hotellobbys und zu Radiosendern gekarrt, wobei ich völlig abhängig davon war, dass meine frisch engagierten Mitarbeiter – junge Leute in ihren Zwanzigern und Dreißigern – dafür sorgten, dass ich meine Termine wahrnahm. Sie drückten mir jeweils das richtige Informationsmaterial in die Hand und erinnerten mich daran, mit wem ich mich treffen würde, oder sie brachten mich in den nächsten Ruheraum.

Dann, in der Nacht, musste ich mich daran gewöhnen, allein zu leben. Michelle und ich hatten beschlossen, dass sie mit den Kindern in Chicago bleiben würde, nicht nur, weil wir wollten, dass die Kinder außerhalb des Washingtoner Hexenkessels aufwuchsen, sondern auch, weil Michelle in Chicago durch ihre Mutter, ihren Bruder und andere Verwandte und Freunde eine Menge Unterstützung bekam. Sie halfen ihr, damit fertig zu werden, dass ich wegen meines neuen Jobs seltener zu Hause war. Für die drei Nächte pro Woche, die ich in Washington verbrachte, mietete ich eine kleine Einzimmerwohnung in einem Hochhaus zwischen dem Capitol Hill und dem Stadtzentrum, nahe der juristischen Fakultät der Georgetown University.

Zuerst wollte ich meine neu gefundene Einsamkeit positiv sehen und die Freuden des Junggesellendaseins genießen: Ich holte in allen Restaurants des Viertels Essen zum Mitnehmen, sah mir Baseballspiele an oder las bis spät in die Nacht, ging um Mitternacht ins Fitnesszentrum, ließ das Geschirr in der Spüle stehen und machte mein Bett nicht. Aber es hatte keinen Zweck: Nach 13 Jahren Ehe war ich vollkommen domestiziert, verweichlicht und hilflos. An meinem ersten Morgen in Washington merkte ich, dass ich vergessen hatte, einen Duschvorhang zu kaufen, und musste mich in eine Ecke der Dusche pressen, damit ich nicht das Bad unter Wasser setzte. Als ich mir am nächsten Abend das Spiel ansah und ein Bier dazu trank, schlief ich mitten im Spiel auf der Couch ein und wachte zwei Stunden später mit einem steifen Hals wieder auf. Auch das Essen aus den Restaurants schmeckte bald nicht mehr so gut, und die Stille in meiner Wohnung ging mir auf die Nerven. Ich registrierte, dass ich wiederholt zu Hause anrief, nur um die Stimmen meiner Töchter zu hören, und dass ich mich nach der Wärme ihrer Umarmungen und dem süßen Geruch ihrer Haut sehnte.

»Hey Süße!«

»Hey Daddy.«

»Was ist bei euch los?«

»Seit du das letzte Mal angerufen hast?«

»Ja.«

»Nichts. Willst du Mammi sprechen?«

Einige wenige Senatoren hatten ebenfalls Familien mit kleinen Kindern, und wenn wir uns trafen, verglichen wir oft die Gedanken, die wir uns über die Vor- und Nachteile eines Umzugs nach Washington gemacht hatten. Und wir sprachen über die Schwierigkeit, die Familie vor übereifrigen Mitarbeitern zu schützen. Die meisten meiner neuen Kollegen waren jedoch beträchtlich älter als ich – das Durchschnittsalter im Senat war sechzig –, und wenn ich die Runde in ihren Büros machte, bezogen sich ihre Ratschläge in der Regel auf die Arbeit im Senat. Sie beschrieben mir die Vorzüge verschiedener Ausschusssitze und die Eigenheiten der diversen Ausschussvorsitzenden. Häufig machten sie auch Vorschläge zur Organisation meiner Mitarbeiter, sagten mir, wo ich zusätzlichen Büroraum beantragen konnte, und gaben mir Ratschläge, wie ich mit den Anfragen meiner Wähler umgehen sollte. Die meisten Ratschläge fand ich nützlich, aber manchmal waren sie auch widersprüchlich. Bei den Demokraten jedoch endeten all meine Gespräche mit einer bestimmten Empfehlung: Ich sollte so bald wie möglich ein Gespräch mit Senator Byrd vereinbaren – nicht nur aus Höflichkeit, sondern weil der Senator als Vorsitzender des Investitionsausschusses und aufgrund seines allgemeinen Ansehens beträchtlichen Einfluss hatte.

Der 87-jährige Robert C. Byrd war nicht nur der älteste amtierende Senator, er war auch zu einer Art Verkörperung des Senats geworden, einem lebenden, atmenden Stück Geschichte. Er war von einem Onkel und einer Tante in den bescheidenen Bergarbeiterstädten von West Virginia aufgezogen worden, konnte dank einer angeborenen Begabung lange Gedichte auswendig rezitieren und spielte mit beachtlicher Virtuosität Geige. Weil er sich kein College-Studium leisten konnte, hatte er als Schlachter, als Verkäufer für landwirtschaftliche Produkte und während des Zweiten Weltkriegs als Schweißer auf Schlachtschiffen gearbeitet. Als er nach dem Krieg nach West Virginia zurückkehrte, errang er einen Sitz im Landesparlament des Staates, und 1952 wurde er in den amerikanischen Kongress gewählt.

Im Jahr 1958 schaffte er den Sprung in den Senat, wo er bis 2005 im Lauf von 47 Jahren fast jedes verfügbare Amt beklei-

dete, darunter sechs Jahre das des Senatssprechers und sechs
Jahre das des Fraktionsführers der Minderheitspartei. Die ganze
Zeit blieb er volksnah und erstritt konkrete Verbesserungen für
die Männer und Frauen in seiner Heimat: Zuwendungen für
Staublungenkranke und Schutzbestimmungen für die Gewerkschaften der Bergarbeiter; Hoch- und Tiefbau- sowie Elektrifi-
zierungsprojekte für besonders arme Orte. Er machte in zehn-
jährigem Abendstudium als Senator einen Abschluss als Jurist,
und sein Gedächtnis für die Geschäftsordnung des Senats war
legendär. Schließlich schrieb er eine vierbändige Geschichte des
Senats, die ihn nicht nur als disziplinierten und hochgebildeten
Mann auswies, sondern auch seine große Liebe zu der Institution offenbarte, die er durch sein Lebenswerk mitgestaltet hatte.
Tatsächlich wurde seine Liebe zum Senat nur noch durch seine
Zuneigung für seine kranke, damals 68-jährige Frau übertroffen
(die inzwischen verstorben ist) und vielleicht durch seine Verehrung für die Verfassung, von der er stets eine Taschenbuchausgabe bei sich trug, die er in einer Debatte oft herauszog und
durch die Luft schwenkte.

Ich hatte in seinem Büro bereits um einen Gesprächstermin
gebeten. Am Tag meiner Vereidigung begegnete ich ihm erstmals persönlich, und wir befanden uns im alten Sitzungssaal
des Senats, einem dunklen, reich verzierten Raum. Er wird
von einem wasserspeierartigen Adler dominiert, der vor einem
Vordach aus blutrotem Samt über dem Stuhl des vorsitzenden
Senators schwebt. Das düstere Ambiente entsprach dem traurigen Anlass, denn die Fraktion der Demokraten tagte an diesem Ort, um sich nach der schwierigen Wahl und dem Verlust
ihres Fraktionsführers Tom Daschle neu zu organisieren. Nachdem die neue Fraktionsführung gewählt war, bat Harry Reid,
der neugewählte Führer der Minderheitsfraktion, Senator Byrd,
ein paar Worte zu sagen. Langsam erhob sich der Senator von
seinem Platz, ein schlanker Mann mit einer immer noch dichten

schneeweißen Mähne, wasserblauen Augen und einer scharf hervorstechenden Nase. Einen Moment lang stand er schweigend auf seinen Stock gestützt da und blickte an die Decke. Dann sprach er in feierlichen, gemessenen Worten mit der Andeutung eines appalachischen Akzents, die mir vorkam wie eine astige Maserung unter einem glatt polierten Furnier.

Ich erinnere mich nicht mehr an die Details seiner Rede, aber ich weiß noch, welche Themen in shakespeareschem Rhythmus vom Rednerpult an unsere Ohren drangen: die uhrwerkartige Anlage der Verfassung und des Senats als Kern des Versprechens dieser Charta; die jährlich sich verschärfende, gefährliche Schmälerung der kostbaren Unabhängigkeit des Senats durch die Exekutive; die Notwendigkeit, dass jeder Senator die Gründungsdokumente der Vereinigten Staaten noch einmal lese, damit die Senatoren standfest, redlich und treu zur Republik stünden. Während der Rede wurde Byrds Stimme immer kräftiger, sein Zeigefinger stieß in die Luft, und der dunkle Raum schien sich um ihn zu schließen, bis er fast wie ein Geist erschien, ein Geist der Vergangenheit des Senats, dessen fast 50 Jahre im Amt an die 50 Jahre zuvor und die 50 Jahre zuvor und die 50 Jahre zuvor anschlossen, bis zu der Zeit, als Jefferson, Adams und Madison durch die Hallen des Kapitols geschlendert waren und die Stadt noch aus Wildnis, Ackerland und Sumpf bestanden hatte.

In dieser Zeit hätte weder ich noch jemand, der so aussah wie ich, einen Sitz innerhalb der Mauern des Kapitols erringen können.

Als ich Senator Byrd sprechen hörte, wurden mir die inneren Widersprüche mit aller Macht bewusst, in die mich dieser neue Ort mit seinen Marmorbüsten, seinen geheimnisvollen Traditionen, seinen Erinnerungen und seinen Gespenstern verwickelte. Ich grübelte darüber nach, dass Senator Byrd seiner eigenen Autobiographie zufolge mit Anfang zwanzig erstmals als

Mitglied des Ku-Klux-Klans von Raleigh County seine Führungsqualitäten bewiesen hatte, eines Geheimbunds, von dem er sich natürlich schon lange distanziert. Seine Mitgliedschaft hatte er – zweifellos zu Recht – als einen Irrweg bezeichnet, der nur durch die damalige Zeit und durch den Ort, an dem er aufgewachsen war, zu erklären war. Trotzdem hatte diese Vergangenheit während seiner gesamten Karriere immer wieder eine Rolle gespielt. Ich musste daran denken, wie er beim Widerstand der Südstaaten gegen die Bürgerrechtsgesetze mit anderen einflussreichen Senatoren wie J. William Fulbright aus Arkansas und Richard Russell aus Georgia zusammengearbeitet hatte. Ich fragte mich, ob das alles die Linksliberalen nicht störte, die ihn jetzt wegen seines prinzipientreuen Widerstands gegen den Irakkrieg feierten – die Leute von der Nichtregierungsorganisation MoveOn.org, Erben der politischen Gegenkultur, die der Senator während seiner Karriere meist missbilligt hatte.

Ich fragte mich auch, ob das wirklich wichtig war. Senator Byrds Leben ist wie bei den meisten von uns ein Kampf widerstreitender Impulse gewesen, ein Wechsel von Licht und Schatten. Und ich erkannte, dass er in dieser Beziehung wirklich ein gutes Symbol für den Senat war, dessen Geschäftsordnung und Struktur den großen Kompromiss bei der Gründung der Vereinigten Staaten reflektieren: den Kuhhandel zwischen den Nord- und den Südstaaten; die Rolle des Senats als Schutz gegen die Leidenschaften des Augenblicks, als Verteidiger des Minderheitenschutzes und der Staatssouveränität, aber auch als Werkzeug, um die Reichen vor dem Pöbel zu schützen und den Sklavenhaltern den Fortbestand ihrer Institution zu garantieren. Strukturell verankert im Senat, sozusagen in seinem genetischen Code, ist derselbe Widerstreit zwischen Macht und Gesetz, der auch für Amerika als Ganzes typisch ist. Er ist der dauerhafte Ausdruck jener großen Debatte zwischen einigen hochbegabten,

aber fehlbaren Männern, die die Schöpfung einer Regierungsform von genialer Einzigartigkeit zum Ergebnis hatte und doch
für die Realität der Sklaverei auf den Baumwollplantagen blind
blieb.

Nach der Rede klatschten die Senatoren Beifall und gratu-
lierten dem Senator zu seiner glänzenden rhetorischen Leistung.
Ich ging auf ihn zu und stellte mich vor. Er drückte mir herzlich
die Hand und sagte, dass er sich sehr auf meinen Besuch freue.
Auf dem Rückweg in mein Büro beschloss ich, am Abend meine
alten verfassungsrechtlichen Bücher aus dem Studium wieder
auszupacken und die Verfassung selbst noch einmal zu lesen.
Denn Senator Byrd hatte Recht: Um zu verstehen, was 2005
in Washington passierte, um meine neue Aufgabe und Senator
Byrd zu verstehen, musste ich zurück an den Ausgangspunkt
und Amerikas früheste Debatten und Gründungsdokumente
noch einmal studieren. Ich musste herausfinden, welchen Einfluss sie im Lauf der Zeit entwickelt hatten, und sie im Licht der
konkreten Geschichte beurteilen.

Wenn Sie meine achtjährige Tochter fragen, womit ich mein
Geld verdiene, sagt sie womöglich, dass ich Gesetze mache.
Doch es ist eine überraschende Tatsache, wie viel Zeit man in
Washington damit verbringt, darüber zu streiten, was geltendes
Recht ist, und nicht darüber, was Gesetz werden sollte. Selbst
die einfachste Rechtsvorschrift (beispielsweise, dass ein Unternehmen seinen Stundenlohnempfängern Klopausen gewähren
muss) kann absolut verschieden interpretiert werden, je nachdem, mit wem man darüber redet: mit dem Kongressabgeordneten, der das Gesetz eingebracht hat, mit dem Referenten, der
den Entwurf verfasst hat, mit dem Abteilungsleiter, der es in
die Praxis umsetzen muss, dem Rechtsanwalt, dessen Mandant
das Gesetz blockieren will, oder dem Richter, der es eines Tages
anwenden soll.

Ein Teil dieser Unterschiede ist beabsichtigt und Ergebnis des komplexen Apparats der gegenseitigen Kontrolle. Wegen der Machtverteilung zwischen den drei Gewalten und der Machtverteilung zwischen der Zentralregierung und den Regierungen der Einzelstaaten ist kein Gesetz je endgültig, keine Schlacht je ganz zu Ende. Es gibt immer die Möglichkeit zu verstärken oder abzuschwächen, was getan werden soll, eine Vorschrift zu verwässern oder ihre Durchführung zu blockieren, die Macht einer Behörde durch eine Haushaltskürzung zu beschneiden oder ein Thema zu besetzen, wo gerade ein Vakuum entstanden ist.

Teilweise beruht dies auf dem Wesen des Rechts als solchem. Überwiegend ist es stabil und klar. Doch das Leben schafft neue Probleme, und dann müssen Juristen, Beamte und Bürger über die Bedeutung von Begriffen debattieren, die vor wenigen Jahren oder gar Monaten noch ganz klar erschienen. Letztlich sind Gesetze nämlich nur Worte, zu Papier gebrachte Worte, und diese Worte sind manchmal dehnbar oder unklar und genauso abhängig von Kontext und Vertrauen wie in einer Geschichte oder einem Gedicht oder einem Versprechen, sie sind Worte, deren Bedeutung erodieren kann und die manchmal von einem Augenblick auf den anderen ihren Sinn verlieren.

Die juristischen Kontroversen, die 2005 in Washington ausgetragen wurden, reichten allerdings über die Standardprobleme juristischer Interpretation hinaus. Sie drehten sich vielmehr um die Frage, ob die Regierenden überhaupt noch an Recht und Gesetz gebunden waren.

In Fragen der nationalen Sicherheit zum Beispiel fühlte sich das Weiße Haus nach dem 11. September überhaupt nicht mehr an die Entscheidungen des Kongresses oder der Gerichte gebunden. Bei den Anhörungen zur Bestätigung der Ernennung von Condoleezza Rice zur Außenministerin kam es zum Beispiel über alle möglichen Themen zum Streit: angefangen bei der Reichweite des Beschlusses, mit dem der Kongress den

Irakkrieg autorisiert hatte, bis zu der Bereitschaft von Regierungsmitgliedern, unter Eid auszusagen. Bei der Debatte über die Bestätigung von Alberto Gonzales als Justizminister legte ich Dokumente aus dem Justizministerium vor, in denen es hieß, dass Techniken wie Schlafentzug oder wiederholte Erstickungsmaßnahmen keine Folter darstellten, solange sie nicht »schwere Schmerzen« wie etwa »bei Organversagen, bei einer Beeinträchtigung der Körperfunktionen oder gar im Todeskampf« verursachten. Ich zitierte Protokolle, in denen es hieß, dass die Genfer Konventionen für »feindliche Kämpfer«, die in einem Krieg in Afghanistan gefangen genommen würden, nicht gelten würden; auch wurde die Meinung vertreten, dass der vierte Verfassungszusatz* für amerikanische Staatsbürger, die als »feindliche Kämpfer« betrachtet und auf amerikanischem Boden gefangen genommen wurden, nicht mehr gelten sollte.

Dieser leichtfertige Umgang mit der Verfassung war keineswegs nur auf das Weiße Haus beschränkt. Zum Beispiel wurde ich Anfang März auf dem Weg zum Sitzungssaal des Senats von einem dunkelhaarigen jungen Mann angehalten. Er führte mich zu seinen Eltern und erklärte mir, dass sie aus Florida angereist seien, um einen letzten Versuch zur Rettung ihrer Tochter Terri Schiavo zu machen. Die junge Frau war Jahre zuvor in ein tiefes Koma gefallen, und ihr Mann wollte die lebenserhaltenden Apparate abstellen lassen. Die Geschichte war herzzerreißend, aber ich sagte der Familie, dass es für eine Intervention des Kongresses in einem solchen Fall praktisch keinen Präzedenzfall gebe. Zu diesem Zeitpunkt wusste ich noch nicht, dass

---

* Wortlaut: »Das Recht des Volkes auf Sicherheit der Person und der Wohnung, der Urkunden und des Eigentums vor willkürlicher Durchsuchung, Verhaftung und Beschlagnahme darf nicht verletzt werden, und Haussuchungs- und Haftbefehle dürfen nur bei Vorliegen eines eidlich oder eidesstattlich erhärteten Rechtsgrundes ausgestellt werden und müssen die zu durchsuchende Örtlichkeit und die in Gewahrsam zu nehmenden Personen oder Gegenstände genau bezeichnen.«

Tom DeLay und Bill Frist im Begriff waren, ihren eigenen Präzedenzfall zu schaffen.*

Die Machtbefugnisse des Präsidenten während eines Krieges, die ethischen Probleme im Zusammenhang mit der Beendigung eines Lebens, das waren überaus schwierige Fragen. Auch wenn ich mit der Politik der Republikaner überhaupt nicht einverstanden war, hielt ich es für richtig, dass diese Fragen ernsthaft debattiert wurden. Was mich jedoch beunruhigte, war das Verfahren, oder besser das Fehlen eines Verfahrens, mit dem das Weiße Haus und seine Verbündeten im Kongress sich über Widerspruch hinwegsetzten; das Gefühl, dass die Regierung keinen Regeln mehr unterworfen war, dass man sich auf keine festen Begriffe oder Normen mehr berufen konnte. Es war, als seien die Regierenden zu dem Schluss gekommen, das Habeas-Corpus-Recht und die Gewaltenteilung wären nur noch lästige Spitzfindigkeiten. Dass sie entweder das Offensichtliche (die Notwendigkeit, Terroristen das Handwerk zu legen) erschwerten oder dem Richtigen (der Unantastbarkeit des Lebens) im Wege standen und deshalb missachtet oder wenigstens von willensstarken Politikern zurechtgebogen werden durften.

Besonders grotesk daran war natürlich, dass gerade die Konservativen den Linksliberalen jahrelang vorgeworfen hatten, sie würden Regeln missachten und die Sprache manipulieren, um bestimmte Ziele zu erreichen. Die Vorstellung, dass die Führer der Demokratischen Partei, die das Repräsentantenhaus kontrollierten, das Gesetzgebungsverfahren ständig zu ihrem eigenen Vorteil missbraucht hätten, war einer der Beweggründe für Newt Gingrichs »Vertrag mit Amerika« gewesen. Und sie hatte auch das Amtsenthebungsverfahren gegen Bill Clinton motiviert, wobei die Wut der Republikaner in dem armseligen

---

* Durch ein Sondergesetz, das es den Eltern ermöglichte, ein Bundesgericht anzurufen. Dieses lehnte ihren Antrag auf Wiederaufnahme der künstlichen Ernährung jedoch ab; Terri Schiavo starb wenig später.

Satz »es kommt darauf an, was die Bedeutung des Wortes ›ist‹ ist« kulminiert hatte. Der Manipulationsvorwurf war auch die Grundlage für die heftigen Angriffe der Konservativen auf die linksliberalen Hochschullehrer gewesen, jene Hohepriester der politischen Korrektheit, die angeblich die Existenz ewiger Wahrheiten oder Hierarchien des Wissens rundweg leugneten und die amerikanische Jugend mit einem gefährlichen moralischen Relativismus indoktrinierten.

Schließlich war der Manipulationsvorwurf auch das zentrale Motiv für den konservativen Angriff auf die Bundesgerichte.

Das Ziel, die Bundesgerichte im Allgemeinen und den Obersten Gerichtshof im Besonderen zu beherrschen, war für eine ganze Generation konservativer Aktivisten zu einem heiligen Gral geworden, und das, wie sie betonten, nicht nur, weil sie die Gerichte als letzte Bastion einer linksliberalen Elite betrachteten, die Abtreibungen, Affirmative Action, Homosexualität, milden Umgang mit Verbrechern und staatliche Regulierungssucht befürwortete und der Religion ablehnend gegenüberstand, sondern auch, weil sich die linksliberalen Richter nach Ansicht dieser konservativen Aktivisten über das Gesetz gestellt hatten und ihre Urteile nicht auf die Verfassung, sondern auf ihre eigenen Vorlieben und Wünsche gestützt hatten. Sie hatten Rechte wie das Recht auf Abtreibung oder Sodomie erfunden, die im Gesetz nicht wörtlich vorkamen, und damit den demokratischen Prozess untergraben und die ursprüngliche Absicht der Gründerväter pervertiert. Damit die Bundesgerichte ihre vorgesehene Aufgabe wieder erfüllen konnten, mussten sie mit »strengen Originalisten« besetzt werden. Gemeint waren damit Männer und Frauen, denen der Unterschied zwischen Gesetzgebung und Gesetzesinterpretation klar war und die sich an die ursprüngliche Bedeutung der Worte der Gründerväter hielten und die Regeln befolgen würden.

Die Linken sahen die Lage natürlich ganz anders. Als die

konservativen Republikaner in den Kongresswahlen und den Präsidentschaftswahlen siegten, sahen viele Linksliberale in den Gerichten die letzte Barriere, die ein radikales Rollback bei den Bürger- und Frauenrechten, den bürgerlichen Freiheiten, der Umweltgesetzgebung, der Trennung zwischen Kirche und Staat und dem gesamten Erbe des New Deal noch verhindern konnte. Bei der Nominierung von Robert Bork organisierten Interessenverbände 1987 einen für die Bestätigung einer Nominierung beispiellosen Widerstand. Als Borks Nominierung nicht bestätigt wurde, erkannten die Konservativen, dass sie ihre eigenen Streitkräfte aufbauen mussten.

Seither haben beide Seiten Erfolge für sich in Anspruch genommen (die Konservativen bei Scalia und Thomas und die Linksliberalen bei Ginsburg und Breyer) und Rückschläge erlitten (für die Konservativen die allgemein beobachtete Annäherung von O'Connor, Kennedy und insbesondere Souter an die politische Mitte; für die Linksliberalen die Besetzung der weniger hohen Bundesgerichte durch von Reagan und Bush ernannte Richter). Die Demokraten beschwerten sich laut, als die Republikaner ihre Vorherrschaft im Justizausschuss des Senats nutzten, um 61 Ernennungen Clintons für Berufungs- und Bezirksgerichte zu blockieren, aber in der kurzen Zeit, als sie die Senatsmehrheit hatten, versuchten sie dasselbe bei den Nominierungen von George W. Bush.

Als jedoch die Demokraten 2002 ihre Senatsmehrheit verloren, hatten sie nur noch einen Pfeil im Köcher, eine Strategie, die sich in einem Wort zusammenfassen lässt, dem Schlachtruf, unter dem die Demokraten ihre letzten Getreuen nun sammelten:

Filibuster!

In der Verfassung wird das Filibuster nicht erwähnt; es ist ein Brauch des Senats, der schon im allerersten Kongress entstand. Die Grundidee ist einfach: Da die Geschäftsordnung des Senats nur einstimmig geändert werden kann, kann jeder

Senator das Gesetzgebungsverfahren blockieren, indem er sein unbegrenztes Rederecht ausübt und sich weigert, zum nächsten Punkt der Tagesordnung überzugehen. Einfach ausgedrückt: Er kann reden, so lange er will! Er kann über den Inhalt des anhängigen Gesetzes reden oder über den Antrag, mit dem das anhängige Gesetz zur Abstimmung gestellt wurde. Er kann sämtliche 700 Seiten der Defense Authorization Bill Zeile für Zeile vorlesen und zu Protokoll nehmen lassen oder Aspekte des anhängigen Gesetzes zum Aufstieg und Fall des Römischen Reichs, zum Flug des Kolibris oder zum Telefonbuch von Atlanta in Bezug setzen. Solange er oder gleich gesinnte Kollegen bereit sind, im Saal zu bleiben und zu reden, muss alles andere warten. Dies verleiht jedem einzelnen Senator eine gewaltige Macht und einer entschlossenen Minderheit ein effektives Vetorecht gegen jedes einzelne Gesetz.

Ein Filibuster lässt sich nur brechen, wenn drei Fünftel des Senats einer so genannten *cloture*, dem Schluss der Debatte, zustimmen. Dies bedeutet, dass alles, was der Senat entscheiden soll, jeder Beschluss, jedes Gesetz und jede Nominierung, die Unterstützung von 60 Senatoren braucht und nicht nur eine einfache Mehrheit. Im Lauf der Zeit ist eine Anzahl komplizierter Regeln entstanden, nach denen sowohl ein Filibuster als auch der Schluss der Debatte ohne großes Tamtam über die Bühne gehen können. Schon die Androhung eines Filibusters reicht oft aus, um die Aufmerksamkeit des Mehrheitsführers zu erregen, und dann wird eine erfolgreiche Abstimmung über den Schluss der Debatte organisiert, ohne dass jemand seine Abende auf Lehnstühlen oder Feldbetten schlafend verbringen muss. In der ganzen modernen Geschichte des Senats jedoch war das Filibuster ein sorgfältig gehütetes Vorrecht – eines der Merkmale, die den Senat (neben der sechsjährigen Amtsperiode und der Wahl von zwei Senatoren pro Staat unabhängig von der Einwohnerzahl) vom Repräsentantenhaus unterschieden, und eine Einrichtung, die als ein Schutzwall gegen die Gefahren einer zügellosen Herrschaft der Mehrheit galt.

Es gibt jedoch noch eine weitere, eher finstere Geschichte des Filibusters, die für mich besondere Bedeutung besitzt. Fast ein Jahrhundert lang wurde das Filibuster von den Südstaaten als Waffe gebraucht, um eine Aufhebung ihrer Rassengesetze durch die Zentralregierung zu verhindern – eine juristische Blockade, die den 14. und den 15. Zusatzartikel* der Verfassung praktisch wirkungslos machte. Jahrzehntelang blockierten höfliche, gebildete Männer wie Senator Richard B. Russell aus Georgia (nach dem die eleganteste Bürosuite im Senat benannt ist) durch Filibuster jeden Ansatz einer Bürgerrechtsgesetzgebung im Senat, gleichgültig, ob es sich um Wahlrechtsgesetze, Gesetze über faire Beschäftigung oder Anti-Lynchgesetze handelte. Mit anderen Worten: Senatoren aus den Südstaaten konnten unter Berufung auf Vorschriften, Verfahrensregeln und Präzedenzfälle (also mit juristischen Mitteln) die Unterdrückung der Schwarzen auf eine Weise aufrechterhalten, wie es allein mit Gewalt nie möglich gewesen wäre. Durch das Filibuster waren nicht nur Gesetze verhindert worden. Es hatte vielen Schwarzen in den Südstaaten alle Hoffnung genommen.

---

* 14. Zusatzartikel

Abschnitt 1: Alle Personen, die in den Vereinigten Staaten geboren oder eingebürgert sind und ihrer Gesetzeshoheit unterstehen, sind Bürger der Vereinigten Staaten und des Einzelstaates, in dem sie ihren Wohnsitz haben. Keiner der Einzelstaaten darf Gesetze erlassen oder durchführen, die die Vorrechte oder Freiheiten von Bürgern der Vereinigten Staaten beschränken, und kein Staat darf irgendjemandem ohne ordentliches Gerichtsverfahren nach Recht und Gesetz Leben, Freiheit oder Eigentum nehmen oder irgendjemandem innerhalb seines Hoheitsbereiches den gleichen Schutz durch das Gesetz versagen.

15. Zusatzartikel

Abschnitt 1: Das Wahlrecht der Bürger der Vereinigten Staaten darf von den Vereinigten Staaten oder einem Einzelstaat nicht auf Grund der Rassenzugehörigkeit, der Hautfarbe oder des vormaligen Dienstbarkeitsverhältnisses versagt oder beschränkt werden.

Während George W. Bushs erster Amtszeit wurde das Filibuster von den Demokraten kaum genutzt. Nur bei zehn der über 200 Kandidaten, die der Präsident zu Richtern ernannte, wurde verhindert, dass es im Senat über sie zur Abstimmung kam. Trotzdem: Alle zehn sollten Richter an Berufungsgerichten werden, also an den besonders wichtigen Gerichten, und alle zehn waren Bannerträger der konservativen Sache. Wenn die Demokraten die Ernennung dieser zehn durchaus guten Juristen durch Filibuster verhindern konnten, würden sie nach Ansicht der Konservativen auch in der Lage sein, bei künftigen Nominierungen für den Obersten Gerichtshof ihren Willen durchzusetzen.

So kam es, dass Präsident Bush, gestützt auf eine gewachsene republikanische Mehrheit im Senat und ein selbst proklamiertes Mandat, in den ersten paar Wochen seiner zweiten Amtszeit sieben der zuvor am Filibuster gescheiterten Kandidaten erneut nominierte. Wie zu erwarten, reagierten die Demokraten sehr heftig auf diese Provokation. Ihr Fraktionschef Harry Reid bezeichnete den Vorgang als »einen dicken, feuchten Kuss für die extreme Rechte« und drohte erneut mit Filibuster. Linke und rechte Interessenverbände brachten sich in Stellung, alarmierten ihre Anhänger und verschickten E-Mails und Postwurfsendungen, die um Spenden für den sich abzeichnenden Propagandakrieg warben. Die Republikaner hatten das Gefühl, dass es an der Zeit sei, den Demokraten den Todesstoß zu versetzen, und verkündeten, sie müssten sich für die gefürchtete »nukleare Option« entscheiden, wenn die Demokraten auf ihrer Obstruktionspolitik beharrten. Die »nukleare Option« war ein neues verfahrenstechnisches Manöver, bei dem der Presiding Officer im Senat (vielleicht Vizepräsident Cheney höchstselbst) das Rederecht eines Senators missachten und sich über Präzedenzfälle aus 200 Jahren Senatsgeschichte hinwegsetzen würde, indem er mit einem einfachen Schlag seines Hammers entschied, dass ein Filibuster, zumindest was die Nominierung von Richtern betraf, nach der Geschäftsordnung des Senats nicht mehr zugelassen sei.

Für mich war die Drohung, das Filibuster bei Richternominierungen abzuschaffen, nur ein weiteres Beispiel dafür, dass die Republikaner mitten im Spiel die Regeln änderten. Auch sprach einiges dafür, dass das Filibuster gerade bei der Abstimmung über Richterkandidaten eine besondere Berechtigung hatte: Bundesrichter werden auf Lebenszeit ernannt und dienen häufig während der Amtszeit mehrerer Präsidenten, deshalb steht es einem Präsidenten gut an und ist gut für unsere Demokratie, wenn gemäßigte Kandidaten ausgewählt werden, die in beiden Parteien eine gewisse Unterstützung haben. Nur wenige der umstrittenen Nominierten konnten als »gemäßigt« bezeichnet werden. Vielmehr zeigten sie alle eine so ausgeprägte Abneigung gegenüber den Bürgerrechten, gegenüber dem Schutz der Privatsphäre und gegenüber Beschränkungen staatlicher Befugnisse, dass sie erkennbar weiter rechts standen als die meisten republikanischen Richter (ein besonders Besorgnis erregender Kandidat hatte die Sozialhilfe und andere Errungenschaften des New Deal voller Verachtung als »den Triumph unserer eigenen sozialistischen Revolution« bezeichnet).

Trotzdem weiß ich noch, dass ich mir das Lachen verkneifen musste, als ich zum ersten Mal den Begriff »nukleare Option« hörte. Er schien perfekt zu dem Verlust an historischer Perspektive zu passen, der für die Bestätigung der Richterkandidaten typisch geworden war. In diesem Happening der Meinungsmanipulation zeigten linke Gruppen Werbespots mit Szenen aus dem Film *Mr. Smith geht nach Washington*, in dem James Stewart eine Filibusterrede hält, ohne zu erwähnen, dass vehemente Verfechter der Rassentrennung wie Strom Thurmond und James Eastland im wirklichen Leben Mr. Smith gespielt hatten. Umgekehrt besaßen Republikaner aus den Südstaaten die Frechheit, sich im Senat feierlich über den Skandal des Filibusters zu beschweren, ohne auch nur mit einer Silbe zu erwähnen, dass Politiker aus ihren Staaten (also ihre direkten politischen Vorfahren) diese Methode im Kampf für ein höchst verwerfliches Anliegen perfektioniert hatten.

Kaum einer meiner demokratischen Parteifreunde hatte Sinn für die tragische Ironie dieses Konflikts. Als die Auseinandersetzung um die Nominierung der Richter immer erbitterter wurde, hatte ich ein Gespräch mit einer Freundin, in dem ich mich besorgt über gewisse Strategien äußerte, mit denen die Demokraten versuchten, die Kandidaten zu diskreditieren und ihre Nominierung zu verhindern. Ich hatte keinen Zweifel, dass einige der von Bush nominierten Richter großen Schaden anrichten konnten, und ich wollte das Filibuster bei einigen von ihnen unterstützen, und sei es nur, um dem Weißen Haus zu signalisieren, dass es sich bei den nächsten Nominierungen mäßigen sollte. Dennoch sagte ich zu meiner Freundin, dass letztlich die Wahlen entscheidend seien. Man könne sich nicht nur auf die Geschäftsordnung des Senats verlassen, um dafür zu sorgen, dass die Bundesrichter unsere Werte vertraten, der einzig sichere Weg bestehe darin, die Wahlen zu gewinnen.

Meine Freundin schüttelte heftig den Kopf und fragte: »Glaubst du wirklich, dass die Republikaner, wenn die Situation umgekehrt wäre, auch nur die geringsten Skrupel hätten zu filibustern?«

Ich glaubte es nicht. Und doch zweifelte ich daran, dass wir durch das Filibuster dem Image der Demokraten entgegenwirken konnten, demzufolge diese stets in der Defensive waren und auf Gerichte, Rechtsanwälte und Geschäftsordnungstricks zurückgriffen, wenn es ihnen nicht gelang, die Mehrheit der Bürger für sich zu gewinnen. Dieses Image entsprach nicht unbedingt der Wahrheit. Die Republikaner riefen genauso oft die Gerichte an, um die Aufhebung demokratischer Entscheidungen zu erreichen, die ihnen nicht gefielen. Trotzdem hatte ich das Gefühl, dass die Demokraten, wenn sie sich nur noch auf die Gerichte verließen, um ihre Rechte und vor allem ihre Werte zu verteidigen, vielleicht zu wenig Vertrauen in die Demokratie hatten.

Umgekehrt hatten die Konservativen anscheinend jeden Sinn dafür verloren, dass Demokratie mehr sein muss als das, worauf die Mehrheit besteht. Ich erinnerte mich an einen einige Jahre zurückliegenden Nachmittag, als ich im Senat von Illinois dafür plädierte, ein republikanisches Gesetz zum Verbot der Partial-Birth-Abtreibung durch eine Bestimmung zu ergänzen, die bei Gefahr für die Gesundheit der Mutter eine Ausnahme vorsah. Doch der Zusatz kam nicht durch, weil bei der Abstimmung Fraktionszwang herrschte. Danach sprach ich in der Lobby mit einem meiner republikanischen Kollegen. Ich sagte, ohne diesen Zusatz werde das Gesetz von den Gerichten als verfassungswidrig abgelehnt werden. Doch der Republikaner antwortete, es komme nicht darauf an, mit welchen Zusätzen das Gesetz versehen sei, weil die Richter ohnehin täten, was sie wollten.

»Es ist alles Politik«, hatte er hinzugefügt, bevor er sich umdrehte und ging. »Und gegenwärtig haben wir die erforderlichen Stimmen.«

Sind solche Kämpfe überhaupt von Bedeutung? Viele von uns halten Auseinandersetzungen über die Geschäftsordnung des Senats, die Gewaltenteilung, die Nominierung von Richtern und die Regeln der verfassungsrechtlichen Interpretation für reichlich esoterisch, weit weg von unseren alltäglichen Sorgen – und nur für ein weiteres Beispiel für sinnloses Parteiengezänk.

Doch diese Auseinandersetzungen sind tatsächlich von Bedeutung. Verfahrensregeln beeinflussen nämlich sämtliche Regierungsentscheidungen, und zwar in allen Dingen, von der Frage, ob der Staat Vorschriften gegen Umweltverschmutzer erlassen darf, bis zu der Frage, ob er unsere Telefone abhören darf. Verfahrensregeln definieren unsere Demokratie im selben Ausmaß, wie Wahlen es tun. Unser System der Selbstregierung ist eine komplizierte Angelegenheit; durch dieses System und indem wir es respektieren, geben wir unseren Werten und gemeinsamen Überzeugungen eine Form.

Natürlich bin ich voreingenommen. Bevor ich nach Washington kam, lehrte ich zehn Jahre lang Verfassungsrecht an der University of Chicago. Ich gab gern Seminare: Ich mochte die Einfachheit der Situation, den Drahtseilakt, wenn ich am Anfang des Seminars mit der Kreide in der Hand allein vor der Tafel stand, wenn die Studenten mich taxierten, manche hellwach und aufmerksam, andere mit demonstrativer Langeweile, wenn mit meiner ersten Frage: »Um was geht es in diesem Fall?«, die Spannung brach und sich zögernd die ersten Hände hoben, wenn die ersten Antworten kamen und ich jedes vorgebrachte Argument in Frage stellte, bis es allmählich nicht mehr um Worte ging und was gerade noch trocken und leblos erschienen war, plötzlich zum Leben erwachte. Wenn dies geschah, begannen die Augen meiner Studenten zu leuchten, und der behandelte Text war für sie nicht mehr nur Vergangenheit, sondern hatte auch Bedeutung für Gegenwart und Zukunft.

Manchmal hatte ich das Gefühl, dass meine Arbeit sich gar nicht so sehr von der Arbeit der Theologieprofessoren unterschied, die auf der anderen Seite des Universitätsgeländes lehrten. Wie ich bei meinen Seminaren feststellte, hatten viele von meinen Studenten das Gefühl, die Verfassung zu kennen, ohne sie gelesen zu haben, und dasselbe galt vermutlich auch für viele Theologiestudenten und die Heilige Schrift. Viele Studenten waren daran gewöhnt, einzelne Wendungen herauszupicken, die sie gehört hatten, und damit ihre Argumentation zu stützen, während sie Abschnitte ignorierten, die ihren Ansichten widersprachen.

Was mir jedoch an meiner Tätigkeit als Dozent für Verfassungsrecht am besten gefiel und was ich auch meinen Studenten beibringen wollte, war, wie leicht die relevanten Dokumente auch nach zwei Jahrhunderten noch zu entschlüsseln sind. Meine Studenten ließen sich vielleicht von mir führen, aber sie brauchten eigentlich keinen Vermittler, denn im Gegensatz zum Lukasevangelium oder den Timotheusbriefen sind die Gründungsdokumente der Vereinigten Staaten (die Unabhängigkeitserklärung, die zunächst in Zeitungen und dann als Sammlung unter dem Titel *The Federalist* publizierten Essays von Alexander Hamilton, James Madison und John Jay und die Verfassung) nicht göttlichen Ursprungs. Wie ich meinen Studenten erklärte, besitzen wir Unterlagen über die Absichten der Gründer, ihre Auseinandersetzungen und Palastintrigen. Wir können ihnen zwar nicht ins Herz blicken, aber wir können den Nebel der Zeit recht gut durchdringen und einen Eindruck von den wichtigsten Idealen gewinnen, die ihrem Werk zugrunde lagen.

Wie also sollen wir unsere Verfassung verstehen, und was sagt sie über den gegenwärtigen Konflikt um die Gerichte aus? Zunächst einmal stellen wir bei einer sorgfältigen Lektüre der Gründungsdokumente fest, wie sehr sie alle unsere Ansichten geprägt haben. Nehmen wir beispielsweise die Vorstellung von unveräußerlichen Rechten. Mehr als 200 Jahre nachdem die Unabhängigkeitserklärung geschrieben und die Bill of Rights (die ersten zehn Zusatzartikel der Verfassung der Vereinigten Staaten) ratifiziert wurden, streiten wir immer noch darüber, wann eine Durchsuchung »willkürlich« ist, ob wegen des zweiten Zusatzartikels jedes Waffenkontrollgesetz verfassungswidrig wäre oder ob die Schändung der amerikanischen Flagge als Ausdruck der freien Meinungsäußerung erlaubt sein muss. Wir diskutieren darüber, ob grundlegende Gewohnheitsrechte wie das Recht zu heiraten oder das Recht auf körperliche Unversehrtheit Verfassungscharakter haben, obwohl sie in der Verfassung nicht ausdrücklich erwähnt sind, und ob durch diese Rechte auch persönliche Entscheidungen etwa für eine Abtreibung, für die Beendigung lebenserhaltender Maßnahmen oder für eine homosexuelle Partnerschaft geschützt sind.

Aber trotz all dieser Debatten könnten wir in den Vereinigten Staaten von heute kaum einen Konservativen oder Liberalen, Republikaner oder Demokraten, Akademiker oder Nicht-Akademiker finden, der die von den Gründervätern definierten und in Verfassung und Gewohnheitsrecht verankerten grundlegenden individuellen Freiheitsrechte nicht für richtig hielte: das Recht zu sagen, was wir denken; das Recht, eine oder keine Religion auszuüben; das Recht, uns friedlich zu versammeln, um an die Regierung zu appellieren; das Recht, Eigentum zu besitzen, zu kaufen und zu verkaufen und nicht ohne angemessene Entschädigung enteignet zu werden; das Recht, nicht willkürlich durchsucht oder verhaftet zu werden; das Recht, nicht ohne ordentlichen Prozess ins Gefängnis geworfen zu werden; das Recht auf ein faires und möglichst kurzes Verfahren; und das Recht, mit minimalen Einschränkungen selbst über unser Familienleben und die Erziehung unserer Kinder zu entscheiden.

Wir halten diese Rechte für universal, für eine Kodifizierung der Bedeutung von Freiheit, die den Staat auf allen Ebenen bindet und die innerhalb der Grenzen unserer politischen Gemeinschaft für alle Menschen gilt. Außerdem erkennen wir an, dass allein schon die Idee universaler Rechte voraussetzt, dass jedes Individuum gleich viel wert ist. In dieser Hinsicht treten wir alle für die Lehren der Gründer ein, gleichgültig, wo wir im politischen Spektrum angesiedelt sind.

Uns ist außerdem klar, dass eine Erklärung der Menschenrechte noch nicht der Staat ist und dass ein bloßes Glaubensbekenntnis nicht ausreicht. Die Gründer erkannten, dass der Gedanke der individuellen Freiheit den Keim der Anarchie in sich barg, eine berauschende Gefahr, die mit dem Gedanken der

Gleichheit zusammenhing, denn wenn jeder wirklich frei ist, ohne Beschränkungen durch Geburt oder Rang oder eine ererbte Sozialordnung, wenn mein Glaube nicht besser oder schlechter ist als deiner und mein Verständnis von Wahrheit und dem Guten und Schönen genauso wahr und gut und schön ist wie das jedes anderen Bürgers, wie können wir dann je hoffen, eine kohärente Gesellschaft zu bilden? Denker der Aufklärung wie Hobbes und Locke schlugen vor, dass freie Männer einen Vertrag über die Gründung eines Staates abschließen sollten, damit die Freiheit des einen nicht zur Tyrannei des anderen würde; sie schlugen vor, die individuelle Zügellosigkeit zu opfern, um die Freiheit besser schützen zu können. Aufbauend auf diesem Konzept kamen politische Theoretiker schon vor der amerikanischen Revolution zu dem Schluss, dass nur eine Demokratie die Bedürfnisse nach Freiheit *und* Ordnung erfüllen konnte, eine Regierungsform, in der die Regierten mit ihrer eigenen Zustimmung regiert werden, in der die Gesetze zur Beschränkung der Freiheit einheitlich, anwendbar und verständlich sind und für Regierte und Regierende gleichermaßen gelten.

Die Gründer waren von diesem Ansatz geprägt, und sie waren mit einer entmutigenden Tatsache konfrontiert: In der Weltgeschichte hatte es bis zu diesem Zeitpunkt kaum funktionierende Demokratien gegeben, und keine war größer als die Stadtstaaten des antiken Griechenland gewesen. Bei dreizehn über einen halben Kontinent verteilten Staaten und einer multiethnischen Bevölkerung von drei oder vier Millionen kam das Modell der attischen Demokratie nicht in Frage, und auch die direkte Demokratie der neuenglischen Stadtversammlung war nicht praktikabel. Eine republikanische Regierungsform, in der das Volk Vertreter wählte, schien besser geeignet, aber selbst die größten Optimisten unter ihren Verfechtern nahmen an, dass ein solches System nur in einer geographisch kompakten und homogenen politischen Gemeinschaft funktionieren könne –

einer Gemeinschaft, in der Streit und Hader durch eine gemeinsame Kultur, einen gemeinsamen Glauben und ein gerüttelt Maß bürgerlicher Tugenden bei jedem einzelnen Staatsbürger Grenzen gesetzt wurden.

Die Lösung, auf die die Gründerväter nach heftigen Debatten und zahlreichen Entwürfen verfielen, sollte sich als ein ganz neuer Beitrag zur Weltgeschichte erweisen. Die Grundlinien von Madisons verfassungsrechtlicher Architektur sind uns so vertraut, dass selbst Schulkinder sie aufzählen können: nicht nur die Rechtsstaatlichkeit und das Repräsentativsystem, nicht nur den Grundrechtskatalog, sondern auch die Aufteilung der Zentralregierung in drei gleichrangige Gewalten, den Kongress mit zwei Kammern und den Föderalismus, bei dem die Autorität der Regierungen in den Bundesstaaten erhalten bleibt – all dies ist darauf angelegt, die Macht zu verteilen, die Fraktionsbildung auf ein Minimum zu beschränken, Interessen auszugleichen und eine Diktatur sowohl durch wenige als auch durch eine Mehrheit zu verhindern. Außerdem hat unsere Geschichte eine der wichtigsten Einsichten der Gründer bestätigt: dass die republikanische Selbstregierung in einer großen und vielfältigen Gesellschaft tatsächlich besser funktionieren könnte, weil dort – in Hamiltons Worten – der »Parteienstreit« und Meinungsverschiedenheiten »Bedachtsamkeit und Umsicht« fördern könnten. Genau wie bei der Unabhängigkeitserklärung sind auch beim Verfassungsaufbau Einzelheiten umstritten; wir können die Ansicht vertreten, der Kongress habe seine verfassungsrechtliche Vollmacht, den Handel zu regeln, zum Nachteil der amerikanischen Bundesstaaten erweitert, oder beklagen, dass das Recht des Kongresses, den Krieg zu erklären, erodiert ist. Aber wir sind uns einig, dass die Pläne der Gründer und das demokratische Staatswesen, das aus ihnen entstanden ist, im Wesentlichen vernünftig sind. Ob konservativ oder linksliberal, wir sind für den Verfassungsstaat.

Wenn wir alle an die individuelle Freiheit und an demokratische Regeln glauben, worum geht es dann eigentlich in der aktuellen Auseinandersetzung zwischen Konservativen und Linksliberalen? Wenn wir ehrlich gegenüber uns selbst sind, werden wir zugeben, dass wir die meiste Zeit über Ergebnisse streiten: über die tatsächlichen Entscheidungen der Gerichte und des Kongresses, über die wichtigen und schwierigen Streitfragen, die unser Leben mitgestalten. Sollen wir unseren Lehrern den Auftrag geben, unsere Kinder zum Gebet zu erziehen, und riskieren, dass die anderen Glaubensrichtungen herabgesetzt werden, denen eine Minderheit der Kinder angehört? Oder verbieten wir das Schulgebet und zwingen gläubige Eltern, ihre Kinder acht Stunden täglich einer säkularen Institution anzuvertrauen? Handelt eine Universitätsleitung fair, wenn sie unsere Geschichte der rassischen Diskriminierung und Ausschließung bei einigen Zulassungen für das Medizinstudium berücksichtigt? Oder ist es ein Gebot der Fairness, dass Universitäten alle Bewerber völlig unabhängig von ihrer Hautfarbe gleich behandeln? In aller Regel sind wir von einer Bestimmung der Geschäftsordnung (wie etwa das Recht des Filibusters) oder einer verfahrenstechnischen Regel (wie zum Beispiel einen bestimmten Ansatz des Obersten Gerichtshofs zur Interpretation der Verfassung) wenigstens kurzfristig besonders begeistert, wenn wir dank ihr einen Streit gewonnen und das gewünschte Ergebnis erzielt haben. Wenn wir wegen einer Regel verloren haben, gefällt sie uns meist nicht so gut.

In dieser Beziehung hatte mein Kollege aus dem Senat von Illinois Recht, als er sagte, dass sich die verfassungsrechtlichen Konflikte von heute nicht von der Politik trennen lassen. Trotzdem steht bei unseren aktuellen Debatten über die Verfassung und die richtige Rolle der Gerichte mehr auf dem Spiel als nur tagespolitische Ergebnisse. Wir müssen auch darüber diskutieren, wie gestritten werden soll: über die Mittel, mit denen wir in einer großen, lauten Massendemokratie unsere Konflikte friedlich austragen können. Wir wollen alle unseren Willen durchsetzen, aber die meisten von uns erkennen auch die Notwendigkeit der Konsistenz, Voraussehbarkeit und Kohärenz. Wir wollen, dass die Regeln fair sind, nach denen unsere Demokratie funktionieren soll.

Und so appellieren wir an eine höhere Autorität (an die Gründerväter und die Unterzeichner der Verfassung), um uns die Richtung zu weisen, wenn wir wegen Abtreibung oder Flaggenverbrennung in Streit geraten. Manche, wie Antonin Scalia vom Obersten Gerichtshof, vertreten die Ansicht, dass dem ursprünglichen Verständnis dieser höheren Autorität gefolgt werden müsse und die Demokratie bei strenger Befolgung dieser Regel geschützt werde.

Andere, wie der Verfassungsrichter Stephen Breyer, bestreiten nicht, dass die ursprüngliche Bedeutung der Verfassungsbestimmungen wichtig ist, betonen jedoch, dass man mit diesem ursprünglichen Verständnis manchmal nicht weit genug kommt und in wirklich schwierigen Fällen und wirklich großen Konflikten auch der Kontext und die Geschichte sowie die praktischen Folgen einer Entscheidung berücksichtigt werden müssen. Seiner Ansicht nach haben uns die Gründerväter und die ursprünglichen Unterzeichner der Verfassung gelehrt, *wie* wir denken, aber nicht, *was* wir denken sollen. Wir sind auf uns selbst gestellt und müssen uns auf unseren eigenen Verstand und unser eigenes Urteilsvermögen verlassen.

Wer hat Recht? Mir ist Richter Scalias Position durchaus sympathisch. Schließlich spricht die Verfassung in vielen Fällen eine absolut klare Sprache und kann streng angewandt werden. Zum Beispiel müssen wir nicht interpretieren, wie oft Wahlen stattfinden oder in welchem Alter jemand Präsident werden kann, und wann immer möglich, sollten sich die Richter so eng wie möglich an den klaren Wortlaut des Verfassungstextes halten.

Außerdem verstehe ich die Verehrung, die die strengen Originalisten für die Verfassung empfinden. Tatsächlich habe ich mich oft gefragt, ob die Gründer damals selbst erkannten, wie gewaltig ihre Leistung war. Sie entwarfen nicht nur am Vorabend der amerikanischen Revolution die Verfassung, sie schrieben auch die Essays der *Federalist Papers*, um sie zu untermauern, ließen das Dokument ratifizieren und ergänzten es durch die Bill of Rights – alles in der kurzen Zeitspanne von wenigen Jahren. Wenn wir diese Dokumente heute lesen, wirken sie so unglaublich durchdacht, dass es geradezu leicht fällt zu glauben, sie würden auf dem Naturrecht oder gar auf göttlicher Eingebung beruhen. Ich kann also gut verstehen, wenn Richter Scalia und andere der Versuchung erliegen, unsere Demokratie als fest und unveränderlich zu betrachten; ich kann die fundamentalistische Überzeugung verstehen, dass wir einfach nur dem ursprünglichen Verfassungsverständnis ohne Infragestellung oder Abweichung zu folgen brauchen und dass wir belohnt werden und nur Gutes daraus erwächst, wenn wir den Regeln der Gründer so folgen, wie es von diesen beabsichtigt war.

Letztlich jedoch muss ich mich Richter Breyers Verständnis anschließen, dass die Verfassung kein statisches, sondern ein lebendiges Dokument ist und im Kontext einer in stetem Wandel stehenden Welt interpretiert werden muss.

Wie könnte es anders sein? Der Verfassungstext gibt uns den allgemeinen Grundsatz vor, dass der Staat uns oder unsere Häuser nicht willkürlich durchsuchen lassen darf. Aber er sagt uns nichts über die rechtliche Bewertung einer Datenerhebungsoperation der National Security Agency in Privatcomputern. Der Verfassungstext sagt uns, dass die Redefreiheit zu schützen ist, aber er sagt uns nicht, was diese Freiheit im Kontext des Internets bedeutet.

Außerdem ist der Text der Verfassung zwar größtenteils klar und einer engen Auslegung zugänglich, aber unser Verständnis von vielen seiner wichtigsten Bestimmungen, wie etwa der Klausel über das Gerichtsverfahren nach Recht und Gesetz oder der Klausel über den gleichen Schutz durch das Gesetz, hat sich im Lauf der Zeit gewaltig verändert. Nach dem ursprünglichen Verständnis des vierten Zusatzartikels wären zum Beispiel Diskriminierung aufgrund der Geschlechtszugehörigkeit und vermutlich auch Rassentrennung zulässig – ein Verständnis von Gleichheit, das sich wohl kaum einer von uns zurückwünscht.

Schließlich hat jeder, der einen modernen verfassungsrechtlichen Konflikt durch strenge Originaltreue lösen will, noch ein weiteres Problem: Die Gründer und die Unterzeichner der Verfassung hatten selbst tief greifende und erbitterte Kontroversen zur Deutung ihres Meisterwerks. Noch bevor die Tinte auf dem Pergament der Verfassung trocken war, war schon Streit ausgebrochen, und zwar nicht nur über marginale Bestimmungen, sondern auch über wichtige Grundsätze, und dieser Streit tobte nicht unter Randfiguren, sondern im inneren Kreis der Revolutionäre. Sie stritten darüber, wie viel Macht die Zentralregierung haben sollte, um die Wirtschaft zu regulieren, Gesetze der Bundesstaaten aufzuheben, ein stehendes Heer aufzustellen oder Schulden zu machen. Sie stritten über die Rolle des Präsidenten beim Vertragsschluss mit anderen Staaten und über die Rolle des Obersten Gerichtshofs bei der Rechtsfindung. Sie stritten sich über die Bedeutung so grundlegender Rechte wie der Rede- und der Versammlungsfreiheit, und sie waren bei mehreren Gelegenheiten, als ihr zerbrechliches Staatswesen bedroht war, nicht abgeneigt, diese Rechte komplett zu missachten. Nach allem, was wir über dieses Gerangel mit seinen wechselnden Bündnissen und gelegentlich hinterlistigen Taktiken wissen, ist die Annahme unrealistisch, dass ein Richter 200 Jahre später die ursprüngliche Absicht der Gründer und Unterzeichner erkennen könnte.

Einige Historiker und Rechtswissenschaftler gehen in der Argumentation gegen die strenge Auslegung noch einen Schritt weiter. Sie vertreten die Ansicht, dass die Verfassung selbst ein relativ glücklicher Zufall war, ein Dokument, das nicht aus grundsätzlichen Erwägungen, sondern als Ergebnis von Macht und Leidenschaft zusammengeschustert wurde. Sie meinen, dass wir nicht einmal hoffen dürfen, je die »ursprünglichen Absichten« der Gründer zu entdecken, da die Absichten Jeffersons nie die Absichten Hamiltons waren und sich die Absichten Hamiltons gewaltig von Adams' Absichten unterschieden. Sie meinen, dass die »Bestimmungen« der Verfassung durch den Ort und die Zeit und die Wünsche der Männer bedingt waren, die sie schrieben, und deshalb unsere Auslegung dieser Bestimmungen notwendigerweise derselben Bedingtheit, demselben rohen Machtstreben und denselben (hinter hochgestochenen Formulierungen verborgenen) Hauptinteressen derjenigen Gruppen unterworfen ist, die sich letztlich durchsetzen. So sehr mir einleuchtet, welche Entlastung ein streng originalistischer Ansatz mit sich bringt, so klar erkenne ich auch, welche Anziehungskraft dieser Bruch mit dem Mythos hat: Er führt zu der Überzeugung, dass der Verfassungstext uns eigentlich fast gar keine Beschränkungen auferlegt und wir unsere Werte durchsetzen können, ohne auf die zählebigen Traditionen einer fernen Vergangenheit Rücksicht nehmen zu müssen. Dies ist die Freiheit des Relativisten, des Regelbrechers, des Teenagers, der entdeckt hat, dass seine Eltern nicht perfekt sind, und gelernt hat, sie gegeneinander auszuspielen – die Freiheit des Renegaten.

Doch dieses Renegatentum befriedigt mich letztlich nicht. Vielleicht bin ich zu sehr vom Mythos der Gründung durchdrungen, um ihn ganz zurückzuweisen. Vielleicht geht es mir ähnlich wie denen, die lieber an Intelligent Design* glauben als

---

* Intelligent Design (ID) ist die Bezeichnung der Neokreationisten für ihre These, dass bestimmte Merkmale des Universums und Lebens eher durch eine »Intelligenz« erklärt werden können als durch einen ungeleiteten Vorgang wie die natürliche Selektion.

an Darwins Evolutionstheorie, und ich ziehe es vor anzunehmen, dass jemand am Ruder steht. Letztlich stelle ich mir immer wieder die Frage, warum unsere Republik nicht nur überlebt, sondern vielen anderen Gesellschaften auf der Erde als Vorbild gedient hat, wenn es in unserer Verfassung nur um Macht und nicht um Prinzipien geht und wir sie eigentlich ständig neu erfinden, um praktische Politik zu machen.

Die Antwort, für die ich mich entscheide (die aber keineswegs auf meinem Mist gewachsen ist), lässt sich am besten durch eine Verschiebung der Metaphern ausdrücken. Wir sollten unsere Demokratie nicht mehr als Haus, das gebaut, sondern als Gespräch, das geführt werden muss, betrachten. Nach diesem Verständnis ist das Geniale an Madisons Entwurf nicht, dass er ein fester Plan für unser Vorgehen sein kann, wie der Bauplan, den ein Architekt für ein Haus zeichnet. Der Entwurf bietet tatsächlich einen Rahmen und bestimmte Regeln, aber wenn wir uns an diese Regeln halten, bekommen wir nicht automatisch eine gerechte Gesellschaft oder Übereinstimmung darüber, was richtig und falsch ist. Er sagt uns nicht, ob Abtreibung gut oder schlecht ist und ob die Frauen darüber entscheiden sollen oder das Parlament; noch sagt er uns, ob ein Schulgebet besser ist als überhaupt kein Gebet.

Der durch unsere Verfassung gesetzte Rahmen organisiert lediglich die Art, wie wir über unsere Zukunft streiten. Seine ganze ausgefeilte Mechanik (die Gewaltenteilung, die gegenseitige Kontrolle der Institutionen, die föderalistischen Grundsätze und die Bill of Rights) ist darauf angelegt, uns zum Gespräch zu zwingen, zur »diskursiven Demokratie«, in der alle Staatsbürger aufgefordert sind, ihre Ideen an einer externen Realität zu testen, andere von ihren Ansichten zu überzeugen und wechselnde Bündnisse mit ähnlich Gesinnten zu schließen. Da die Machtverteilung in unserem Regierungssystem so diffus ist, zwingt uns das Gesetzgebungsverfahren in Amerika, mit der

Möglichkeit zu rechnen, dass wir nicht immer Recht haben, und manchmal auch dazu, unsere Meinung zu ändern. Es regt uns dazu an, permanent unsere Motive und unsere Interessen zu hinterfragen, und es legt uns die Annahme nahe, dass sowohl unsere individuellen als auch unsere kollektiven Urteile zugleich legitim und ausgesprochen fehlbar sind.

Diese Interpretation wird durch die Quellen untermauert. Wenn es ein Motiv gab, das alle Gründer gemeinsam hatten, dann die Ablehnung jeder Form absoluter Autorität, egal ob sie durch Könige, Theokraten, Generäle, Oligarchen, Diktatoren, Mehrheiten oder irgendeine andere« Instanz verkörpert wurde, die behauptete, für uns entscheiden zu müssen. Aufgrund dieses Motivs lehnte George Washington die Kaiserkrone ab und trat nach zwei Amtszeiten als Präsident zurück. Alexander Hamilton scheiterte mit seinem Plan, eine New Army anzuführen, und die Alien and Sedition Acts (Fremden- und Aufruhrgesetze) schädigten Adams' Ruf, weil beide Projekte dem Freiheitsmotiv widersprachen. Schon Jefferson (und nicht erst ein linksliberaler Richter in den sechziger Jahren) befürwortete eine strikte Trennung zwischen Kirche und Staat, und wir haben seinen Rat, alle zwei oder drei Generationen eine Revolution zu veranstalten, nur deshalb nicht befolgt, weil die Verfassung ausreichend Schutz gegen eine Diktatur bot.

Doch die Gründer versuchten nicht nur absolute Macht zu verhindern. Mit enthalten in der Verfassungsstruktur, ja schon im Gedanken einer geordneten Freiheit, ist auch, dass die Vorstellung von der Existenz absoluter Wahrheiten abgelehnt wird. Nach dieser Auffassung kann keine Theorie, keine Ideologie, keine Theologie und kein »Ismus« von einer solchen tyrannischen Widerspruchsfreiheit sein, dass sie spätere Generationen zu einem einzigen, unveränderlichen Kurs zwingen und Mehrheiten wie Minderheiten den Gräueln der Inquisition, des Pogroms, des Gulag oder des Dschihad unterwerfen könnte. Die

Gründer vertrauten vielleicht auf Gott, aber im Geiste der Aufklärung trauten sie auch dem Verstand und den Sinnen, die Gott ihnen gegeben hatte. Abstraktionen waren ihnen verdächtig, und sie stellten gern Fragen. Deshalb wurden an jedem Wendepunkt unserer frühen Geschichte Tatsachen und Notwendigkeiten wichtiger genommen als Theorien. Jefferson half in der Praxis, die Macht der Zentralregierung zu konsolidieren, obwohl er in der Theorie eine starke Zentralmacht ablehnte. Adams' Ideal einer Politik, die sich allein auf das öffentliche Interesse stützte, einer Politik ohne Politik, war in dem Moment überholt, in dem Washington als Präsident abtrat. Es ist vielleicht die Vision der Gründer, die uns inspiriert, aber es ist ihrem Realismus, ihrem praktischen Sinn, ihrer Flexibilität und ihrer Neugier zu verdanken, dass die Vereinigten Staaten überlebt haben.

Ich muss zugeben, dass diese Interpretation unserer Verfassung und unseres demokratischen Prozesses von einer grundsätzlichen Bescheidenheit durchdrungen ist. Sie scheint für Kompromisse, Genügsamkeit und Sich-Durchwursteln zu sprechen; ja sie rechtfertigt allem Anschein nach den politischen Kuhhandel, das Eigeninteresse, die Gewährung staatlicher Zuschüsse an die eigene Klientel, Lähmung und Ineffizienz: die ganze gesetzgeberische Kleinarbeit, die niemand gerne sieht und die die Zeitungskommentatoren in unserer ganzen Geschichte immer wieder als korrupt angeprangert haben. Und doch halte ich es für falsch anzunehmen, dass wir im demokratischen Diskurs unsere höchsten Ideale aufgeben oder auf eine Verpflichtung auf das Gemeinwohl verzichten müssten. Schließlich ist die Redefreiheit in der Verfassung nicht nur deshalb geschützt, damit wir einander nach Herzenslust anschreien können und taub dafür sind, was andere sagen (obwohl sie auch das mit einschließt). Sie bietet auch die Möglichkeit eines echten Markts der Ideen, auf dem der »Parteienstreit« für »Bedachtsamkeit und Umsicht« sorgt, eines Markts, auf dem wir durch Debatte und Wettbewerb unseren Horizont erweitern, unsere Meinung ändern und am Ende nicht nur zu Vereinbarungen, sondern zu soliden und fairen Vereinbarungen kommen können.

Das System der gegenseitigen Kontrolle, der Gewaltenteilung und des Föderalismus in der Verfassung führt häufig dazu, dass Gruppen mit eindeutigen Sonderinteressen verbissen um kleine Vorteile ringen, doch das ist nicht zwangsläufig so. Die starke Verteilung der Macht kann auch Gruppen dazu zwingen, andere Interessen mit zu berücksichtigen, und sie kann mit der Zeit sogar dazu führen, dass diese Gruppen ein neues Verhältnis zu ihren eigenen Interessen entwickeln.

Die Ablehnung des Absolutismus in unserer Verfassungsstruktur lässt unsere Politik vielleicht manchmal prinzipienlos erscheinen. Den größten Teil unserer Geschichte jedoch hat diese Struktur genau die Prozesse der Informationsbeschaffung, Analyse und Argumentation gefördert, die es uns erlaubten, bessere, wenn auch nicht perfekte Entscheidungen zu treffen, und zwar nicht nur über die Mittel, die wir einsetzten, sondern auch über die Ziele, die wir erreichen wollten. Gleichgültig, ob wir für oder gegen Affirmative Action, für oder gegen das Schulgebet sind, wir müssen unsere Ideale, Visionen und Werte an den Realitäten des normalen Lebens erproben, damit sie im Lauf der Zeit verfeinert oder verworfen oder durch neue Ideale, klarere Visionen, höhere Werte ersetzt werden können. Tatsächlich ist es laut Madison dieser Prozess, durch den die Verfassung selbst entstand, und zwar in einer verfassungsgebenden Versammlung, in der »kein Mann sich dazu verpflichtet fühlte, länger bei seinen Ansichten zu bleiben, als er von ihrer Angemessenheit und Wahrheit überzeugt war, und in der jeder für die Überzeugungskraft von Argumenten offen war«.

Insgesamt gesehen weist uns die Verfassung einen Weg, wie wir Leidenschaft mit Vernunft und das Ideal der individuellen

Freiheit mit den Anforderungen des Gemeinwesens vereinbaren können. Und das Erstaunliche ist, dass es funktioniert hat. In der Frühzeit der Vereinigten Staaten, in Wirtschaftskrisen und Weltkriegen, während der zahlreichen Wandlungsprozesse unserer Volkswirtschaft und der Expansion nach Westen und trotz eines Zustroms von Millionen Einwanderern hat unsere Demokratie nicht nur überlebt, sondern ist sogar gediehen. Sie wurde natürlich in Zeiten des Krieges und der Krisen auf die Probe gestellt und wird zweifellos auch in Zukunft wieder auf die Probe gestellt werden.

Nur einmal jedoch brach die Kommunikation total zusammen, und zwar bei dem einzigen Thema, über das schon die Gründer nicht reden wollten.

Die Unabhängigkeitserklärung war vielleicht wirklich, wie es der Historiker Joseph Ellis formulierte, »ein umgestaltender Moment in der Weltgeschichte, in dem alle Gesetze und menschlichen Beziehungen, die auf Zwang beruhten, für immer weggefegt wurden«. Doch dieser Geist der Freiheit erstreckte sich in den Köpfen der Gründer nicht auf die Sklaven, die auf ihren Feldern arbeiteten, ihre Betten machten und ihre Kinder betreuten.

Der vorzügliche Mechanismus der Verfassung garantierte den Amerikanern ihre Rechte, sofern sie als Mitglieder der amerikanischen Gesellschaft betrachtet wurden. Aber er bot denen keinen Schutz, die außerhalb der Verfassung standen, den Indianern, deren Verträge von den Gerichten der Eroberer nicht anerkannt wurden, oder dem Schwarzen Dred Scott, der den Obersten Gerichtshof als freier Mann betrat und ihn als Sklave wieder verließ.

Die diskursive Demokratie reichte vielleicht aus, um das Wahlrecht auch auf weiße Männer ohne Besitz und schließlich auch auf Frauen auszudehnen; auch die wirtschaftlichen Wachstumsschmerzen einer großen Nation wurden vermutlich durch

Vernunft, Debatte und amerikanischen Pragmatismus gelindert, und die religiösen Spannungen und Klassenkonflikte, die andere Nationen plagten, nahmen deshalb mildere Formen an. Doch der Diskurs genügte nicht, um den Sklaven die Freiheit zu verschaffen und Amerika von seiner Ursünde zu befreien. Am Ende war es das Schwert, das die Fesseln durchtrennte.

Was sagt das über unsere Demokratie aus? Es gibt eine Denkschule, die die Gründerväter nur als Heuchler und die Verfassung nur als Verrat an den großen Idealen sieht, die in der Unabhängigkeitserklärung formuliert wurden. Diese Denkschule ist sich mit den frühen Abolitionisten darin einig, dass der Große Kompromiss zwischen Nord- und Südstaaten ein Pakt mit dem Teufel war. Andere, die eher vorsichtige und konventionelle Ansichten vertreten, sind der Ansicht, dass alle verfassungsrechtlichen Kompromisse in Bezug auf die Sklaverei (die Streichung abolitionistischer Klauseln im ursprünglichen Entwurf der Verfassung sowie die Drei-Fünftel-Klausel, der zufolge ein Sklave drei Fünftel eines normalen Staatsbürgers zählte, die Importklausel, nach der der Kongress den Import von Sklaven nicht verbieten konnte, der selbst verhängte Maulkorb, mit dem sich der 24. Kongress jede Debatte über das Thema Sklaverei selbst verbot, und die Struktur des Föderalismus und des Senats als solche) eine notwendige, wenn auch unglückliche Bedingung für die Bildung der Union waren. Diese eher gemäßigte Denkschule vertritt weiter die Ansicht, dass die Gründer mit ihrem Schweigen nur den ihrer Ansicht nach unabwendbaren Untergang der Sklaverei zu verschieben suchten und dieser einzige Fehler nicht von der Genialität einer Verfassung ablenken darf, die den Abolitionisten Raum für ihre Aktivitäten und Debatten gab und den Rahmen bildete, in dem – nach dem Bürgerkrieg – der 13., 14. und 15. Zusatzartikel verabschiedet werden konnten und die Union schließlich doch vollendet wurde.

Wie kann ich, ein Amerikaner mit afrikanischem Blut in den Adern, in einem solchen Konflikt Stellung beziehen? Ich kann es nicht. Ich liebe Amerika zu sehr, ich identifiziere mich zu stark mit dem, was aus diesem Land geworden ist, ich bin zu engagiert, was seine Institutionen, seine Schönheit und sogar seine Hässlichkeit betrifft, um mich ausschließlich auf die Umstände seiner Geburt zu konzentrieren. Aber ich kann auch nicht einfach unter den Teppich kehren, dass großes Unrecht geschehen ist, oder die Geister vergangener Generationen auslöschen oder die offene Wunde, die schmerzhafte Erinnerung, einfach ignorieren, die das Land noch immer quält.

Das Beste, was ich angesichts unserer Geschichte tun kann, ist, mir zu vergegenwärtigen, dass es nicht immer die Pragmatiker, die Stimmen der Vernunft oder die kompromissbereiten Kräfte waren, die die Bedingungen für die Freiheit schufen. Es ist eine harte, kalte Tatsache, dass unbeugsame Idealisten wie William Lloyd Garrison als Erste nach Gerechtigkeit schrien; dass Sklaven und frühere Sklaven, Männer wie Denmark Vesey und Frederick Douglass und Frauen wie Harriet Tubman, erkannten, dass die Mächtigen ihre Privilegien nicht kampflos aufgeben. Es waren die abstrusen Prophezeiungen von John Brown, seine Bereitschaft, für seine Visionen Blut zu vergießen und nicht nur Worte zu machen, die dazu beitrugen, dass das Problem eines Landes thematisiert wurde, in dessen einem Teil die Sklaverei erlaubt und in dessen anderem sie verboten war. Ich rufe mir ins Gedächtnis, dass der demokratische Diskurs und die verfassungsrechtliche Ordnung manchmal ein Luxus der Mächtigen sind und dass manchmal ausgerechnet die Spinner, die Fanatiker, die Propheten, die Agitatoren und die Unvernünftigen – mit anderen Worten, die Absolutisten – für eine neue Ordnung kämpfen. Weil ich das weiß, kann ich diejenigen nicht einfach verurteilen, die sich heute mit ähnlicher Selbstsicherheit engagieren (etwa Abtreibungsgegner, die vor dem Rathaus demonstrieren, oder Tierversuchsgegner, die Labors stürmen), selbst wenn ich mit ihren Ansichten überhaupt nicht übereinstimme. Ich habe nicht einmal die Sicherheit der Unsicherheit, denn manchmal können absolute Wahrheiten sehr wohl absolut sein.

Bleibt nur noch Abraham Lincoln, der wie niemand vor oder nach ihm die diskursive Funktion unserer Demokratie und die Grenzen des Diskurses erkannt hatte. Wir erinnern uns an ihn wegen der Unerschütterlichkeit und Tiefe seiner Überzeugungen, wegen seiner kompromisslosen Ablehnung der Sklaverei und seiner Überzeugung, dass ein geteiltes Haus keinen Bestand haben kann. Und doch war seine Präsidentschaft von einem Pragmatismus geprägt, der uns heute quälen würde, einem Pragmatismus, der ihn veranlasste, mehrere Einigungsversuche mit den Südstaaten zu machen, um die Union ohne Krieg zusammenzuhalten; der ihn veranlasste, einen General nach dem anderen zu ernennen und abzusetzen und ständig die Strategie zu wechseln, als der Krieg ausgebrochen war; einem Pragmatismus, mit dem er die Verfassung fast bis zum Verfassungsbruch dehnte, um seine Kriegsziele zu erreichen. Ich neige zu der Ansicht, dass Lincoln niemals bereit war, eine Überzeugung preiszugeben, nur weil es opportun war. Eher ging es ihm darum, sein inneres Gleichgewicht zwischen konkurrierenden Überzeugungen aufrechtzuerhalten: der Überzeugung, dass wir verhandeln und nach Übereinkünften suchen müssen, weil wir alle unvollkommen sind und nie mit der Gewissheit handeln können, dass Gott auf unserer Seite ist, und der Überzeugung, dass wir trotzdem manchmal handeln müssen, als ob wir diese Gewissheit hätten, und nur die Vorsehung uns vor dem Irrtum schützen kann.

Mit diesem Selbstbild und dieser Demut trat Lincoln im Rahmen unserer Demokratie durch Reden und Debatten für seine Prinzipien ein, mit vernünftigen Argumenten, die vielleicht die bessere Seite unseres Wesens ansprachen. Als das Gespräch zwischen Nord und Süd abbrach und der Krieg unvermeidlich wurde, widerstand er aufgrund dieser Demut der Versuchung, die Väter und Söhne zu dämonisieren, die auf der anderen Seite in die Schlacht zogen, oder die Schrecken des Krieges zu verharmlosen, obwohl dieser Krieg wahrlich gerecht war. Das Blut der Sklaven mahnt uns, dass unser Pragmatismus manchmal moralische Feigheit sein kann. Lincoln und die in Gettysburg Gefallenen mahnen uns, dass wir unsere absoluten Wahrheiten nur verfolgen sollten, wenn wir uns zuvor eingestehen, dass dies einen schrecklichen Preis kosten kann.

Nächtliche Meditationen dieser Art waren für meine unmittelbare Entscheidung bezüglich der Richter nicht nötig, die George W. Bush für den Federal Court of Appeals nominiert hatte. Am Ende wurde die Krise im Senat vermieden oder wenigstens vertagt: Sieben demokratische Senatoren erklärten sich bereit, gegen drei der fünf von Bush nominierten Kandidaten auf das Filibuster zu verzichten, und versprachen, in Zukunft nur noch unter »außerordentlichen Umständen« zum Mittel des Filibusters zu greifen. Im Austausch erklärten sich sieben Republikaner bereit, gegen eine »nukleare Option« zu stimmen, durch die das Filibuster für immer abgeschafft worden wäre, auch sie mit dem Vorbehalt, dass sie unter »außerordentlichen Umständen« ihre Meinung ändern könnten. Niemand konnte sagen, worin diese »außerordentlichen Umstände« bestehen sollten, und sowohl demokratische als auch republikanische Aktivisten, die es nach einem Kampf gelüstete, beschwerten sich bitterlich über die Kapitulation der jeweils eigenen Seite.

Ich lehnte es ab, mich der später so genannten Vierzehnerbande anzuschließen; angesichts der Profile von einigen der nominierten Richter war kaum zu erkennen, welcher Nominierte so viel schlimmer hätte sein können, dass ein Filibuster wegen »außerordentlicher Umstände« gerechtfertigt gewesen wäre. Trotzdem konnte ich meinen Kollegen nicht vorwerfen, was sie getan hatten. Die beteiligten Mitglieder der Demokratischen Partei hatten eine pragmatische Entscheidung getroffen: Ohne den Kompromiss wäre die »nukleare Option« wahrscheinlich durchgekommen.

Niemand war glücklicher über diese Wendung der Dinge als Senator Byrd. An dem Tag, als der Kuhhandel verkündet wurde, schritt er mit dem Republikaner John Warner aus Virginia an seiner Seite und den jüngeren Mitgliedern der Vierzehnerbande im Schlepptau triumphierend durch die Korridore des Kapitols.

»Wir haben die Republik gerettet!«, verkündete er einem Rudel Reporter, und ich lächelte still vor mich hin, als ich an mein wenige Monate zurückliegendes Treffen mit Byrd dachte.

Das Gespräch fand in Senator Byrds Refugium im ersten Stock des Kapitols statt, einem Zimmer, dass sich neben einer Reihe kleiner, mit Malereien geschmückter Säle befindet, in denen früher regelmäßig Senatsausschüsse tagten. Byrds Sekretärin führte mich in sein Privatbüro; es war voller Bücher und Schriften, die wie alte Manuskripte aussahen, und an den Wänden hingen alte Fotos und Wahlkampfsouvenirs. Senator Byrd fragte mich, ob es in Ordnung sei, wenn wir ein paar Aufnahmen von uns schießen ließen, und wir schüttelten uns die Hand und lächelten für den Fotografen, der bereits anwesend war. Nachdem die Sekretärin und der Fotograf den Raum verlassen hatten, nahmen wir auf zwei abgewetzten Stühlen Platz. Ich erkundigte mich nach Byrds Frau, der es, wie ich gehört hatte, schlechter ging, und stellte ihm ein paar Fragen über die Personen auf den Fotos. Schließlich fragte ich ihn, welchen Rat er mir als neuem Mitglied des Senats geben würde.

»Studieren Sie die Statuten«, sagte er, »und nicht nur die Statuten, auch die Präzedenzfälle.« Er zeigte auf eine Reihe dicker Bände hinter ihm, jeder mit einem handgeschriebenen Etikett. »Kaum jemand macht sich heute noch die Mühe, sich damit zu befassen. Alle sind so gehetzt, die Zeit eines Senators wird von so vielem in Anspruch genommen. Aber diese Statuten erschließen Ihnen die Macht des Senats. Sie sind der Schlüssel zum Königreich.«

Wir sprachen über die Vergangenheit des Senats, über die Präsidenten, die Byrd gekannt, die Gesetze, die er durchgebracht hatte. Er sagte, ich würde als Senator bestimmt gute Arbeit leisten, aber ich solle mich nicht zu sehr beeilen. Zu viele Senatoren seien heute auf das Weiße Haus fixiert. Sie verstünden nicht, dass nach der Verfassung der Senat das höchste Organ sei – Herz und Seele der Republik.

»Heute liest kaum jemand mehr die Verfassung«, sagte er und zog sein Exemplar aus der Brusttasche. »Ich habe immer gesagt, dieses Dokument und die Bibel sind alle Anleitung, die ich brauche.«

Bevor ich ging, ließ er seine Sekretärin noch alle vier Bände seiner Senatsgeschichte hereinbringen. Als er die vier prächtig gebundenen Bände auf den Tisch legte und nach einem Füllfederhalter suchte, sagte ich ihm, wie bewundernswert ich es fände, dass er Zeit zum Schreiben gefunden habe.

»Oh, ich habe großes Glück gehabt«, sagte er und nickte nachdenklich. »Vieles, wofür ich dankbar bin. Es gibt nicht viel, das ich nicht noch einmal täte.« Plötzlich machte er eine Pause und sah mir direkt in die Augen. »Nur eine Sache tut mir leid, wissen Sie. Die Torheit der Jugend …«

Wir saßen noch einen Moment da und dachten über den Alters- und Erfahrungsunterschied zwischen uns nach.

»Wir alle haben Dinge getan, die wir bedauern, Senator«, sagte ich schließlich. »Wir bitten einfach nur darum, dass uns Gott am Ende gnädig sein möge.«

Er musterte einen Moment mein Gesicht, dann nickte er mit einem ganz schwachen Lächeln und klappte einen der Buchdeckel auf. »Dass Gott uns gnädig sein möge. Ja, in der Tat. Lassen Sie mich die für Sie signieren.« Und indem er seine Schreibhand mit der anderen festhielt, um das Zittern zu unterdrücken, schrieb er langsam seinen Namen in das Geschenk.

KAPITEL VIER

Politik

Eine meiner Lieblingstätigkeiten als Senator besteht darin, bei Gemeindeversammlungen als Gastgeber zu fungieren. Ich habe in meinem ersten Jahr als Senator 39 solche Versammlungen abgehalten, überall in Illinois: in kleinen ländlichen Städten wie Anna und wohlhabenden Vorstädten wie Naperville, in den Kirchen schwarzer Gemeinden in der South Side von Chicago und in einem College in Rock Island. Ein solches Ereignis ist nicht besonders spektakulär. Meine Mitarbeiter rufen in einer Highschool, einer Stadtbücherei oder einem Community College in dem betreffenden Ort an und fragen, ob die Veranstaltung dort stattfinden kann. Etwa eine Woche vorher kündigen wir die Veranstaltung in der Lokalzeitung, in den Kirchenblättern und im lokalen Radiosender an. Am Tag der Versammlung komme ich eine halbe Stunde früher und unterhalte mich mit den führenden Politikern des Ortes. Wir sprechen über lokale Probleme, etwa über eine Straße, die einen neuen Belag braucht, oder über den Bau eines neuen Altersheims. Dann machen wir ein paar Fotos, bevor wir in die Halle gehen, wo die Menge wartet. Ich schüttle ein paar Leuten die Hand, wenn ich nach vorne zur Bühne gehe. Sie ist in der Regel leer bis auf ein Podium, ein Mikrophon, eine Flasche Wasser und eine amerikanische Flagge in dem dafür vorgesehenen Ständer. Dann, in den folgenden ein oder zwei Stunden, stehe ich den Menschen Rede und Antwort, die mich nach Washington geschickt haben.

Die Versammlungen sind unterschiedlich gut besucht: Manchmal kommen nur 50 und manchmal 2000 Menschen. Aber gleichgültig, wie viele kommen, ich bin dankbar, dass sie da sind. Sie sind ein Querschnitt der Countys, die wir besuchen: Republikaner und Demokraten, Alte und Junge, Dicke und Dünne, Lastwagenfahrer, Professoren, Hausfrauen, Veteranen, Lehrer, Versicherungsagenten, Wirtschaftsprüfer, Sekretäre, Ärzte und Sozialarbeiter. Im Allgemeinen sind sie aufmerksam und höflich, selbst wenn sie nicht mit mir (oder untereinander) übereinstimmen. Sie stellen mir Fragen über rezeptpflichtige Medikamente, das Staatsdefizit, Menschenrechte in Myanmar, Alkohol, die Vogelgrippe, die staatliche Finanzierung von Schulen, das Raumfahrtprogramm. Häufig überraschen sie mich: Eine junge flachsblonde Frau mitten in einer ländlichen Gegend hält ein leidenschaftliches Plädoyer für eine Intervention in Darfur, oder ein älterer schwarzer Herr in einem Innenstadtviertel will von mir alles über die Konservierung von Böden wissen.

Wenn ich meinen Blick über die Menschen schweifen lasse, fühle ich mich irgendwie ermutigt. Ihre Körperhaltung zeugt oft von harter Arbeit. Wie sie mit ihren Kindern umgehen, macht mir Hoffnung. Meine Zeit mit ihnen ist wie ein Bad in einem kühlen Bach. Ich fühle mich danach wie gereinigt und bin glücklich über die Arbeit, die ich gewählt habe.

Am Ende der Versammlung kommen die Leute in der Regel zu mir nach vorn und schütteln mir die Hand oder machen Fotos, oder sie schicken ein Kind vor, das mich um ein Autogramm bittet. Sie drücken mir alles Mögliche in die Hand: Zeitungsartikel, Visitenkarten, handschriftliche Notizen, militärische Orden, kleine religiöse Gegenstände, Glücksbringer. Und manchmal gibt mir jemand die Hand und sagt, er setze große Hoffnungen in mich, aber er fürchte, Washington werde mich verändern und ich würde enden wie all die anderen Leute, die an der Macht seien.

Bitte bleiben Sie, wer Sie sind, sagen sie zu mir.

Bitte enttäuschen Sie uns nicht.

Es ist eine amerikanische Tradition, das Problem mit unserer Politik auf die Qualität unserer Politiker zurückzuführen. Manchmal wird dies sehr drastisch ausgedrückt: Der Präsident ist ein Trottel, und Kongressmann Soundso ist ein Penner. Manchmal ist die Kritik etwas ausführlicher, zum Beispiel so: »Die sind doch alle von Interessenverbänden bestochen.« Die meisten Wähler sind der Ansicht, dass in Washington alle nur »Politik spielen«, das heißt, dass sie sich gegen ihr Gewissen äußern oder abstimmen und sich dabei nach ihren Wahlkampfspendern, nach Meinungsumfragen oder nach ihrer Parteizugehörigkeit richten und dass sie nicht danach streben, das Richtige zu tun. Häufig gilt die schärfste Kritik den Politikern aus dem eigenen Lager: dem Demokraten, der für überhaupt nichts steht, oder dem Politiker, der »nur dem Namen nach ein Republikaner« ist. All das führt zu dem Schluss, dass wir zuerst die Schurken hinauswerfen müssten, wenn wir in Washington etwas erreichen wollten.

Aber Jahr für Jahr lassen wir die Schurken, wo sie sind: Mitglieder des Repräsentantenhauses werden zu etwa 96 Prozent wieder gewählt.

Politologen haben mehrere Erklärungen für dieses Phänomen. In der vernetzten Welt von heute ist es schwierig, zu den Köpfen einer beschäftigten und abgelenkten Wählerschaft Zugang zu finden und ihr Bewusstsein anzusprechen. Aus diesem Grund ist ein Sieg in der Politik oft davon abhängig, dass ein Name erkannt wird, und deshalb verwenden die meisten Amtsinhaber zwischen den Wahlen ungeheuer viel Zeit darauf, dass ihr Name ständig genannt wird, sei es, indem sie bei der Einweihung einer neuen Straße das Band durchschneiden, an der Parade zum Unabhängigkeitstag teilnehmen oder am Sonntagmorgen in einer Talkshow sitzen. Es ist bekannt, dass Amtsinhaber beim Spendensammeln im Vorteil sind, weil (linke wie rechte) Interessenverbände eher auf den Kandidaten mit den besseren

Gewinnchancen setzen, wenn sie ihre Wahlspenden verteilen. Auch werden Mitglieder des Repräsentantenhauses durch die Festlegung der Wahlbezirke vor gefährlichen Herausforderern geschützt: Heutzutage werden bei fast jedem Wahlbezirk die Grenzen mit computergesteuerter Präzision so gezogen, dass er entweder eine klare demokratische oder eine klare republikanische Mehrheit hat. Man kann tatsächlich sagen, dass die Wähler heute nicht mehr ihre Abgeordneten wählen, sondern überwiegend die Abgeordneten ihre Wähler.

Noch ein weiterer Faktor spielt eine Rolle. Er wird selten erwähnt, ist aber eine gute Erklärung dafür, warum die Wähler in den Umfragen regelmäßig angeben, dass sie den Kongress hassen, aber ihr Kongressmitglied mögen. Es ist schwer zu glauben, aber die meisten Politiker sind liebenswerte Menschen.

Ich fand jedenfalls, dass dies auf meine Senatskollegen zutraf. Einzeln waren sie eine sehr angenehme Gesellschaft. Ich kann mir kaum bessere Geschichtenerzähler denken als Ted Kennedy oder Trent Lott, kaum witzigere Köpfe als Kent Conrad oder Richard Shelby und kaum warmherzigere Menschen als Debbie Stabenow oder Mel Martinez. In der Regel erwiesen sich meine Kollegen als intelligente, nachdenkliche und fleißige Menschen, die den Problemen ihrer Bundesstaaten viel Zeit und Aufmerksamkeit widmeten. Ja, es gab auch Senatoren, die der Klischeevorstellung vom unfähigen Senator entsprachen, die unaufhörlich redeten oder ihre Mitarbeiter schikanierten; und je mehr Senatssitzungen ich erlebte, umso genauer erkannte ich bei jedem Senator die Schwächen, an denen wir alle in verschiedenem Maße leiden: Manche waren ständig schlecht gelaunt, andere unglaublich starrköpfig oder eitel. Insgesamt erschien mir der Anteil solcher Eigenschaften im Senat jedoch nicht größer als in der Durchschnittsbevölkerung. Selbst wenn ich mit den Kollegen sprach, mit denen ich am allerwenigsten übereinstimmte, war ich in der Regel verblüfft über ihre grundsätzliche

Aufrichtigkeit: Sie wollten ihre Sache gut machen und das Land stärken und verbessern; und sie wollten ihre Wähler und ihre Werte so gut vertreten, wie die Umstände es erlaubten.

Wie kommt es, dass diese Männer und Frauen zu den finsteren, unflexiblen, unehrlichen und manchmal richtig fiesen Gestalten werden, die unsere Abendnachrichten bevölkern? Was ist das für ein Prozess, der verhindert, dass vernünftige und verantwortungsbewusste Menschen das Land regieren? Je länger ich in Washington diente, desto öfter registrierte ich, dass Freunde mein Gesicht musterten, um irgendeine Veränderung zu entdecken, dass sie nach Spuren von Wichtigtuerei, Streitlust oder übertriebener Vorsicht suchten. Ich begann mich auf dieselbe Weise zu prüfen. Ich entdeckte bestimmte Züge, die ich mit meinen neuen Kollegen gemeinsam hatte, und fragte mich, was meine eigene Verwandlung in den typischen Politiker schlechter Fernsehfilme verhindern könnte.

Ein Ausgangspunkt für meine Untersuchung war mein Ziel, das Wesen des Ehrgeizes verstehen zu lernen, denn zumindest in dieser Beziehung sind Senatoren etwas Besonderes. Nur wenige Leute werden zufällig US-Senatoren; Mindestvoraussetzung ist ein gewisser Größenwahn – die Überzeugung, dass man aus einem unerfindlichen Grund von allen begabten Menschen in seinem Staat am besten geeignet sei, für die Wähler zu sprechen; diese Überzeugung muss so stark sein, dass man dafür das manchmal erhebende, gelegentlich quälende, immer jedoch reichlich alberne Unterfangen eines Wahlkampfs auf sich nimmt.

Ehrgeiz allein reicht jedoch nicht aus. Wie verschlungen, erhaben oder profan die Motive auch sein mögen, warum jemand Senator werden will, wenn er Erfolg haben will, muss er eine geradezu fanatische Zielstrebigkeit an den Tag legen, die leicht auf Kosten seiner Gesundheit, seiner Beziehungen, seines seelischen Gleichgewichts und seiner Würde gehen kann. Als mein Vorwahlkampf vorüber war, schaute ich mir meinen Terminkalender an und stellte fest, dass ich mir in anderthalb Jahren nur sieben Tage frei genommen hatte. Den Rest der Zeit hatte ich in der Regel zwölf bis vierzehn Stunden am Tag gearbeitet. Ich war nicht besonders stolz darauf. Wie mir Michelle während des Wahlkampfs mehrmals pro Woche sagte, war es einfach nicht normal.

Weder Ehrgeiz noch Zielstrebigkeit sind jedoch hinreichende Erklärungen für das Verhalten von Politikern. Diese Eigenschaften sind oft mit einer Emotion gepaart, die vermutlich sehr weit verbreitet und ganz gewiss sehr zerstörerisch ist, eine Emotion, die einen immer mehr beherrscht, sobald man leichtsinnigerweise seine Kandidatur bekannt gegeben hat, und die erst nach dem Wahltag wieder schwächer wird. Diese Emotion ist Angst. Nicht nur die Angst zu verlieren (sie ist schon schlimm genug), sondern auch die Angst, massiv und rücksichtslos gedemütigt zu werden.

Mir krampft sich beispielsweise noch immer der Magen zusammen, wenn ich an meine einzige Niederlage als Politiker denke, an die Tracht Prügel, die mir der amtierende demokratische Amtsinhaber Bobby Rush verpasste, als ich im Jahr 2000 gegen ihn für einen Sitz im Repräsentantenhaus kandidierte. In diesem Wahlkampf ging so ziemlich alles schief, was schiefgehen konnte. Dabei wurden meine eigenen Fehler durch tragische und absurde Ereignisse noch verschärft. Zwei Wochen nachdem ich meine Kandidatur bekannt gegeben und die ersten paar 1000 Dollar Wahlspenden gesammelt hatte, gab ich eine erste Umfrage in Auftrag. Sie ergab für Rush einen Bekanntheitsgrad von 90 Prozent, für mich von 11 Prozent. Seine Zustimmungsrate lag bei etwa 70, meine bei 8 Prozent. Auf diese Weise lernte ich eine der wichtigsten Regeln der modernen Politik kennen: Mache die Umfrage, *bevor* du deine Kandidatur bekannt gibst.

Von da an ging es immer weiter bergab. Im Oktober hörte ich auf der Fahrt zu einem Treffen mit den wenigen Parteifunktionären, die noch nicht meinen Gegner unterstützten, im Radio, dass der erwachsene Sohn des Kongressmitglieds Rush vor seinem Haus von zwei Drogenhändlern erschossen worden sei. Ich war erschüttert und hatte Mitleid mit meinem Gegner, also stellte ich den Wahlkampf einen Monat lang praktisch ein.

Dann flog ich in den Weihnachtsferien für knapp fünf Tage nach Hawaii, wo ich meine Großmutter besuchte und mich wieder mit Michelle und der damals achtzehn Monate alten Malia bekannt machte. Damals wurde der Senat von Illinois zu einer Sondersitzung einberufen, um über ein Gesetz zur Kontrolle des Waffenerwerbs abzustimmen. Da Malia krank war und nicht mit mir nach Springfield fliegen konnte, verpasste ich die Abstimmung, und das Gesetz kam nicht durch. Zwei Tage später landete ich mit einem schreienden Kind und einer Ehefrau, die nicht mehr mit mir sprach, auf dem O'Hare-Flughafen und wurde von einer Titelstory der *Chicago Tribune* begrüßt, in der es hieß, für das Waffengesetz hätten nur ein paar Stimmen gefehlt und der Senator des Bundesstaats und Kongresskandidat Barack Obama sei auf Hawaii »im Urlaub geblieben«. Mein Wahlkampfmanager rief an und beschrieb den Wahlkampfspot, den mein Gegner vielleicht bald schalten würde: Palmen und ein Mann mit Strohhut auf einem Liegestuhl am Strand. Der Mann trinkt einen Mai-Tai-Cocktail, im Hintergrund erklingt der weiche Sound einer Slack-Key-Gitarre, und der Sprecher sagt: »Obwohl Chicago unter der höchsten Mordrate in seiner Geschichte leidet, sitzt Barack Obama …«

Ich unterbrach den Manager an dieser Stelle, weil ich wusste, was kommen würde.

Und so wusste ich, noch bevor der Wahlkampf halb zu Ende war, dass ich verlieren würde. Von da an erwachte ich jeden Morgen mit einem vagen Angstgefühl, weil ich den ganzen Tag lächeln und Hände schütteln und so tun musste, als laufe alles nach Plan. In den wenigen Wochen vor den Vorwahlen lief mein Wahlkampf ein bisschen besser. Ich machte in einigen Debatten, über die allerdings kaum berichtet wurde, eine gute Figur, bekam eine gute Presse für meine Gesetzesvorschläge im Gesundheits- und Bildungsbereich und wurde sogar von der *Chicago Tribune* unterstützt. Doch es war bereits zu spät. Ich erfuhr, als ich auf meiner Wahlparty eintraf, dass das Rennen gelaufen war und ich mit einem Rückstand von 31 Punkten verloren hatte.

Ich will nicht behaupten, dass nur Politiker solche Enttäuschungen erleben. Der Unterschied besteht nur darin, dass die meisten Leute sich privat die Wunden lecken können, während Politiker ihre Niederlagen in aller Öffentlichkeit erleiden. Sie müssen in einem halb vollen Saal eine fröhliche Rede halten, in der sie ihrem Gegner zu seinem neuen Amt gratulieren und mit tapferem Gesicht ihre Mitarbeiter und Unterstützer trösten, sie müssen sich telefonisch bei den Spendern bedanken und sie mit der unangenehmen Bitte um weitere Hilfe beim Abbau der Schulden belästigen. Sie erfüllen diese Aufgaben, so gut sie können, aber sie fühlen sich unweigerlich von der Gemeinschaft zurückgestoßen, auch wenn sie sich selbst mit aller Macht einreden wollen, dass das nicht stimmt. Selbst wenn sie ihre Niederlage noch so überzeugend auf schlechtes Timing oder Pech oder Geldmangel zurückführen können, haben sie doch das Gefühl, dass sie nicht wirklich gut genug waren und den Leuten, wohin sie auch kommen, das Wort »Verlierer« durch den Kopf schießt. Solche Gefühle haben die meisten von uns in der Highschool gehabt, wenn sie das Mädchen, für das sie schwärmten, mit einer abfälligen Bemerkung aus dem Kreis ihrer Freunde verbannte oder wenn sie bei einem wichtigen Basketballspiel die entscheidenden Freiwürfe verschossen. Die meisten Erwachsenen haben ihr Leben klugerweise so organisiert, dass sie just solche Frustrationen vermeiden.

Man stelle sich die Wirkung vor, die solche Emotionen auf einen durchschnittlichen Spitzenpolitiker haben, der (im Gegensatz zu mir) in seinem Leben kaum je mit einem Projekt gescheitert ist. Er war Quarterback in der Highschool oder durfte auf der Abiturfeier die Abschiedsrede halten, sein Vater ist Senator oder Admiral, und man hat ihm schon als Kind gesagt, dass er für Großes bestimmt ist. Ich erinnere mich noch an ein Gespräch mit dem leitenden Angestellten eines Großunternehmens, der im Jahr 2000 Vizepräsident Al Gore in seinem Präsidentschaftswahlkampf massiv unterstützt hatte. Wir saßen in seinem angemessen feudalen Büro mit Blick über das ganze Zentrum Manhattans, und er berichtete mir von einem Gespräch, das er etwa sechs Monate nach der Wahlniederlage mit Gore geführt hatte, als dieser nach Investoren für sein damals neu gegründetes Fernsehunternehmen suchte.

»Es war seltsam«, sagte der Manager. »Da saß er – ein früherer Vizepräsident, ein Mann, der nur ein paar Monate zuvor fast der mächtigste Mann auf dem Planeten geworden wäre. Im Wahlkampf hatte ich seine Anrufe zu jeder Tageszeit angenommen und meinen Terminkalender geändert, wann immer er mich treffen wollte. Nun jedoch, als er nach der Wahl mein Büro betrat, empfand ich das Treffen unwillkürlich als lästige Aufgabe. Ich gebe es ungern zu, weil ich den Mann wirklich mag, aber auf einer bestimmten Ebene war er nicht mehr Al Gore, Ex-Vizepräsident. Er war nur noch einer von den 100 Typen, die mich jeden Tag um Geld anhauen. Damals erkannte ich, wie nahe ihr Politiker am Abgrund steht.«

Der Sturz in den Abgrund. In den vergangenen fünf Jahren hat Al Gore gezeigt, wie befriedigend und einflussreich ein Leben nach der Politik sein kann, und ich vermute, der Topmanager nimmt die Anrufe des früheren Vizepräsidenten inzwischen wieder sehr gerne entgegen. Trotzdem vermute ich, dass Gore die Veränderung bemerkte, die bei seinem Freund nach der Wahlniederlage im Jahr 2000 eintrat. Als er bei ihm im Büro saß, für sein Fernsehprojekt warb und das Beste aus seiner Situation zu machen versuchte, grübelte er vielleicht darüber nach, wie lächerlich die Umstände waren, in denen er sich befand. Dass er sein ganzes Leben auf ein Ziel hingearbeitet und es wegen eines zweifelhaften Wahlergebnisses in einem einzigen Bundesstaat nicht erreicht hatte, während sein Freund, der Manager, der ihm mit einem herablassenden Lächeln gegenübersaß, in seinem Unternehmen jedes Jahr der zweite Mann bleiben konnte. Selbst wenn der Aktienkurs des Konzerns fiel oder er eine unüberlegte Investition tätigte, galt er wahrscheinlich immer noch als erfolgreich, war immer noch stolz auf das, was er geleistet hatte, stolz auf seine exorbitante Prämie und seine große Macht. Das war nicht fair, doch es war ohne Belang für den früheren Vizepräsidenten. Wie die meisten Männer und Frauen, die sich für ein öffentliches Leben entschieden, hatte auch Gore gewusst, was er riskierte, als er sich auf die Kandidatur einließ. In der Politik gibt es vielleicht einen zweiten Akt, aber keinen zweiten Platz.

Die meisten Sünden der Politiker lassen sich auf ein Kernproblem zurückführen – auf die Notwendigkeit zu gewinnen, beziehungsweise nicht zu verlieren. Natürlich geht es genau darum auch bei der Jagd nach dem Geld. Bevor Gesetze zur Wahlkampffinanzierung erlassen wurden und die Presse auf das Problem aufmerksam wurde, war die Politik in den USA regelrecht durch Bestechung beeinflusst. In dieser Zeit konnte ein Politiker mit den Mitteln für seinen Wahlkampf wie mit seinem privaten Bankkonto umgehen und sich fantastische »Dienstreisen« spendieren lassen; Phantasiehonorare interessierter Parteien waren gang und gäbe, und der Inhalt der Gesetze wurde vom Meistbietenden bestimmt. Wenn neuere Nachrichten der Wahrheit entsprechen, sind diese widerlichen Formen der Korruption noch immer nicht ganz verschwunden. Offenbar gibt es immer noch Akteure in Washington, für die Politik ein Mittel ist, reich zu werden. Sie sind in der Regel nicht dumm genug, Tüten voll kleiner Geldscheine anzunehmen, aber sie sind gerne bereit, für ihre Parteispender zu sorgen, und sie profitieren nicht schlecht davon, bis sie schließlich das Metier wechseln und für dieselben Unternehmen Lobbyarbeit machen, die sie als Amtsträger hätten kontrollieren sollen.

Häufiger jedoch wird die Politik auf andere Weise durch Geld beeinflusst. Nur wenige Lobbyisten bieten den Wahlbeamten ein simples *quid pro quo* an. Doch das müssen sie auch nicht. Ihr Einfluss rührt einfach daher, dass sie mehr Zugang zu den Abgeordneten haben als der durchschnittliche Wähler, dass sie bessere Informationen haben und dass sie mehr Durchhaltevermögen haben, wenn es zum Beispiel darum geht, irgendeine obskure Bestimmung im Steuergesetz durchzusetzen, die ihren Auftraggebern Milliarden bringt, sonst aber niemanden interessiert.

Den meisten Politikern geht es nicht darum, reich zu werden. Fast alle Senatoren sind bereits reich. Es geht um die Erhaltung von Status und Macht, es geht darum, Herausforderer abzuschrecken und Angst abzuwehren. Geld kann nicht den Sieg garantieren, Leidenschaft, Charisma und Erzähltalent sind mit Geld nicht zu kaufen. Aber ohne Geld und ohne die Fernsehwerbung, die das meiste Geld verschlingt, ist eine Niederlage im Wahlkampf fast unausweichlich.

Dabei geht es, insbesondere bei Wahlkämpfen in großen Staaten, die über einen vielfältigen Medienmarkt verfügen, um atemberaubende Geldsummen. In keinem meiner Wahlkämpfe für einen Sitz in Illinois musste ich mehr als 100 000 Dollar ausgeben, ja ich erwarb mir sogar den Ruf, bei der Beschaffung von Wahlkampfspenden ein wenig rückständig zu sein. Ich wirkte an der ersten Verbesserung des Gesetzes zur Wahlkampffinanzierung seit 25 Jahren mit, ich ließ mich von Lobbyisten nicht zu Essen einladen und ich nahm keine Spenden von der Spiel- und Tabakindustrie an. Als ich beschloss, für den US-Senat zu kandidieren, sah sich mein Medienberater David Axelrod gezwungen, mir einen langen Vortrag über die Tatsachen des Lebens halten. Wir wollten im Wahlkampf mit einem Minimalbudget auskommen, bauten auf starke Unterstützung von freiwilligen Helfern und auf »verdiente Medienunterstützung«, das heißt, wir wollten unsere Nachrichten selber machen. Aber David informierte mich, dass eine Woche Fernsehwerbung auf dem Medienmarkt von Chicago annähernd 500 000 Dollar kosten würde und man für eine Woche Sendezeit im Rest des Staates mit etwa 250 000 Dollar rechnen musste. Wenn wir mit vier Wochen Fernsehwerbung und den ganzen Gemein- und Personalkosten für eine landesweite Kampagne rechneten, kamen wir allein für die Vorwahlen auf ein Budget von fünf Millionen Dollar. Falls ich diese gewann, musste ich für die allgemeinen Wahlen weitere zehn bis fünfzehn Millionen Dollar auftreiben.

Als ich an diesem Abend nach Hause kam, schrieb ich in sauberen Spalten alle Leute auf, die mir vielleicht eine Wahlkampfspende geben würden. Neben die Namen schrieb ich jeweils die maximale Summe, um die ich sie guten Gewissens bitten konnte.

Die Addition aller Beträge ergab 500 000 Dollar.

Ohne großes Privatvermögen gibt es praktisch nur einen Weg, um Geld für eine Kandidatur zum US-Senat zu beschaffen: Man muss reiche Leute darum bitten. In den ersten drei Monaten meines Wahlkampfs schloss ich mich mit meinem Geldbeschaffungsassistenten in einem Raum ein und rief unangemeldet Personen an, die schon einmal für die Demokratische Partei gespendet hatten. Es war kein Vergnügen. Manchmal legten die Leute einfach mitten im Gespräch auf. Häufiger nahm ihre Sekretärin den Anruf an, und sie riefen nicht zurück. In solchen

Fällen rief ich noch zwei- oder dreimal an, bis ich entweder die Geduld verlor oder der anvisierte Spender doch noch zurückrief und höflicherweise persönlich absagte. Ich entwickelte raffinierte Strategien, um mich während dieser Telefonsitzungen vor der Arbeit zu drücken, ging häufig zur Toilette, machte lange Kaffeepausen, schlug meinem politischen Stab vor, die Rede über das Bildungswesen zum dritten oder vierten Mal zu überarbeiten. Manchmal musste ich beim Telefonieren an meinen Großvater denken, der als Mann mittleren Alters Lebensversicherungen verkauft hatte, aber nicht besonders gut darin war. Ich erinnerte mich an seine Angst und daran, wie er versuchte, mit Leuten einen Termin zu machen, die sich lieber einer Zahnwurzelbehandlung gestellt hätten als einem Gespräch mit einem Versicherungsagenten. Und ich dachte auch an die missbilligenden Blicke, die er von meiner Großmutter erntete, die fast in ihrer ganzen Ehe mehr Geld verdiente als er.

Ich verstand besser denn je, wie ihn das bedrückt haben musste.

Nach drei Monaten hatten wir nur 250 000 Dollar aufgebracht – weit unter der Schwelle, die notwendig war, um überhaupt glaubwürdig zu wirken. Was die Sache noch schlimmer machte: Ich hatte einen Wahlkampfgegner, der für viele Politiker der schlimmste denkbare Alptraum war, einen Kandidaten, der seinen Wahlkampf selbst finanzierte und über fast grenzenlose Mittel verfügte. Er hieß Blair Hull und hatte einige Jahre zuvor sein Finanzdienstleistungsunternehmen für 531 Millionen Dollar an Goldman Sachs verkauft. Zweifellos hatte er ein echtes, wenn auch unbestimmtes Bedürfnis, seinem Land zu dienen, und nach allem, was man hörte, war er ein sehr gescheiter Mann. Als Wahlkämpfer jedoch war er fast peinlich schüchtern, mit dem schrulligen, introvertierten Verhalten eines Menschen, der die meiste Zeit seines Lebens allein am Computer verbracht hat. Ich vermute, dass er wie viele Menschen dachte, ein Politiker müsse (etwa im Gegensatz zu einem Arzt, einem Piloten oder einem Klempner) keine besonderen Fähigkeiten haben und dass ein Geschäftsmann wie er als Politiker mindestens ebenso gut und wahrscheinlich besser abschneiden würde als die Berufspolitiker im Fernsehen. Tatsächlich betrachtete Mr. Hull seine Fähigkeit, mit Zahlen umzugehen, als großes Plus. Einmal enthüllte er einem Reporter eine mathematische Formel, die er entwickelt hatte, um Wahlen zu gewinnen, einen Algorithmus, der wie folgt begann:

Wahrscheinlichkeit = 1/(1 + exp (− 1 x (−3,9659056 + (Gewicht der Allgemeinen Wahlen x 1,9280219) …

und erst mehrere undurchschaubare Schritte später endete.

Angesichts dieser Voraussetzungen glaubte ich Hull als Gegner getrost abschreiben zu können, bis ich eines Morgens im April oder Mai aus der Zufahrt zu unserem Wohnkomplex herausfuhr und auf dem Weg zum Büro von unzähligen Reihen rot-weiß-blauer Plakate begrüßt wurde, die den gesamten Straßenzug säumten. *Blair Hull in den US-Senat* stand auf den Plakaten, und auf den nächsten acht Kilometern sah ich sie in jeder Straße und an jeder wichtigen Durchgangsstraße, in jeder Richtung und in jedem Winkel, im Schaufenster von Friseurläden, an den Fassaden verlassener Gebäude, an Bushaltestellen und hinter der Theke von Lebensmittelgeschäften. Überall schmückten Hull-Plakate das Stadtbild wie Gänseblümchen eine Wiese im Frühling.

Es gibt ein Sprichwort in der Politik von Illinois, dass »Plakate nicht wählen«, will sagen, dass man die Chancen in einem Wahlkampf nicht danach beurteilen kann, wie viele Plakate für einen Kandidaten werben. Aber niemand in Illinois hatte während eines ganzen Wahlkampfs je die Menge von Tafeln und Plakaten gesehen, die Mr. Hull an einem einzigen Tag in der

Stadt verteilte, und niemand hatte je erlebt, dass bezahlte Arbeitertrupps mit solcher Geschwindigkeit und Effektivität an einem einzigen Abend alle anderen Plakate durch eigene ersetzten. Wir lasen in der Zeitung, dass gewisse Führungspersönlichkeiten in den Vierteln der Schwarzen ganz plötzlich zu dem Schluss gekommen waren, dass Hull sich für die Innenstädte einsetzte, während andere Führungspersönlichkeiten im ländlichen Süden ihn lobten, weil er landwirtschaftliche Familienbetriebe unterstützte. Und dann entfaltete die Fernsehwerbung ihre Wirkung, sechs Monate – bis zum Wahltag – war Hull auf jedem Sender rund um die Uhr und im ganzen Staat präsent: Blair Hull mit Senioren, Blair Hull mit Kindern oder Blair Hull auf dem Sprung, um Washington von der Herrschaft der selbstsüchtigen Interessenverbände zu befreien. Bis Januar 2004 hatte Hull es in den Umfragen an die Spitze geschafft, und meine Unterstützer begannen mich mit Anrufen zu überschwemmen, dass ich sofort ins Fernsehen müsse, sonst sei alles verloren.

Was konnte ich tun? Ich erklärte den Anrufern, dass ich im Gegensatz zu Hull eigentlich ein negatives Eigenkapital hatte. Wir würden in unserem Wahlkampf bestenfalls Geld für vier Wochen Fernsehwerbung haben, deshalb wäre es unsinnig gewesen, das ganze Budget schon im August auszugeben. Wir müssten alle Geduld haben, sagte ich zu meinen Unterstützern. Bleibt zuversichtlich. Nur keine Panik! Dann legte ich auf, schaute aus dem Fenster und sah das Wohnmobil, mit dem Hull durch den Staat gondelte: groß wie ein Ozeandampfer und angeblich genauso gut ausgestattet. Und ich fragte mich, ob es nicht vielleicht doch an der Zeit war, in Panik zu geraten.

Ich hatte in vieler Hinsicht mehr Glück als andere Kandidaten unter ähnlichen Umständen. Irgendwann entwickelte mein Wahlkampf aus letztlich unerfindlichen Gründen eine geheimnisvolle Dynamik: Plötzlich wurde es bei wohlhabenden Spendern Mode, sich für meine Sache einzusetzen, und kleine Spender aus dem ganzen Staat schickten uns via Internet in einem völlig unerwarteten Ausmaß Geld. Ironischerweise bewahrte mich mein Außenseiterstatus vor einigen der schlimmsten Fallen der Geldbeschaffung: Die Political Action Committees (PACs) der meisten Großkonzerne mieden mich, und so schuldete ich ihnen nichts; eine Hand voll PACs, die doch für mich spendeten (z. B. die League of Conservation Voters), vertraten in der Regel Anliegen, an die ich glaubte und für die ich schon lange kämpfte. Mr. Hull hatte trotzdem am Ende sechsmal mehr Geld ausgegeben als ich. Aber zu seiner Ehre sei gesagt, dass er (wenn er es auch vielleicht im Nachhinein bedauert) keinen einzigen negativen Wahlwerbespot über mich brachte. Ich blieb ihm mit meinen Umfragewerten einigermaßen auf den Fersen, und in den letzten Wochen des Wahlkampfs, just als meine eigenen Fernsehspots anliefen und meine Umfragewerte rapide stiegen, brach seine Kampagne in sich zusammen, weil ihm vorgeworfen wurde, er habe ein paar hässliche Auseinandersetzungen mit seiner Ex-Frau gehabt.

In meinem Fall war also der Mangel an eigenem Vermögen oder massiver Unterstützung durch Großunternehmen kein unüberwindliches Hindernis. Trotzdem muss ich davon ausgehen, dass mich die Jagd nach dem Geld in mancher Hinsicht verändert hat. Auf jeden Fall verlor ich das Schamgefühl, das mich früher daran hinderte, Fremde um große Geldsummen zu bitten. Gegen Ende des Wahlkampfs verzichtete ich ganz auf das neckische Geplänkel und den Smalltalk, mit denen ich meine Bittgespräche anfangs eröffnet hatte, kürzte die Jagd ab und versuchte, abschlägige Bescheide einfach nicht zu akzeptieren.

Allerdings fürchte ich, dass mit mir noch eine andere Veränderung stattfand. Ich stellte fest, dass ich immer mehr Zeit mit wohlhabenden Menschen verbrachte, mit Teilhabern von Anwaltsbüros, Investmentbankern, Hedgefondsmanagern und Risikokapitalgebern. In der Regel waren sie kluge und interessante Leute – politisch gut informiert mit liberalen Ansichten –, und sie erwarteten nichts weiter für ihre Schecks, als dass ich mir ihre Meinung anhörte. Trotzdem vertraten sie fast ausnahmslos die Standpunkte ihrer Klasse, d. h. des reichsten Prozents der Bevölkerung, dessen Mitglieder es sich leisten können, einem politischen Kandidaten einen Scheck über 2000 Dollar auszustellen. Sie glaubten an die freie Marktwirtschaft und die Herrschaft einer Bildungselite und konnten sich kaum vorstellen, dass es ein gesellschaftlich verursachtes Handicap gab, das sich nicht durch eine hohe Punktzahl im Schuleignungstest hätte ausgleichen lassen. Sie waren gegen Protektionismus, fanden Gewerkschaften lästig und hatten wenig Mitleid mit Menschen, deren Leben durch den globalen Kapitalverkehr ruiniert wurde. Die meisten waren radikale Befürworter der Abtreibungsfreiheit und eines strengeren Waffengesetzes und hegten ein gewisses Misstrauen gegen starke religiöse Gefühle.

Obwohl meine eigene Weltsicht in vieler Hinsicht mit ihrer übereinstimmte (schließlich hatte ich dieselben Schulen besucht, dieselben Bücher gelesen und mir oft dieselben Sorgen über meine Kinder gemacht), stellte ich fest, dass ich im Gespräch mit ihnen bestimmte Themen vermied, dass ich mögliche Differenzen überspielte und mich auf ihre Erwartungen einstellte. Bei zentralen Streitfragen war ich offen; ich hatte kein Problem damit, meinen gutbetuchten Unterstützern zu sagen, dass die Steuererleichterungen, die ihnen Bush verschafft hatte, zurückgenommen werden sollten. Wann immer ich konnte, versuchte ich ihnen einige der Perspektiven zu vermitteln, die ich bei anderen Teilen meiner Wählerschaft kennen gelernt hatte: Etwa dass Glaube in der Politik eine legitime Rolle spielen kann oder dass Waffen in den ländlichen Gebieten von Illinois eine große kulturelle Bedeutung haben.

Trotzdem weiß ich, dass ich durch die Geldbeschaffung den wohlhabenden Spendern, mit denen ich sprach, ähnlicher wurde, und zwar in dem ganz speziellen Sinn, dass ich immer mehr Zeit auf dem Feldherrnhügel verbrachte, weit über der Welt des Hungers, der Enttäuschung, der Furcht, der Irrationalität und der häufigen Not, in der die anderen 99 Prozent der Bevölkerung lebten, die Menschen, für die ich Politiker geworden war. Auf die eine oder andere Weise gilt, was mir widerfuhr, vermutlich für alle Senatoren: Je länger man im Amt ist, desto mehr verengt sich der Bereich der zwischenmenschlichen Interaktion. Man kann dagegen ankämpfen, indem man Gemeindeversammlungen besucht, herumreist, um dem Volk aufs Maul zu schauen, und indem man immer wieder sein altes Viertel besucht. Doch der Terminkalender sieht vor, dass man sich in anderen Kreisen bewegt als die Menschen, die man vertritt.

Und irgendwann rückt vielleicht der nächste Wahlkampf näher, und eine innere Stimme sagt, dass man sich die Strapaze, all das Geld in Kleinspenden einzusammeln, nicht schon wieder zumuten soll. Man erkennt, dass man nicht mehr den Anfängerbonus hat, den ein neues Gesicht verbuchen kann; und man ist sich treu geblieben in Washington und hat eine Menge Leute durch sein Verhalten bei schwierigen Abstimmungen verärgert. Plötzlich wirkt der Weg des geringsten Widerstands (die Geldbeschaffung durch Veranstaltungen, die von Interessenverbänden organisiert sind, von den PACs der Konzerne und den führenden Lobbyisten) überaus verführerisch, und wenn die Ansichten dieser Insider nicht ganz mit denen übereinstimmen, die man früher gehegt hat, lernt man die Veränderungen als Realismus, Kompromissfähigkeit und Professionalität zu rationalisieren. Die Probleme »normaler« Leute und die Stimmen aus den Städten in den maroden Industriegebieten sind nur noch ein fernes Echo und nicht mehr greifbare Realität, Abstraktionen, die man verwaltet, und nicht mehr Schlachten, die man schlägt.

Aber es wirken weitere Kräfte auf einen Senator. So wichtig das Geld in einem Wahlkampf auch ist, es sind nicht nur die Spenden, die einem Kandidaten zum Sieg verhelfen. Wenn man in der Politik gewinnen will, können organisierte Menschen genauso wichtig sein wie Geld. Dies gilt insbesondere für die Vorwahlen mit ihrer geringen Wahlbeteiligung, die in der Welt der maßgeschneiderten Wahlkreise und aufgeteilten Wählerschaften häufig der wichtigere Wahlkampf sind, den ein Kandidat zu bestehen hat. Nur wenige haben heutzutage noch die Zeit oder Neigung, sich ehrenamtlich in einem Wahlkampf zu engagieren, zumal der Alltag in einer Wahlkampagne oft von öden Aufgaben wie dem Eintüten von Postwurfsendungen oder dem Absolvieren von Hausbesuchen bestimmt ist, und nicht durch das Schreiben von Reden oder das Denken großer Gedanken. Wenn man also ein Kandidat ist, der Wahlhelfer oder Wählerlisten braucht, wendet man sich an Menschen, die bereits organisiert sind. Als Mitglied der Demokratischen Partei geht man beispielsweise zu den Gewerkschaften, zu Umweltschutzgruppen und zu organisierten Befürwortern der Abtreibungsfreiheit. Republikaner wenden sich an die religiöse Rechte, die örtliche Handelskammer, die National Rifle Association (Waffenlobby) oder an Gruppen, die für Steuersenkungen eintreten.

Mir ist bei dem Begriff »Interessenverbände« immer etwas unbehaglich zumute, weil er ExxonMobil und die Maurergewerkschaft, die Pharmalobby und die Eltern behinderter Kinder in einen Topf wirft. Die meisten Politikwissenschaftler werden wahrscheinlich anderer Ansicht sein, aber meiner Meinung nach besteht ein Unterschied zwischen der Lobby eines Konzerns, deren Gewicht allein auf Geld beruht, und einer Gruppe gleich gesinnter Einzelpersonen (seien es Textilarbeiter, Waffenfreunde, Veteranen oder Bauern mit Familienbetrieben), die ihre Interessen gemeinsam vertreten. Für mich ist es nicht das Gleiche, ob Menschen ihre wirtschaftliche Macht einsetzen, um weit größeren politischen Einfluss zu erwerben, als ihrer Zahl vielleicht angemessen wäre, oder ob Menschen schlicht und einfach versuchen, ihre parlamentarischen Vertreter durch die Summe ihrer Wählerstimmen zu beeinflussen. Erstere untergraben das demokratische System, Letztere sind seine Substanz.

Trotzdem ist der Einfluss von Interessenverbänden auf Kandidaten nicht immer erfreulich. Wenn ein politischer Interessenverband will, dass seine aktiven Mitglieder bei der Stange bleiben, dass die Spenden nicht aufhören zu fließen und dass er im allgemeinen Getöse Gehör findet, darf er sich nicht der Förderung des Gemeinwohls verschreiben und wird er nicht den nachdenklichsten, qualifiziertesten und liberalsten Kandidaten unterstützen. Vielmehr ist er auf ein schmales Spektrum von Interessen konzentriert, auf die Pensionen seiner Mitglieder, auf die Agrarsubventionen, die sie bekommen, auf ihr politisches Anliegen. Kurz gesagt, ein Interessenverband kocht sein eigenes Süppchen. Und der gewählte Abgeordnete soll ihm dabei helfen.

Bei meinem ersten Vorwahlkampf habe ich vermutlich über 50 Fragebögen ausgefüllt, von denen keiner besonders scharfsinnig war. Sie bestanden typischerweise aus einer Liste von zehn bis zwölf Fragen, die alle ähnlich wie die folgende formuliert waren: »Schwören Sie feierlich, dass Sie sich, wenn Sie gewählt werden, für eine Aufhebung des Gesetzes zum Schutz von vermietetem Eigentum einsetzen, das dazu geführt hat, dass Witwen und Waisen auf die Straße gesetzt werden?«

Aus Zeitmangel füllte ich nur die Fragebögen aus, die von Organisationen kamen, die mich vermutlich unterstützen würden (angesichts meines Abstimmungsverhaltens konnte ich mir zum Beispiel bei der NRA und der Anti-Abtreibungsorganisation National Right to Life die Mühe sparen). Deshalb konnte ich ohne große Gewissensbisse fast alle Fragen mit Ja beantworten. Immer wieder jedoch stieß ich auf eine Frage, die mich stocken ließ. So war ich mit einer Gewerkschaft einig, dass wir den Umwelt- und Arbeitsschutz in unseren Handelsgesetzen stärker berücksichtigen müssten, aber war ich wirklich auch der Ansicht, dass NAFTA, das Abkommen über die Nordamerikanische Freihandelszone, gekündigt werden sollte? Auch war ich damit einverstanden, dass eine allgemeine Gesundheitsversorgung für das Land eine hohe Priorität haben müsste, aber folgte daraus wirklich, dass man dieses Ziel am besten durch einen Verfassungszusatz erreichte? Ich stellte fest, dass ich mich bei solchen Fragen nicht festlegen wollte, dass ich Anmerkungen an den Rand schrieb, um die schwierigen politischen Optionen zu erklären. Meine Mitarbeiter schüttelten die Köpfe. Wenn ich eine Frage falsch beantworte, werde die Unterstützung, die Wahlhelfer und die Adressenliste einfach mein Konkurrent bekommen, sagten sie. Aber ich dachte: Wenn du alles richtig beantwortest, verfällst du genau dem reflexhaften Parteienkampf, den zu beenden du angetreten bist.

Sag das eine im Wahlkampf und mache nur einmal das Gegenteil, wenn du im Amt bist, dann bist du der typische doppelzüngige Politiker.

Ich bekam von ein paar Gruppen keine Unterstützung, weil ich nicht die richtigen Antworten gab. Aber mehrere Gruppen überraschten uns positiv und unterstützten uns trotz einer »falschen« Antwort.

Manchmal war es auch völlig egal, wie ich den Fragebogen ausfüllte. Neben Mr. Hull war mein gefährlichster Gegner in den demokratischen Vorwahlen für den US-Senat der amtierende Comptroller von Illinois Dan Hynes, ein guter Mann und fähiger Staatsdiener. Sein Vater Tom Hynes war früher Präsident des Senats von Illinois und einer der Männer mit den besten Verbindungen im ganzen Bundesstaat gewesen. Schon bevor Dan Hynes seine Kandidatur überhaupt bekannt gab, hatte er sich bereits die Unterstützung von 85 der 102 County

Chairmen der Demokratischen Partei in Illinois, die Unterstützung der Mehrheit meiner Kollegen in beiden gesetzgebenden Kammern des Bundesstaats und die Unterstützung von Mike Madigan, dem Speaker des Repräsentantenhauses von Illinois und Vorsitzenden des Demokratischen Landsverbands, gesichert. Wenn man die Liste der Unterstützer auf Dans Website herunterscrollte, ging es einem wie beim Nachspann eines Films: Man hörte auf, bevor man das Ende erreicht hatte.

Trotz alledem hatte ich die Hoffnung, ebenfalls ein paar Unterstützer, vor allem aus dem gewerkschaftlichen Lager zu bekommen. Sieben Jahre lang war ich als Senator von Illinois ein Verbündeter der Gewerkschaften gewesen, hatte viele ihrer Gesetzesvorschläge unterstützt und sie im Senat begründet. Ich wusste, dass der Gewerkschaftsverband AFL-CIO in der Regel Kandidaten unterstützt, die oft in seinem Interesse abgestimmt haben. Als jedoch der Wahlkampf auf Touren kam, passierten seltsame Dinge. Die Transportarbeitergewerkschaft Teamsters hielt die Versammlung, auf der sie über die Unterstützung eines Kandidaten entschied, an einem Tag ab, als ich in Springfield an einer Abstimmung teilnehmen musste; sie weigerte sich, den Termin zu verlegen, und Dan Hynes bekam ihre Unterstützung, ohne dass man auch nur mit mir gesprochen hätte. Als ich während der Illinois State Fair eine Gewerkschaftsveranstaltung besuchen wollte, sagte man uns, dort sei keine Wahlpropaganda erlaubt. Doch als ich mit meinem Stab eintraf, war die ganze Halle mit Hynes-Plaketen gepflastert. An dem Abend, als die AFL-CIO über die Unterstützung eines Kandidaten entschied, merkte ich, dass einige meiner Gewerkschaftsfreunde meinem Blick auswichen. Ein älterer Mann, der einen der größeren Ortsverbände führte, kam auf mich zu und klopfte mir auf den Rücken.

»Es ist nichts Persönliches, Barack«, sagte er mit einem wehmütigen Lächeln. »Du weißt, Tom Hynes und ich kennen uns schon seit fünfzig Jahren. Sind im selben Viertel aufgewachsen, in derselben Gemeinde. Verdammt, ich war dabei, wie Danny aufwuchs.«

Ich sagte, ich hätte verstanden.

»Vielleicht könntest du für Dannys Amt kandidieren, wenn er Senator wird. Was meinst du? Du wärst ein verdammt guter Comptroller.«

Ich ging hinüber zu meinen Mitarbeitern und sagte ihnen, dass uns die AFL-CIO nicht unterstützen würde.

Wieder einmal hatte ich Glück im Unglück. Die Führer der meisten Dienstleistungsgewerkschaften (die Illinois Federation of Teachers, die SEIU, die AFSCME und UNITE HERE, die Beschäftigte aus dem Textil-, Hotel- und Nahrungsmittelbereich vertraten) tanzten aus der Reihe und unterstützten mich und nicht Hynes. Ihre Unterstützung war von zentraler Bedeutung, weil sie meinem Wahlkampf wenigstens ein bisschen Gewicht verlieh. Sie gingen ein Risiko ein. Wenn ich nicht gewonnen hätte, hätten sie womöglich an Einfluss und Unterstützung im Senat und an Glaubwürdigkeit bei ihren Mitgliedern verloren.

Deshalb schulde ich diesen Gewerkschaften etwas. Wenn ihre Führer anrufen, rufe ich sie möglichst schnell zurück. Und meiner Ansicht nach ist das in keiner Weise korrumpierend. Ich habe nichts dagegen, mich ambulanten Pflegern verpflichtet zu fühlen, die für wenig mehr als den Mindestlohn Bettpfannen leeren, oder Lehrern, die an einigen der härtesten Schulen des Landes unterrichten und die Tafelkreiden und Bücher für ihren Unterricht oft aus eigener Tasche bezahlen müssen. Ich bin in die Politik gegangen, um für solche Leute zu kämpfen, und ich bin froh, dass es eine Gewerkschaft gibt, die mich an ihre Probleme erinnert.

Aber ich bin mir auch bewusst, dass es Zeiten geben wird, in denen diese Verpflichtungen mit anderen Verpflichtungen kollidieren – mit der Verpflichtung gegenüber den Kindern aus den Innenstädten, die nicht die Chance haben, lesen zu lernen; oder mit der gegenüber den Ungeborenen, denen wir heute schon Schulden aufladen. Und es hat bereits ein paar Mal Spannungen gegeben: Zum Beispiel schlug ich vor, mit leistungsorientierter Bezahlung für Lehrer zu experimentieren, und rief dazu auf, schärfere Bestimmungen zur Kraftstoffersparnis zu erlassen, obwohl meine Freunde bei den United Auto Workers dagegen sind. Ich will gern daran glauben, dass ich die Probleme auch weiterhin sachlich beurteilen werde, genau wie ich hoffe, dass meine republikanischen Kollegen Wahlversprechen, wie etwa, die Steuern nicht zu erhöhen oder gegen die Stammzellenforschung zu stimmen, danach beurteilen, was für das ganze Land am besten ist, und nicht danach, was ihre Unterstützer fordern. Ich hoffe, dass ich immer zu meinen Gewerkschaftsfreunden gehen und ihnen erklären kann, warum meine Haltung wohlüberlegt und sowohl mit meinen Werten als auch mit ihren langfristigen Interessen vereinbar ist.

Aber ich vermute, dass die Gewerkschaftsführer das nicht immer so sehen werden. Manchmal werden sie meine Position als Verrat betrachten. Sie werden ihren Mitgliedern sagen, dass ich sie betrogen habe. Ich werde vielleicht böse Post und wütende Anrufe bekommen. Und sie werden mich das nächste Mal nicht mehr unterstützen.

Wenn einem das oft genug passiert ist und man einen Wahlkampf fast verloren hat, weil man eine wichtige Wählergruppe vor den Kopf gestoßen hat, oder wenn man in den Vorwahlen gegen einen Herausforderer kämpfen musste, der einen als Verräter beschimpfte, hat man vielleicht irgendwann nicht mehr den Mumm zur Konfrontation. Man fragt sich dann, was man eigentlich besser mit seinem Gewissen vereinbaren kann, dass man sich von »Interessenverbänden« vereinnahmen lässt oder dass man seine Freunde im Stich lässt. Darauf gibt es keine klare Antwort. Also beginnt man abzustimmen, als ob man einen Fragebogen beantworten würde. Man macht sich über die eigene Position nicht mehr allzu viele Gedanken, sondern kreuzt einfach überall das Ja-Kästchen an.

Politiker, die nach der Pfeife ihrer Geldgeber aus der Wirtschaft tanzen müssen oder dem Druck von Interessenverbänden erliegen, sind ein gängiges Thema in der modernen politischen Reportage, ein Thema, das fast immer zur Sprache kommt, wenn die Mängel unserer Demokratie analysiert werden. Doch auf einen Politiker, der Angst hat, seinen Sitz zu verlieren, wirkt noch eine dritte Kraft. Sie bestimmt die Art der politischen Debatte und ist entscheidend dafür, was ein Politiker wagt oder nicht wagt, welche Positionen er vertritt oder nicht vertritt. Vierzig oder fünfzig Jahre zuvor war diese Kraft noch der Parteiapparat: die Parteiführer in den Großstädten, die grauen Eminenzen, die Drahtzieher in Washington, die mit einem Telefonanruf eine Karriere starten oder beenden konnten. Heute sind die Medien diese Kraft.

Damit keine Missverständnisse entstehen: Drei Jahre lang, von dem Zeitpunkt, als ich meine Kandidatur für den Senat bekannt gab, bis zum Ende meines ersten Amtsjahrs als Senator, profitierte ich von einer ungewöhnlich und bisweilen unverdient positiven Berichterstattung in den Medien. Zweifellos hatte das zum Teil mit meinem Status als Underdog in den Vorwahlen zu tun und damit, dass ich als schwarzer Kandidat mit einem exotischen Hintergrund etwas Neues war. Vielleicht hatte es auch mit meinem Kommunikationsstil zu tun, der zwar weitschweifig, stockend und allzu wortreich sein kann (wie mich meine Mitarbeiter und Michelle oft ermahnen), aber vielleicht doch bei der schreibenden Zunft auf Sympathie stößt.

Auch waren die politischen Journalisten, mit denen ich zu tun bekam, wenn negative Geschichten über mich in Umlauf gebracht wurden, in der Regel fair und direkt. Sie zeichneten unsere Gespräche auf, versuchten, den Kontext für meine Stellungnahmen zu liefern, und riefen mich immer an, wenn ich kritisiert wurde, damit ich reagieren konnte.

Ich persönlich kann mich also nicht beschweren. Das heißt jedoch nicht, dass ich es mir leisten könnte, die Presse zu ignorieren. Gerade weil ich weiß, dass die Medien mir ein positives Image verpasst haben, dem gerecht zu werden nicht immer leicht ist, bin ich mir auch bewusst, wie schnell dieses positive Verhältnis ins Negative umschlagen kann.

Eine simple Rechnung reicht aus, um die Macht der Medien zu demonstrieren. Zu den 39 Gemeindeversammlungen, die ich im ersten Jahr meiner Amtszeit abhielt, kamen durchschnittlich 400 bis 500 Personen, das heißt ich hatte mit etwa 15 000 bis 20 000 Menschen Kontakt. Wenn ich diesen Schnitt für den Rest meiner Amtszeit halten kann, habe ich bis zum nächsten Wahltag etwa mit 95 000 bis 100 000 Wählern direkten persönlichen Kontakt.

Im Vergleich dazu kann ein Drei-Minuten-Beitrag in der Chicagoer Nachrichtensendung mit der niedrigsten Einschaltquote 200 000 Menschen erreichen. Mit anderen Worten, wie jeder Politiker auf der Bundesebene bin ich fast völlig von den Medien abhängig, wenn ich meine Wählerschaft erreichen will. Die Medien wirken wie ein Filter, der mein Abstimmungsverhalten interpretiert, meine Stellungnahmen analysiert und meine Überzeugungen prüft. Zumindest für die breite Öffentlichkeit bin ich, was die Medien sagen. Sie sagen der Öffentlichkeit, was ich sage, und machen mich zu dem, der ich für die Öffentlichkeit bin.

Der Einfluss der Medien auf unsere Politik ist vielgestaltig. Was heute die größte Aufmerksamkeit erregt, ist die Entstehung radikal parteilicher Medien: Talk Radio, Fox News, Leitartikel in Zeitungen, Talkshows im Kabelfernsehen und in jüngster Zeit auch noch die Blogger im Internet verbreiten allesamt Beleidigungen, Vorwürfe, Unterstellungen, Gerüchte und Andeutungen, und das 24 Stunden pro Tag, sieben Tage die Woche. Bekanntlich ist dieser Stil des Meinungsjournalismus nichts wirklich Neues; in mancher Hinsicht bedeutet er eine Rückkehr zur dominanten Tradition des amerikanischen Journalismus, ein Verhältnis zu Informationen, das von Verlegern wie William Randolph Hearst und Colonel McCormick geprägt wurde, bevor sich nach dem Zweiten Weltkrieg die Idee des objektiven Journalismus durchsetzte.

Trotzdem ist kaum zu bestreiten, dass die politische Kultur durch das verstärkte Geschrei in Fernsehen und Internet verroht. Es erzeugt Wut und weckt Misstrauen. Und ob wir Politiker es zugeben oder nicht, die ständigen giftigen Angriffe können einem die gute Laune verderben. Seltsamerweise machen mir die grobschlächtigen Angriffe nicht so viel aus. Wenn es Rush Limbaughs Zuhörern gefällt, dass er mich »Osama Obama« nennt, denke ich, die sollen ruhig ihren Spaß haben. Wirklich kränken können einen eher die raffinierteren Giftspritzer, einerseits weil sie in der breiten Öffentlichkeit mehr Glaubwürdigkeit genießen und andererseits , weil sie einem so geschickt das Wort im Mund umdrehen, dass man wirkt wie ein Idiot.

Im April 2005 hatte ich zum Beispiel einen Fernsehauftritt bei der Einweihung der neuen Lincoln Presidential Library in Springfield. In meiner fünfmünütigen Rede sagte ich unter anderem, Abraham Lincolns Menschlichkeit und seine Schwächen seien die Eigenschaften gewesen, die ihn so überzeugend hätten wirken lassen. »In [Lincolns] Aufstieg aus der Armut«, sagte ich, »in seinem Selbststudium, durch das er schließlich Sprache und Recht meisterhaft beherrschte, in seiner Fähigkeit, persönliche Verluste zu verarbeiten und trotz wiederholter Niederlagen durchzuhalten, in alledem erkennen wir eine Grundeigenschaft des amerikanischen Charakters, den Glauben, dass wir uns ständig umgestalten können, damit wir zu unseren größer gewordenen Träumen passen.«

Einige Monate später fragte *Time Magazine* bei mir an, ob ich einen Artikel für ein Sonderheft über Lincoln schreiben wolle. Ich hatte nicht die Zeit, etwas Neues zu schreiben, also erkundigte ich mich, ob meine Rede dafür geeignet wäre. Die Redaktion akzeptierte den Vorschlag, und ich fragte an, ob ich ein wenig persönlicher werden und etwas über Lincolns Einfluss auf mein Leben sagen könne. In den Pausen zwischen verschiedenen Sitzungen nahm ich dann ein paar Veränderungen an der Rede vor. Eine dieser Veränderungen betraf die oben zitierte Passage. Sie lautete nun: »Lincolns Aufstieg aus der Armut, sein Selbststudium, durch das er schließlich Sprache und Recht meisterhaft beherrschte, seine Fähigkeit, persönliche Verluste zu verarbeiten und trotz wiederholter Niederlagen entschlossen zu bleiben, all das hat mich nicht nur an meine eigenen Kämpfe erinnert.«

Kaum war der Artikel erschienen. Als sich Peggy Noonan, frühere Redenschreiberin Reagans und Kommentatorin des *Wall Street Journal*, einschaltete. Unter der Überschrift »Dünkel der Macht« schrieb sie: »Diese Woche nahm der bisher vorsichtige Senator Barack Obama im *Time Magazine* den Mund ganz schön voll und meinte, er sei ganz ähnlich wie Abraham Lincoln, nur irgendwie besser.« Und weiter schrieb sie: »Es ist alles in Ordnung mit Barack Obamas Lebensgeschichte, aber sie ist eine blockhausfreie Zone, und bisher ist sie auch frei von Größe. Wenn er weiterhin so von sich selbst spricht, wird das auch so bleiben.«

Autsch!

Es ist natürlich schwer zu sagen, ob Peggy Noonan ernsthaft glaubte, ich wolle mich mit Lincoln vergleichen, oder ob sie einfach nur ihren Spaß daran hatte, mich so elegant zu zerlegen. Was Tiefschläge der Presse betrifft, war der Artikel eher mild – und nicht ganz unverdient.

Trotzdem wurde ich auf etwas gestoßen, das meine erfahrenen Kollegen bereits wussten, nämlich dass jede Äußerung von mir sorgfältig unter die Lupe genommen, nach allen Regeln der Kunst analysiert und auf Arten interpretiert wurde, über die ich keine Kontrolle hatte. Sie wurde nach potentiellen Irrtümern, falschen Angaben oder Widersprüchen durchgekämmt, die die gegnerische Partei zu den Akten nahm, um sie vielleicht später in einem unangenehmen Werbespot wieder aufs Tapet zu bringen. In einer Umgebung, in der eine einzige unüberlegte Bemerkung mehr schlechte Publicity bedeuten kann als viele Jahre schlechte Politik, hätte es mich nicht überraschen dürfen, dass auf dem Capitol Hill Witze sorgfältig geprüft wurden, Ironie verdächtig war, Spontaneität Stirnrunzeln auslöste und Leidenschaft schlicht als gefährlich galt. Ich begann mich zu fragen, wie lange ein Politiker wohl brauchte, bis er all das verinnerlicht hatte, wie lange es dauerte, bis sich ein Ausschuss aus Schreiberlingen, Redakteuren und Zensoren in seinem Kopf festgesetzt hatte; wie lange es dauerte, bis sogar die »ehrlichen« Momente geplant waren und man seine Empörung entweder ganz hinunterschluckte oder sie nur noch auf ein Stichwort hin zum Ausdruck brachte.

Wie lange würde es dauern, bis ich wie ein Politiker klang?

Bald wurde mir eine weitere Lektion erteilt: Sobald Ms. Noolans Kommentar einschlug, verbreitete er sich wie ein Lauffeuer im Internet, erschien auf jeder rechtsgerichteten Website als Beweis dafür, was für ein arroganter, geistig minderbemittelter Trottel ich sei (natürlich wurde auf diesen Websites in aller Regel nur die von Ms. Noolan zitierte Stelle und nicht der ganze Artikel gebracht). In diesem Zusammenhang deutete die Episode auf einen besonders subtilen und zersetzenden Aspekt der modernen Medien hin, nämlich dass eine bestimmte Geschichte, die unzählige Male wiederholt und mit Lichtgeschwindigkeit durch den Cyberspace geschleudert wird, irgendwann ein hartes

Stück Realität wird. Und dass politische Karikaturen und weit verbreitete Gerüchte sich in unserem Kopf festsetzen, ohne dass wir je ihren Wahrheitsgehalt überprüft hätten.

Zum Beispiel ist es heutzutage schwierig, eine Aussage über die Demokraten zu finden, die nicht mit dem Zusatz garniert wäre, dass wir »schwach« seien und »für nichts stünden«. Republikaner dagegen sind »stark« (wenn auch ein bisschen fies), und Bush ist »entschieden«, gleichgültig, wie oft er seine Meinung ändert. Wenn Hillary Clinton für ein Gesetz stimmt oder eine Rede hält, die nicht diesem Vorurteil entspricht, gilt sie sofort als berechnend; wenn John McCain dasselbe tut, verstärkt das seine Glaubwürdigkeit als Außenseiter. Es sei ein Gesetz, bemerkte ein sarkastischer Beobachter, dass mein Name in jedem Artikel mit dem Attribut »aufgehender Stern« versehen werden müsse, auch wenn Noonans Artikel den Ausgangspunkt für eine andere, wenn auch ähnlich vertraute Geschichte bilden könnte: Ein junger Mann kommt nach Washington, verliert seinen Kopf wegen der ganzen Publicity und wird am Ende entweder berechnend oder parteiisch (wenn es ihm nicht gelingt, sich zum Lager der Außenseiter durchzuschlagen).

Natürlich geben die PR-Abteilungen von Politikern und Parteien solchen Geschichten im Internet Nahrung, und zumindest während der letzten paar Legislaturperioden waren die Republikaner bei der Verbreitung solcher Botschaften weit besser als die Demokraten. (Pech für uns Demokraten, dass dieses Klischee leider der Wahrheit entspricht.) Die Manipulation funktioniert jedoch nur, weil die Medien dafür offen sind. Jeder Reporter in Washington steht unter dem Druck von Redakteuren und Produzenten, die wiederum unter dem Druck von Verlegern oder Fernsehmanagern stehen, die wiederum die Quoten der vergangenen Woche oder die Auflagenhöhe des vergangenen Jahres studieren und die wachsende Vorliebe der Zuschauer für PlayStation und Reality-TV zu überleben versuchen. Um Termine zu halten, Marktanteile zu verteidigen und das gierige Kabelnetz zu füttern, sind die Reporter in Rudeln unterwegs und arbeiten mit den immergleichen Pressemitteilungen, Standardsituationen und Klischees. Menschen, die viel zu tun haben und deshalb nur gelegentlich die Nachrichten anschauen, sind abgedroschene Geschichten sogar durchaus willkommen. Sie kosten kaum geistige Anstrengung und kaum Zeit, sie sind schnell und leicht zu verdauen. Die Akzeptanz der Nachrichtenmanipulation macht das Leben für alle einfacher.

Dieser Aspekt der Bequemlichkeit ist eine Teilerklärung dafür, warum selbst sehr gewissenhafte Reporter meinen, es sei objektiv, wenn sie bei einer Debatte einfach nur die Standpunkte der Parteien darstellen, ohne sich einen Deut darum zu scheren, wer Recht und wer Unrecht hat. Ein typischer Bericht kann dann etwa wie folgt beginnen: »Wie das Weiße Haus heute meldete, wird sich das Staatsdefizit trotz der jüngsten Steuersenkungen bis 2010 um die Hälfte verringern.« Nach diesem Vorspann wird zunächst ein linksliberaler Analytiker zitiert, der die Zahlen des Weißen Hauses kritisiert, und dann ein konservativer, der sie verteidigt. Ist der eine glaubwürdiger als der andere? Gibt es irgendwo einen unabhängigen Fachmann, der uns die Zahlen erklären könnte? Niemand weiß es! Ein Reporter hat fast nie Zeit für solche Details; in dem Bericht geht es nicht wirklich darum, ob die Steuersenkungen gut oder schlecht sind, oder darum, wie gefährlich die Staatsverschuldung ist, sondern eigentlich nur um den Parteienstreit. Nach ein paar Abschnitten kommt der Leser zu dem Schluss, dass sich Demokraten und Republikaner wieder mal zanken, und schlägt die Sportseite auf, wo die Berichte weniger klischeehaft sind und man sieht, wer gewonnen hat.

Journalisten stellen deshalb so gerne gegensätzliche Presseerklärungen nebeneinander, weil sie der altbewährten journalistischen Maxime dienen, sich auf den persönlichen Konflikt zu konzentrieren. Es ist kaum zu bestreiten, dass die guten Sitten in der Politik im Lauf des vergangenen Jahrzehnts geschwunden sind und dass die Parteien in wichtigen Fragen sehr zerstritten sind. Zum Teil ist diese Entwicklung aber auch darauf zurückzuführen, dass Höflichkeit für die Presse langweilig ist. Man wird nicht gern zitiert, wenn man sagt: »Ich kann den Standpunkt meines politischen Gegners verstehen«, oder: »Das Problem ist wirklich kompliziert.« Wer dagegen zum Angriff übergeht, kann sich der Kameras kaum erwehren. Reporter geben sich oft alle Mühe, Öl ins Feuer zu gießen, und legen es darauf an, mit ihren Fragen beleidigende Antworten zu provozieren. Ein Chicagoer Fernsehjournalist, den ich von früher kannte, legte einem so penetrant genau das Zitat in den Mund, das er brauchte, dass man sich bei seinen Interviews wie in einem Sketch von Laurel and Hardy vorkam.

»Fühlen Sie sich durch die gestrige Entscheidung des Gouverneurs verraten?«, fragte er mich einmal.

»Nein. Ich habe mit dem Gouverneur gesprochen und bin sicher, dass wir unsere Meinungsverschiedenheiten noch vor Ende der Sitzungsperiode ausräumen können.«

»Natürlich ... aber fühlen Sie sich von dem Gouverneur nicht verraten?«

»Ich würde dieses Wort nicht verwenden. Er vertritt die Ansicht, dass ...«

»Aber handelt es sich nicht doch um einen Verrat des Gouverneurs?«

Die Manipulation, das Aufblasen des Konflikts, die hartnäckige Suche nach Skandalen und Missetaten, das alles führt dazu, dass die gemeinsamen Maßstäbe zur Beurteilung der Wahrheit in Vergessenheit geraten. Über Daniel Patrick Moynihan, den brillanten, bissigen und ikonoklastischen verstorbenen Senator von New York, wird eine wunderbare, womöglich erfundene Geschichte erzählt. Moynihan befand sich in einer erbitterten

Auseinandersetzung mit einem seiner Kollegen, und als der andere Senator merkte, dass er in der Debatte den Kürzeren zog, schrie er: »Naja, Sie sind vielleicht nicht mit mir einig, Pat, aber ich habe das Recht auf eine eigene Meinung.« Worauf Moynihan frostig antwortete: »Sie· haben das Recht auf eine eigene Meinung, aber nicht das Recht auf Ihre eigenen Fakten.«

Moynihans Feststellung ist nicht mehr zutreffend. Wir haben keine Autoritäten wie Walter Cronkite oder Edward R. Murrow mehr, auf die wir alle hören und von denen wir erwarten, dass sie bei unseren widersprüchlichen Behauptungen die Spreu vom Weizen trennen. Stattdessen sind die Medien in 1000 Fragmente zersplittert, und alle vertreten ihre eigene Version der Realität und fordern Loyalität von einer zersplitterten Nation. Je nach Interviewpartner gibt es eine gefährliche weltweite Klimaerwärmung oder nicht, und je nach Interviewpartner sinkt oder steigt die Staatsverschuldung.

Und dieses Phänomen ist nicht auf Berichte über komplizierte Probleme beschränkt. Anfang 2005 brachte *Newsweek* Berichte, dass die US-amerikanischen Wärter und Verhörspezialisten in dem Internierungslager in Guantanamo Gefangene gedemütigt und misshandelt hätten, indem sie unter anderem einen Koran die Toilette hinunterspülten. Das Weiße Haus bestand darauf, dass die Berichte frei erfunden wären. Da *Newsweek* keine hieb- und stichfesten Beweise für die Vorwürfe hatte und aufgrund des Berichts in Pakistan gewaltsame Demonstrationen stattfanden, wurde das Nachrichtenmagazin gezwungen, einen rufschädigenden Widerruf zu publizieren. Mehrere Monate später brachte das Pentagon einen Bericht heraus, der tatsächlich den Schluss nahelegte, einige US-Amerikaner in Guantanamo hätten sich nicht korrekt verhalten. Unter anderem hatten weibliche Beschäftigte bei Verhören so getan, als würden sie die Gefangenen mit Menstruationsblut beschmieren, und mindestens einmal hatte ein Wärter einen der Gefangenen und einen Koran mit Urin bespritzt. Trotzdem hieß es in Fox News an jenem Nachmittag kriecherisch: »Pentagon findet keinen Beweis, dass Koran die Toilette hinuntergespült wurde.«

Ich bin mir durchaus bewusst, dass unsere politischen Konflikte nicht immer durch eine Feststellung der Tatsachen ausgeräumt werden können. Unsere Ansichten über die Abtreibung werden nicht durch wissenschaftliche Erkenntnisse über die Entwicklung des Fötus bestimmt, und unsere Entscheidung, ob und wann wir unsere Truppen aus dem Irak abziehen sollten, kann sich nur auf Wahrscheinlichkeitsrechnungen stützen. Manchmal jedoch gibt es eher richtige und eher falsche Antworten; manchmal gibt es Tatsachen, die nicht manipuliert werden können, genau wie ein Streit, ob es regnet oder nicht, in aller Regel gelöst werden kann, indem man vors Haus geht. Wenn über die Fakten nicht einmal mehr grobe Übereinstimmung besteht, ist jede Meinung gleich viel wert, und für einen vernünftigen Kompromiss gibt es keine Grundlage mehr. Von solchen Bedingungen profitiert nicht, wer Recht hat, sondern, wer (wie die Presseabteilung des Weißen Hauses) seine Argumente am lautesten, häufigsten, beharrlichsten und mit dem größten taktischen Geschick vorbringt.

Dem Politiker von heute ist das bewusst. Er lässt sich vielleicht nicht zum Lügen hinreißen, aber er hat begriffen, dass keine große Belohnung auf ihn wartet, wenn er die Wahrheit sagt, insbesondere, wenn diese kompliziert ist. Die Wahrheit kann schockierend sein; die Wahrheit wird angegriffen werden; die Medien werden nicht die Geduld haben, die Fakten gründlich zu recherchieren, sodass die Öffentlichkeit den Unterscheid zwischen Wahrheit und Unwahrheit vielleicht gar nicht erfährt. In dieser Lage kommt es nur noch darauf an, dass der Politiker sich richtig positioniert. Seine Stellungnahme zu dem Problem soll keine Kontroverse auslösen und ihm die benötigte Publicity bringen, sie muss seinem Image entsprechen, das seine Presseleute aufgebaut haben, und in eine der Schubladen passen, die die Medien ganz allgemein für politische Äußerungen geschaffen haben. Der Politiker kann immer noch darauf bestehen, die Wahrheit zu sagen, weil er ein integrer Mensch ist. Aber er tut es in dem Bewusstsein, dass es ziemlich unwichtig ist, ob er an seine Position glaubt oder nicht, und es nur noch darauf ankommt, dass er an sie zu glauben scheint. Ein offenes Wort muss nicht wirklich offen sein, es muss nur im Fernsehen offen wirken.

Wie ich beobachtet habe, gibt es zahlreiche Politiker, die diese Hürden genommen haben und trotzdem integer geblieben sind, Männer und Frauen, die sich erfolgreich um Wahlkampfspenden bemühen und trotzdem nicht korrupt sind, die Unterstützer gewinnen und trotzdem nicht von Interessenverbänden abhängig werden und die mit den Medien umgehen, ohne ihre Identität preiszugeben. Doch es gibt noch ein letztes Problem, dem sich ein Politiker in Washington stellen muss und das zumindest einen beträchtlichen Teil seiner Wählerschaft gegen ihn aufbringt: die eindeutig unbefriedigende Art des Gesetzgebungsverfahrens.

Ich kenne keinen einzigen Parlamentarier, der nicht regelmäßig von Ängsten geplagt wird, wenn er seine Stimme abgeben muss. Manchmal findet man einen Gesetzesvorschlag so richtig, dass sich eine Debatte kaum lohnt (John McCains Verfassungszusatz, der dem amerikanischen Staat die Anwendung der Folter verbot, fällt mir in diesem Zusammenhang ein). Und manchmal wird ein Gesetz vorgelegt, das so unverkennbar einseitig oder schlecht gemacht ist, dass man sich wundert, dass jemand es mit ernstem Gesicht einbringen kann.

Die meiste Zeit jedoch ist die Gesetzgebung ein trübes Gebräu, das Produkt von Hunderten großer und kleiner Kompromisse, eine Mischung aus legitimen politischen Zielen, politischer Effekthascherei, zusammengestoppelten Regelwerken und altmodischen Klientelsubventionen. Wenn ich in meinen ersten Monaten im Senat die Gesetzesvorschläge las, war ich häufig mit der Tatsache konfrontiert, dass ich mich viel weniger an meinen Prinzipien orientieren konnte, als ich erwartet hatte: Dass ich, wenn ich mit Ja, aber auch, wenn ich mit Nein stimmte, ein unangenehmes Gefühl hatte. Sollte ich für ein Energiegesetz stimmen, in dem die von mir eingebrachte Bestimmung, die Produktion von alternativen Brennstoffen zu fördern, mit enthalten war, und das eine Verbesserung der aktuellen Lage darstellte, während es gleichzeitig absolut nicht ausreichte, um die amerikanische Abhängigkeit von importiertem Öl nachhaltig zu verringern? Sollte ich gegen eine Änderung des Luftreinhaltungsgesetzes stimmen, die die Bestimmungen in manchen Bereichen lockern, in anderen aber verschärfen würde und die ein berechenbareres System für die Einhaltung durch die Wirtschaft enthielt? Und was sollte ich tun, wenn das Gesetz die Umweltverschmutzung verschlimmerte, aber die Produktion von sauberer Kohle förderte und dadurch Arbeitsplätze in einem verarmten Teil von Illinois geschaffen wurden?

Immer wieder brüte ich über den Akten und wäge das Für und Wider ab, soweit es meine beschränkte Zeit erlaubt. Mein Stab informiert mich, dass die Post und die Anrufe für und gegen das Gesetz gleich verteilt sind und sich für beide Varianten Interessenverbände einsetzen. Wenn die Abstimmung näher rückt, muss ich oft an einen Abschnitt in dem Buch über Zivilcourage denken, das John F. Kennedy vor 50 Jahren geschrieben hat:

Kaum jemand ist so stark mit der schrecklichen Endgültigkeit seiner Entscheidung konfrontiert wie ein Senator vor einer wichtigen Abstimmung. Er will vielleicht noch mehr Zeit dafür haben. Vielleicht glaubt er, dass für beide Möglichkeiten etwas spricht, und hat das Gefühl, dass sich alle Probleme durch einen kleinen Zusatz lösen ließen. Aber wenn er zur Abstimmung aufgerufen wird, kann er sich nicht verstecken, er kann ihr nicht ausweichen, er kann sie nicht verschieben, und er hat das Gefühl, dass seine Wählerschaft wie der Rabe in Poes Gedicht auf seinem Senatorenpult sitzt und »Nimmermehr« krächzt, wenn er die Stimme abgibt, die über seine politische Zukunft entscheidet.

Das ist vielleicht ein bisschen dramatisiert, aber tatsächlich müssen alle Parlamentarier auf Bundes- wie Landesebene solch schwierige Situationen durchstehen, und sie sind immer viel schlimmer für die Partei, die nicht an der Macht ist. Wer zur Mehrheit gehört, kann auf jedes Gesetz, das ihm wichtig ist, einen gewissen Einfluss nehmen, bevor es verabschiedet wird. Er kann den Vorsitzenden des zuständigen Ausschusses bitten, Formulierungen zu gebrauchen, die gut für seine Wähler sind, oder andere zu streichen, die seinen Wählern schaden. Er kann den Chef der Mehrheitsfraktion oder den wichtigsten Befürworter des Gesetzes sogar bitten, das Gesetz nicht einzubringen, bis ein Kompromiss erreicht ist, der ihm besser gefällt.

Wer zur Minderheit gehört, genießt diesen Schutz nicht. Er muss abstimmen, gleichgültig, welches Gesetz vorgelegt wird, und zwar in dem Bewusstsein, dass es nicht auf einem Kompromiss beruht, den er oder seine Anhänger für fair halten würden.

In einer Zeit des massiven politischen Kuhhandels und umfangreicher Omnibus Spending Bills, die den Haushalt für mehrere Ministerien zugleich festsetzen, kann er außerdem sicher sein, dass selbst ein Gesetz mit insgesamt miserablen Bestimmungen immer auch etwas Positives enthält (etwa die Finanzierung von schusssicheren Westen für unsere Soldaten oder eine mäßige Anhebung der Bezüge von Veteranen), das es ihm schwer macht, dagegen zu stimmen.

In Bushs erster Amtszeit zumindest war das Weiße Haus ein Meister in dieser Art von gesetzgeberischem Poker. Es gibt eine aufschlussreiche Geschichte über die Verhandlungen im

Zusammenhang mit der ersten Runde von Steuersenkungen der Regierung Bush. Karl Rove lud damals einen demokratischen Senator ins Weiße Haus ein und sprach mit ihm über eine Unterstützung des Steuerpakets. Bush hatte bei den Präsidentschaftswahlen im Staat des Senators hoch gewonnen, indem er unter anderem Steuersenkungen versprach, und der Senator war prinzipiell für eine Senkung der Steuersätze. Er war nur besorgt über das Ausmaß, in dem die Reform einseitig zu Gunsten der Reichen angelegt war, und schlug ein paar Änderungen vor, die dieses Ungleichgewicht verringert hätten.

»Wenn Sie diese Änderungen vornehmen«, sagte er zu Rove, »garantiere ich Ihnen, dass nicht nur ich, sondern siebzig Senatoren für das Gesetz stimmen werden.«

»Wir brauchen nicht siebzig Stimmen, sondern einundfünfzig«, soll Rove geantwortet haben.

Es ist nicht bekannt, ob Rove das Gesetz des Weißen Hauses für gute Politik hielt, aber er wusste, wie man Machtkämpfe gewinnt. Entweder der Senator stimmte mit Ja und half dem Präsidenten sein Programm durchzubringen, oder er stimmte mit Nein und wurde im nächsten Wahlkampf zu einem leicht zu treffenden Ziel.

Am Ende stimmte der Senator mit mehreren weiteren demokratischen Senatoren aus Staaten mit republikanischer Mehrheit für das Gesetz, das zweifellos der in seinem Staat vorherrschenden Meinung zu Steuersenkungen entsprach. Trotzdem zeigen solche Geschichten, wie schwierig es für die Minderheitspartei sein kann, überparteilich zu handeln. Insbesondere die Medien lieben den Begriff »überparteilich«, weil er sich so schön mit dem Begriff »Parteiengezänk« kontrastieren lässt, der ihre Berichte über den Capitol Hill beherrscht.

Echte Überparteilichkeit jedoch setzt einen Prozess aufrichtigen Gebens und Nehmens voraus und dass die Qualität eines Kompromisses danach beurteilt wird, wie gut er einem gemeinsamen Ziel, zum Beispiel besseren Schulen oder dem Schulden-abbau, dient. Dies bedeutet wiederum, dass die Mehrheit durch kritische Medien und letztlich durch eine informierte Wähler-schaft kontrolliert wird und deshalb gezwungen ist, ehrlich zu verhandeln. Wenn diese Bedingungen nicht erfüllt sind, wenn sich außerhalb Washingtons niemand für den Inhalt von Geset-zen interessiert, wenn die wahren Kosten einer Steuersenkung durch Buchhaltungstricks verschleiert und etwa um eine Billion Dollar zu niedrig angesetzt werden, dann kann die Mehrheits-partei Verhandlungen immer damit beginnen, dass sie 100 Pro-zent von dem verlangt, was sie will, um dann 10 Prozent Abstri-che zu machen und jedes Mitglied der Minderheitspartei, das den »Kompromiss« nicht mitträgt, der »Obstruktionspolitik« zu bezichtigen. Für die Minderheitspartei bedeutet Überpartei-lichkeit unter diesen Umständen, dass sie permanent von einer Dampfwalze überrollt wird, obwohl es sich für einzelne Sena-toren politisch lohnen kann, wenn sie immer mit der Mehrheit gehen und sich so den Ruf erwerben, »gemäßigt« oder »Männer der Mitte« zu sein.

Kein Wunder, dass manche Aktivisten verlangen, die demo-kratischen Senatoren sollten prinzipiell keine republikanische Initiative mehr unterstützen – selbst wenn diese auch ihre guten Seiten hat. Von diesen Aktivisten hat natürlich keiner je für ein hohes Wahl-Amt in einem von den Republikanern beherrschten Staat kandidiert oder ist Zielscheibe negativer Wahlwerbespots im Wert von mehreren Millionen Dollar geworden. Alle Sena-toren wissen, dass es einfach ist, ihr Abstimmungsverhalten bei einem schwierigen Gesetz in einem 30-sekündigen Wahlwerbe-spot als böse und verwerflich darzustellen, während es mindestens 20 Minuten dauert zu erklären, warum das Abstimmungsverhal-ten sinnvoll war. Alle Senatoren wissen ebenfalls, dass sie im Lauf einer einzigen Amtszeit mehrere tausend Mal abstimmen werden und folglich im Wahlkampf eine Menge zu erklären hätten.

Der vielleicht glücklichste Umstand in meinem Wahlkampf für den Senat war der, dass kein Kandidat einen negativen Wahlspot über mich brachte. Dies lag ausschließlich an den seltsamen Umständen meines Wahlkampfs und nicht etwa daran, dass es für solche Spots kein Material gegeben hätte. Schließlich hatte ich vor meiner Kandidatur sieben Jahre lang im Senat von Illinois gesessen, sechs davon als Mitglied der Minderheitspartei, und ich hatte an Tausenden manchmal schwieriger Abstimmungen teilgenommen. Wie es heute üblich ist, hatte das National Republican Senatorial Committee, schon bevor ich überhaupt nominiert worden war, einen dicken Ordner »belastendes Material« über mich gesammelt, und meine eigenen Rechercheure hatten viele Stunden nach schwachen Stellen in meiner Lebensgeschichte gesucht, um herauszufinden, was die Republikaner in negativen Spots verwenden konnten.

Sie fanden nicht viel, aber was sie fanden, wäre genug Stoff gewesen: etwa ein Dutzend Stimmabgaben, die man – aus dem Kontext gerissen – als ziemlich irrwitzig darstellen konnte. Als mein Medienberater David Axelrod sie durch eine Meinungsumfrage testete, sank meine Zustimmungsrate sofort um zehn Prozent. Da war ein Strafgesetz, mit dem angeblich der Drogenhandel an Schulen bekämpft werden sollte. Doch es war so schlecht gemacht, dass ich es sowohl für ineffektiv als auch für verfassungswidrig hielt. »Obama stimmte dafür, dass Bandenmitglieder, die an Schulen mit Drogen handeln, mildere Strafen bekommen«, wurde mein Abstimmungsverhalten in der Umfrage beschrieben. Ein zweites Gesetz, das von Abtreibungsgegnern eingebracht wurde, wirkte bei oberflächlicher Betrachtung ganz vernünftig: Es schrieb vor, dass bei Frühgeborenen lebensrettende Maßnahmen eingeleitet werden (in dem Gesetz war nicht erwähnt, dass solche Maßnahmen *bereits gesetzlich vorgeschrieben waren*), doch es dehnte die Vorschrift auch auf ungeborene Föten aus, wodurch die Entscheidung des Obersten Gerichtshofs aus

dem Jahr 1973 zur Legalisierung der Abtreibung de facto aufgehoben worden wäre. In unserer Testumfrage hieß es, ich hätte
»dafür gestimmt, lebend geborenen Babys lebensrettende Maßnahmen zu verweigern«. Als ich die Liste durchging, stieß ich
auch auf die Behauptung, ich hätte gegen ein Gesetz gestimmt,
das »unsere Kinder vor Sexualstraftätern schützen« sollte.

»Moment mal«, sagte ich und riss David das Blatt aus der
Hand. »Bei diesem Gesetz habe ich nur versehentlich den
falschen Knopf gedrückt. Ich habe eigentlich mit Ja stimmen
wollen und die Sache sofort im Protokoll korrigieren lassen.«

David lächelte. »Ich habe irgendwie das Gefühl, dass dieser
Teil des Protokolls in einem republikanischen Wahlspot nicht
auftauchen wird.« Er nahm mir sanft die Liste wieder aus der
Hand. »Aber nimm's nicht so schwer«, sagte er und klopfte mir
auf den Rücken. »Dafür kriegst du bestimmt die Stimmen der
Sexualstraftäter.«

Ich frage mich manchmal, was passiert wäre, wenn die negativen
Spots tatsächlich gelaufen wären. Dabei beschäftigt mich nicht
so sehr, ob ich gewonnen oder verloren hätte (am Ende der Vorwahlen hatte ich einen Vorsprung von 20 Prozent gegenüber
dem republikanischen Kandidaten), sondern vielmehr, welches
Bild die Wähler von mir gehabt hätten und dass mich meine
Kollegen als Neuling im Senat vermutlich mit viel weniger gutem
Willen empfangen hätten. Bei den meisten Senatoren verläuft
der Amtsantritt nämlich folgendermaßen: ihre Fehler werden
in alle Welt hinausposaunt, ihre Äußerungen verzerrt und ihre
Motive in Frage gestellt. Das ist ihre Feuertaufe, und es regnet
jedes Mal wieder Feuer auf sie herab, wenn sie abstimmen, eine
Presseerklärung heraus- oder eine Erklärung abgeben. Sie fürchten nicht nur, dass sie in einem Wahlkampf unterliegen, sondern
dass sie die Gunst der Wähler verlieren, die sie nach Washington geschickt haben – all der Menschen, die irgendwann einmal

zu ihnen gesagt haben: »Wir setzten große Hoffnungen auf Sie. Bitte enttäuschen Sie uns nicht.«

Natürlich sind verfahrenstechnische Maßnahmen denkbar, um in unserer Demokratie den Druck auf die Politiker etwas abzuschwächen, strukturelle Veränderungen, die die Verbindung zwischen den Wählern und ihren Repräsentanten stärken könnten. Durch eine parteien-neutrale Struktur der Wahlkreise, durch die Registrierung der Wähler am Wahltag und durch Wahlen am Wochenende würden die Wahlkämpfe spannender werden und vermutlich würden auch die Beteiligung und das Engagement der Wähler steigen. Und je aufmerksamer die Wähler sind, umso mehr zahlt sich Integrität für Kandidaten und Gewählte aus. Durch eine staatliche Wahlkampffinanzierung oder freie Sendezeit in Radio und Fernsehen könnten das ständige Betteln um Geld und der Einfluss von Interessenverbänden massiv reduziert werden. Durch eine Reform der Geschäftsordnung in Repräsentantenhaus und Senat könnten die Abgeordneten der Minderheitsfraktion gestärkt, die Transparenz des Gesetzgebungsverfahrens erhöht und eine besser recherchierte Berichterstattung in den Medien erreicht werden.

Nichts davon wird jedoch von selbst passieren. Alle Maßnahmen haben zur Voraussetzung, dass die an der Macht befindlichen Personen ihre Haltung ändern. Alle haben zur Voraussetzung, dass einzelne Politiker die bestehende Ordnung in Frage stellen; dass sie ein größeres Risiko eingehen, abgewählt zu werden; dass sie sowohl bei ihren Freunden als auch bei ihren Feinden für abstrakte Ideen kämpfen, an denen die Öffentlichkeit wenig Interesse zu haben scheint. Alle Politiker müssten folglich bereit sein, das zu riskieren, was sie bereits haben.

Letztlich läuft alles immer noch auf die Eigenschaft hinaus, die John F. Kennedy zu Beginn seiner Karriere zu definieren versuchte, als er sich von einer Operation erholte und über die Eigenschaft des Mutes nachdachte. Dabei dachte er sicher an seine Tapferkeit im Krieg, aber vermutlich auch schon an die viel ambivalenteren Konflikte, die vor ihm lagen. In mancher Hinsicht sollte es, je länger man in der Politik ist, immer leichter werden, diesen Mut aufzubringen, denn es hat etwas Befreiendes, wenn man erkennt, dass man immer jemanden gegen sich aufbringt, gleichgültig, was man tut, dass man politisch angegriffen wird, egal wie vorsichtig man abstimmt, und dass ein sorgsam abgewogenes Urteil als Feigheit und Mut als Berechnung gewertet werden können. Mich tröstet die Tatsache, dass ich immer weniger Kraft aus meiner Popularität schöpfe, je länger ich in der Politik bin, dass Macht, Rang und Ruhm als politische Ziele eher armselig sind und dass ich vor allem meinem eigenen Gewissen verpflichtet bin.

Und meinen Wählern. Nach einer Gemeindeversammlung in Godfrey kam ein älterer Herr auf mich zu und griff mich wütend an, weil ich zwar gegen den Irakkrieg gestimmt, aber noch nicht zu einem vollständigen Truppenabzug aufgerufen hatte. Wir hatten eine kurze, freundschaftliche Auseinandersetzung, in der ich ihm meine Befürchtung erklärte, dass ein zu überstürzter Rückzug aus dem im Irak dort zu einem totalen Bürgerkrieg führen und der Konflikt womöglich den ganzen Nahen Osten erfassen konnte. Am Ende unseres Gesprächs schüttelte der Mann mir die Hand.

»Ich glaube immer noch, dass Sie Unrecht haben«, sagte er, »aber immerhin haben Sie sich Gedanken über die Sache gemacht. Ach zum Teufel, wahrscheinlich wäre ich sogar enttäuscht, wenn Sie mir immer nur zustimmen würden.«

»Danke«, sagte ich. Als er wegging, kam mir in den Sinn, dass der Richter Louis Brandeis einmal gesagt hat, das wichtigste Amt in einer Demokratie sei das des Staatsbürgers.

KAPITEL FÜNF

Chancen

Eines gilt für alle US-Senatoren: Sie sind viel im Flugzeug unterwegs. Mindestens einmal pro Woche fliegt man nach Washington und zurück, außerdem in andere Bundesstaaten, wo man als Senator Reden hält, Spenden sammelt oder Kollegen im Wahlkampf unterstützt. Wenn man einen großen Bundesstaat wie Illinois vertritt, kommen auch noch Flüge innerhalb des Bundesstaates dazu: Man besucht Versammlungen, weiht neue Bauwerke ein und sorgt generell dafür, dass die Menschen nicht denken, man habe sie vergessen.

Meistens fliege ich als normaler Passagier mit Linienmaschinen, hoffe, dass ich einen Platz am Gang oder am Fenster bekomme, und bete, dass der Typ vor mir seine Rückenlehne nicht nach hinten verstellt.

Aber manchmal fliege ich mit einem Privatjet, etwa wenn ich Termine an verschiedenen Orten an der Westküste habe oder wenn nach meinem letzten Termin keine Linienmaschine mehr geht. Zuerst bin ich gar nicht auf die Möglichkeit mit dem Privatjet gekommen, ich dachte, die Kosten würden das von vornherein ausschließen. Aber im Laufe des Wahlkampfs haben mir meine Mitarbeiter erklärt, dass nach den Regeln des Senats ein Senator oder ein Bewerber um einen Senatorenposten mit dem Privatjet von jemand anderem fliegen darf und nur so viel zahlen muss, wie ein First-Class-Ticket für einen Linienflug kosten würde.

Ich schaute mir meinen Terminplan für den Wahlkampf an, überschlug, wie viel Zeit ich sparen könnte, und beschloss, die Privatjets mal auszuprobieren.

Es stellte sich heraus, dass Fliegen im Privatjet sehr anders ist als ein Linienflug. Privatjets starten von Flughäfen, die in Privatbesitz sind und privatwirtschaftlich betrieben werden, die Lounges haben ausladende, weiche Sofas, Fernseher mit Großbildschirmen, und an den Wänden hängen Fotos von alten Fluggeräten. Die Toiletten sind im Allgemeinen leer und funkelnd sauber, der Besucher findet dort auch Schuhputzmaschinen, Mundduschen und eine Schale mit Pfefferminzbonbons. Für die Fluggäste besteht kein Grund zur Eile: Das Flugzeug wartet, wenn du zu spät dran bist, und es steht bereit, wenn du zu früh kommst. Oft musst du den Flughafen gar nicht betreten, sondern kannst direkt mit dem Wagen aufs Rollfeld fahren. Wenn nicht, begrüßen dich die Piloten am Terminal mit Handschlag, nehmen dir das Gepäck ab, und du gehst mit ihnen zusammen zur Maschine.

Die Flugzeuge sind natürlich richtig schick. Mein erster Privatjet war eine Citation X, eine glänzende, schmale, kompakte Maschine mit Holzvertäfelung und Ledersesseln, die man jederzeit zu einem Bett zusammenschieben konnte, wenn man ein Nickerchen halten wollte. Auf dem Sessel neben mir standen ein Krabbensalat und eine Käseplatte, weiter vorn befand sich eine gut bestückte Minibar. Die Piloten nahmen mir den Mantel ab, boten mir verschiedene Zeitungen zur Auswahl an und fragten mich, ob alles zu meiner Zufriedenheit sei. Das war es.

Dann hob das Flugzeug ab. Die Rolls-Royce-Motoren krallten sich in die Luft, wie ein schnittiger Sportwagen sich auf die Straße krallt. Wir stießen durch die Wolkendecke, und ich schaltete den kleinen Bildschirm vor meinem Sitz an. Eine Karte der Vereinigten Staaten erschien, darauf bewegte sich ein kleines Flugzeug, unser Flugzeug, nach Westen, und es wurden Geschwindigkeit, Flughöhe, erwartete Ankunftszeit und Außentemperatur angezeigt. Bei zwölftausend Metern beendeten wir den Steigflug. Ich schaute hinaus auf die Krümmung des

Horizonts und die Wolkenfetzen, darunter lag die Erde ausgebreitet wie eine Landkarte: erst kamen die weiten, schachbrettartigen Felder von Westillinois, dann schlängelte sich der Mississippi dahin, dann kamen noch mehr Farmen und Ranches und schließlich die Zackenlinie der Rockies mit ihren immer noch schneebedeckten Gipfeln. Nach einiger Zeit ging die Sonne unter. Der orangerote Tageshimmel wurde immer schmaler, bis er nur noch eine dünne rote Linie war, die zuletzt von Dunkelheit, Mond und Sternen verschluckt wurde.

Ich verstand, dass man sich an so etwas gewöhnen kann.

Bei dieser Reise sollte es hauptsächlich darum gehen, Spenden zu sammeln. Zur Vorbereitung meines Wahlkampfs für die Kongresswahlen hatten etliche Freunde und Unterstützer für mich Veranstaltungen in L. A., San Diego und San Francisco organisiert. Aber der denkwürdigste Teil der Reise war dann ein Abstecher in die kalifornische Kleinstadt Mountain View, ein paar Meilen südlich von Stanford und Palo Alto gelegen, im Herzen des Silicon Valley, wo die Betreiber der Suchmaschine Google ihr Firmenhauptquartier haben.

Google war Mitte 2004 bereits eine Ikone, ein Symbol nicht nur für die wachsende Macht des Internets, sondern auch für den raschen Wandel der globalen Wirtschaft. Auf der Fahrt von San Francisco nach Mountain View rekapitulierte ich noch einmal die Firmengeschichte: wie zwei Informatik-Doktoranden der Universität Stanford, Larry Page und Sergey Brin, in einem Schlafsaal im Studentenwohnheim eine Methode ausgetüftelt hatten, das Web effizient zu durchsuchen; wie sie 1998 mit einer Million Dollar, zusammengeborgt von allen möglichen Bekannten, Google gegründet hatten als Garagenfirma mit drei Angestellten; wie Google ein Werbemodell entworfen hatte auf der Grundlage von Anzeigen, die in einem Zusammenhang zur Suche des Nutzers standen, aber ihn nicht überfielen, und das der Firma Gewinne brachte genau in dem Moment, als die Dotcom-Blase platzte; und wie Google gerade einmal sechs Jahre nach der Firmengründung an die Börse gehen wollte mit einem Ausgabepreis für seine Aktien, der aus Mr. Page und Mr. Brin zwei der reichsten Männer auf dem Planeten machen würde.

Mountain Valley wirkte wie eine typische kalifornische Vorstadtsiedlung: ruhige Straßen, glänzende neue Bürogebäude, dezente Wohnhäuser, die in Anbetracht der einzigartig hohen Kaufkraft der Bewohner des Silicon Valley vermutlich jeweils locker eine Million oder mehr wert waren. Wir hielten vor einem modernen, aus einzelnen Modulen zusammengesetzten Gebäudekomplex und wurden von David Drummond in Empfang genommen, dem Leiter der Rechtsabteilung bei Google. Drummond, ein Afroamerikaner ungefähr in meinem Alter, hatte den Ablauf meines Besuchs organisiert.

»Als Larry und Sergey damals wegen der Firmengründung zu mir kamen, hielt ich die beiden für zwei wirklich kluge Burschen, die eine weitere Start-up-Idee neben den vielen anderen hatten. Was dann passiert ist, damit hätte ich wirklich nicht gerechnet.«

Er führte mich durch das Hauptgebäude, das eher wie ein College wirkte als wie ein Bürohaus: im Erdgeschoss eine Cafeteria, wo der ehemalige Tourneekoch der Rockband Grateful Dead die Zubereitung von Gourmetmenüs für die gesamte Belegschaft überwachte; Videospiele, eine Tischtennisplatte und ein Fitnessraum mit allem Drum und Dran. (»Die Leute verbringen hier eine Menge Zeit, deshalb wollen wir dafür sorgen, dass sie sich wohl fühlen.«) Im ersten Stock kamen wir an Gruppen von Männern und Frauen in Jeans und T-Shirts vorbei, allesamt unter dreißig, die konzentriert vor Computerbildschirmen arbeiteten oder auf Sofas oder großen Gymnastikbällen saßen und lebhaft diskutierten.

Schließlich stießen wir auf Larry Page, vertieft ins Gespräch mit einem Ingenieur über ein Softwareproblem. Er war genauso angezogen wie seine Angestellten, und von ein paar frühen grauen Strähnen in seinen Haaren abgesehen, wirkte er nicht älter als sie. Wir sprachen über die Mission von Google – alle Informationen der Welt in einer universell zugänglichen, ungefilterten, nutzbaren Form aufzubereiten – und das Website-Verzeichnis von Google, das bereits mehr als sechs Milliarden Websites umfasste. Kurz zuvor hatte die Firma ein neues, webbasiertes E-Mail-System mit eingebauter Suchfunktion entwickelt. Aktuell arbeiteten sie an einer Technologie, die einmal eine Sprachsuche über das Telefon ermöglichen soll, und sie hatten das Buchprojekt gestartet mit dem Ziel, alle jemals veröffentlichten Bücher in einem internetfähigen Format zu scannen. Auf diese Weise soll eine virtuelle Bibliothek entstehen, die das gesamte Wissen der Menschheit enthalten soll.

Gegen Ende des Rundgangs führte mich Larry in einen Raum, in dem auf einem großen Flachbildschirm ein dreidimensionales Bild der Erde rotierte. Larry bat den jungen Ingenieur indianisch-amerikanischer Abstammung, der dort arbeitete, uns zu erklären, was wir da sahen.

»Die Lichter zeigen alle Suchvorgänge an, die jetzt gerade laufen. Jede Farbe steht für eine Sprache. Wenn Sie den Joystick so bewegen« – der Bildschirm veränderte sich –, »erkennen Sie die Verkehrsmuster des gesamten Internets.«

Das Bild war faszinierend, es wirkte mehr wie etwas Lebendiges als wie etwas Mechanisches, als würden wir die frühen Stadien eines immer schneller ablaufenden Evolutionsprozesses beobachten, in dem alle Schranken zwischen den Menschen, ob Nationalität, Rasse, Religion oder Geld, unsichtbar und unbedeutend werden und der Physiker in Cambridge, der Anleihenhändler in Tokio, der Student in einem entlegenen indischen Dorf und der Geschäftsführer eines Kaufhauses in Mexico City in einem einzigen, kontinuierlichen, summenden Gespräch verbunden sind. Zeit und Raum verschwinden, die Welt besteht nur noch aus Licht. Während der Globus sich weiterdrehte, bemerkte ich breite Streifen Dunkelheit: der größte Teil von Afrika, große Stücke von Südasien, Teile der Vereinigten Staaten, wo die breiten Lichtachsen auf ein paar schmale Striche geschrumpft waren.

Sergey tauchte auf und riss mich aus meinen Gedanken, ein stämmiger Mann, vielleicht ein bisschen jünger als Larry. Er schlug vor, ich sollte mitkommen zu ihrem Feierabendmeeting. Diese Tradition hatten sie seit den Anfängen der Firma beibehalten: Alle Google-Beschäftigten trafen sich auf ein Bier und einen Snack und besprachen, was sie beschäftigte. Wir betraten einen großen Raum, in dem bereits junge Leute in Gruppen beisammensaßen, manche tranken etwas und lachten, andere tippten in ihre PDAs oder Laptops, die Luft vibrierte förmlich. Eine Gruppe von etwa fünfzig Leuten wirkte aufmerksamer als die anderen. David erklärte, das seien die Neuen, frisch nach dem Studium eingestellt, an diesem Tag hatte man sie in die Google-Mannschaft eingeführt. Einer nach dem anderen wurden die Neuen vorgestellt, ihre Gesichter erschienen auf einem großen Bildschirm, daneben Informationen über ihre Studienfächer, Hobbys und Interessen. Mindestens die Hälfte sah asiatisch aus, ziemlich viele Weiße hatten osteuropäische Namen. Soweit ich es sehen konnte, war nicht ein Farbiger oder Latino darunter. Später, auf dem Weg zurück zu meinem Auto, erzählte ich David von meiner Beobachtung, und er nickte.

»Wir kennen das Problem.« Er erzählte von Googles Bemühungen, Stipendien zu vergeben und auf diese Weise den Anteil von Frauen und Angehörigen von Minderheiten unter den Studenten der Mathematik und Naturwissenschaften zu erhöhen. Aber Google musste auch wettbewerbsfähig bleiben, und das bedeutete, dass die Top-Absolventen der Top-Fakultäten für Mathematik, Ingenieur- und Computerwissenschaften im Land – MIT, Caltech, Stanford, Berkeley – eingestellt wurden. Die

Zahl der Schwarzen und der Latinos an den Fakultäten könne man an zehn Fingern abzählen, sagte David.

Es werde ohnehin immer schwieriger, amerikanische Ingenieure zu finden, egal welcher ethnischen Gruppe, alle Unternehmen im Silicon Valley würden deshalb mittlerweile stark auf ausländische Absolventen setzen. Neuerdings hätten die High-Tech-Firmen noch ein zusätzliches Problem: Seit dem 11. September 2001 würden es sich ausländische Studenten zweimal überlegen, ob sie wirklich in die USA kommen wollten, weil die Visa-Beantragung so aufwändig geworden sei. Für Spitzeningenieure und Softwareentwickler sei das Silicon Valley nicht mehr die erste Adresse bei der Suche nach einer Anstellung oder nach der Finanzierung für ein Start-up. Hightechfirmen gründeten in großem Umfang Niederlassungen in Indien und China, und Risikokapital werde global investiert, in Mumbai und Shanghai genauso wie in Kalifornien. Auf lange Sicht könne das der US-Wirtschaft Schwierigkeiten bereiten.

»Wir werden weiterhin kluge Köpfe anziehen, weil wir bekannt sind. Aber wie sieht es mit den Start-ups aus, den jungen Firmen, unter denen vielleicht das nächste Google ist? Ich hoffe nur, dass jemand in Washington versteht, wie hart der Wettbewerb geworden ist. Dass wir vorne sind, ist kein Naturgesetz.«

Ungefähr zur selben Zeit, als ich Google besuchte, machte ich eine andere Reise, die mich ebenfalls ins Grübeln über die Zukunft unserer Wirtschaft brachte. Diesmal war ich mit dem Auto unterwegs, nicht mit dem Flugzeug, und fuhr lange über einen leeren Highway in eine Kleinstadt namens Galesburg, etwa 45 Minuten von der Grenze zu Iowa im westlichen Illinois gelegen.

Galesburg wurde 1836 als College-Stadt gegründet, als eine Handvoll Presbyterianer und Kongregationalisten aus New York beschlossen, ihre Vorstellungen von Sozialreformen und praktischer Bildung nach Westen zu bringen. Das Ergebnis ihrer Bemühungen, Knox College, war vor dem Bürgerkrieg ein Zentrum von Bestrebungen zur Abschaffung der Sklaverei. Die Underground Railroad, im 19. Jahrhundert ein Fluchtweg schwarzer Sklaven, lief durch Galesburg, und Hiram Revels, der erste schwarze Senator des Landes, besuchte die Vorbereitungsschule des College, bis er wieder nach Mississippi zurückging. 1854 wurde die Eisenbahnlinie Chicago, Burlington & Quincy bis Galesburg gebaut, und daraufhin erlebte die Wirtschaft der Region einen Aufschwung. Vier Jahre später versammelten sich rund zehntausend Menschen zur fünften Lincoln-Douglas-Debatte, in der Lincoln erstmals seine Ablehnung der Sklaverei mit moralischen Gründen untermauerte.

Doch nicht die reiche Geschichte hatte mich nach Galesburg geführt. Ich wollte mich mit Gewerkschaftsführern der Maytag-Fabrik treffen, denn das Unternehmen Maytag hatte angekündigt, dass es 1600 Beschäftigte entlassen und die Produktion nach Mexiko verlagern wollte. Wie andere Städte in Mittel- und Westillinois war auch Galesburg von Produktionsverlagerungen ins Ausland betroffen. In den zurückliegenden Jahren hatte die Stadt bereits einen Zulieferbetrieb und einen Hersteller von Gummischläuchen verloren, demnächst wollte Butler Manufacturing, ein Stahlproduzent, den kurz zuvor Australier gekauft hatten, dichtmachen. Die Arbeitslosenquote in Galesburg lag bei fast 8 Prozent. Wenn Maytag seine Fabrik auch noch schloss, würde die Stadt weitere 5 bis 10 Prozent ihrer Arbeitsplätze verlieren.

Im Versammlungsraum der Arbeiter saßen sieben, acht Männer und zwei, drei Frauen auf Klappstühlen aus Metall und unterhielten sich gedämpft, ein paar rauchten. Die meisten waren Ende vierzig oder Anfang fünfzig, alle in Jeans oder Baumwollhosen, T-Shirts oder karierten Arbeitshemden. Der Gewerkschaftsboss David Bevard war ein kräftiger Mann mit einem breiten Brustkorb, etwa Mitte fünfzig, dunkler Bart, getönte Brillengläser. Mit seinem Filzhut sah er ein bisschen aus wie ein Mitglied der Band ZZ Top. Er berichtete, die Gewerkschaft habe alles versucht, Maytag zu einem Gesinnungswandel zu bewegen: Man habe die Presse eingeschaltet, mit den Anteilseignern gesprochen, Verantwortliche in der Kommune und im Bundesstaat um Hilfe gebeten. Aber das Management von Maytag sei bei seiner Linie geblieben.

»Die Burschen machen durchaus Gewinn«, sagte Dave zu mir. »Wenn man sie fragt, sagen sie sogar, dass wir eine der produktivsten Fabriken im Unternehmen sind. Qualitätsarbeit. Wenig Ausschuss. Wir haben Lohnkürzungen akzeptiert, Kürzungen bei Sozialleistungen, Entlassungen. Der Bundesstaat und die Stadt haben Maytag in den letzten Jahren Steuern in Höhe von mindestens 10 Millionen Dollar gestundet, weil sie sich auf das Versprechen verlassen haben, dass Maytag bleibt. Aber es ist nie genug. Da muss nur ein CEO, der sowieso schon Millionen verdient, auf die Idee kommen, dass er den Börsenkurs des Unternehmens in die Höhe treiben will, damit er seine Aktienoptionen zu Geld machen kann, und am besten geht das, wenn er die Arbeit nach Mexiko verlagert, wo sie den Arbeitern nur ein Sechstel von dem bezahlen müssen, was wir bekommen.«

Ich fragte, welche Umschulungsangebote der Bundesstaat oder nationale Stellen gemacht hätten, und praktisch alle im Raum lachten spöttisch auf. »Umschulung ist ein Witz«, sagte der Vizechef der Gewerkschaft, Doug Dennison. »Wozu sollen sie uns umschulen, wenn es hier draußen keine Jobs gibt?« Er erzählte, ein Arbeitsberater habe ihm eine Umschulung zum Pflegehelfer vorgeschlagen, da seien die Löhne ungefähr genauso hoch wie bei Verkäufern von Wal-Mart. Einer von den Jüngeren in der Runde hatte eine besonders grausame Geschichte: Er hatte sich zu einer Umschulung zum Computertechniker entschlossen, doch eine Woche nach Kursbeginn hatte Maytag ihn zurückgerufen. Die Arbeit bei Maytag war befristet, aber nach den Regeln sah es so aus, dass der Mann den Anspruch auf die Finanzierung der Umschulung verlieren würde, wenn er Maytags Angebot nicht annahm. Aber wenn er die Umschulung abbrach und zu Maytag zurückging, bedeutete das für die Bundesstelle, dass er seinen einmaligen Anspruch auf Umschulung aufgebracht hatte, folglich würde er nie wieder Geld für eine Qualifizierungsmaßnahme bekommen.

Ich versprach den Leuten, dass ich im Wahlkampf von ihrem Schicksal berichten würde, und legte ihnen ein paar Vorschläge vor, die mein Stab ausgearbeitet hatte: eine Änderung des Steuergesetzes, dass Unternehmen, die ihre Produktion ins Ausland verlagern, keine Steuerstundungen mehr erhalten; Aktualisierung und bessere Finanzierung der Umschulungsprogramme des Bundes. Als ich fertig war, meldete sich ein großer, stämmiger Mann mit Baseballkappe zu Wort. Er sagte, er heiße Tim Wheeler und sei der Gewerkschaftsboss in der benachbarten Stahlfabrik von Butler gewesen. Dort hätten die Arbeiter bereits ihre blauen Briefe bekommen. Er beziehe Arbeitslosengeld und wisse nicht, wie es weitergehen sollte. Seine größte Sorge sei die Krankenversicherung.

»Mein Sohn Mark braucht eine Spenderleber. Wir stehen auf der Warteliste, aber jetzt fällt meine betriebliche Krankenversicherung aus, und wir wissen nicht, ob Medicaid die Kosten übernimmt. Niemand gibt mir eine klare Auskunft, und, wissen Sie, ich würde alles verkaufen für Mark, ich würde mich auch verschulden, aber trotzdem ...« Tim konnte nicht weitersprechen, seine Frau, die neben ihm saß, begrub das Gesicht in den Händen. Ich sagte ihnen eindringlich, dass wir versuchen wollten, ganz genau zu klären, welche Kosten Medicaid übernehmen würde. Tim nickte und legte seiner Frau den Arm um die Schultern.

Auf der Rückfahrt nach Chicago dachte ich über Tims Notlage nach: arbeitslos, ein kranker Sohn, seine Ersparnisse gehen zur Neige.

Solche Geschichten kriegt man nicht mit, wenn man zwölftausend Meter über der Erde im Privatjet unterwegs ist.

Weder Rechte noch Linke widersprechen heute, wenn jemand sagt, dass wir eine tiefgreifende wirtschaftliche Veränderung erleben. Fortschritte in der Digitaltechnologie, Glasfaser, Internet, Satelliten und der Verkehr haben die wirtschaftlichen Schranken zwischen Ländern und Kontinenten praktisch aufgehoben. Riesige Kapitalmengen schwappen über die Kontinente auf der Suche nach der höchsten Rendite, Milliarden von Dollar werden mit ein paar Mausklicks über Ländergrenzen bewegt. Der Zusammenbruch der Sowjetunion, marktwirtschaftliche Reformen in Indien und China, die Beseitigung von Handelshemmnissen und der Aufstieg von Einzelhandelsriesen wie Wal-Mart haben dazu geführt, dass Milliarden Menschen in direkten Wettbewerb mit amerikanischen Unternehmen und amerikanischen Arbeitskräften treten. Ob es stimmt, was der Autor und Kolumnist Thomas Friedman schreibt, und die Welt bereits flach ist oder nicht – sie wird jedenfalls jeden Tag ein bisschen flacher.

Ohne Zweifel hat die Globalisierung den amerikanischen Konsumenten große Vorteile gebracht. Die Preise für Waren, die früher als Luxus galten, sind deutlich gefallen, ob für Flachbildschirme oder für Pfirsiche im Winter, und die Kaufkraft der Bezieher niedriger Einkommen ist gestiegen. Die Globalisierung hat dazu beigetragen, die Inflation zu bremsen, hat die Renditen der Millionen Amerikaner erhöht, die am Aktienmarkt investiert haben, hat neue Märkte für amerikanische Waren und Dienstleistungen erschlossen und hat es Ländern wie China und Indien ermöglicht, die Armut erheblich zu reduzieren, was auf lange Sicht für mehr Stabilität auf der Welt sorgen wird.

Aber man kann auch nicht bestreiten, dass die Globalisierung für Millionen durchschnittlicher Amerikaner mehr wirtschaftliche Unsicherheit gebracht hat. Um wettbewerbsfähig zu bleiben und die Investoren auf dem globalen Marktplatz bei Laune zu halten, haben die US-Firmen automatisiert, verschlankt, outgesourct und ins Ausland verlagert. Sie haben bei Lohnerhöhungen geknausert und die betriebliche Kranken- und Altersversicherung durch individuelle Sparformen ersetzt, die immer mehr Kosten und Risiken auf die Arbeitnehmer verlagern.

Das Ergebnis ist eine Volkswirtschaft, in der nach Ansicht vieler das Motto gilt »Der Gewinner nimmt alles«, denn die steigende Flut hebt nicht alle Boote gleichmäßig an. In den letzten zehn Jahren haben wir starkes Wirtschaftswachstum mit gleichzeitig geringem Zuwachs bei den Arbeitsplätzen erlebt, hohe Steigerungen bei der Produktivität und stagnierende Löhne, explodierende Unternehmensgewinne, von denen ein immer geringerer Teil an die Beschäftigten fließt. Leute wie Larry Page und Sergey Brin, Leute mit einzigartigen Fähigkeiten und Talenten, und die Wissensarbeiter, die Ingenieure, Anwälte, Berater und Werber, die in den innovativen Bereichen die Arbeit leichter machen, werden vom globalen Markt in einem Ausmaß belohnt, wie es das nie zuvor gegeben hat. Aber für die anderen, die Beschäftigten bei Maytag, deren Aufgaben automatisiert oder digitalisiert oder in Länder mit niedrigeren Löhnen verlagert werden können, sind die Folgen unter Umständen schrecklich: ein Leben in dem stetig wachsenden Sektor schlecht bezahlter Dienstleistungen, wenig Sozialleistungen, immer die Gefahr, dass eine Krankheit in den finanziellen Ruin führt, und kein Spielraum, für das eigene Alter und die Ausbildung der Kinder zu sparen.

Die Frage ist, was wir in diesen Bereichen tun können. Seit Anfang der neunziger Jahre diese Trends allmählich erkennbar wurden, hat ein Flügel der Demokratischen Partei, allen voran Bill Clinton, sich zur neuen Weltwirtschaft bekannt und ihre Gesetze verkündet: Freihandel, Haushaltsdisziplin und Reformen in Bildung und Ausbildung werden dafür sorgen, dass die Arbeitnehmer fit für die hoch qualifizierten und hoch bezahlten Jobs der Zukunft sind. Aber ein erklecklicher Teil der demokratischen Basis, hauptsächlich gewerkschaftlich organisierte Arbeitskräfte in der Produktion wie Dave Bevard, hat sich gegen diese Marschrichtung gesträubt. In ihren Augen nützt der Freihandel nur den Interessen der Wall Street und hat wenig dazu beigetragen, die Vernichtung von anständig bezahlten amerikanischen Arbeitsplätzen zu stoppen.

Auch die Republikanische Partei ist gegen solche Spannungen nicht gefeit. Vor dem Hintergrund der jüngsten Aufregung über illegale Einwanderung könnte Pat Buchanans Konservatismus vom Schlag »Amerika zuerst« bei den Republikanern eine Renaissance erleben und Widerstand gegen die Freihandelspolitik der Bush-Administration mobilisieren. Im Wahlkampf 2000 und zu Beginn seiner ersten Amtszeit präsentierte George W. Bush als legitime Rolle der Regierung einen »mitfühlenden Konservatismus«, der sich nach Ansicht des Weißen Hauses in der Kostenübernahme für Medikamente durch Medicare und in Reformbemühungen im Bildungswesen unter dem Schlagwort »Kein Kind bleibt zurück« ausdrückte. Den konservativen Anhängern eines »schlanken Staates« verursachte das Bauchgrimmen.

Ganz oben auf der wirtschaftspolitischen Agenda der Republikaner unter Präsident Bush stehen Steuersenkungen, weniger Regulierung, die Privatisierung von Regierungstätigkeiten – und noch mehr Steuersenkungen. Funktionsträger der Administration nennen das die Eigentümergesellschaft, aber bereits seit den dreißiger Jahren predigen sie die Dogmen der Laissez-faire-Ökonomie: die Überzeugung, dass die massive Senkung oder in manchen Fällen sogar die Aufhebung der Steuern auf

Einkommen, großen Grundbesitz, Kapitalgewinne und Dividenden die Vermögensbildung anregen, zu höheren Sparquoten, höheren Investitionen und mehr Wirtschaftswachstum führen wird; die Überzeugung, dass Vorschriften der Regierung den Markt behindern und dessen effizientes Funktionieren stören; und die Überzeugung, dass Förderprogramme der Regierung grundsätzlich wirkungslos sind, dass sie die Menschen abhängig machen und die individuelle Verantwortung, Initiative und Wahlfreiheit beschneiden.

Oder wie Ronald Reagan es kurz und knapp ausgedrückt hat: »Die Regierung ist nicht die Lösung unseres Problems, die Regierung ist das Problem.«

Bisher hat die Bush-Regierung erst die eine Hälfte ihrer Gleichung erfüllt: Mit der republikanischen Mehrheit im Kongress hat sie Steuersenkungen in mehreren Stufen durchgesetzt, aber die Ausgaben hat sie nicht reduziert: Die zweckgebundenen Ausgaben sind seit Bushs Amtsantritt um 64 Prozent gestiegen. Unterdessen haben sich die demokratischen Abgeordneten (und die Öffentlichkeit) harten Einschnitten bei lebenswichtigen Investitionen widersetzt und den Vorschlag der Regierung, die Sozialversicherung zu privatisieren, entschieden zurückgewiesen. Ob die Regierung wirklich glaubt, die Folgen, nämlich ein hohes Haushaltsdefizit und galoppierende Verschuldung, seien belanglos, ist unklar. Klar ist hingegen, dass das Meer von roter Tinte es künftigen Regierungen schon im Voraus schwer macht, als Reaktion auf die Herausforderungen der Globalisierung und zur Stärkung des sozialen Netzes in Amerika neue Investitionen auf den Weg zu bringen.

Ich möchte die Konsequenzen dieses Kurses nicht zu dramatisch darstellen. Einfach nichts zu tun und der Globalisierung ihren Lauf zu lassen, wird nicht von einem Tag zum anderen zum Zusammenbruch der US-Wirtschaft führen. Das amerikanische BIP ist immer noch größer als das von China und

Indien zusammen. In Amerika beheimatete Unternehmen haben immer noch einen Vorsprung in wissensbasierten Branchen wie Softwaredesign und Arzneimittelforschung, und um unsere Universitäten und Colleges beneidet uns die Welt.

Aber auf lange Sicht wird Nichtstun wahrscheinlich bedeuten, dass Amerika vollkommen anders aussieht als das Land, in dem die meisten von uns aufgewachsen sind. Es wird größere wirtschaftliche und soziale Unterschiede geben als heute. Eine immer reichere Klasse von Wissensarbeitern wird abgeschottet in exklusiven Wohnanlagen leben und sich auf dem Markt alles kaufen können, was sie will: private Bildung, private Sicherheit und Privatflugzeuge. Daneben kommt eine wachsende Zahl ihrer Landsleute aus schlecht bezahlten Jobs nicht heraus, lebt in prekären Verhältnissen, muss immer länger arbeiten und ist bei Gesundheitsleistungen, Versorgung im Alter und Bildung für die Kinder von einem unterfinanzierten, überstrapazierten und leistungsschwachen öffentlichen Sektor abhängig.

In diesem Amerika werden wir weiter unseren Besitz an ausländische Geldgeber verpfänden und uns den Launen der Ölproduzenten ausliefern, wir werden zu wenig in die Grundlagenforschung und die Qualifizierung von Arbeitskräften investieren, die über unsere langfristigen wirtschaftlichen Aussichten bestimmen, und wir werden vor sich abzeichnenden Umweltproblemen die Augen verschließen. Dieses Amerika wird politisch stärker polarisiert und weniger stabil sein, weil die wirtschaftliche Unzufriedenheit überkocht und die Menschen aggressiv werden.

Vor allem aber wird es in diesem Amerika weniger Chancen für junge Leute geben, einen Verlust an Aufstiegsmobilität, die doch seit der Gründung dieses Landes den Kern seines Versprechens an die Menschen ausmachte.

Ein solches Amerika wollen wir nicht, weder für uns noch für unsere Kinder. Ich bin zuversichtlich, dass wir die Talente und Ressourcen besitzen, eine bessere Zukunft zu schaffen, eine Zukunft, in der die Wirtschaft wächst und der Wohlstand geteilt wird. Es fehlt uns nicht an guten Ideen, wie eine solche Zukunft zu gestalten ist. Uns fehlt eine nationale Verpflichtung, die harten Schritte zu wagen, die nötig sind, damit Amerika wettbewerbsfähiger wird, und uns fehlt ein neuer Konsens, welche Rolle die Regierung gegenüber den Marktkräften spielen soll.

Um zu einem solchen Konsens zu gelangen, müssen wir uns anschauen, wie sich die Marktwirtschaft im Laufe der Zeit entwickelt hat. Calvin Coolidge hat einmal gesagt, »das Hauptgeschäft der Amerikaner sind Geschäfte«. Und tatsächlich, kaum ein anderes Land auf der Welt war und ist so offen für die marktwirtschaftlichen Prinzipien. Unsere Verfassung stellt den Privatbesitz ins Zentrum unserer freiheitlichen Ordnung. Unsere religiösen Traditionen preisen den Wert harter Arbeit und bringen die Überzeugung zum Ausdruck, dass ein anständig geführtes Leben materiell belohnt wird. Statt die Reichen zu verteufeln, nehmen wir sie als Vorbilder, und wir kennen zahllose Geschichten von Männern, die es aus eigener Kraft zu etwas gebracht haben: der Einwanderer, der mit leeren Händen ins Land kommt und Karriere macht; der junge Mann, der nach Westen zieht und sein Glück sucht. Von Ted Turner gibt es den berühmten Ausspruch: »Das Leben ist ein Spiel. Und in Amerika zeigt das Geld den Punktestand.«

Die Folge dieser unternehmerischen Kultur war ein in der Geschichte der Menschheit einmalig hohes Wohlstandsniveau. Eine Reise ins Ausland führt einem deutlich vor Augen, wie gut es die Amerikaner haben. Selbst für die Armen in unserem Land sind Waren und Dienstleistungen selbstverständlich – Strom, sauberes Wasser, Toiletten im Haus, Telefon, Fernsehen und Haushaltsgeräte –, die für die meisten Menschen auf der

Welt unerreichbar bleiben. Amerika mag mit dem vielleicht besten Land weltweit gesegnet sein, aber unseren Bodenschätzen verdanken wir unseren wirtschaftlichen Erfolg eindeutig nicht. Unser größtes Kapital ist unser System der sozialen Organisation, ein System, das seit Generationen Kreativität, Privatinitiative und den effizienten Einsatz von Ressourcen befördert hat.

Deshalb darf es eigentlich keine Überraschung sein, dass wir dazu neigen, unser marktwirtschaftliches System als Selbstverständlichkeit zu betrachten, zu glauben, dass es sich natürlich aus den Gesetzen von Angebot und Nachfrage und dem Wirken von Adam Smiths »unsichtbarer Hand« ergibt. Von dieser Auffassung ist es nur ein kleiner Schritt zu der Annahme, dass jede Einmischung der Regierung in das magische Spiel der Marktkräfte, sei es durch Besteuerung, durch Regulierung, Gerichtsentscheidungen, Tarifregelungen, Arbeitsschutzgesetze oder Sozialleistungen, unvermeidlich die private unternehmerische Initiative hemmt und das Wirtschaftswachstum bremst. Der Zusammenbruch von Kommunismus und Sozialismus als alternative Formen der wirtschaftlichen Organisation hat uns in dieser Annahme nur bestärkt. In unseren volkswirtschaftlichen Lehrbüchern und unseren aktuellen politischen Debatten ist Laissez-faire immer die richtige Lösung. Wer sich dagegen ausspricht, schwimmt gegen den Strom.

Aber wir sollten uns daran erinnern, dass unser marktwirtschaftliches System weder auf den Naturgesetzen beruht noch uns von der göttlichen Vorsehung geschenkt wurde. Es ist vielmehr aus einem schmerzhaften Prozess von Versuch und Irrtum hervorgegangen, von vielen schwierigen Abwägungen zwischen Effizienz und Fairness, Stabilität und Wandel. Die positiven Effekte unserer Marktwirtschaft sind zwar überwiegend die Früchte individueller Anstrengungen von Generationen von Männern und Frauen, die ihre eigenen Glücksvorstellungen verfolgten, aber in allen Phasen großer wirtschaftlicher Umbrüche und Veränderungen hingen wir davon ab, dass die Regierung handelte, um Chancen zu eröffnen, Wettbewerb zu ermöglichen und das Funktionieren des Marktes zu verbessern.

Grob skizziert handelte die Regierung in dreierlei Weise. Erstens fiel in unserer gesamten Geschichte immer der Regierung die Aufgabe zu, für die Infrastruktur zu sorgen, die Arbeitskräfte auszubilden und durch weitere Maßnahmen die für wirtschaftliches Wachstum erforderlichen Grundlagen zu legen. Alle Gründungsväter Amerikas waren sich der Verbindung zwischen Privateigentum und Freiheit bewusst, aber Alexander Hamilton erkannte darüber hinaus das große Potenzial einer Volkswirtschaft, die nicht auf Amerikas landwirtschaftlicher Vergangenheit aufbaute, sondern auf eine Zukunft ausgerichtet war, die von Handel und Industrie bestimmt sein würde. Nach Hamiltons Auffassung brauchte Amerika, um dieses Potenzial realisieren zu können, eine starke, aktive Bundesregierung, und in seiner Eigenschaft als erster amerikanischer Finanzminister setzte er diese Vorstellungen nach und nach um. Er nationalisierte die Schulden des Bürgerkriegs, was nicht nur die Volkswirtschaften der Einzelstaaten miteinander verschweißte, sondern auch dazu beitrug, dass ein nationales Kreditwesen und funktionierende Kapitalmärkte entstanden. Er vertrat die Position, dass die Politik die amerikanische Produktion unterstützten sollte, durch starke Patentrechte und hohe Zölle, und plädierte für Investitionen in den Bau von Straßen und Brücken, um die Produkte auf die Märkte bringen zu können.

Hamilton stieß damit zunächst auf heftigen Widerstand bei Thomas Jefferson, der fürchtete, eine starke Bundesregierung, die mit den Interessen der wohlhabenden Geschäftsleute verbunden wäre, würde seine Vision einer egalitären, auf Landbesitz beruhenden Demokratie untergraben. Aber Hamilton hatte begriffen, dass nur durch die Befreiung des Kapitals von örtlichen Landbesitzerinteressen die wichtigste Ressource Amerikas erschlossen werden konnte: die Energie und der Unternehmergeist des amerikanischen Volkes. Diese Vorstellung von sozialer Mobilität war ein großer, früher Pluspunkt des amerikanischen Kapitalismus. Der auf Industrie und Handel gegründete Kapitalismus mochte mehr Instabilität zur Folge haben, aber das daraus resultierende System würde ein dynamisches sein, in dem es jeder mit Energie und Talent bis ganz nach oben bringen konnte. Und bei diesem letzten Punkt stimmte Jefferson schließlich zu. Weil er an die Meritokratie anstelle einer Erbaristokratie glaubte, befürwortete er die Errichtung einer nationalen, staatlich finanzierten Universität, an der begabte Studenten aus dem ganzen neuen Land lernen sollten, und deshalb gilt die Gründung der University of Virginia bis heute als eine seiner größten Leistungen.

Abraham Lincoln und die frühe Republikanische Partei folgten überzeugt der Tradition, dass die amerikanische Regierung in die physische Infrastruktur des Landes und in seine Menschen investiert. Für Lincoln machten Chancen das Wesen Amerikas aus, die Möglichkeit, durch »freie Arbeit« im Leben voranzukommen. In Lincolns Augen war der Kapitalismus am besten geeignet, solche Chancen zu schaffen, aber er sah auch, dass der Übergang von der Agrar- zur Industriegesellschaft Leben auf den Kopf stellte und Gemeinschaften zerriss.

Deshalb leitete Lincoln mitten im Bürgerkrieg eine Reihe politischer Maßnahmen ein, die nicht nur das Fundament für eine voll integrierte Volkswirtschaft mit freien Märkten legten, sondern die Leiter der Chancen bis weit ins Volk hinab verlängerten und damit für immer mehr Menschen erreichbar machten. Er trieb den Bau der ersten transkontinentalen Eisenbahnlinie voran. Er gründete die amerikanische Akademie der Wissenschaften als Ansporn zu Grundlagenforschung und wissenschaftlichen Entdeckungen, die zu neuen technischen und kommerziellen Anwendungen führen konnten. Er setzte den bahnbrechenden Homestead Act von 1862 durch, durch den unzählige Siedler aus dem Osten und Einwanderer aus aller Welt Land bekamen, sodass auch sie einen Anteil an der wachsenden Wirtschaft des Landes erwerben konnten. Und statt diese Heimstättenbesitzer sich selbst zu überlassen, gründete er ein Netz von landwirtschaftlichen Schulen, wo die Farmer die neuesten Techniken des Landbaus erlernten, und ließ ihnen eine breite Ausbildung angedeihen, die es ihnen ermöglichte, über die Grenzen ihrer Farmen hinaus zu denken.

Die grundlegende Erkenntnis von Hamilton und Lincoln, dass die Bundesregierung mit ihrer Macht und ihren Ressourcen einen lebendigen freien Markt fördern, aber nicht ersetzen kann, war in allen Stadien der amerikanischen Entwicklung der Dreh- und Angelpunkt der republikanischen wie der demokratischen Politik und ist es bis heute geblieben. Der Hoover-Staudamm, die Tennessee Valley Authority, die Interstate Highways, das Internet und das Projekt der Entschlüsselung des menschlichen Genoms: Immer haben Investitionen der Regierung den Weg für eine geradezu explodierende privatwirtschaftliche Aktivität bereitet. Und durch das System öffentlicher Schulen und höherer Bildungseinrichtungen, auch durch Programme wie die GI Bill zur Wiedereingliederung von Soldaten in das Berufsleben, das Millionen eine College-Ausbildung ermöglichte, hat die Regierung den Einzelnen geholfen, die Instrumente zu erwerben, die sie brauchen, um sich dem permanenten technologischen Wandel anzupassen und kreativ darauf reagieren zu können.

Außer bei den erforderlichen Investitionen, die private Unternehmen allein nicht aufbringen können oder nicht aufbringen werden, ist eine aktive Bundesregierung auch dann vonnöten, wenn es darum geht, Marktversagen zu bewältigen – die immer wieder auftretenden Krisen in einem kapitalistischen System, die entweder das effiziente Funktionieren des Marktes behindern oder der Allgemeinheit schaden. Teddy Roosevelt erkannte, dass die Macht von Monopolen den Wettbewerb behindert, und stellte die »Entflechtung« in den Mittelpunkt seiner Regierungsarbeit. Woodrow Wilson schuf die Zentralbank, die die Geldmenge kontrolliert und bei periodischen Panikanfällen an den Finanzmärkten gegensteuert. Der Bund und die Einzelstaaten erließen die ersten Verbraucherschutzgesetze, um die Amerikaner vor schädlichen Produkten zu bewahren, den Pure Food and Drug Act und den Meat Inspection Act.

Im vollen Umfang deutlich wurde die entscheidende Rolle der Regierung bei der Regulierung des Marktes beim großen Börsenkrach von 1929 und in der anschließenden Depression. In einer Situation, in der das Anlegervertrauen erschüttert war, die Kunden fluchtartig ihr Geld von den Banken abzogen, weshalb der Kollaps des Finanzsystems drohte, und eine Abwärtsspirale bei der Konsumentennachfrage und den Investitionen der Unternehmen eingesetzt hatte, verhinderte Franklin Delano Roosevelt durch eine Reihe von Maßnahmen der Regierung einen noch stärkeren Abschwung. In den nächsten acht Jahren erprobte die New-Deal-Administration verschiedene politische Strategien, um die Wirtschaft wieder in Gang zu bringen. Zwar hatte keine einzige den gewünschten Erfolg, aber dadurch entstand eine Struktur regulierender Institutionen, die die Risiken einer Wirtschaftskrise begrenzen kann: Die Börsenaufsicht sorgt für Transparenz auf den Finanzmärkten und schützt Kleinanleger vor Betrügereien und Insidermanipulationen. Die Einlagensicherung schützt die Guthaben der Sparer. Die antizyklische Fiskal- und Geldpolitik erhöht, etwa durch Steuersenkungen, die Liquidität oder stimuliert durch direkte Regierungsausgaben die Nachfrage, wenn Unternehmen und Konsumenten sich vom Markt zurückgezogen haben.

Schließlich – und dieser Punkt ist besonders umstritten – hat die Regierung die Beziehungen zwischen den Unternehmen und den amerikanischen Arbeitnehmern neu geordnet. In den ersten hundertfünfzig Jahren der Vereinigten Staaten konzentrierte sich das Kapital immer stärker bei Kartellen und Gesellschaften mit beschränkter Haftung, und die Arbeiter wurden durch Gesetze und durch Gewalt daran gehindert, sich zu Gewerkschaften zusammenzuschließen und auf diese Weise ihre Schlagkraft zu erhöhen. Die Arbeitnehmer waren praktisch ungeschützt unsicheren und unmenschlichen Arbeitsbedingungen ausgeliefert, ob am Fließband oder in einem »Sweatshop«. Und in der amerikanischen Kultur hatte man auch nicht viel Mitgefühl für jene Arbeiter, die verarmt zurückblieben, wenn der Kapitalismus wieder einmal mit einem Unwetter der »kreativen Zerstörung« über das Land gefegt war, denn es galt: Harte Arbeit führt zum Erfolg, nicht Hilfe vom Staat. Soweit ein soziales Netz existierte, stammte es aus den ungleich verteilten und insgesamt spärlichen Quellen der privaten Wohltätigkeit.

Wieder bewirkte der Schock der Großen Depression, in der ein Drittel der Menschen ihre Arbeit und ihre Wohnungen verloren, nichts anzuziehen hatten und wenig zu essen, dass die Regierung eingriff. Zwei Jahre nach Amtsantritt konnte Roosevelt den Social Security Act von 1935 durch den Kongress bringen, das Kernstück des neues Wohlfahrtsstaates, ein Sicherheitsnetz, das fast die Hälfte aller älteren Bürger aus der Armut herausholte, denen, die ihre Jobs verloren hatten, eine Arbeitslosenversicherung bot und Behinderten und armen Alten bescheidene Unterstützungsleistungen. FDR brachte außerdem Gesetze auf den Weg, die von Grund auf die Beziehung zwischen Kapital und Arbeit veränderten: die 40-Stunden-Arbeitswoche, Gesetze zur Einschränkung von Kinderarbeit und über Mindestlöhne sowie den National Labor Relations Act, der die Gründung breiter Arbeitnehmervereinigungen ermöglichte und die Arbeitgeber zwang, konstruktiv zu verhandeln.

Die Überlegungen hinter diesen Gesetzen stammten zum

Teil direkt aus dem keynesianischen Repertoire: Ein Mittel gegen die wirtschaftliche Depression war es, mehr verfügbares Einkommen in die Taschen der amerikanischen Arbeitnehmer zu lenken. Aber FDR hatte auch begriffen, dass der Kapitalismus in einer Demokratie die Zustimmung des Volkes braucht und dass seine Reformen, die den Arbeitnehmern zu einem größeren Stück vom wirtschaftlichen Kuchen verhalfen, Forderungen nach einer von der Regierung gesteuerten Kommandowirtschaft, ob faschistischer, sozialistischer oder kommunistischer Prägung, wie sie überall in Europa zu hören waren, den Wind aus den Segeln nehmen würden. 1944 sagte er: »Menschen, die hungrig sind, Menschen, die keine Arbeit haben, sind der Stoff, aus dem Diktaturen gemacht werden.«

Eine Zeitlang sah es so aus, als würde es darauf hinauslaufen: FDR rettete den Kapitalismus vor sich selbst durch eine aktive Bundesregierung, die in die Menschen und die Infrastruktur investiert, den Markt reguliert und die Produktivkraft Arbeit vor chronischer Armut schützt. Tatsächlich fand dieses Modell des amerikanischen Wohlfahrtsstaats in den nächsten fünfundzwanzig Jahren unter republikanischen wie unter demokratischen Regierungen breite Zustimmung. Ein paar Stimmen vom rechten Flügel beklagten eine angebliche schleichende Ausbreitung des Sozialismus, und von links war zu hören, FDR sei nicht weit genug gegangen. Aber das enorme Wachstum der auf Massenproduktion gegründeten amerikanischen Wirtschaft und der immense Produktivitätsvorsprung der Vereinigten Staaten gegenüber den durch den Krieg zerstörten Volkswirtschaften in Europa und Asien brachten solche Stimmen rasch zum Schweigen. Ohne ernsthafte Konkurrenten konnten die amerikanischen Unternehmen praktisch ungehindert steigende Arbeitskosten und Mehrbelastungen durch Gesetze auf ihre Kunden abwälzen. Dank der Vollbeschäftigung konnten die gewerkschaftlich organisierten Fabrikarbeiter in die Mittelklasse aufsteigen, mit nur einem Einkommen eine Familie ernähren und auf eine verlässliche Absicherung für Krankheit und Alter vertrauen. In einem solchen Umfeld mit soliden Unternehmensgewinnen und steigenden Löhnen stießen die politisch Verantwortlichen nur auf wenig Widerstand, wenn sie höhere Steuern und mehr Regulierung vorschlugen, um drängende soziale Probleme zu bewältigen. Und so entstanden die Programme der Great Society unter Johnson, unter anderem Medicare, Medicaid und die Sozialhilfe, und unter Nixon die Umweltschutzbehörde und die Behörde für Sicherheit und Gesundheit am Arbeitsplatz.

Bei dem triumphierenden Liberalismus gab es nur ein Problem: Der Kapitalismus steht niemals still. In den siebziger Jahren geriet der Motor der Nachkriegswirtschaft, das Produktivitätswachstum in den USA, ins Stottern. Der wachsende Druck der OPEC erlaubte es ausländischen Ölproduzenten, sich ein viel größeres Stück vom Kuchen der Weltwirtschaft zu holen, und dabei wurde offensichtlich, wie verwundbar Amerika durch Unterbrechungen der Energieversorgung war. Die amerikanischen Unternehmen bekamen die Konkurrenz von Niedriglohnproduzenten in Asien zu spüren, und in den achtziger Jahren hatte eine Flut von Billigimporten von Textilien, Schuhen, elektronischen Geräten und sogar Autos große Teile des US-Marktes überschwemmt. Unterdessen verlagerten in Amerika beheimatete multinationale Unternehmen einzelne Produktionsstätten ins Ausland, teils weil sie den Zugang zu ausländischen Märkten suchten, teils weil sie von niedrigeren Arbeitskosten profitieren wollten.

In diesem wettbewerbsintensiveren globalen Umfeld funktionierte das alte Motto der Unternehmen – stetige Profite und stures Management – nicht mehr. Weil sie höhere Kosten nicht mehr einfach weitergeben oder die Kunden mit schlechten Produkten abspeisen konnten, schrumpften die Marktanteile und die Unternehmensgewinne, aber die Anteilseigner forderten mehr Rendite. Einige Unternehmen fanden Wege, durch Innovationen und Automatisierung die Produktivität zu steigern. Andere setzten hauptsächlich auf brutale Entlassungen, Widerstand gegen die gewerkschaftliche Organisierung und weitere Produktionsverlagerungen ins Ausland. Unternehmen, die sich nicht auf die veränderten Bedingungen einstellen konnten, liefen Gefahr, in die Hände von Übernahmegeiern und Spekulanten zu fallen, die mit fremdfinanzierten Übernahmen jonglierten. Die führten dann anstelle der bisherigen Manager die Veränderungen durch, ohne Rücksicht auf die Beschäftigten, deren Leben womöglich auf den Kopf gestellt wurde, und auf die Gemeinschaften, die womöglich zerstört wurden. So oder so wurden die amerikanischen Unternehmen schlanker und knauseriger – und die traditionellen Fließbandarbeiter und Städte wie Galesburg trugen die Hauptlast des Wandels. Nicht nur der private Sektor musste sich an die neue Umwelt anpassen. Wie die Wahl von Ronald Reagan zeigte, wollte das Volk auch eine Veränderung bei der Regierung.

In seinen öffentlichen Äußerungen neigte Reagan dazu, das Wachstum des Wohlfahrtsstaates in den letzten fünfundzwanzig Jahren zu übertreiben. Auf dem Höhepunkt blieb die Staatsquote in Amerika immer noch weit hinter den entsprechenden Zahlen für Westeuropa zurück, selbst wenn man den gewaltigen Verteidigungsetat mit berücksichtigt. Doch die von Reagan eingeleitete konservative Revolution gewann an Tempo, weil seine zentrale Erkenntnis, dass der liberale Wohlfahrtsstaat selbstgefällig und übermäßig bürokratisch geworden war und die demokratischen Politiker sich mehr Gedanken darüber machten, wie sie den wirtschaftlichen Kuchen verteilen sollten, als wie sie ihn vergrößern könnten, einen Gutteil Wahrheit enthielt. Genau wie viele Verantwortliche in den Unternehmen aufgehört hatten, Wert zu erzeugen, weil sie vom Wettbewerb abgeschirmt waren, hatten zu viele Bürokraten im Regierungsapparat aufgehört zu fragen, ob ihre Anteilseigner (die amerikanischen Steuerzahler) und ihre Konsumenten (alle, die Dienstleistungen der Regierung in Anspruch nehmen) einen echten Gegenwert für ihr Geld bekamen.

Nicht jedes Regierungsprogramm funktionierte so wie angekündigt. Manche Aufgaben können vom Privatsektor besser erledigt werden, genau wie in manchen Fällen marktbasierte Anreize die gleichen Resultate erbringen wie Regulierungen im Stil einer Kommandowirtschaft, dazu mit geringeren Kosten und mehr Flexibilität. Die hohen Spitzensteuersätze zur Zeit von Reagans Amtsantritt haben vielleicht der Motivation zu arbeiten und zu investieren nicht geschadet, aber sie haben die Investitionsentscheidungen verzerrt und dazu geführt, dass sich eine unwirtschaftliche Steuersparindustrie entwickeln konnte. Staatliche Unterstützungen waren für viele in Not geratene Amerikaner zweifellos eine Hilfe, aber sie schufen auch widersinnige Anreize bei der Arbeitsmoral und schadeten der Stabilität der Familien.

Weil Reagan gezwungen war, sich mit einem von den Demokraten beherrschten Kongress zu arrangieren, konnte er viele besonders ehrgeizige Pläne für »weniger Regierung« nicht durchsetzen. Aber er veränderte von Grund auf die politische Debatte. Der angeblich zu erwartende Steuerstreik der Mittelschicht wurde zu einer Obsession der nationalen Politik und begrenzte die Gestaltungsmöglichkeiten der Regierung. Für viele Republikaner wurde es zu einem Dogma, dass die Regierung sich nicht in den Markt einmischen darf.

Natürlich schauten weiterhin viele Wähler in wirtschaftlich schwierigen Zeiten auf die Regierung, und Bill Clintons Forderung nach mehr Eingriffen der Regierung in die Wirtschaft half mit, ihm den Weg ins Weiße Haus zu ebnen. Nach dem politisch verheerenden Scheitern seines Projekts einer Krankenver-

sicherung und der Wahl einer republikanischen Kongressmehr-
heit 1994 musste Clinton bei seinen Plänen zurückstecken, aber
er konnte manchen Vorhaben von Reagan eine progressivere
Stoßrichtung geben. Clinton verkündete, die Zeit von »big
government« sei vorüber, unterzeichnete einige Gesetze über
wohlfahrtsstaatliche Leistungen, setzte Steuersenkungen für
die Mittelschicht und die Niedriglohnempfänger durch, die
von ihren Einkommen kaum leben konnten, und arbeitete am
Abbau von Bürokratie und Vorschriften. Und Clinton schaffte, was Reagan nicht gelungen war: Er brachte den Haushalt
des Landes in Ordnung, verringerte gleichzeitig die Armut und
investierte in bescheidenem Umfang in Bildung und Ausbildung. Am Ende von Clintons Amtszeit sah es so aus, als wäre
ein Gleichgewicht erreicht: eine schlankere Regierung, aber eine
solche, die das von Roosevelt gespannte Sicherheitsnetz erhalten
hatte.

Eines gilt jedoch weiterhin: Der Kapitalismus steht nicht still.
Reagan und Clinton haben mit ihrer Politik vielleicht einiges
Fett vom liberalen Wohlfahrtsstaat abgesaugt, aber die darun-
terliegenden Realitäten – globaler Wettbewerb und technolo-
gische Revolution – konnten sie nicht ändern. Nach wie vor
wandern Arbeitsplätze ins Ausland, nicht nur gewerbliche, sondern zunehmend auch solche im Dienstleistungssektor, wo die
Arbeitsergebnisse digital übermittelt werden können, wie etwa
bei der Computerprogrammierung. Die Unternehmen kämpfen weiter mit hohen Kosten durch die Krankenversicherung.
Amerika importiert weiterhin viel mehr, als es exportiert, was
bedeutet: Es borgt sich mehr Geld, als es ausleiht.

Die Bush-Administration und ihre Verbündeten im Kongress haben ohne eine klare Linie in der Weise reagiert, dass
sie die konservative Revolution auf ihre logische Spitze trieben:
noch niedrigere Steuersätze, noch weniger Regulierung und ein
noch weitmaschigeres Sicherheitsnetz. Aber damit kämpfen die

Republikaner den letzten Krieg, den Krieg, den sie in den achtziger Jahren geführt und verloren haben, und die Demokraten müssen in einem Nachhutgefecht die New-Deal-Programme aus den dreißiger Jahren verteidigen.

Weder die eine noch die andere Strategie wird in Zukunft funktionieren. Amerika kann nicht in Konkurrenz zu China und Indien treten, indem es die Kosten senkt und den Regierungsapparat verschlankt. Der Preis wäre eine drastische Absenkung unseres Lebensstandards mit smoggeschwängerten Städten und von Bettlern gesäumten Straßen. Amerika kann auch nicht konkurrieren, indem es Handelsschranken aufrichtet und die Mindestlöhne anhebt – wir müssten schon sämtliche Computer weltweit beschlagnahmen.

Aber ein Blick in unsere Geschichte sollte uns die Zuversicht schenken, dass wir nicht zwischen einer von der Regierung gesteuerten Zwangswirtschaft auf der einen Seite und einem chaotischen, gnadenlosen Kapitalismus auf der anderen Seite wählen müssen. Der Blick lehrt uns, dass wir aus großen wirtschaftlichen Turbulenzen stärker hervorgehen können und nicht schwächer. Wie die Menschen vor uns sollten wir uns fragen, welche Mischung politischer Strategien eine dynamische freie Marktwirtschaft und umfassende wirtschaftliche Sicherheit gewährleisten kann, unternehmerische Dynamik und Aufstiegsmobilität. Lincolns einfache Maxime kann uns als Richtschnur dienen: dass wir gemeinsam, durch unsere Regierung, nur die Dinge tun, die wir allein und privat nicht so gut oder überhaupt nicht tun können.

Mit anderen Worten: Wir sollten uns von dem leiten lassen, was funktioniert.

Wie könnte ein neuer wirtschaftlicher Konsens aussehen? Ich behaupte nicht, dass ich alle Antworten kenne, und eine ausführliche Diskussion der amerikanischen Wirtschaftspolitik würde mehrere Bände füllen. Aber ich kann an ein paar Beispielen erläutern, wie wir uns aus unserer gegenwärtigen politischen Pattsituation befreien können, und aufzeigen, an welchen Stellen wir in der Tradition von Hamilton und Lincoln in unsere Infrastruktur und unser Volk investieren müssen, wo wir ansetzen können, wenn wir den Sozialvertrag, den FDR Mitte des letzten Jahrhunderts als Erster formuliert hat, modernisieren und neu begründen wollen.

Beginnen wir mit den Investitionen, die Amerikas Wettbewerbsfähigkeit in der globalisierten Wirtschaft stärken: Investitionen in Bildung, Wissenschaft und Technik und in Energiequellen, die uns unabhängig machen.

Unsere gesamte Geschichte hindurch stand die Bildung im Mittelpunkt eines Vertrags zwischen unserem Land und seinen Bürgern: Wenn du dich anstrengst und Verantwortung übernimmst, hast du die Chance auf ein besseres Leben. Und in einer Welt, in der das Wissen den Wert eines Bewerbers auf dem Arbeitsmarkt bestimmt, in der ein Kind in Los Angeles nicht nur mit einem Kind in Boston konkurriert, sondern mit Millionen Kindern von Bangalore bis Beijing, erfüllen zu viele Schulen in Amerika ihren Teil des Vertrags nicht.

Im Jahr 2005 besuchte ich die Thornton Township High School, eine Highschool mit überwiegend schwarzen Schülern in einer südlichen Vorstadt von Chicago. Meine Mitarbeiter hatten mit den Lehrern vereinbart, dass sie eine Politikerbefragung organisieren würden: Vertreter jeder Klasse hatten über Wochen Umfragen durchgeführt, welche Themen ihre Mitschüler besonders bewegten, und die Ergebnisse dann in Form einer Reihe von Fragen an mich aufbereitet. Bei der Veranstaltung berichteten sie von Gewalt im Stadtviertel und dass es zu wenige Computer in den Klassenzimmern gab. Aber ihr ganz großes Anliegen war Folgendes: Weil der Schulbezirk es sich nicht leisten konnte, die Lehrer für Ganztagsunterricht zu bezahlen, endete der Unterricht an der Thornton Highschool jeden Tag um 13.30 Uhr. Auf dem reduzierten Stundenplan war keine Zeit für Experimente in Labors und für Fremdsprachenunterricht.

»Wieso werden wir mit zu wenig Unterricht abgespeist?«, fragten sie mich. »Scheint fast, als würde uns keiner zutrauen, dass wir mal aufs College gehen«, fügten sie hinzu.

Sie wollten mehr Unterricht.

Wir haben uns an solche Geschichten gewöhnt: von armen schwarzen Kindern und Kindern aus Latino-Elternhäusern, die in Schulen verkümmern, die sie weder auf die alte industriell geprägte Wirtschaft vorbereiten können und noch viel weniger auf das Informationszeitalter. Aber die Probleme unseres Bildungswesens beschränken sich nicht auf die Städte. Amerika hat heute eine der höchsten Schulabbrecherquoten weltweit. Im letzten Jahr schnitten Schüler an amerikanischen Highschools bei Tests in Mathematik und Naturwissenschaften schlechter ab als die meisten Gleichaltrigen in anderen Ländern. Die Hälfte aller Teenager versteht einfache Gleichungen nicht, die Hälfte der Neunjährigen ist mit einfachen Multiplikationen und Divisionen überfordert, und obwohl mehr amerikanische Schüler als je zuvor die Aufnahmeprüfungen an den Colleges absolvieren, sind nur 22 Prozent in der Lage, einem Unterricht in Englisch, Mathematik und Naturwissenschaften auf College-Niveau zu folgen.

Ich glaube nicht, dass die Regierung an solchen Zahlen etwas ändern kann. In erster Linie ist es Aufgabe der Eltern, ihren Kindern den Wert harter Arbeit und guter Bildung zu vermitteln. Aber die Eltern erwarten zu Recht, dass ihre Regierung durch die öffentlichen Schulen ein gleichrangiger Partner im Bildungsprozess ist – was sie für frühere Generationen in unserem Land auch war.

Bedauerlicherweise sehen wir von unserer Regierung nicht Innovationen und mutige Reformen im Schulwesen, Reformen, die die Schüler der Thornton Highschool in die Lage versetzen könnten, sich um die Jobs bei Google zu bewerben, sondern seit fast zwei Jahrzehnten erleben wir, dass die Regierung nur an Randproblemen herumdoktert und Mittelmäßigkeit durchgehen lässt. Teils ist das ein Ergebnis ideologischer Auseinandersetzungen, die ebenso überholt wie abgedroschen sind. Viele Konservative sagen, Geld habe keinen Einfluss auf den Bildungserfolg, Schuld an den Problemen in den staatlichen Schulen seien unselige bürokratische Apparate und sture Lehrergewerkschaften, die einzige Lösung bestehe darin, das Bildungsmonopol des Staates zu brechen und Bildungsgutscheine auszugeben. Unterdessen wird auf dem linken Flügel häufig ein untragbarer Status quo verteidigt, und es heißt, nur durch mehr Geld könne man die Leistungen des Bildungswesens verbessern.

Beide Positionen sind falsch. Natürlich spielt Geld eine Rolle in der Bildung, warum würden es sich Eltern sonst so viel kosten lassen, in einem Schulbezirk zu wohnen, der über ausreichend finanzielle Mittel verfügt? Viele Schulen in den Städten und auf dem Land leiden unter zu großen Klassen, veralteten Schulbüchern, mangelhafter Ausstattung, und womöglich müssen die Lehrer aus eigener Tasche für grundlegende Lehrmittel bezahlen. Aber es ist nicht zu bestreiten, dass die Art, wie viele öffentliche Schulen geleitet werden, ein mindestens ebenso großes Problem darstellt wie ihre Finanzierung.

Unsere Aufgabe ist es deshalb herauszufinden, welche Reformen sich am stärksten auf den Schulerfolg auswirken, sie angemessen zu finanzieren und die Programme einzustellen, die nicht die gewünschten Ergebnisse bringen. Und tatsächlich haben wir bereits verlässliche Anhaltspunkte, welche Reformen greifen: ein anspruchsvoller, strenger Lehrplan mit einem Schwerpunkt auf Mathematik, Naturwissenschaften und schriftlichem Ausdruck; mehr Unterricht am Tag und mehr Unterrichtstage im Jahr, damit die Kinder genug Zeit haben und längerfristig ihr

Konzentrationsvermögen entwickeln können, weil sie beides zum Lernen brauchen; Frühförderung für jedes Kind, damit nicht manche Kinder vom ersten Schultag an hinterherhinken; aussagekräftige, leistungsbezogene Bewertungen, die ein umfassendes Bild vermitteln, wie ein Schüler zurechtkommt; Anwerbung und Ausbildung veränderungsbereiter Schulleiter und besserer Lehrer.

Der letzte Punkt – gute Lehrer – muss besonders hervorgehoben werden. Neue Untersuchungen zeigen, dass es einen entscheidenden Faktor gibt, der über den Schulerfolg eines Kindes entscheidet: nicht die Hautfarbe oder die Herkunft, sondern der Lehrer. Leider sind zu viele Schulen bei uns auf unerfahrene Lehrer angewiesen, die nur über eine geringe Qualifikation in den Fächern verfügen, die sie unterrichten, und viel zu oft konzentrieren sich solche Lehrer an Problemschulen. Und damit nicht genug. Die Lage wird nicht besser, sondern schlimmer: Jedes Jahr erleben die Schulbezirke einen Aderlass, weil die Lehrer aus der Babyboomer-Generation in den Ruhestand gehen, und in den nächsten zehn Jahren müssten zwei Millionen Lehrer allein dafür eingestellt werden, um mit dem Anstieg der Schülerzahlen Schritt zu halten.

Das Problem besteht nicht darin, dass es an Interesse am Unterrichten fehlt. Ich treffe dauernd junge Leute, die einen Abschluss an einem Top-College in der Tasche haben und im Rahmen von Programmen wie Teach for America zweijährige Einsätze an den härtesten Schulen des Landes leisten. Sie finden diese Arbeit außerordentlich befriedigend, und die Kinder, die sie unterrichten, profitieren von ihrer Kreativität und ihrem Enthusiasmus. Aber nach Ablauf der zwei Jahre wechseln die meisten entweder den Beruf oder gehen an eine ruhige Vorstadtschule – eine Folge schlechter Bezahlung, mangelnder Unterstützung der zuständigen Stellen und des deutlichen Gefühls, alleingelassen zu werden.

Wenn es uns ernst damit ist, ein Schulsystem für das 21. Jahrhundert aufzubauen, müssen wir den Lehrerberuf ernst nehmen. Das bedeutet, dass wir das Anerkennungsverfahren für Qualifikationen ändern müssen, damit ein Chemie-Absolvent, der gerne unterrichten möchte, nicht noch teure zusätzliche Kurse belegen muss. Wir können Neulinge mit erfahrenen Lehrern zusammenspannen, damit sie ihr Gefühl der Isolation überwinden, und bewährten Lehrern dabei helfen, dass sie besser kontrollieren können, was in ihren Klassenzimmern vor sich geht.

Das bedeutet auch, dass wir Lehrer anständig bezahlen müssen. Es ist nicht einzusehen, warum ein erfahrener, hochqualifizierter und fähiger Lehrer oder eine Lehrerin auf dem Höhepunkt seiner oder ihrer Karriere nicht 100 000 Dollar (rund 77 000 Euro) im Jahr verdienen soll. Hochqualifizierte Lehrer in kritischen Fächern wie Mathematik und Naturwissenschaften, auch solche, die bereit sind, an besonders schwierige Innenstadtschulen zu gehen, könnten sogar noch mehr bekommen.

Es gibt nur eine Bedingung dabei. Wenn die Lehrer mehr Geld erhalten, müssen sie im Gegenzug für ihre Leistungen geradestehen, und die Schulbezirke müssen mehr Möglichkeiten haben, unfähige Lehrer loszuwerden.

Bisher haben sich die Lehrergewerkschaften gegen den Gedanken gesträubt, die Bezahlung an die Leistung zu koppeln, nicht zuletzt, weil sie mit einer solchen Regelung den Launen des Schulleiters ausgeliefert wären. Weiterhin argumentieren die Gewerkschaften (mit einer gewissen Berechtigung, wie ich meine), dass die meisten Schulbezirke sich bei der Einschätzung der Lehrerleistungen nur an Schülernoten orientieren, obwohl die Noten in einem hohen Grad von Faktoren abhängen können, auf die der Lehrer keinen Einfluss hat, wie die Anzahl von Schülern aus sozial schwachen Familien in einer Klasse oder von Schülern, die besondere Förderung brauchen.

Aber diese Probleme sind lösbar. Wenn die Bundesstaaten und Schulbezirke mit den Lehrergewerkschaften zusammenarbeiten, können sie bessere Verfahren zur Leistungsmessung entwickeln, die etwa Testergebnisse mit Formen der Bewertung durch Kollegen verbinden (die meisten Lehrer können erstaunlich präzise sagen, welche Kollegen an ihrer Schule wirklich gut und welche wirklich schlecht sind). Und wir können dafür sorgen, dass schlechte Lehrer Kinder, die lernen wollen, nicht länger daran hindern.

In der Tat müssten wir, wenn wir die erforderlichen Investitionen machen und unsere Schulen auf Vordermann bringen, die Gewissheit neu entdecken, dass jedes Kind *lernen kann*. Kürzlich hatte ich die Gelegenheit, die Dodge Elementary School im Chicagoer Westen zu besuchen, eine Schule, die in jeder Hinsicht einmal ganz unten rangierte, sich aber inzwischen mitten im Umbruch befindet. Im Gespräch mit Lehrern über die Schwierigkeiten, die sie überwinden mussten, erwähnte eine Lehrerin das »Diese-Kinder-Syndrom«, wie sie es nannte: die Entschlossenheit der Gesellschaft, eine Million Entschuldigungen zu finden, warum »diese Kinder« nicht lernen können, Sätze von der Art wie »diese Kinder kommen aus schwierigen Verhältnissen« oder »diese Kinder sind zu weit zurück«.

»Es macht mich wahnsinnig, wenn ich so etwas höre«, meinte die Lehrerin. »Sie sind nicht ›diese Kinder‹, es sind unsere Kinder.«

Die Leistungsfähigkeit der amerikanischen Wirtschaft in den nächsten Jahren wird zu einem guten Teil davon abhängen, ob wir uns solche Sätze zu Herzen nehmen.

Unsere Investitionen in Bildung dürfen bei Verbesserungen im Grund- und Sekundarschulbereich nicht aufhören. In einer wissensbasierten Wirtschaft, in der acht der neun in diesem Jahrzehnt am schnellsten wachsenden Berufsfelder naturwissenschaftliche oder technische Kenntnisse erfordern, werden die meisten Arbeitskräfte eine Form von höherer Bildung brauchen, damit sie die Aufgaben der Zukunft erfüllen können. Und so wie unsere Regierung zu Beginn des 20. Jahrhunderts den kostenfreien Besuch öffentlicher Schulen verpflichtend gemacht hat, in denen Arbeitnehmern die im Industriezeitalter geforderten Fähigkeiten vermittelt wurden, muss unsere Regierung heute die Arbeitnehmer in die Lage versetzen, sich an die Realitäten des 21. Jahrhunderts anpassen zu können.

In vielerlei Hinsicht sollten wir es heute leichter haben als die Politiker vor hundert Jahren. Zum einen existiert unser Netz von Universitäten und Colleges bereits und ist für die Aufnahme weiterer Studenten gerüstet. Die Amerikaner müssen auch ganz sicher nicht erst vom Wert einer höheren Bildung überzeugt werden: Der Anteil der jungen Erwachsenen mit Bachelor-Abschluss ist in jedem Jahrzehnt gestiegen, von rund 16 Prozent 1980 auf fast 33 Prozent heute.

Rasche Hilfe brauchen die Amerikaner allerdings angesichts der steigenden Kosten einer College-Ausbildung – Michelle und ich kennen dieses Problem nur zu gut (in den ersten zehn Jahren unserer Ehe lagen die monatlichen Raten, mit denen wir unsere Studienkredite zurückzahlten, deutlich über der Rate für die Hypothek). In den letzten fünf Jahren sind die durchschnittlichen Studiengebühren an vierjährigen staatlichen Colleges inflationsbereinigt um 40 Prozent gestiegen. Die Studenten müssen sich immer höher verschulden, und das hält viele ab, nach dem Examen in einem nicht so gut bezahlten Beruf anzufangen und etwa Lehrer zu werden. Jährlich wählen schätzungsweise 200 000 Schüler, die das Zeug dazu hätten, aufs College zu gehen, einen anderen Weg, weil sie nicht wissen, wie sie die Studiengebühren bezahlen sollen.

Wir können einiges tun, um die Kosten zu begrenzen und den Zugang zu höherer Bildung zu verbessern. Die Bundesstaaten können eine Obergrenze für die jährlichen Studiengebühren an staatlichen Hochschulen festlegen. Für manche Studenten könnten technische Schulen oder Online-Kurse eine kosteneffiziente Lösung für die Weiterbildung in einer sich beständig wandelnden Wirtschaft sein. Und die Studenten können darauf beharren, dass die Hochschulen beim Spendensammeln mehr die Qualität der Lehre im Blick haben als den Bau eines neuen Football-Stadions.

Doch unabhängig davon, wie gut es uns gelingt, die Spirale der Bildungskosten zu kontrollieren, viele Studenten und Eltern brauchen auf jeden Fall mehr direkte Hilfe, damit sie die College-Gebühren tragen können, sei es durch Stipendien, Darlehen mit niedrigen Zinssätzen, steuerfreie Bildungssparkonten oder dadurch, dass Ausbildungskosten voll von der Steuer abgesetzt werden können. Bislang ist der Kongress in die entgegengesetzte Richtung marschiert, hat die Zinsen auf Studentendarlehen mit staatlicher Bürgschaft erhöht und die Beihilfen für Studenten aus einkommensschwachen Familien nicht entsprechend der Inflation angehoben. Für eine solche Politik gibt es keine Rechtfertigung – nicht, wenn wir Chancen und Aufstiegsmobilität als zentrale Merkmale der US-Wirtschaft erhalten wollen.

Und noch ein anderer Aspekt unseres Bildungssystems verdient Aufmerksamkeit, ein Aspekt, bei dem es um den Kern der Wettbewerbsfähigkeit Amerikas geht. Seit Lincoln den Morrill Act unterzeichnet und das System der »Land Grant Colleges« geschaffen hat (Colleges fernab der Städte mit technischem und landwirtschaftlichem Lehr- und Forschungsschwerpunkt), sind die höheren Bildungseinrichtungen immer auch die wichtigsten Laboratorien des Landes für Forschung und Entwicklung gewesen. In diesen Einrichtungen wurden die innovativen Köpfe der Zukunft ausgebildet. Die jeweiligen Bundesstaaten finanzieren die Infrastruktur, von Chemielabors bis zu Teilchenbeschleunigern, und Forschungen, die vielleicht nicht unmittelbar kommerziellen Nutzen haben, aber auf längere Sicht zu entscheidenden wissenschaftlichen Durchbrüchen führen können.

Auch hier ist unsere Politik in die falsche Richtung gegangen. Bei der Feier zur Verleihung der akademischen Grade an der Northwestern University 2006 kam ich ins Gespräch mit Dr. Robert Langer, Professor für Bioingenieurwesen am MIT und einer der führenden Wissenschaftler des Landes. Langer ist alles andere als ein Gelehrter im Elfenbeinturm: Er ist Inhaber von mehr als fünfhundert Patenten, seine Forschungen reichen von der Entwicklung des Nikotinpflasters bis zu Behandlungsmöglichkeiten für Gehirntumoren. Während wir warteten, dass es losging, erkundigte ich mich, woran er gerade arbeite, und er erzählte von seinen Forschungen zur Gewebezüchtung, die eines Tages effizientere Methoden der Medikamentenverabreichung bieten könnten. Ich dachte an die jüngsten Auseinandersetzungen über die Stammzellenforschung und fragte ihn, ob es für ihn in seinem Forschungsgebiet ein größeres Hindernis sei, dass die Bush-Administration die Zahl der Stammzelllinien beschränkt habe. Er schüttelte den Kopf.

»Es wäre sicher hilfreich, wenn wir mehr Stammzelllinien hätten, aber das wirkliche Problem besteht darin, dass wir zu wenig Geld von der Bundesregierung bekommen.« Er berichtete, dass fünfzehn Jahre zuvor 20 bis 30 Prozent aller Forschungsanträge in signifikantem Umfang vom Bund unterstützt worden seien. Mittlerweile sei die Quote auf 10 Prozent zurückgegangen. Für die Wissenschaftler und Forscher bedeutet das, dass sie mehr Zeit dafür aufwenden müssen, Geld aufzutreiben, und weniger Zeit für die Forschung haben. Es bedeutet auch, dass jedes Jahr weitere viel versprechende Forschungsansätze nicht verfolgt werden können, insbesondere Hochrisikoforschung, die letztlich aber auch die größten Gewinne einbringen kann.

Dr. Langer steht mit seiner Einschätzung nicht allein da. Ich habe den Eindruck, jeden Monat kommen Wissenschaftler und -

Ingenieure zu mir ins Büro und berichten von der verminderten Bereitschaft der Bundesregierung, Grundlagenforschung zu finanzieren. In den letzten dreißig Jahren ist der Anteil am BIP, den Washington für Physik, Mathematik und Ingenieurwissenschaften zur Verfügung gestellt hat, gesunken, andere Länder haben in eben diesem Zeitraum ihre Etats für Forschung und Entwicklung aufgestockt. Und wie Dr. Langer darlegt, hat unsere rückläufige Unterstützung für Grundlagenforschung direkte Auswirkungen auf die Zahl der jungen Leute, die sich für Mathematik, Naturwissenschaften und Ingenieurstudiengänge einschreiben – auch das ist Teil der Erklärung, warum in China pro Jahr achtmal mehr Ingenieure ihr Studium abschließen als in den Vereinigten Staaten.

Wenn wir eine innovative Wirtschaft wollen, die jedes Jahr weitere Firmen wie Google hervorbringt, dann müssen wir in unsere innovativen Köpfe von morgen investieren: Wir müssen den Etat für die Grundlagenforschung in den nächsten fünf Jahren verdoppeln, in den nächsten vier Jahren hunderttausend zusätzliche Ingenieure und Naturwissenschaftler ausbilden und herausragenden jungen Forschern, die am Anfang ihrer Karriere stehen, neue Forschungsstipendien gewähren. Alles in allem wird es uns in den nächsten fünf Jahren rund 42 Milliarden Dollar kosten, unseren wissenschaftlichen und technischen Vorsprung zu erhalten. Das ist eine Menge Geld, keine Frage, aber doch nur 15 Prozent der Summe, die zuletzt in das Highway-Netz geflossen ist.

Mit anderen Worten: Wir können es uns leisten, zu tun, was getan werden muss. Nicht das Geld fehlt uns, sondern das Bewusstsein der Dringlichkeit.

Die letzte wichtige Investition, um Amerikas Wettbewerbsfähigkeit zu stärken, betrifft die Energiewirtschaft. Wir brauchen eine von Importen unabhängige Energieversorgung. In der Vergangenheit hat immer ein Krieg oder eine unmittelbare Bedrohung der nationalen Sicherheit Amerika aus seiner Selbstzufriedenheit gerissen und zu mehr Investitionen in Bildung und Wissenschaft veranlasst, alles mit der Absicht, unsere Verwundbarkeit zu verringern. So war es auf dem Höhepunkt des Kalten Krieges, als mit dem Start des Sputnik-Satelliten die Befürchtung aufkam, die Sowjets könnten uns technologisch abhängen. Präsident Eisenhower verdoppelte daraufhin die staatliche Unterstützung für das Bildungswesen und sorgte dafür, dass eine ganze Generation von Wissenschaftlern und Ingenieuren die Ausbildung bekam, die sie brauchte, um revolutionäre Fortschritte zu erzielen. Im selben Jahr wurde die Defense Advanced Research Projects Agency (DARPA) gegründet, die Milliarden Dollar für Forschungen zur Verfügung stellte, die schließlich zum Internet führten, zur Entwicklung des Strichcodes und zum computergestützten Design. Und 1961 brachte Präsident Kennedy das Apollo-Raumfahrtprogramm auf den Weg, das junge Leute im ganzen Land dazu inspirierte, neue Welten in den Naturwissenschaften zu erobern.

In unserer heutigen Situation ist es zwingend notwendig, dass wir uns in der gleichen Weise mit der Energieversorgung befassen. Wir können gar nicht überschätzen, wie sehr unsere Abhängigkeit vom Öl unsere Zukunft gefährdet. Nach Angaben der Nationalen Kommission für Energiepolitik wird ohne Veränderungen in unserer Energiepolitik die Nachfrage der Vereinigten Staaten nach Öl in den nächsten zwanzig Jahren um 40 Prozent in die Höhe schießen. Im selben Zeitraum wird die weltweite Nachfrage mindestens um 30 Prozent klettern, im selben Tempo wachsen in Ländern wie China und Indien die Industriekapazitäten, und 140 Millionen neue Autos rollen dort über die Straßen.

Unsere Abhängigkeit vom Öl hat nicht nur Folgen für unsere Wirtschaft, sie gefährdet auch unsere nationale Sicherheit. Ein erheblicher Anteil der 800 Millionen Dollar, die wir täglich für Ölimporte ausgeben, fließt an Regime, die zu den unzuverlässigsten auf der Welt zählen: an Saudi-Arabien, Nigeria, Venezuela und zumindest indirekt an den Iran. Es spielt keine Rolle, dass es diktatorische Regime sind mit nuklearen Ambitionen oder der Sitz von Koranschulen, die die Saat des Terrors in die Köpfe junger Menschen pflanzen – sie bekommen unser Geld, weil wir ihr Öl brauchen.

Schlimmer noch: Die Gefahr, dass die Versorgung unterbrochen wird, ist erheblich. Im Persischen Golf versucht al-Qaida seit Jahren immer wieder Angriffe auf schlecht geschützte Ölraffinerien, und wenn nur ein Angriff auf eine größere Anlage Erfolg hätte, könnte das die US-Wirtschaft in die Krise stürzen. Osama bin Laden selbst hat seinen Anhängern geraten, »konzentriert eure Operationen auf [Öl], vor allem im Irak und in der Golfregion, das wird ihnen das Genick brechen«.

Und dann sind da noch die Folgen unserer auf fossilen Brennstoffen basierenden Wirtschaft für die Umwelt. So ziemlich alle Wissenschaftler außerhalb des Weißen Hauses sind überzeugt, dass der Klimawandel eine Realität ist, dass er eine ernste Gefahr ist und durch den fortgesetzten Ausstoß von Kohlendioxid beschleunigt wird. Wenn die Aussicht auf schmelzende Polkappen, steigende Meeresspiegel, gravierende Veränderungen beim Wetter, häufigere Orkane, sterbende Korallenriffe und eine Zunahme von Atemwegserkrankungen und von durch Insekten übertragenen Krankheiten keine ernsthafte Bedrohung darstellt, dann weiß ich nicht, was eine solche sein sollte.

Bisher hat die Bush-Administration ihre Energiepolitik darauf ausgerichtet, die großen Ölunternehmen zu unterstützen und mehr Bohrungen vorzunehmen, doch in die Entwicklung alternativer Energien flossen nur symbolische Beträge. Diese Strategie könnte ökonomisch sinnvoll sein, wenn Amerika reichlich unerschlossene Ölvorräte hätte und daraus seinen Bedarf

decken könnte (und wenn die Ölgesellschaften nicht Rekord-
gewinne machten). Aber solche Vorräte gibt es nicht. Die Vereinigten Staaten besitzen 3 Prozent der weltweiten Ölreserven.
. Wir verbrauchen 25 Prozent der weltweiten Ölförderung. Wir
kommen aus dieser Zwickmühle nicht heraus.

Etwas aber können wir tun: erneuerbare, saubere Energiequellen für das 21. Jahrhundert erschließen. Statt die Ölindus-
trie weiter zu unterstützen, sollten wir sämtliche Steuervergüns-
tigen für diese Branche aufheben und verlangen, dass 1 Prozent
der Einnahmen jener Ölfirmen, die vierteljährliche Gewinne von
über 1 Milliarde Dollar verzeichnen, in die Erforschung alternativer Energiequellen und die dafür erforderliche Infrastruktur
gehen. Ein solches Projekt würde sich nicht nur wirtschaftlich,
außen- und umweltpolitisch reich auszahlen, es könnte auch der
Weg sein, um eine ganze neue Generation amerikanischer Wissenschaftler und Ingenieure auszubilden, und dadurch könnten
neue Exportgüter und gut bezahlte Arbeitsplätze entstehen.

Andere Länder wie Brasilien haben es uns bereits vorge-
macht. In den letzten dreißig Jahren hat es Brasilien mit einer
Mischung aus Vorschriften und direkten staatlichen Investitionen geschafft, eine hocheffiziente Biospritproduktion aufzubauen, 70 Prozent der neuen Fahrzeuge in Brasilien fahren
mit Ethanol aus Zucker statt mit Benzin. Die amerikanische
Ethanol-Industrie holt langsam auf, obwohl sie keine vergleich-
bare Unterstützung durch die Regierung erhält. Überzeugte
Marktwirtschaftler argumentieren, die massiven Eingriffe der
brasilianischen Regierung kämen in der marktorientierten US-
Wirtschaft nicht in Frage. Aber wenn Vorschriften flexibel und
mit Gespür für die Marktkräfte eingesetzt werden, können sie
durchaus privatwirtschaftliche Innovationen und Investitionen
in den Energiesektor lenken.

Nehmen wir nur als Beispiel die Grenzen für den Benzin-
verbrauch. Hätten wir die Grenzen in den letzten zwanzig

Jahren, als Benzin billig war, stetig herabgesetzt, hätten die US-Automobilhersteller in neue, sparsame Modelle investiert, statt weiter durstige Geländewagen zu bauen, und mit steigenden Benzinpreisen wären diese neuen Modelle im Wettbewerb immer attraktiver geworden. Stattdessen erleben wir, wie japanische Autohersteller die amerikanischen Autoproduzenten in die Enge treiben. Toyota will im Jahr 2006 hunderttausend Fahrzeuge seines beliebten Hybridmodells Prius verkaufen, das Hybridauto von GM wird 2007 überhaupt erst auf den Markt kommen. Und wir können damit rechnen, dass Unternehmen wie Toyota die amerikanischen Autobauer auf dem boomenden chinesischen Markt überflügeln, denn China hat heute schon strengere Vorgaben für den Spritverbrauch als wir.

Das Fazit lautet, dass sparsame Autos und alternative Kraftstoffe wie E 85, ein Kraftstoff aus 85 Prozent Ethanol, die Zukunft der Automobilindustrie sind. Amerikanische Autoproduzenten werden in der Zukunft mithalten können, wenn wir heute ein paar harte Entscheidungen treffen. Jahrelang haben die amerikanische Autoindustrie und die Gewerkschaft der Automobilarbeiter sich strengeren Vorgaben für den Kraftstoffverbrauch widersetzt, weil Umrüsten Geld kostet und die Autobranche heute bereits unter scharfem Wettbewerb und hohen Belastungen durch die Krankenversicherung für die ehemaligen Beschäftigten leidet. Deshalb habe ich in meinem ersten Jahr im Senat ein Gesetzesvorhaben mit dem Titel »Gesundheit gegen Hybride« vorgeschlagen. Dahinter verbirgt sich ein Handel mit den amerikanischen Autobauern: Die Bundesregierung beteiligt sich an der Finanzierung der Krankenversicherung für Automobilarbeiter in Rente, im Gegenzug investieren die »Großen Drei« das ersparte Geld in die Entwicklung sparsamer Fahrzeuge.

Durch aggressive Investitionen in alternative Energiequellen können auch Tausende neuer Arbeitsplätze entstehen. In zehn oder zwanzig Jahren könnte die ehemalige Maytag-Fabrik in Galesburg ihre Tore wieder öffnen, und zwar als Raffinerie für Ethanol aus Zellulose. Gleich um die Ecke tüfteln Wissenschaftler in ihren Labors an einer neuen Brennstoffzelle für einen Wasserstoffmotor. Und die neue Autofabrik direkt gegenüber ist voll ausgelastet mit der Produktion von Hybridautos. Für die neuen Jobs gibt es genug entsprechend qualifizierte amerikanische Arbeitskräfte, die von der Grundschule bis zum College eine erstklassige Ausbildung genossen haben.

Doch wir dürfen nicht länger zögern. Einen Eindruck, was mit einem Land passiert, das von Energieeinfuhren abhängig ist, bekam ich, als ich im Sommer 2005 zusammen mit Senator Dick Lugar die Ukraine besuchte und mit dem frisch gewählten ukrainischen Präsidenten Viktor Juschtschenko zusammentraf. Juschtschenkos Wahl hatte weltweit für Schlagzeilen gesorgt: Er war gegen eine herrschende Partei angetreten, die seit Jahren nach der Pfeife des Nachbarn Russland getanzt hatte, hatte einen Mordanschlag überlebt, Wahlbetrug und Drohungen aus Moskau erlebt, bis sich das ukrainische Volk schließlich in einer »orangenen Revolution«, einer Reihe friedlicher Demonstrationen, erhoben und ihn zuletzt ins Präsidentenamt gebracht hatte.

Die Stimmung in der ehemaligen Sowjetrepublik musste ganz einfach ausgelassen sein, und tatsächlich, wo wir hinkamen, war die Rede von demokratischer Liberalisierung und Wirtschaftsreformen. Aber in unseren Gesprächen mit Juschtschenko und seinem Kabinett stellten wir bald fest, dass die Ukraine ein großes Problem hatte: Bei Öl und Gas war sie nach wie vor vollkommen von Russland abhängig. Russland hatte bereits signalisiert, dass die Ukraine nicht länger Energie unter Weltmarktpreisen würde kaufen können, eine Entscheidung, die bedeutete, dass in den Wintermonaten vor der Parlamentswahl die Heizölpreise auf das Dreifache klettern würden. Prorussische Kräfte im Land lauerten auf ihre Chance, denn sie wussten, dass aller euphorischen Rhetorik, allen orangenen Fahnen, allen Demonstrationen und Juschtschenkos Mut zum Trotz die Ukraine nach wie vor vom Wohlwollen ihrer ehemaligen Schutzmacht abhängig war.

Ein Land, das die Kontrolle über seine Energiequellen nicht hat, hat die Kontrolle über seine Zukunft nicht. Die Ukraine hat vielleicht keine Wahl in der Sache, aber die reichste und mächtigste Nation der Welt hat ganz sicher eine Wahl.

Bildung. Wissenschaft und Technik. Energie. Investitionen in diesen drei Schlüsselsektoren wären ein wichtiger Beitrag, Amerikas Position im globalen Wettbewerb zu stärken. Natürlich werden in allen drei Bereichen die Investitionen nicht über Nacht Früchte tragen. Und sie werden umstritten sein. Investitionen in Forschung und Entwicklung und in Bildung kosten Geld zu einer Zeit, in der unser Bundeshaushalt bereits stark belastet ist. Sparsame Autos zu bauen und Lehrer an staatlichen Schulen leistungsgerecht zu bezahlen, wird voraussetzen, dass wir die Skepsis von Arbeitnehmern überwinden, die sich bereits unter Druck fühlen. Und dass die Diskussionen über den Sinn von Bildungsgutscheinen und die Funktionsfähigkeit des Wasserstoffantriebs in nächster Zeit aufhören werden, ist unwahrscheinlich.

Aber während es gut und richtig ist, dass wir eine lebhafte, offene Debatte über die Mittel führen, mit denen wir diese Ziele erreichen wollen, darf es über die Ziele selbst keine Diskussion geben. Wenn wir nicht handeln, werden wir im weltweiten Wettbewerb zurückfallen. Wenn wir mutig handeln, wird unsere Wirtschaft weniger verwundbar sein, wird sich unsere Handelsbilanz verbessern, wird sich das Tempo der technologischen Innovationen beschleunigen und wird der amerikanische Arbeiter besser gerüstet sein, sich in der globalisierten Wirtschaft zu behaupten.

Nur, wird das ausreichen? Nehmen wir einmal an, wir sind in der Lage, ideologische Differenzen zu überbrücken und dafür zu sorgen, dass die US-Wirtschaft weiter wächst. Werde ich dann den Arbeitern in Galesburg in die Augen blicken und ihnen sagen können, dass die Globalisierung ihnen und ihren Kindern nützen kann?

Diese Frage beschäftigte mich, als 2005 über das Freihandelsabkommen zwischen den USA und sechs mittelamerikanischen Ländern, CAFTA (Central American Free Trade Agreement), diskutiert wurde. Für sich allein betrachtet, ist das Abkommen keine nennenswerte Gefahr für die amerikanischen Arbeitnehmer: Die Volkswirtschaften der beteiligten mittelamerikanischen Länder zusammen entsprechen etwa dem Volumen von New Haven in Connecticut. Es öffnet neue Märkte für die amerikanischen Agrarproduzenten und stellt armen Ländern wie Honduras und der Dominikanischen Republik die dringend benötigten ausländischen Investitionen in Aussicht. Es gibt ein paar Probleme mit dem Abkommen, aber unter dem Strich steht wahrscheinlich ein klares Plus für die US-Wirtschaft.

Die Gewerkschaftsvertreter, mit denen ich zusammentraf, wollten jedoch von all dem nichts wissen. In ihren Augen war NAFTA, das nordamerikanische Freihandelsabkommen, eine Katastrophe für die amerikanischen Arbeiter gewesen, und CAFTA hielten sie nur für die Ausweitung dieser Katastrophe. Man brauche nicht einfach freien Handel, sagten sie, sondern fairen Handel: mehr Arbeitsschutz in den Ländern, die mit den USA Handel treiben, auch das Recht, sich gewerkschaftlich zu organisieren, und das Verbot von Kinderarbeit; höhere Umweltstandards in diesen Ländern; Schluss mit ungerechten Exportsubventionen und nichttarifären Hemmnissen für US-Exporte; mehr Schutz für amerikanisches geistiges Eigentum; und, besonders im Hinblick auf China, Schluss damit, den Kurs der eigenen Währung künstlich niedrig zu halten und

US-Firmen damit dauerhaft einen Wettbewerbsnachteil aufzubürden.

Wie die meisten Demokraten unterstütze ich all diese Forderungen nachdrücklich. Trotzdem fühlte ich mich verpflichtet, den Gewerkschaftsvertretern zu sagen, dass diese nichts an den grundsätzlichen Realitäten der Globalisierung ändern würden. Wenn Arbeits- und Umweltschutz in Handelsverträgen zwischen Staaten eine Rolle spielen, kann das die Länder unter Druck setzen, die Arbeitsbedingungen beständig zu verbessern. Die gleiche Wirkung kann es haben, wenn amerikanische Einzelhändler sich verpflichten, nur Waren zu verkaufen, die zu fairen Löhnen produziert wurden. Aber dadurch wird die immense Kluft zwischen den Stundenlöhnen amerikanischer Arbeiter und der Arbeiter in Honduras, Indonesien, Mosambik oder Bangladesch nicht kleiner, Ländern, wo ein Job in einer schmutzigen Fabrik oder einem stickigen Sweatshop oft genug als ein Schritt nach oben auf der sozialen Leiter angesehen wird.

Wenn China bereit wäre, einen maßvollen Kursanstieg seiner Währung zu tolerieren, würden dort hergestellte Waren teurer werden, und Waren aus den Vereinigten Staaten würden konkurrenzfähiger werden. Aber wenn all das gesagt und getan ist, hat China immer noch einen Überschuss an Arbeitskräften im Land, der der Hälfte der Gesamtbevölkerung der USA entspricht – Wal-Mart wird dort noch sehr, sehr lange gute Geschäfte machen.

Ich sage den Gewerkschaftsvertretern, dass wir bei der Frage der Handelsbeziehungen einen neuen Ansatz brauchen, einen, der diese Realitäten zur Kenntnis nimmt.

Und meine Brüder und Schwestern von der Gewerkschaft nicken und erwidern, sie würden gerne mit mir über meine Ideen sprechen, aber könnten sie meine Stimme inzwischen als eine Stimme gegen CAFTA verbuchen?

In der Tat hat sich die grundsätzliche Debatte über den Freihandel seit Anfang der achtziger Jahre wenig verändert: In der Regel ziehen die Arbeiter und ihre Verbündeten den Kürzeren. Bei Politikern, in der Presse und in der Wirtschaft herrscht heute die Meinung vor, dass es dank dem Freihandel allen besser geht. Mag sein, dass einige amerikanische Jobs verloren gegangen sind und das in manchen Gebieten Schmerz und Not verursacht hat, aber für die tausend Jobs, die durch eine Fabrikschließung verschwinden, entstehen tausend oder noch mehr Jobs in dem neuen, expandierenden Dienstleistungsbereich.

Seit sich das Tempo der Globalisierung beschleunigt hat, machen sich nicht nur Gewerkschaftsvertreter Sorgen über die langfristigen Perspektiven der amerikanischen Arbeiter. Volkswirte haben festgestellt, dass überall auf der Welt, auch in Indien und China, immer höhere jährliche Wachstumsraten erforderlich sind, damit eine bestimmte Anzahl an Arbeitsplätzen entsteht, eine Folge der zunehmenden Automatisierung und höheren Produktivität. Manche Analysten werfen die Frage auf, ob eine stärker von Dienstleistungen geprägte US-Wirtschaft den gleichen Produktivitätszuwachs und damit den gleichen Anstieg des Lebensstandards erwarten kann, wie wir es in der Vergangenheit erlebt haben. Tatsächlich zeigen Statistiken für die letzten fünf Jahre, dass die Löhne für die Jobs, die in Amerika verloren gegangen sind, höher waren als die Löhne, die in den neu geschaffenen Jobs gezahlt werden.

Die Anhebung des Bildungsniveaus amerikanischer Arbeitnehmer wird dafür sorgen, dass sie der globalisierten Wirtschaft besser gewachsen sind, aber bessere Bildung allein schützt sie nicht vor immer härterem Wettbewerb. Selbst wenn die Vereinigten Staaten doppelt so viele Computerprogrammierer pro Kopf der Bevölkerung in die Arbeitswelt entlassen würden wie China, Indien oder jedes beliebige osteuropäische Land, ist bei der schieren Zahl der Kräfte, die neu auf den Arbeitsmarkt drängen, der Anteil der Programmierer aus dem Ausland größer als der aus den Vereinigten Staaten – und jede Firma mit einem Breitbandanschluss kann die Dienste der ausländischen Programmierer für ein Fünftel des Gehalts, das ein Amerikaner erhält, in Anspruch nehmen.

Mit anderen Worten: Der Freihandel führt sehr wohl dazu, dass der weltweite wirtschaftliche Kuchen größer wird, aber kein Gesetz besagt, dass die Arbeitnehmer in den Vereinigten Staaten ein immer größeres Stück von dem Kuchen abbekommen.

Angesichts dieser Realitäten ist leicht zu verstehen, warum manche gerne der Globalisierung Einhalt gebieten würden, den Status quo einfrieren wollen und dafür plädieren, dass wir uns gegen wirtschaftliche Umbrüche abschotten. Bei einem Abstecher nach New York während der CAFTA-Debatte erwähnte ich die Untersuchungen, die ich gerade las, in einer Unterredung mit Robert Rubin, dem ehemaligen amerikanischen Finanzminister unter Clinton, den ich in meinem Wahlkampf kennen gelernt hatte. Es gibt wohl keinen anderen Demokraten, der stärker mit der Globalisierung identifiziert wird als Rubin: Er war nicht nur über Jahrzehnte ein sehr einflussreicher Banker an der Wall Street, sondern hatte in den neunziger Jahren auch wesentlichen Anteil daran, die Entwicklungsrichtung des Weltfinanzsystems festzulegen. Und außerdem ist er einer der nachdenklichsten und bescheidensten Menschen, die ich kenne. Ich fragte ihn also, ob zumindest manche Ängste der Maytag-Arbeiter in Galesburg begründet seien: dass der langfristige Niedergang des Lebensstandards in den Vereinigten Staaten unvermeidlich wäre, wenn wir uns ganz und gar auf den Wettbewerb mit den sehr viel billigeren Arbeitskräften weltweit einließen.

»Das ist eine schwierige Frage«, begann Rubin. »Die meisten Volkswirte werden antworten, dass die US-Wirtschaft potenziell unbegrenzt neue, gute Arbeitsplätze schaffen kann, weil der menschliche Erfindungsgeist keine Grenzen kennt. Die Menschen wollen neue Erzeugnisse, neue Bedürfnisse und Wünsche erzeugen. Ich denke, die Volkswirte werden wahrscheinlich Recht behalten. In der Vergangenheit ist es so gewesen. Es gibt natürlich keine Garantie, dass es auch diesmal so sein wird. In Anbetracht des raschen technologischen Wandels, der Größe der Länder, mit denen wir konkurrieren, und der Kostenunterschiede zu diesen Ländern könnte die Dynamik diesmal womöglich anders sein. Ich könnte mir vorstellen, dass wir diesmal Probleme haben, selbst wenn wir alles richtig machen.«

Ich meinte, die Leute in Galesburg würden diese Antwort nicht gerade ermutigend finden.

»Ich habe nur gesagt, dass es so sein könnte. Alles in allem neige ich zu vorsichtigem Optimismus. Wenn wir unseren Haushalt in Ordnung bringen und unser Bildungssystem verbessern, werden ihre Kinder sich gut behaupten. Wie auch immer, *eines* kann man den Leuten in Galesburg mit Sicherheit sagen: Alle protektionistischen Maßnahmen würden kontraproduktiv sein und nur dazu führen, dass ihre Kinder schlechter dastehen.«

Mir gefiel, dass Rubin die Sorgen der amerikanischen Arbeitnehmer im Hinblick auf die Globalisierung zur Kenntnis nahm. Nach meiner Erfahrung haben die meisten Arbeiterführer gründlich über das Thema nachgedacht und können nicht als unverbesserliche Protektionisten abgetan werden.

Doch Rubins Grundaussage lässt sich nicht bestreiten: Wir können versuchen, das Tempo der Globalisierung zu verlangsamen, aber wir können sie nicht stoppen. Die US-Wirtschaft ist heute mit dem Rest der Welt so verflochten und der digitale Austausch ist so umfassend, dass ein wirksamer Protektionismus kaum vorstellbar ist, geschweige denn durchgesetzt werden könnte. Zölle auf Stahlimporte können für die amerikanischen Stahlproduzenten kurzfristig eine Erleichterung bringen, aber sie werden dazu führen, dass jeder US-Produzent, der Stahl verwendet, mit seinen Produkten auf dem Weltmarkt weniger wettbewerbsfähig ist. Es ist hart, nach dem Motto »amerikanische Güter kaufen« zu handeln, wenn ein Videospiel, das von einer US-Firma verkauft wird, von japanischen Softwareingenieuren entwickelt und in Mexiko verpackt wurde. Die US-Grenzwächter können gegen die Dienste eines Call-Centers in Indien nichts unternehmen und können auch den Elektroingenieur in Prag nicht daran hindern, dass er seine Arbeit via E-Mail an eine Firma in Dubuque schickt. Für den Handel gibt es heute nur noch wenige Grenzen.

Das heißt jedoch nicht, dass wir nur hilflos mit den Schultern zucken und den Arbeitern sagen müssen, sie sollten selbst schauen, wo sie bleiben. Ich sprach diesen Punkt am Ende der CAFTA-Debatte Präsident Bush gegenüber an, als ich mit einer Gruppe von Senatoren zu Diskussionen ins Weiße Haus eingeladen war. Ich sagte dem Präsidenten, ich sei vom Nutzen des Handels überzeugt und zweifelte nicht daran, dass das Weiße Haus die erforderlichen Stimmen für dieses spezielle Abkommen zusammenbringen werde. Aber der Widerstand gegen die mittelamerikanische Freihandelszone habe weniger mit Eigenheiten der Vereinbarung zu tun, sondern vor allem mit der wachsenden Verunsicherung der amerikanischen Arbeitnehmer. Wenn wir nicht Wege fänden, ihnen ihre Ängste zu nehmen und ihnen deutlich zu signalisieren, dass die Bundesregierung auf ihrer Seite steht, dann würden die protektionistischen Neigungen nur weiter wachsen.

Der Präsident hörte höflich zu und sagte, er habe mit großem Interesse meine Gedanken zur Kenntnis genommen. Fürs Erste hoffe er, er könne auf meine Stimme zählen.

Das konnte er nicht. Ich stimmte schließlich gegen das CAFTA-Abkommen, das mit 55 zu 45 Stimmen den Senat passierte. Mein Votum erfüllte mich nicht mit Befriedigung, aber ich war überzeugt, es sei die einzige Möglichkeit, meinen Protest gegen eine Haltung zu Protokoll zu geben, die in meinen Augen Missachtung des Weißen Hauses für die Verlierer des Freihandels ausdrückte. Wie Bob Rubin bin ich optimistisch, was die langfristigen Aussichten für die US-Wirtschaft anbetrifft und die Fähigkeit der amerikanischen Arbeiter, sich in einer vom Freihandel geprägten Umwelt zu behaupten – aber nur, wenn wir die Kosten und den Nutzen der Globalisierung gerechter auf alle Menschen in unserem Land verteilen.

Das letzte Mal, als wir einen so schwerwiegenden wirtschaftlichen Umbruch erlebten wie heute, führte Roosevelt die Nation zu einem neuen Gesellschaftsvertrag, einem Vertrag zwischen Regierung, Unternehmern und Arbeitnehmern, der für mehr als fünfzig Jahre Wohlstand und wirtschaftliche Sicherheit brachte. Für den amerikanischen Durchschnittsbürger ruhte die Sicherheit auf drei Säulen: der Möglichkeit, einen Job zu finden, mit dem er genug verdiente, um eine Familie zu ernähren und Geld für Notfälle zurückzulegen; Kranken- und Rentenversicherungsleistungen seines Arbeitgebers; und dem Sicherheitsnetz des Staates, bestehend aus Sozialversicherung, Medicaid und Medicare, Arbeitslosenversicherung und in geringerem Umfang Absicherungen für Bankrott und Ruhestand, das den Sturz all jener abfedern sollte, die Pech im Leben gehabt hatten.

Eine Triebkraft hinter dem New-Deal-Kontrakt war natürlich das Gefühl der sozialen Solidarität, der Gedanke, dass Arbeitgeber ihren Beschäftigten Gerechtigkeit angedeihen lassen sollen und dass in dem Fall, dass das Schicksal oder eine eigene Fehlkalkulation einen von uns ins Unglück stürzt, die große amerikanische Gemeinschaft da ist und ihm wieder auf die Beine hilft.

Aber der Vertrag beruhte auch auf der Einschätzung, dass ein System geteilter Risiken und Belohnungen das Funktionieren des Marktes verbessern kann. Roosevelt verstand, dass anständige Löhne und Leistungen für die Arbeitnehmer die Mittelschicht von Konsumenten schaffen, die die US-Wirtschaft stabilisiert und ihr Wachstum vorantreibt. Und er erkannte, dass wir alle eher Risiken im Leben eingehen, den Arbeitplatz wechseln, ein Unternehmen gründen oder uns dem Wettbewerb mit anderen Ländern stellen, wenn wir wissen, dass es ein gewisses Maß an Absicherung gibt, falls wir scheitern sollten.

Genau das leistet die Sozialversicherung, das Kernstück der New-Deal-Gesetzgebung: eine soziale Absicherung, die uns vor Risiken schützt. Wir kaufen alle dauernd private Versicherungen auf dem Markt, weil wir allem Selbstvertrauen zum Trotz wissen, dass es vielleicht anders kommt, als wir es uns gedacht haben – ein Kind wird krank, unsere Firma macht dicht, ein Elternteil erkrankt an Alzheimer, unsere Aktien stürzen ab. Je größer die Versichertengemeinschaft ist, desto breiter ist das Risiko verteilt, desto mehr wird abgedeckt und desto geringer sind die Kosten. Doch für manche Risiken können wir auf dem Markt keine Versicherung kaufen, in der Regel, weil die Versicherungsgesellschaft das Geschäft für unprofitabel hält. Manchmal reicht die Absicherung, die wir über unseren Arbeitsplatz haben, nicht aus, und wir können es uns nicht leisten, zusätzliche Absicherung zu kaufen. Manchmal trifft uns unerwartet ein Schicksalsschlag, und wir stellen fest, dass wir nicht ausreichend versichert sind. Aus all diesen Gründen bitten wir die Regierung, sich einzuschalten und eine Versichertengemeinschaft für uns zu schaffen – das ganze amerikanische Volk ist diese Gemeinschaft.

Heute löst sich der von Roosevelt auf den Weg gebrachte Sozialvertrag langsam auf. Die Arbeitgeber reagieren auf den Wettbewerb mit dem Ausland und auf den Druck vom Aktienmarkt, der vierteljährliche Gewinnsteigerungen erwartet, indem sie automatisieren, verschlanken und im Ausland produzieren lassen. Die Arbeitnehmer sind damit stärker verwundbar durch Arbeitsplatzverluste, und sie haben weniger Verhandlungsmacht, wenn sie höhere Löhne oder Sozialleistungen wollen.

Die Regierung belohnt Unternehmen, die eine Krankenversicherung anbieten, mit großzügigen Steuererleichterungen, trotzdem haben die Unternehmen die explodierenden Kosten ihren Beschäftigten aufgeladen in Form von höheren Prämien, Zuzahlungen und Selbstbeteiligungen, und die Hälfte aller kleinen Unternehmen mit zusammen Millionen von Arbeitskräften kann überhaupt keine Krankenversicherung bezahlen. In ähnlicher Weise wechseln viele Unternehmen von den traditionellen Pensionskassen mit festen Versorgungszusagen zu individuellen Altersvorsorgesparplänen, so genannten 401(k)-Plänen, und manche stehlen sich mit Hilfe des Insolvenzrechts aus ihren Pensionsverpflichtungen.

Die Auswirkungen all dieser Entwicklungen auf die Familien sind schwerwiegend. Die amerikanischen Durchschnittslöhne haben in den letzten zwanzig Jahren mit der Inflation kaum mitgehalten. Seit 1988 haben sich die Krankenversicherungskosten einer durchschnittlichen Familie vervierfacht. Die Sparquote war noch nie so niedrig wie heute, und die private Verschuldung war noch nie so hoch.

Statt dass die Regierung die Folgen dieser Entwicklung abmildert, hat die Bush-Administration sie noch verstärkt. Die Idee hinter der so genannten Eigentümer-Gesellschaft sieht so aus: Wenn wir die Arbeitgeber von allen Verpflichtungen gegenüber ihren Beschäftigten befreien und alles aufgeben, was an staatlichen Sozialversicherungsprogrammen vom New Deal noch übrig ist, dann werden die magischen Kräfte des Marktes den Rest erledigen. Der Leitgedanke des traditionellen Systems der Sozialversicherung könnte so zusammengefasst werden: »Es geht uns alle an!« Und der Leitgedanke der Eigentümer-Gesellschaft lautet: »Du stehst allein da!«

Die Idee ist verlockend, elegant in ihrer Einfachheit, und sie befreit uns von allen gegenseitigen Verpflichtungen. Sie hat nur einen Haken: Sie wird nicht funktionieren, jedenfalls nicht bei denjenigen, die heute bereits in der globalisierten Wirtschaft auf der Strecke bleiben.

Nehmen wir den Versuch der Regierung, die Sozialversicherung zu privatisieren. Die Regierung argumentiert, der Einzelne könne auf dem Aktienmarkt eine bessere Rendite bekommen, und aufs Ganze gesehen stimmt das auch, auf lange Sicht sind die Aktienkurse schneller gestiegen, als die Sozialversicherung ihre Leistungen an die steigenden Lebenshaltungskosten angepasst hat. Aber bei individuellen Investitionsentscheidungen wird es immer Gewinner und Verlierer geben: diejenigen, die frühzeitig bei Microsoft eingestiegen sind, und diejenigen, die spät Enron-Papiere gekauft haben. Was macht die Eigentümer-Gesellschaft mit den Verlierern? Sofern wir nicht zusehen wollen, wie alte Leute auf der Straße verhungern, müssen wir in der einen oder anderen Form die Kosten ihres Alters tragen, und da wir nicht im Vorhinein wissen, wer von uns zu den Verlierern gehören wird, ist es nur sinnvoll, wenn wir alle in einen Pool einzahlen, der uns in unseren späten Jahren wenigstens ein gewisses Einkommen garantiert. Das heißt nicht, dass wir die Menschen davon abhalten sollten, höhere Risiken einzugehen und auf ertragreichere Investmentstrategien zu setzen. Sie sollen es tun. Es heißt nur, dass sie dafür nicht das Geld verwenden sollen, das für die Sozialversicherung gedacht ist.

Die gleichen Prinzipien kommen bei den Bestrebungen der Regierung zum Tragen, den Übergang von einer arbeitgeber- oder staatsfinanzierten Krankenversicherung zu privaten Krankenversicherungssparkonten voranzutreiben. Die Idee könnte vielleicht sinnvoll sein, wenn jeder so viel Geld bekäme, dass er sich über seinen Arbeitgeber eine anständige Krankenversicherung leisten kann und dass die Summe entsprechend der Inflation und dem Anstieg der Gesundheitskosten wachsen würde. Aber was ist, wenn ein Arbeitgeber keine Krankenversicherung anbietet? Oder wenn sich die Theorie der Regierung über den

Anstieg bei den Gesundheitskosten als falsch erweist und sich zeigt, dass die Kosten nicht deshalb steigen, weil die Menschen überzogene Ansprüche haben und mehr wollen, als sie brauchen?

Dann wird »Wahlfreiheit« bedeuten, dass die Beschäftigten die Hauptlast künftiger Steigerungen bei den Gesundheitskosten tragen, und es ist fraglich, ob das Geld auf ihren Gesundheitssparkonten in wenigen Jahren noch reichen wird.

Mit anderen Worten: In der Eigentümer-Gesellschaft wird nicht einmal versucht, die Risiken und Chancen der neuen Wirtschaftsordnung auf alle Amerikaner zu verteilen. Stattdessen wird einfach die ungleiche Verteilung der heutigen Gesellschaft, in der der Gewinner alles bekommt, ausgeweitet. Wer gesund und reich ist oder einfach Glück hat, dem wird auch noch gegeben. Wer arm und krank ist oder einfach Pech hat, findet weit und breit niemanden, der ihm hilft. Das ist kein Rezept für nachhaltiges Wirtschaftswachstum und die Erhaltung einer starken Mittelschicht. Es ist ganz gewiss kein Rezept für sozialen Zusammenhalt. Es läuft unseren Wertvorstellungen zuwider, die uns auf Interesse am Wohlergehen unserer Mitmenschen verpflichten.

So ein Volk sind wir Amerikaner nicht.

Zum Glück gibt es eine Alternative, einen Weg, der Roosevelts Sozialvertrag neu formuliert, sodass er zu den Aufgaben eines neuen Jahrhunderts passt. Für alle Bereiche, in denen die Arbeitnehmer verwundbar sind – Löhne, Arbeitsplatzverluste, Rente und Gesundheitsvorsorge –, existieren gute Ideen, teils alte und teils neue, die einiges dazu beitragen könnten, den Amerikanern mehr Sicherheit zu geben.

Fangen wir mit den Löhnen an. Die Amerikaner glauben an die Arbeit. Arbeit ist nicht einfach nur ein Mittel für den eigenen Lebensunterhalt, sondern Arbeit verleiht ihrem Leben Sinn und

Richtung, Ordnung und Würde. Das alte Wohlfahrtsprogramm der Beihilfen für arme Familien mit minderjährigen Kindern (Aid to Families with Dependent Children) hat zu oft an dem Punkt versagt, diesen zentralen Wert anzuerkennen, was nicht nur erklärt, warum es so unpopulär ist, sondern auch, warum es die Menschen, denen es helfen sollte, in vielen Fällen nur ausgegrenzt hat.

Auf der anderen Seite glauben wir Amerikaner auch, dass wir mit einer Ganztagsarbeit in der Lage sein sollten, für uns selbst und unsere Kinder zu sorgen. Bei vielen Menschen ganz unten auf der beruflichen Leiter, meistens gering qualifizierte Arbeitskräfte im rasch expandierenden Dienstleistungssektor, gilt dieses Grundversprechen nicht mehr.

Die Politik kann diesen Arbeitskräften helfen, ohne dass es die Kräfte des Marktes sonderlich beeinträchtigt. Zunächst einmal können wir den Mindestlohn anheben. Es mag zutreffen, was manche Volkswirte behaupten, dass größere Sprünge beim Mindestlohn die Arbeitgeber von Neueinstellungen abhalten. Aber da der Mindestlohn seit neun Jahren unverändert ist und seine Kaufkraft heute unter der von 1955 liegt, sodass jemand, der heute Vollzeit in einem Niedriglohnjob arbeitet, nicht genug verdient, um aus der Armut herauszukommen, verliert dieses Argument an Gewicht. Die Steuergutschriften für Geringverdiener, ein Programm von Ronald Reagan, das Beschäftigten im Niedriglohnsektor über die Steuer zu zusätzlichem Einkommen verhilft, sollte ausgeweitet und so ausgelegt werden, dass mehr Familien davon profitieren.

Um den Arbeitskräften bei der Anpassung an eine sich rasch wandelnde Wirtschaft zu helfen, muss auch das bestehende System der Arbeitslosenversicherung und der Weiterqualifizierung angepasst werden. Tatsächlich liegen viele gute Ideen bereit, wie die Umschulung von Arbeitskräften, die von der Globalisierung betroffen sind, effizienter organisiert werden kann. Wir könnten solche Hilfen auf die Dienstleistungsbranche ausweiten, flexible Bildungskonten einrichten, die die Arbeitnehmer nach Bedarf zur Umschulung nutzen, und Weiterqualifizierung in Bereichen anbieten, in denen die Arbeitsplätze besonders gefährdet sind, solange die Beschäftigten ihre Arbeit noch nicht verloren haben. Und in einer Situation, in der der Job, den jemand verloren hat, oft besser bezahlt war als der Job, den er oder sie danach findet, könnten wir auch das Instrument einer Lohnversicherung erproben, die für einen Zeitraum zwischen ein und zwei Jahren 50 Prozent der Differenz zwischen dem alten und dem neuen Einkommen übernimmt.

Damit die Beschäftigten höhere Löhne und bessere Sozialleistungen bekommen, müssen wir schließlich ein weiteres Mal das Kräfteverhältnis zwischen der organisierten Arbeitnehmerschaft und den Arbeitgebern besser austarieren. Seit Anfang der achtziger Jahre verlieren die Gewerkschaften kontinuierlich an Boden, nicht allein wegen Veränderungen in der Wirtschaft, sondern auch, weil die heutigen Arbeitsgesetze und die Struktur der Bundesbehörde für Arbeitsbeziehungen den Arbeitnehmern sehr wenig Schutz gewähren. Jedes Jahr verlieren mehr als zwanzigtausend Arbeitnehmer ihre Stellen ganz oder einen Teil ihres Lohnes, nur weil sie versuchen, sich gewerkschaftlich zu organisieren. Das muss anders werden. Es sollte härtere Strafen geben, die Arbeitgeber davon abhalten, dass sie Beschäftigte entlassen oder diskriminieren, die sich organisieren wollen. Die Arbeitgeber sollten eine Gewerkschaft anerkennen müssen, wenn eine Mehrheit der Beschäftigten Vollmachtserklärungen unterschreibt, dass sie sich gewerkschaftlich vertreten lassen will. Und es sollte eine staatliche Mediation zur Verfügung stehen, damit ein Arbeitgeber und eine neue Gewerkschaft in einer vernünftigen Zeit zu einer Vereinbarung oder einem Vertrag gelangen.

Unternehmensvertreter werden wohl das Argument vorbringen, eine stärker gewerkschaftlich organisierte Arbeitnehmerschaft würde der Flexibilität und Wettbewerbsfähigkeit der US-Wirtschaft schaden. Aber eben weil im globalen Umfeld der Wettbewerb härter geworden ist, können wir erwarten, dass die gewerkschaftlich organisierten Arbeitnehmer mit den Arbeitgebern kooperieren – vor allem, wenn sie an der höheren Produktivität fair beteiligt werden.

Genau wie die Politik die Einkommen der Beschäftigten steigern kann, ohne die Wettbewerbsfähigkeit der amerikanischen Unternehmen zu beeinträchtigen, können wir ihnen den Weg in einen Ruhestand in Würde erleichtern. Wir können damit beginnen, dass wir uns verpflichten, das Wesen der staatlichen Rentenversicherung zu erhalten und die Finanzierung zu sichern. Die Probleme der Rentenkassen sind gravierend, aber sie sind lösbar. 1983 war die Lage ähnlich, und damals haben Ronald Reagan und der Sprecher des Repräsentantenhauses Tip O'Neill gemeinsam einen Plan beider Parteien entwickelt, der das System für die nächsten sechzig Jahre stabilisieren sollte. Es gibt keinen Grund, warum uns das heute nicht auch gelingen sollte.

Im Hinblick auf die private Rentenversicherung müssen wir anerkennen, dass betriebliche Vorsorgepläne mit festen Leistungszusagen im Rückgang begriffen sind, aber wir sollten darauf beharren, dass die Firmen ihre Pensionszusagen für Ruheständler und noch aktive Beschäftigte einhalten. Die Konkursgesetze sollten dahingehend verändert werden, dass Pensionsansprüche bevorrechtigt werden, damit Firmen nicht einfach Gläubigerschutz nach Kapitel 11 des Insolvenzgesetzes beantragen und so die Beschäftigten um ihre Ansprüche bringen können. Außerdem sollten neue Gesetze die Firmen zwingen, ihre Pensionskassen ordentlich auszustatten, damit nicht zuletzt die Steuerzahler für Bürger ohne Rente aufkommen müssen.

Und wenn die Amerikaner auf individuelle Rentensparpläne wie 401(k) als Ergänzung zur staatlichen Absicherung setzen müssen, dann sollte die Regierung dafür sorgen, dass wirklich alle Amerikaner die Möglichkeit haben, solche Pläne abzuschließen, und sie sollte das Sparen fördern. Gene Sperling, der Wirtschaftsberater von Präsident Clinton, hat seinerzeit einen allgemeinen 401(k)-Sparplan vorgeschlagen, bei dem die Regierung die Sparleistungen von Familien mit niedrigem und mittlerem Einkommen aufstocken sollte. Andere Experten haben den einfachen (und kostenlosen) Schritt ins Gespräch gebracht, dass Arbeitgeber ihre Beschäftigten automatisch zum Höchstsatz in die 401(k)-Pläne aufnehmen. Jeder Arbeitnehmer könnte dann selbst entscheiden, ob er entweder weniger bezahlen oder gar nicht mitmachen will, aber bei einer solchen Umkehrung des Verfahrens – der Arbeitnehmer muss beim Austritt aus dem System aktiv werden, nicht beim Eintritt – schnellen die Beteiligtenzahlen in die Höhe. Als Ergänzung zur staatlichen Rentenversicherung sollten wir die besten und am ehesten finanzierbaren Ideen auswählen, und wir sollten nach und nach zu einem solide finanzierten, allen zugänglichen Rentensystem übergehen, das einerseits das Sparen fördert und andererseits alle Amerikaner stärker an den Früchten der Globalisierung beteiligt.

So wichtig es sein mag, die Löhne der Arbeitnehmer anzuheben und die Menschen im Alter abzusichern, unsere größte Aufgabe dürfte wohl sein, die marode Krankenversicherung in Ordnung zu bringen. Anders als die Rentenversicherung sind die beiden wichtigsten staatlichen Krankenversicherungsprogramme Medicare und Medicaid wirklich bankrott, ohne Veränderungen werden die beiden Systeme zusammen mit der Rentenversicherung im Jahr 2050 einen Anteil unseres Volkseinkommens verschlingen, der so groß ist wie aktuell der gesamte Bundeshaushalt. Die Einführung einer Medikamentenzusatzversicherung, die teilweise die Kosten für verschriebene Medikamente trägt und sehr viel Geld verschlingt ohne gleichzeitige Kontrolle der Medikamentenpreise, hat das Problem noch verschärft. Und das private System hat sich zu einem Flickenteppich ineffizienter Bürokratien, zahlloser Formulare, überlasteter Anbieter und unzufriedener Patienten entwickelt.

Im Jahr 1993 unternahm Präsident Clinton einen Vorstoß in Richtung einer allgemeinen Krankenversicherung, aber seine Bemühungen wurden zunichte gemacht. Seitdem ist die Diskussion festgefahren. Rechte Stimmen plädieren dafür, auf die Kräfte des Marktes zu vertrauen und auf individuelle Gesundheitssparkonten zu setzen, von links ist zu hören, es sollte eine einheitliche staatliche Krankenversicherung geben ähnlich den Modellen in Europa und Kanada, und Experten quer über das politische Spektrum hinweg empfehlen diverse gravierende Reformen am bestehenden System.

Es ist Zeit, dass wir die Blockade überwinden und ein paar einfache Wahrheiten zur Kenntnis nehmen.

In Anbetracht der Summen, die wir für Gesundheit ausgeben (pro Kopf mehr als jedes andere Land), sollten wir in der Lage sein, jedem Amerikaner eine Grundabsicherung zu bieten. Aber wir können die gegenwärtigen jährlichen Preissteigerungen im Gesundheitswesen nicht tragen, wir müssen die Kosten des gesamten Systems begrenzen, einschließlich Medicare und Medicaid.

Da die Amerikaner heute häufiger den Arbeitsplatz wechseln, häufiger Phasen der Arbeitslosigkeit erleben und häufiger entweder in Teilzeit arbeiten oder selbständig sind, darf die Krankenversicherung nicht länger an ein Beschäftigungsverhältnis gebunden sein. Der Arbeitnehmer muss sie mitnehmen können.

Der Markt allein wird unsere Probleme mit den Gesundheitskosten nicht lösen. Zum einen hat der Markt sich bereits als unfähig erwiesen, einen hinreichend großen Versichertenpool zusammenzubringen, durch den die Kosten für den Einzelnen erträglich geblieben wären, zum Zweiten hat Gesundheit einen anderen Stellenwert als beliebige Waren und Dienstleistungen: Wenn Ihr Kind krank ist, fangen Sie nicht an, nach der billigsten Behandlung zu suchen.

Und schließlich sollte eine Reform, egal wie sie im Einzelnen aussieht, starke Anreize für eine verbesserte Qualität, Prävention und effizientere Versorgung bieten.

Mit diesen Grundsätzen im Hinterkopf möchte ich kurz skizzieren, wie ich mir eine sinnvolle Reform der Krankenversicherung vorstelle. Wir sollten damit anfangen, dass eine überparteiliche Gruppe wie das Institut für Medizin (IOM, Institute of Medicine) der Akademie der Wissenschaften die Grundzüge ausarbeitet, wie eine allgemeine Grundabsicherung von hoher Qualität aussehen könnte und wie viel das kosten würde. Bei der Ausarbeitung dieses Modells würde das IOM prüfen, welche bestehenden Programme die beste Versorgung zu den günstigsten finanziellen Bedingungen bieten. Der Modellplan sollte vor allem die Absicherung der Hausarztmedizin, der Prävention, der Behandlung von Schwerstkrankheiten und von chronischen Erkrankungen wie Asthma und Diabetes regeln. Alles in allem entfallen 80 Prozent der Krankheitskosten auf 20 Prozent aller Patienten, und wenn es uns gelingt, den Ausbruch von Krankheiten zu verhindern oder ihre Folgen durch einfache Maßnahme zu lindern, etwa indem sichergestellt wird, dass Patienten Ernährungsempfehlungen beachten und Medikamente regelmäßig einnehmen, können wir die Versorgung der Patienten erheblich verbessern und im Gesundheitswesen eine Menge Geld sparen.

Im nächsten Schritt wollen wir allen ermöglichen, diese modellhafte Krankenversicherung entweder über einen bestehenden Versicherungspool wie den für die Bediensteten des Bundes zu erwerben oder durch eine Reihe neuer Pools, die in den einzelnen Bundesstaaten eingerichtet werden. Private Versicherer wie Blue Cross Blue Shield und Aetna könnten darum konkurrieren, die Deckung für die Beteiligten solcher Pools zu übernehmen, aber unabhängig von ihren konkreten Plänen müssten sie auf jeden Fall die Kriterien für Qualität und Kostenkontrolle erfüllen, die das IOM festgesetzt hat.

Um weitere Kosten einzusparen, würden wir verlangen, dass Versicherer und Leistungserbringer, die sich an Medicare, Medicaid oder den neuen Gesundheitsplänen beteiligten, elektronische Buchungs- und Abrechnungssysteme haben und ebenfalls elektronisch Behandlungsfehler registrieren. Dies könnte die Verwaltungskosten drastisch reduzieren und ebenso die Zahl von Fehlern und unerwünschten Nebenwirkungen (dies wiederum würde die Zahl teurer Prozesse wegen ärztlicher Kunstfehler verringern). Allein dieser einfache Schritt könnte die Gesundheitskosten um bis zu 10 Prozent drücken, einige Experten meinen sogar, dass noch viel höhere Einsparungen möglich wären.

Mit dem durch mehr Prävention, geringere Verwaltungskosten und weniger Ausgaben infolge von Behandlungsfehlern ersparten Geld könnten wir Beihilfen für Familien mit geringen Einkommen finanzieren, die über den Pool in ihrem Bundesstaat die Modellabsicherung erwerben wollen, und wir könnten sofort die Versicherung für alle bislang nicht versicherten Kinder bezahlen. Wenn nötig, könnten wir das Geld dafür auch zusammenbekommen, indem wir die Steuererleichterungen umbauen, die Arbeitgeber in Anspruch nehmen können, wenn sie eine Krankenversicherung für ihre Beschäftigten anbieten: Sie würden weiterhin eine Steuererleichterung für die Versicherungen erhalten, die üblicherweise Arbeitnehmern angeboten werden, aber wir würden die steuerliche Begünstigung von Luxus-Krankenversicherungen, die unter dem Strich keine bessere medizinische Versorgung bringen, überprüfen.

Sinn und Zweck dieser Ausführungen ist es zu zeigen, dass es eine einfache Lösung für unsere Probleme im Gesundheitswesen nicht gibt. Wir müssen erst viele Details klären, bevor wir uns einem Vorhaben wie dem eben skizzierten zuwenden können, vor allem müssen wir sicherstellen, dass die Einrichtung eines neuen staatlichen Pools nicht dazu führt, dass die Arbeitgeber sich aus der Krankenversicherung zurückziehen, die sie bisher ihren Beschäftigten anbieten. Und möglicherweise sind auch noch kosteneffizientere und elegantere Wege denkbar, wie wir unser Gesundheitswesen reformieren könnten.

Es geht um Folgendes: Wenn wir uns darauf verpflichten, dass jeder eine anständige Versorgung im Krankheitsfall erhalten soll, müssen wir Wege finden, das zu erreichen, ohne dass es die öffentlichen Haushalte sprengt und ohne dass wir Gesundheitsleistungen einschränken müssen.

Wenn wir wollen, dass die Amerikaner die Belastungen der Globalisierung tragen, dann müssen wir wohl diese Verpflichtung eingehen. Vor fünf Jahren wachten Michelle und ich einmal nachts vom Weinen unserer jüngeren Tochter Sasha auf. Sasha war damals erst drei Monate alt, insofern war es nicht ungewöhnlich, dass sie sich mitten in der Nacht meldete. Aber etwas an der Art, wie sie weinte und sich nicht beruhigen ließ, alarmierte uns. Schließlich riefen wir unseren Kinderarzt an, und er bestellte uns in aller Frühe in seine Praxis. Nach der Untersuchung meinte er, es könne eine Meningitis sein, und schickte uns sofort in die Notaufnahme ins Krankenhaus.

Sasha hatte tatsächlich Meningitis, Gehirnhautentzündung, glücklicherweise eine Form, die auf intravenös verabreichte Antibiotika ansprach. Wäre die Krankheit nicht rechtzeitig erkannt worden, wäre sie womöglich taub geworden oder schlimmstenfalls sogar gestorben. So verbrachten Michelle und ich drei Tage mit unserem Baby im Krankenhaus, sahen zu, wie die Krankenschwestern sie festhielten, während der Arzt das Rückenmark punktierte, hörten, wie sie schrie, und beteten, dass sich ihr Zustand nicht verschlechterte.

Heute geht es Sasha gut, sie ist eine gesunde, glückliche Fünf-jährige. Aber mich schaudert noch immer bei dem Gedanken an diese drei Tage: wie sich mein Blickfeld auf einen einzigen Punkt verengt hatte, wie mich nichts und niemand außerhalb der vier Wände des Krankenzimmers mehr interessierte, weder meine Arbeit noch mein Terminkalender, auch nicht meine Zukunft. Und ich bin mir bewusst, dass ich anders als Tim Wheeler, der Stahlarbeiter in Galesburg, dessen Sohn eine Lebertransplan-tation braucht, anders als Millionen Amerikaner, die ähnlich Schlimmes erlebt haben, einen Job und eine Krankenversiche-rung hatte.

Die Amerikaner sind bereit, den weltweiten Konkurrenz-kampf aufzunehmen. Wir arbeiten härter als die Menschen in allen anderen reichen Ländern. Wir sind bereit, mehr wirtschaft-liche Unsicherheit zu ertragen und mehr persönliche Risiken einzugehen, um nach vorn zu kommen. Aber wir können nur konkurrieren, wenn unsere Regierung die Investitionen tätigt, die nötig sind, damit wir eine Chance haben – und wenn wir wissen, dass es für unsere Familien ein Sicherheitsnetz gibt, das sie auf jeden Fall auffangen wird.

Das ist ein Vertrag mit dem amerikanischen Volk, den zu schließen sich lohnt.

Investitionen, um Amerikas Wettbewerbsfähigkeit zu stärken, und ein neuer Sozialvertrag: Wenn diese großen Vorhaben gemeinsam verfolgt werden, werden sie unsere Kinder und Enkelkinder in eine bessere Zukunft führen. Aber es fehlt noch ein Teil in dem Puzzle, eine Frage ist ungeklärt, die in jeder poli-tischen Diskussion in Washington auftaucht.

Wie sollen wir das alles bezahlen?

Am Ende von Präsident Clintons Amtszeit hatten wir eine Antwort. Zum ersten Mal nach fast dreißig Jahren erfreuten wir uns an einem kräftigen Haushaltsüberschuss und einer rasch sinkenden Verschuldung. Tatsächlich äußerte Notenbankchef Alan Greenspan die Sorge, die Schulden könnten zu rasch ausgeglichen werden, was den Spielraum der Notenbank zur Steuerung der Geldpolitik einschränken würde. Selbst nach dem Platzen der Dotcom-Blase und dem Schock des 11. September hätten wir die Basis für nachhaltiges Wachstum legen und allen Amerikanern mehr Chancen eröffnen können.

Doch diesen Weg haben wir nicht gewählt. Stattdessen sagte uns unser Präsident, wir könnten zwei Kriege führen, unseren Verteidigungshaushalt um 74 Prozent aufstocken, die Heimat schützen, mehr für Bildung ausgeben, eine neue Medikamentenversicherung für Ältere finanzieren und mehrere Steuersenkungsrunden einleiten – und das alles gleichzeitig. Unsere führenden Politiker im Kongress sagten uns, die fehlenden Einnahmen könnten dadurch ausgeglichen werden, dass man staatliche Verschwendung und Betrügereien stoppe, während gleichzeitig die Zahl der Projekte, denen man rein aus politischer Opportunität Geld zuschusterte, um erstaunliche 64 Prozent stieg.

Das Ergebnis dieser kollektiven Verleugnung ist eine so angespannte Haushaltslage wie seit Jahren nicht mehr. Wir haben heute ein jährliches Haushaltsdefizit von fast 300 Milliarden Dollar, nicht mitgerechnet die 180 Milliarden, die wir uns jährlich von der Rentenkasse leihen, alles zusammen fließt direkt in unsere nationale Verschuldung ein. Der Schuldenstand beläuft sich heute auf 9 Billionen Dollar, umgerechnet rund 30 000 Dollar für jeden Mann, jede Frau und jedes Kind in diesem Land.

Die Schulden allein sind nicht das größte Problem. Manche Schulden wären gerechtfertigt gewesen, wenn wir das Geld für Investitionen in unsere Wettbewerbsfähigkeit ausgegeben hätten: für die Verbesserung unserer Schulen, für den Ausbau der Breitbandnetze, dafür, an jeder Tankstelle im Land E 85-Zapfsäulen einzurichten. Wir hätten den Überschuss dazu verwenden können, die Rentenversicherung auf solide Beine zu stellen oder unser Gesundheitswesen umzubauen. Stattdessen ist der größte Teil der Schulden eine direkte Folge der Steuersenkungen des Präsidenten. Davon sind 47,4 Prozent an die 5 Prozent der Bevölkerung mit den höchsten Einkommen gegangen, 36,7 Prozent an das oberste 1 Prozent und 15 Prozent an die Spitzengruppe der 0,1 Prozent, die im Durchschnitt 1,6 Millionen Dollar im Jahr verdient.

Mit anderen Worten: Wir haben die öffentliche Verschuldung in die Höhe getrieben, damit diejenigen, die am meisten von der globalisierten Wirtschaft profitieren, ein noch größeres Stück vom Kuchen bekommen.

Bisher konnten wir mit diesem Schuldenberg leben, weil ausländische Zentralbanken, vor allem die chinesische, wollen, dass wir auch weiterhin Waren aus ihren Ländern kaufen. Aber so einfach wird es mit den Krediten nicht immer bleiben. Eines Tages werden die Ausländer aufhören, uns Geld zu leihen, die Zinsen werden steigen, und der größte Teil unserer Ausgaben wird von der Tilgung der Schulden verschlungen.

Wenn wir eine solche Zukunft wirklich verhindern wollen, dann müssen wir beginnen, uns selbst aus diesem Loch herauszuarbeiten. Zumindest theoretisch wissen wir, was zu tun ist. Wir können alle nicht unbedingt notwendigen Programme kürzen und beschränken. Wir können den Kostenanstieg im Gesundheitswesen bremsen. Wir können Steuervergünstigungen aufheben, die überholt sind, und Schlupflöcher schließen, die es Firmen ermöglichen, der Besteuerung zu entgehen. Und wir können ein Gesetz wieder hervorholen, das zur Amtszeit von Clinton galt, genannt »Paygo«. Dieses Gesetz verhindert, dass Geld aus den Kassen des Bundes abfließt, in Form neuer Ausgaben wie in Form von Steuersenkungen, wenn nicht in der einen oder anderen Weise ein Ausgleich gefunden wird.

Wenn wir all diese Maßnahmen ergreifen, wird es immer noch schwierig genug sein, unsere Haushaltslage zu konsolidieren. Wir werden wahrscheinlich einige Investitionen verschieben müssen, die, wie wir wissen, erforderlich sind, damit wir uns im internationalen Wettbewerb behaupten können, und wir müssen unsere Prioritäten so setzen, dass wir vor allem den Familien helfen, die zu kämpfen haben.

Aber wenn wir diese schwierigen Entscheidungen treffen, sollten wir die Lektion der letzten sechs Jahre mit bedenken und uns fragen, ob unsere Haushalts- und Steuerpolitik wirklich die Werte widerspiegelt, zu denen wir uns bekennen.

»Wenn es Klassenkampf in Amerika gibt, dann wird meine Klasse gewinnen.«

Ich saß im Büro von Warren Buffett, dem Vorsitzenden von Berkshire Hathaway und zweitreichsten Mann der Welt. Ich hatte schon davon gehört, dass er geradezu sprichwörtlich einfach lebt: dass er immer noch in demselben bescheidenen Haus wohnt, das er 1967 erworben hat, und dass alle seine Kinder staatliche Schulen in Omaha besucht haben.

Trotzdem war ich ein bisschen überrascht, als ich das unscheinbare Bürogebäude in Omaha betrat und in ein Büro kam, das zu einem Versicherungsvertreter gepasst hätte: die Wände verkleidet mit Holzimitation, ein paar dekorative Drucke an der Wand, niemand zu sehen. »Kommen Sie nur herein«, rief eine Frau. Ich ging um die Ecke, und da saß das Orakel von Omaha höchstpersönlich und scherzte mit seiner Tochter Susie und seiner Assistentin Debbie: leicht verknitterter Anzug, buschige Augenbrauen, die über die Brillengläser quollen.

Buffett hatte mich zu einem Gespräch über Steuerpolitik nach Omaha eingeladen. Genauer gesagt, wollte er wissen, warum Washington Leuten seiner Einkommensklasse weiter Steuergeschenke machte, obwohl das Land bankrott war.

»Ich habe das neulich mal durchgerechnet«, begann er, als wir in seinem Büro saßen. »Obwohl ich nie Steuersparmodelle genutzt habe und mich nie entsprechend beraten ließ, habe ich einschließlich der Sozialversicherungssteuer*, die wir alle bezahlen, dieses Jahr einen niedrigeren Steuersatz gehabt als meine Empfangsdame. Ich bin mir sogar ziemlich sicher, dass ich einen geringeren Steuersatz als der Durchschnittsamerikaner habe. Und wenn es nach dem Willen des Präsidenten geht, werde ich in Zukunft noch weniger bezahlen.«

Buffetts niedriger Steuersatz ist eine Folge der Tatsache, dass er wie die meisten reichen Amerikaner fast sein gesamtes Einkommen aus Dividenden und Kapitalgewinnen bezieht, Einkommen aus Kapitalvermögen, das seit 2003 nur noch mit 15 Prozent besteuert wird. Das Gehalt der Empfangsdame hingegen muss einschließlich der Sozialversicherungssteuer mit dem fast doppelt so hohen Satz versteuert werden. Buffett hielt diese Diskrepanz für unzumutbar.

»Der freie Markt ist der beste Mechanismus, der jemals ersonnen wurde, damit Ressourcen dort eingesetzt werden, wo es am effizientesten und produktivsten ist«, sagte er. »Der Staat ist darin nicht besonders gut. Aber der Markt ist nicht gut darin sicherzustellen, dass der erzeugte Reichtum klug und gerecht verteilt wird. Ein Teil des Reichtums muss in die Bildung fließen, damit die nächste Generation eine faire Chance hat, in die Erhaltung der Infrastruktur und in ein Sicherheitsnetz für die Verlierer der Marktwirtschaft. Und es ist nur richtig, dass diejenigen von uns, die besonders vom Markt profitiert haben, mehr dafür bezahlen.«

Wir sprachen eine Stunde über die Globalisierung, Vorstandsgehälter, das wachsende Außenhandelsdefizit und die Verschuldung unseres Landes. Buffett echauffierte sich ganz besonders über Bushs Vorschlag, die Erbschaftssteuer abzu-

---

* Die payroll tax ist eine lohnbezogene Sozialversicherungssteuer, eine Besonderheit des US-Rechts.

schaffen. Er meinte, dieser Schritt würde zu einer Aristokratie durch ererbten Reichtum statt durch Leistung und Verdienst führen.

»Wenn man die Erbschaftssteuer abschafft, legt man die Verfügungsgewalt über die Ressourcen des Landes in die Hände von Leuten, die diese Vermögen nicht erarbeitet haben. Das ist so, als würde man die Olympiamannschaft für die Spiele von 2020 aus den Kindern der Olympiasieger von 2000 bilden.«

Bevor ich ging, fragte ich Buffett noch, wie viele seiner Milliardärskollegen seine Ansichten teilten. Er lachte.

»Ich kann Ihnen sagen, nicht sehr viele. Sie haben die Vorstellung, dass es ›ihr‹ Geld ist und dass ihnen jeder einzelne Penny zusteht. Dabei ignorieren sie die staatlichen Investitionen, die uns erlauben, so zu leben, wie wir leben. Nehmen Sie mich als Beispiel. Ich habe ein Talent, Geld an der richtigen Stelle einzusetzen. Dass ich dieses Talent nutzen kann, hängt uneingeschränkt von der Gesellschaft ab, in die ich hineingeboren bin. Wenn ich bei einem Stamm von Jägern zur Welt gekommen wäre, hätte mir dieses Talent nichts genützt. Ich kann nicht schnell laufen. Ich bin nicht besonders stark. Wahrscheinlich hätte mich über kurz oder lang ein wildes Tier verspeist. Aber ich hatte das Glück, dass ich zu einer Zeit und an einem Ort geboren wurde, wo die Gesellschaft mein Talent schätzt. Sie gab mir eine gute Ausbildung, damit ich das Talent entwickeln konnte, und schuf die Gesetze und das Finanzsystem. Deshalb konnte ich tun, was ich besonders gern tue – und eine Menge Geld verdienen. Da ist es das Mindeste, dass ich für diese Hilfe bezahle.«

Es mag überraschend sein, wenn einer der erfolgreichsten Kapitalisten der Welt sich so äußert, aber Buffetts Ansichten sind nicht unbedingt ein Zeichen von Weichherzigkeit. Vielmehr drücken sie die Erkenntnis aus, dass es nicht nur eine Frage der richtigen politischen Strategie ist, wie gut wir auf die

Globalisierung reagieren. Es hat auch viel mit einer veränderten Denkweise zu tun, mit der Bereitschaft, unser gemeinsames Interesse und die Interessen künftiger Generationen über kurzfristigen Nutzen zu stellen.

Konkreter ausgedrückt: Wir dürfen nicht länger behaupten, dass alle Ausgabensenkungen oder alle Steuererhöhungen gleich sind. Unternehmenssubventionen einzustellen, deren ökonomischer Nutzen nicht erkennbar ist, ist eine Sache, Krankenversicherungsleistungen für arme Kinder zu reduzieren ist eine völlig andere Sache. In einer Zeit, in der ganz normale Durchschnittsfamilien sich von allen Seiten unter Druck fühlen, ist es anständig und richtig, wenn man sich bemüht, ihre Steuern so niedrig wie möglich zu halten. Weniger anständig ist es, wenn die Reichen und die Mächtigen die Aversion gegen Steuern für ihre eigenen Zwecke ausbeuten, und es ist auch nicht anständig, dass es Präsident, Kongress und konservativen Kommentatoren gelungen ist, in den Köpfen vieler Wähler die realen Steuerbelastungen der Mittelschicht und die überaus erträgliche Steuerlast der Reichen zu vermengen.

An keiner anderen Stelle wurde dies deutlicher als in der Diskussion über den Vorschlag, die Erbschaftssteuer abzuschaffen. Nach dem geltendem Recht kann ein Ehepaar 4 Millionen Dollar vererben, ohne dass Erbschaftssteuer anfällt, im Jahr 2009 steigt der Betrag bis auf 7 Millionen. Deshalb betrifft die Erbschaftssteuer bisher nur die reichsten 0,5 Prozent der Bevölkerung, und 2009 wird sie nur die reichsten 0,3 Prozent betreffen. Die komplette Abschaffung der Erbschaftssteuer würde den amerikanischen Fiskus rund 1 Billion Dollar kosten, deshalb lässt sich kaum eine Steuersenkung finden, die den Bedürfnissen der durchschnittlichen Amerikaner und den langfristigen Interessen des Landes so wenig entspricht.

Trotzdem sind nach geschickten Marketingkampagnen des Präsidenten und seiner Verbündeten 70 Prozent der Bevölkerung gegen die »Todessteuer«. Gruppen von Farmern sind in mein Büro marschiert und haben mir gesagt, die Erbschaftssteuer werde das Ende der Familienfarmen bedeuten, obwohl der Bauernverband nicht einen einzigen Fall nennen konnte, wo eine Farm als Folge der »Todessteuer« aufgegeben werden musste. Mittlerweile haben mir CEOs auseinandergesetzt, dass Warren Buffett zwar leicht für die Erbschaftssteuer plädieren kann – selbst wenn sein Besitz zu 90 Prozent besteuert wird, bleiben ihm immer noch ein paar Milliarden, die er seinen Kindern vererben kann –, dass die Steuer aber in höchstem Maß ungerecht ist für all jene, die »nur« 10 bis 15 Millionen haben.

Reden wir offen. Die Reichen in Amerika haben wenig Grund zur Klage. Von 1971 bis 2001 ist das Medianeinkommen* aus Löhnen und Gehältern der durchschnittlichen Arbeitnehmer nicht oder nur wenig gestiegen, das Einkommen der Spitzengruppe von einem Hundertstel der obersten 1 Prozent hingegen um fast 500 Prozent. Die Vermögensverteilung ist sogar noch ungleichmäßiger, die Ungleichheit ist heute ausgeprägter als jemals zuvor seit dem »Gilded Age« Ende des 19. Jahrhunderts. Diese Trends zeichneten sich bereits in den neunziger Jahren ab. Clintons Steuerpolitik hat sie nur ein wenig abgeschwächt. Bushs Steuersenkungen haben sie verschärft.

Ich betone diese Tatsachen nicht, weil ich, wie Republikaner es in solchen Fällen tun würden, den Neid zwischen den Schichten schüren will. Ich bewundere viele Amerikaner, die sehr reich sind, und ich gönne ihnen ihren Erfolg uneingeschränkt. Ich weiß, dass viele, wenn nicht die meisten, ihr Geld durch har-

---

* Medianeinkommen ist nicht das Durchschnittseinkommen, sondern das Einkommen, bei dem definitionsgemäß 50 Prozent der Einkommen darüber liegen und 50 Prozent darunter. »Ausreißer«, in der Regel nach oben, fallen folglich weniger stark ins Gewicht, und die tatsächlichen Einkommensverhältnisse werden besser widergespiegelt.

te Arbeit verdient haben, weil sie Unternehmen aufgebaut und Arbeitsplätze und Werte für ihre Kunden geschaffen haben. Ich glaube nur, dass diejenigen unter uns, die am meisten von der neuen Wirtschaftsordnung profitiert haben, es sich am ehesten leisten können, die Verpflichtung zu schultern, dass jedes Kind in Amerika die gleiche Chance auf Erfolg haben soll. Und vielleicht habe ich ein gewisses, für Menschen aus dem mittleren Westen typisches Gefühl, ein Gefühl, das ich von meiner Mutter und ihren Eltern ererbt habe und das anscheinend Warren Buffett teilt: das Gefühl, dass man an einem bestimmten Punkt genug besitzt, dass man genauso viel Freude an einem Picasso haben kann, der im Museum hängt, wie an einem, der auf dem eigenen Speicher steht, dass man für weniger als 20 Dollar in einem Restaurant hervorragend essen kann und dass jemand, dessen Vorhänge mehr gekostet haben, als der Durchschnittsamerikaner im Jahr verdient, auch ein bisschen mehr Steuern zahlen kann.

Vor allem anderen müssen wir diese Überzeugung bewahren: dass wir trotz großer Vermögensunterschiede alle gemeinsam aufsteigen oder abstürzen. Weil sich das Tempo des Wandels beschleunigt und dabei einige aufsteigen und viele abstürzen, ist es heute schwerer, dieses Zusammengehörigkeitsgefühl zu erhalten. Jefferson hat teilweise zu Recht Hamiltons Vision für das Land gefürchtet, denn wir haben immer Eigeninteresse und Gemeinwohl ausbalanciert, Markt und Demokratie, die Konzentration von Reichtum und Macht und die Eröffnung von Chancen. Ich glaube, in Washington haben wir diese Balance verloren. Wir kämpfen darum, Geld für Wahlkämpfe aufzutreiben, die Gewerkschaften sind schwach, die Presse ist abgelenkt, und die Lobbyisten der Mächtigen werfen ihr ganzes Gewicht in die Waagschale: Da bleiben wenig andere Stimmen, die uns daran erinnern, wer wir sind und woher wir kommen, und die unsere Bindungen zu anderen stärken.

Das war der Subtext in einer Debatte Anfang 2006, als ein Bestechungsskandal den Anstoß zu neuen Bemühungen gab, den Einfluss der Lobbyisten in Washington zu begrenzen. Ein Vorschlag wäre darauf hinausgelaufen, die Möglichkeit abzuschaffen, dass Senatoren zum günstigeren Preis eines First-Class-Linienflugs mit Privatjets fliegen können. Der Vorschlag hatte wenig Aussicht auf Erfolg. Mein Stab meinte trotzdem, als designierter demokratischer Sprecher zur Ethik im Kongress* sollte ich eine entsprechende Selbstverpflichtung anregen.

Es war die richtige Entscheidung, aber ich will ehrlich sein: Das erste Mal, als ich mit Linienmaschinen eine Tour durch vier Städte in zwei Tagen absolvierte, bedauerte ich sie. Der Verkehr auf dem Weg zum O'Hare-Flughafen war schrecklich. Der Flug nach Memphis hatte Verspätung. Ein Kind kippte mir Orangensaft über die Schuhe.

Und dann kam, während ich in der Warteschlange stand, ein Mann auf mich zu, vielleicht Mitte dreißig, in Baumwollhose und Polo-Shirt. Er sagte, er hoffe, dass der Kongress in dem Jahr eine Entscheidung zur Stammzellenforschung treffen werde. »Ich habe Parkinson im Frühstadium«, sagte er, »und einen dreijährigen Sohn. Ich werde womöglich nie mit ihm Fangen spielen können. Ich weiß, dass es für mich zu spät ist, aber in Zukunft soll niemand das durchmachen müssen, was ich durchmache.«

Und ich dachte: Solche Geschichten hört man nicht, wenn man im Privatjet unterwegs ist.

---

* Die »ethics reform« war ein Gesetz Ende der achtziger Jahre darüber, was Abgeordnete tun dürfen und was nicht.

KAPITEL SECHS

Glauben

Zwei Tage nach meinem Sieg im Rennen um die Nominierung als demokratischer Bewerber für den US-Senat bekam ich eine E-Mail von einem Arzt des medizinischen Fachbereichs der Universität Chicago.

»Glückwunsch zu Ihrem überwältigenden, Hoffnung machenden Sieg in den Vorwahlen«, schrieb er. »Ich habe gerne für Sie gestimmt, und ich möchte Ihnen sagen, dass ich ernsthaft erwäge, auch in der Senatswahl für Sie zu stimmen. Ich schreibe, weil ich Ihnen meine Zweifel mitteilen will, die mich am Ende womöglich doch hindern werden, Sie zu unterstützen.«

Der Arzt beschrieb sich als Christ, der seinen Glauben als umfassend und »alles beherrschend« verstand. Sein Glaube veranlasse ihn, Abtreibung und Homo-Ehe entschieden abzulehnen, aber auch, die Anbetung des freien Marktes in Frage zu stellen und die rasche Entscheidung für militärische Lösungen, die offenbar so typisch sei für Präsident Bushs Außenpolitik.

Nicht meine grundsätzliche Haltung zur Abtreibung war der Grund, warum der Arzt in Erwägung zog, meinen Gegenkandidaten zu wählen. Vielmehr hatte er eine Botschaft meines Wahlkampfteams auf meiner Website gelesen, wo es hieß, ich wolle »rechte Ideologen bekämpfen, die den Frauen das Recht auf freie Entscheidung streitig machen wollen«. Dazu schrieb er:

Ich denke, dass Sie ein ausgeprägtes Gerechtigkeitsgefühl haben und die schwierige Position der Gerechtigkeit in jedem Gemeinwesen kennen, und ich weiß, dass Sie sich der Not all jener angenommen haben, die keine Stimme haben. Ich denke auch, dass Sie ein gerechtigkeitsliebender Mensch sind mit hoher Achtung vor der Vernunft … Wie Ihre Überzeugungen auch sein mögen, wenn Sie wirklich glauben, dass die Abtreibungsgegner allesamt Ideologen sind, angetrieben von dem perversen Wunsch, Frauen Leid zuzufügen, dann haben Sie sich in meinen Augen von der Gerechtigkeit abgewandt … Sie wissen, dass wir in eine Zeit eintreten, in der es viele Gelegenheiten gibt, Gutes zu tun oder Schaden anzurichten, Zeiten, in denen wir darum kämpfen, vor dem Hintergrund von Pluralität das Gemeinwesen mit Sinn zu erfüllen, weil wir unsicher sind, auf welcher Grundlage wir Forderungen erheben können, die andere betreffen … Ich verlange nicht von Ihnen, dass Sie die Abtreibung ablehnen, nur dass Sie fair über das Thema sprechen.

Ich schaute in meine Website und fand tatsächlich die problematische Formulierung. Sie stammte nicht von mir, meine Mitarbeiter hatten sie ins Netz gestellt als Zusammenfassung meines Eintretens für die Wahlfreiheit während der Kampagne um die demokratische Nominierung, denn einige Gegner aus den demokratischen Reihen hatten die Frage gestellt, ob ich wirklich hinter der Entscheidung des Obersten Gerichtshofs aus dem Jahr 1973 zur Legalisierung der Abtreibung stand. In der politischen Diskussion innerhalb der Demokratischen Partei kommt das immer wieder als Standardargument und dient dazu, die Basis in Wallung zu bringen. Mit der anderen Seite könne man einfach nicht reden, lautete das Argument, jedes Schwanken in dieser Frage bedeute Schwäche, und angesichts der Sturheit und Uneinsichtigkeit der Abtreibungsgegner könnten wir uns Schwäche nicht leisten.

Ich las die Mail des Arztes noch einmal und schämte mich ein bisschen. Jawohl, sagte ich mir, für manche Abtreibungsgegner hatte ich wirklich keinerlei Verständnis: für jene, die Frauen vor

Abtreibungskliniken bedrängen und ihnen den Zutritt verwehren, Fotos von zerstückelten Föten schwenken und aus vollem Hals schreien, für jene, die Frauen belästigen und einschüchtern und manchmal tätlich angreifen.

Aber das waren nicht die Abtreibungsgegner, die gelegentlich bei meinen Wahlkampfveranstaltungen erschienen. Die, mit denen ich zu tun hatte, tauchten in der Regel bei unseren Besuchen in kleinen Orten im Süden des Bundesstaates auf, sie wirkten erschöpft, aber entschlossen, wie sie vor dem Gebäude, in dem die Veranstaltung stattfinden sollte, ihre Mahnwachen abhielten, die selbst gemalten Plakate und Transparente hochgereckt wie Schilde. Sie schrien nicht und versuchten auch nicht, unsere Kundgebungen zu stören, trotzdem machten sie meine Leute immer nervös. Bei der ersten Begegnung mit einer Gruppe Demonstranten hatte mein Vorausteam noch Alarm ausgelöst: Fünf Minuten vor meiner Ankunft am Veranstaltungsort hatten sie im Auto angerufen und empfohlen, ich solle durch den Hintereingang hineingehen, um eine Konfrontation zu vermeiden.

»Ich will nicht durch die Hintertür gehen«, sagte ich zu meinem Mitarbeiter am Steuer. »Sag ihnen, wir kommen durch den Vordereingang.«

Wir fuhren auf den Parkplatz der Bibliothek und sahen sieben oder acht Demonstranten hinter einer Absperrung: ein paar ältere Frauen und eine Gruppe, die wohl eine Familie war, ein Mann und eine Frau mit zwei kleinen Kindern. Ich stieg aus, ging auf die Leute zu und stellte mich vor. Der Mann reichte mir zögernd die Hand und nannte seinen Namen. Er war etwa so alt wie ich und trug Jeans, ein kariertes Hemd und eine Baseballkappe der St. Louis Cardinals. Seine Frau gab mir ebenfalls die Hand, aber die älteren Frauen blieben auf Distanz. Die Kinder, vielleicht neun oder zehn Jahre alt, schauten mich mit unverhohlener Neugier an.

»Wollen Sie nicht mit reinkommen?«, fragte ich.

»Nein, danke.« Der Mann drückte mir eine Broschüre in die Hand. »Mr. Obama, ich möchte Ihnen sagen, dass ich in vielem Ihrer Meinung bin.«

»Das freut mich.«

»Und ich weiß, dass Sie auch Christ sind und eine Familie haben.«

»Das stimmt.«

»Wie können Sie dann dafür sein, dass Babys umgebracht werden?«

Ich sagte ihm, dass ich seine Position verstünde, aber nicht teilte. Ich setzte ihm auseinander, dass ich überzeugt sei, eine Frau werde die Entscheidung, ihre Schwangerschaft abzubrechen, niemals leichtfertig treffen, dass jede Schwangere die Last der moralischen Verantwortung spüre und mit ihrem Gewissen ringe, wenn sie vor einer so herzzerreißenden Entscheidung stehe, ich sagte ihm, meine Befürchtung sei, ein Abtreibungsverbot werde die Frauen zu gefährlichen Methoden greifen lassen, wie sie es früher in diesem Land getan hätten und wie es weiter in Ländern an der Tagesordnung sei, wo Ärzte, die Abtreibungen vornehmen, und Frauen, die zu ihnen gehen, mit Bestrafung rechnen müssten. Ich meinte, vielleicht sollten wir in erster Linie gemeinsam nach Wegen suchen, die Zahl der Frauen zu verringern, die keine andere Lösung als eine Abtreibung sähen.

Der Mann hörte höflich zu und zeigte dann auf eine Statistik in seiner Broschüre mit der Zahl der Kinder, die jährlich geopfert würden, wie er es ausdrückte. Nach ein paar Minuten sagte ich, ich müsse jetzt hineingehen und meine Zuhörer begrüßen, und fragte die Gruppe noch einmal, ob sie nicht mitkommen wollten. Wieder lehnte der Mann ab. Ich hatte mich schon umgedreht, da rief mir seine Frau hinterher:

»Ich werde für Sie beten. Ich bete, dass Sie Ihre Meinung ändern.«

Ich habe meine Meinung nicht geändert, nicht an dem Tag und auch nicht danach. Aber ich dachte an diese Familie, als ich dem Arzt schrieb und ihm für seine E-Mail dankte. Am nächsten Tag leitete ich die Mail an meine Mitarbeiter weiter und veranlasste, dass die Formulierung auf meiner Website so geändert wurde, dass mein Eintreten für die Wahlfreiheit der Frauen klar und einfach zum Ausdruck kam. Und abends, bevor ich ins Bett ging, sprach ich ein eigenes Gebet: dass ich in der Lage sein möge, bei anderen Menschen immer erst einmal gute Absichten zu vermuten, so wie der Arzt es bei mir getan hatte.

Es ist eine Binsenwahrheit, dass wir Amerikaner ein religiöses Volk sind. Nach jüngsten Umfragen glauben 95 Prozent der Amerikaner an Gott, über zwei Drittel gehören einer Kirche an, 37 Prozent bezeichnen sich als gläubige Christen, und deutlich mehr Menschen glauben an Engel als an die Evolution. Religion wird nicht nur an den dafür vorgesehenen Orten praktiziert. Bücher, die das Ende der Welt verkünden, erreichen Millionenauflagen, christliche Musiktitel erobern die Charts, und in den Außenbezirken der Großstädte scheinen täglich neue Megakirchen aus dem Boden zu wachsen, die von Kinderbetreuung über Single-Treffen bis zu Yoga- und Pilateskursen alles im Programm haben. Unser Präsident lässt sich regelmäßig darüber aus, wie Christus ihn verändert hat, und Footballspieler zeigen nach jedem Touchdown zum Himmel, als stünde Gott als Schiedsrichter an der himmlischen Seitenlinie.

Diese Religiosität hat natürlich Tradition. Die Pilgerväter sind an unseren Gestaden gelandet, weil sie der religiösen Verfolgung entgehen und ihre Form des strengen Calvinismus frei praktizieren wollten. Evangelikale Erweckungseuphorie hat immer wieder das Land erfasst, und vielen Einwanderergenerationen hat ihr Glaube geholfen, in einer fremden neuen Welt Fuß zu fassen. Religiöse Überzeugungen und religiöse Praxis haben manche mächtige politische Bewegung in unserem Land angetrieben, vom Kampf für die Bürgerrechte bis zum Präriepopulismus eines William Jennings Bryan.

Hätte man vor fünfzig Jahren die prominentesten Kulturkommentatoren der damaligen Zeit gefragt, wie wohl die Zukunft der Religion in Amerika aussehen würde, dann hätten sie gewiss gesagt, sie werde einen Niedergang erleben. Die Religiosität der alten Zeit werde dahinschwinden, so hieß es damals, ein Opfer von Wissenschaft, besserer Bildung der breiten Bevölkerung und der Wunder der Technik. Ehrenwerte Menschen mochten weiterhin jeden Sonntag zur Kirche gehen, Bibelfundamentalisten und Gesundbeter mochten weiter im frommen Süden Erweckungsveranstaltungen abhalten, das Gespenst des »gottlosen Kommunismus« mochte den McCarthyismus nähren und die Angst vor der Roten Gefahr. Aber den meisten galt die traditionelle Religiosität, erst recht der religiöse Fundamentalismus, als unvereinbar mit der Moderne, bestenfalls als eine Zuflucht für die Armen und die Ungebildeten vor der Mühsal des Lebens. Akademiker und sonstige kluge Köpfe betrachteten selbst Billy Grahams monumentale Kreuzzüge als kuriosen Anachronismus, Relikte einer vergangenen Zeit, die mit der ernsthaften Aufgabe, eine moderne Wirtschaftsordnung zu lenken und die Außenpolitik zu gestalten, nicht viel zu tun hatten.

In den sechziger Jahren waren viele führende Protestanten und Katholiken des Mainstreams zu der Überzeugung gelangt, wenn Amerikas religiöse Institutionen überleben wollten, müssten sie dafür sorgen, dass sie in sich wandelnden Zeiten »relevant« blieben: Sie müssten die Lehren der Kirche an die Wissenschaften anpassen und ein soziales Evangelium predigen, das konkrete Themen wie wirtschaftliche Ungerechtigkeit, Rassismus, Sexismus und amerikanischen Militarismus ansprechen würde.

Und was geschah? Ein Stück weit wurde die angebliche Abkühlung der religiösen Begeisterung bei den Amerikanern immer übertrieben. Zumindest in dieser Hinsicht enthält die konservative Kritik am »liberalen Elitismus« viel Wahrheit: Abgeschottet an den Universitäten und in großen Metropolen haben die Wissenschaftler, Journalisten und Exponenten der Populärkultur einfach nicht mitbekommen, dass religiöser Ausdruck in vielfältiger Form überall im Land weiterhin eine Rolle spielt. Tatsächlich trug der Umstand, dass die dominierenden kulturellen Institutionen des Landes Amerikas religiöse Dynamik nicht erkannten, dazu bei, dass sich religiöses Unternehmertum in einem Ausmaß entwickeln konnte wie nirgendwo sonst in der industrialisierten Welt. Die Religiosität mag zwar aus dem Blick geraten sein, aber im »Herzen Amerikas«, dem Mittleren Westen, und im Bibelgürtel ist sie immer noch lebendig. Ein Paralleluniversum ist entstanden, eine Welt, wo es nicht nur Wiedererweckungsveranstaltungen gibt und volle Gottesdienste, sondern auch christliches Fernsehen, christliches Radio, christliche Universitäten, christliche Verlage und christliche Unterhaltung, und all das ermöglicht es den Gläubigen, die Massenkultur zu ignorieren, genau wie sie von der Massenkultur ignoriert werden.

Das Widerstreben vieler Evangelikaler, sich in die Politik hineinziehen zu lassen – ihre Innerlichkeit, ihre Konzentration auf die individuelle Erlösung, ihre Einstellung, dem Kaiser zu geben, was des Kaisers ist –, könnte für immer Bestand gehabt haben, wenn es nicht die sozialen Unruhen der sechziger Jahre gegeben hätte. Für die Christen aus dem Süden gehörte die Entscheidung eines fernen Bundesgerichts, die Rassentrennung aufzuheben, in eine Reihe mit der Entscheidung, das Schulgebet abzuschaffen: ein von mehreren Seiten vorgetragener Angriff auf die Säulen der traditionellen Lebensweise im Süden. Überall in Amerika schienen die Frauenbewegung, die sexuelle Revolution, das wachsende Selbstbewusstsein von Schwulen und Lesben und vor allem die Entscheidung des Obersten Gerichtshofs über die Zulässigkeit der Abtreibung alles in Frage zu stellen, was die Kirche hinsichtlich Ehe, Sexualität und des Platzes von Männern und Frauen lehrte. Konservative Christen fühlten sich verhöhnt und in die Ecke gedrängt und mussten erkennen, dass sie sich nicht länger von den allgemeinen politischen und kulturellen Trends im Land abschotten konnten. Zwar führte Jimmy Carter als Erster die Sprache der evangelikalen Christen in die moderne Bundespolitik ein, aber alles in allem befand sich die Republikanische Partei mit ihrer immer stärkeren Betonung von Tradition, Ordnung und »Familienwerten« in der besseren Ausgangsposition, die Früchte des politischen Erwachens der Evangelikalen zu ernten und sie gegen den liberalen Mainstream zu mobilisieren.

Die Geschichte, wie Ronald Reagan, Jerry Falwell, Pat Robertson, Ralph Reed und zuletzt Karl Rove und George W. Bush diese Armee christlicher Fußsoldaten mobilisierten, ist sattsam bekannt. Es möge der Hinweis genügen, dass heute weiße evangelikale Christen (zusammen mit konservativen Katholiken) das Herz und die Seele der Basis der Republikanischen Partei bilden, den harten Kern einer Gefolgschaft, die durch ein Netz von Kanzeln und unzähligen medialen Kanälen, die der technische Fortschritt eröffnet hat, permanent angesprochen wird. Ihre Themen – Abtreibung, Homo-Ehe, Schulgebet, die Schöpfungslehre, Terri Schiavo, das Aushängen der Zehn Gebote in Gerichten, Schulunterricht zu Hause, konfessionelle Schulen und die Zusammensetzung des Obersten Gerichtshofs – beherrschen oft die Schlagzeilen und markieren eine wichtige Bruchlinie in der amerikanischen Politik. Die große Kluft im Wahlverhalten der weißen Amerikaner verläuft nicht zwischen Männern und Frauen oder zwischen den Einwohnern der »roten« (republikanischen) und »blauen« (demokratischen) Staaten, sondern zwischen denen, die regelmäßig in die Kirche gehen, und jenen, die das nicht tun. Die Demokraten bemühen sich mittlerweile, »auf den religiösen Zug aufzuspringen«, obwohl ein erheblicher Teil unserer Anhänger nach wie vor hartnäckig säkular orientiert ist und, wohl zu Recht, fürchtet, dass auf der Agenda einer erklärtermaßen christlichen Nation kein Platz für sie und ihre Lebensentwürfe sein dürfte.

Aber der wachsende politische Einfluss der christlichen Rechten ist nur ein Teil der Entwicklung. Die Moral Majority und die Christian Coalition mögen Kapital aus der Unzufriedenheit vieler evangelikaler Christen schlagen, aber noch bemerkenswerter ist, wie es die evangelikalen Christen geschafft haben, im modernen Hightech-Amerika nicht nur zu überleben, sondern Erfolg zu haben. Während die etablierten protestantischen Kirchen allesamt rasant Mitglieder verlieren, haben immer neue, nicht konfessionell ausgerichtete evangelikale Kirchen enormen Zulauf, die von ihren Mitgliedern ein Maß von Hingabe und aktiver Beteiligung fordern, auf das andere amerikanische Institutionen nicht einmal hoffen könnten. Ihr Eifer ist zum neuen Mainstream geworden.

Für ihren Erfolg gibt es verschiedene Erklärungen, sie reichen von einem besonderen Talent der Evangelikalen zur Vermarktung der Religion bis zum Charisma ihrer Anführer. Aber ihr Erfolg weist auch darauf hin, dass ein Hunger nach dem Produkt besteht, das sie verkaufen, ein Hunger, der über jedes spezielle Thema und Anliegen hinausgeht. Jeden Tag, so scheint es, absolvieren die Amerikaner ihr Routineprogramm: die Kinder zur Schule bringen, ins Büro fahren, zu einem Geschäftstermin fliegen, einkaufen im Supermarkt, versuchen, die letzte Diät durchzuhalten. Und irgendwann erkennen sie, dass etwas fehlt. Sie beschließen, dass ihre Arbeit, ihr Besitz, ihre Unterhaltungen, ihr dauerndes Beschäftigtsein nicht genug sind. Sie wollen ein Ziel haben, einen Rahmen für ihr Leben, etwas, das gegen eine chronische Einsamkeit hilft oder sie aus der öden Tretmühle des Alltags herausholt. Sie suchen die Versicherung, dass jemand Anteil an ihrem Leben nimmt und ihnen zuhört. Sie streben nach der Gewissheit, dass ihr Leben nicht nur eine lange Reise ins Nichts ist.

Soweit ich Einblick in das Phänomen einer vertieften Religiosität habe, hängt das mit meinem eigenen Weg zusammen.

Ich bin nicht in einem religiösen Haushalt aufgewachsen. Meine Großeltern mütterlicherseits, die aus Kansas stammten, waren als Kinder von Religion umgeben: Mein Großvater lebte bei frommen baptistischen Großeltern, nachdem sein Vater die Familie verlassen und seine Mutter sich das Leben genommen hatte. Die Eltern meiner Großmutter, die ein wenig höher auf der sozialen Leiter der kleinstädtischen Gesellschaft zur Zeit der Großen Depression standen (ihr Vater arbeitete bei einer Ölraffinerie, ihre Mutter als Lehrerin), waren praktizierende Methodisten.

Aber womöglich aus denselben Gründen, die meine Großeltern veranlassten, von Kansas nach Hawaii zu ziehen, schlug der Glaube nie richtig Wurzeln in ihren Herzen. Meine Großmutter war Zeit ihres Lebens zu rational und zu dickköpfig, als dass sie etwas akzeptiert hätte, das sie nicht sehen, fühlen, berühren oder zählen konnte. Mein Großvater, der Träumer in unserer Familie, besaß die Art von Ruhelosigkeit, um derentwillen er einen Halt im Glauben hätte suchen können, wenn da nicht seine anderen Charakterzüge gewesen wären, wie eine angeborene Neigung zur Rebellion, eine vollkommene Unfähigkeit, sich zu disziplinieren, und große Toleranz für die Schwächen anderer Menschen. Insgesamt hinderte ihn sein ganzer Charakter daran, etwas übermäßig ernst zu nehmen.

Die Kombination dieser Eigenschaften – der eiserne Rationalismus meiner Großmutter, die Leutseligkeit meines Großvaters und sein Unvermögen, sich oder andere allzu hart zu beurteilen – ging auf meine Mutter über. Ihr Aufwachsen als ein Bücher liebendes, sensibles Kind in Kleinstädten in Kansas, Oklahoma und Texas verstärkte die ererbte Skepsis noch weiter. An die Christen, die ihre Jugendjahre bevölkerten, hatte sie nicht gerade positive Erinnerungen. Gelegentlich erzählte sie mir von den scheinheiligen Predigern, die drei Viertel der Menschen auf der Welt als ignorante Heiden abtaten, denen nach dem Tod die ewige Verdammnis drohe; Predigern, die im gleichen Atemzug lehrten, dass die Erde und der Himmel in sieben Tagen geschaffen worden seien, allen geologischen und astrophysikalischen Beweisen zum Trotz. Sie erzählte von respektablen weiblichen Gemeindemitgliedern, die immer schnell dabei waren, wenn es galt, andere zu verurteilen, die ihren Maßstäben für Anstand und Sitte nicht genügten, und nur zu gern ihre eigenen kleinen schmutzigen Geheimnisse unter den Teppich kehrten, oder von Kirchenältesten, die rassische Vorurteile kultivierten und aus ihren Arbeitern den letzten Penny herausquetschten.

Für meine Mutter bedeutete die institutionalisierte Religion allzu oft Engstirnigkeit im Gewand von Frömmigkeit, Grausamkeit und Unterdrückung unter dem Deckmantel der Wohlanständigkeit.

Trotzdem lernte ich einiges über Religion. Nach der Vorstellung meiner Mutter gehörten verlässliche Grundkenntnisse der großen Weltreligionen einfach zu einer soliden Bildung dazu. In unserem Haushalt standen die Bibel, der Koran und die Bhagavad Gita Seite an Seite auf dem Bücherregal neben Büchern über griechische, nordische und afrikanische Mythologie. An Ostern und Weihnachten ging sie mit mir in die Kirche, genauso wie sie mich in einen buddhistischen Tempel führte, an einen Schinto-Schrein zur Feier des chinesischen Neujahrsfestes oder zu einer alten Begräbnisstätte auf Hawaii. Aber sie machte mir deutlich, dass mit solchen religiösen Kostproben keine dauerhafte Verpflichtung meinerseits verbunden war: weder gründliche Seelenprüfung noch Selbstkasteiung. Religion sei ein Bestandteil der menschlichen Kultur, erklärte sie mir, nicht ihr Urquell, sondern einfach einer von vielen Wegen und vielleicht nicht einmal der beste Weg, wie der Mensch versuche, das einzuordnen, was sich seinem Wissen entzog, und tiefere Wahrheiten über das Leben zu begreifen.

Alles in allem betrachtete meine Mutter die Religion mit den Augen der Anthropologin, die sie später dann wurde: als ein Phänomen, dem man angemessen respektvoll, aber auch angemessen neutral zu begegnen hatte. Als Kind hatte ich wenig Kontakt zu anderen Menschen, die mir eine grundlegend andere Sicht des Glaubens hätten vermitteln können. Mein Vater war in meiner Kindheit praktisch nicht präsent, denn meine Eltern hatten sich scheiden lassen, als ich zwei Jahre alt war. Er war zwar als Muslim aufgewachsen, aber zu der Zeit, als er meine Mutter kennen lernte, war er überzeugter Atheist und hielt Religion genauso für Aberglauben wie den Hokuspokus der Medizinmänner, den er als Junge in seinem kenianischen Dorf miterlebt hatte.

In zweiter Ehe heiratete meine Mutter einen Indonesier mit einer ähnlich skeptischen Einstellung. Er fand die Religion nicht eben hilfreich bei der praktischen Aufgabe, sich seinen Weg in der Welt zu suchen, und er war in einem Land aufgewachsen, in dem sich islamischer Glaube ohne weiteres mit Relikten von Hinduismus, Buddhismus und alten animistischen Traditionen vermischt hatte. In den fünf Jahren, die wir alle zusammen in Indonesien lebten, besuchte ich zuerst eine katholische Schule in unserem Wohnviertel und dann eine vorwiegend muslimische Schule. In beiden Fällen achtete meine Mutter weniger darauf, dass ich den Katechismus lernte oder verstand, was der abendliche Gebetsruf des Muezzins bedeutete, sondern vielmehr, dass ich das Einmaleins beherrschte.

Doch ungeachtet ihrer nach außen gezeigten säkularen Einstellung war meine Mutter in vieler Hinsicht die spirituellste Person, der ich jemals begegnet bin. Sie besaß einen unfehlbaren

Sinn für Freundlichkeit, Mitgefühl und Liebe und handelte ihr ganzes Leben danach, manchmal zu ihrem eigenen Nachteil. Ohne die Hilfe religiöser Texte und äußerer Autoritäten vermittelte sie mir die Werte, die viele Amerikaner in der Sonntagsschule lernen: Ehrlichkeit, Einfühlungsvermögen, Disziplin, Durchhaltevermögen und harte Arbeit. Not und Unrecht empörten sie, und sie verachtete die Menschen, die dafür verantwortlich waren.

Vor allem aber besaß sie eine tiefe Empfänglichkeit für Wunder, eine Achtung vor dem Leben und seiner kostbaren, zerbrechlichen Natur, die am besten als verehrungsvoll beschrieben werden könnte. Es konnte passieren, dass sie ein Bild sah, ein Gedicht las oder ein Musikstück hörte und ihr dabei Tränen in die Augen traten. Als ich klein war, weckte sie mich manchmal mitten in der Nacht, weil sie mir einen ganz besonders schönen Mond zeigen wollte, oder sie sagte mir beim Spazierengehen, ich solle die Augen schließen und auf das Rascheln der Blätter lauschen. Sie liebte es, Kinder auf den Schoß zu nehmen, kitzelte sie, spielte mit ihnen oder betrachtete ihre Hände und erklärte ihnen das Wunder von Knochen und Sehnen und Haut und erfreute sich an den Wahrheiten, die dort gefunden werden konnten. Überall entdeckte sie Geheimnisse und staunte über das große Wunder des Lebens.

Natürlich verstehe ich erst im Rückblick richtig, wie sehr ihre Haltung mich beeinflusst hat: wie sie mich stärkte, obwohl in unserem Haus der Vater fehlte, wie sie mich über die Klippen der Adoleszenz trug und wie sie mich unmerklich in die Richtung lenkte, die ich schließlich einschlug. Mein heftiger Ehrgeiz hätte von meinem Vater angestachelt werden können, von dem Wissen um seine Erfolge und Niederlagen, von meinem unausgesprochenen Wunsch, seine Liebe zu gewinnen, von meinem Ärger und meiner Wut auf ihn. Stattdessen hat der unerschütterliche Glaube meiner Mutter – dass die Menschen gut sind und dass das kurze Leben, das wir besitzen, einen Wert hat – meinen Ehrgeiz kanalisiert. Ich habe politische Philosophie studiert, weil ich eine Bestätigung ihrer Werte suchte und eine Sprache und einen Handlungsrahmen haben wollte, um mit an einer Gemeinschaft zu bauen und Gerechtigkeit zu verwirklichen. Aus dem Wunsch heraus, diese Werte praktisch umzusetzen, übernahm ich in Chicago die Aufgabe des Community Organizer für mehrere Kirchen, die etwas gegen Arbeitslosigkeit, Drogen und Hoffnungslosigkeit in ihrer Gemeinde tun wollten.

In einem anderen Buch habe ich erzählt, wie meine frühe Arbeit in Chicago mir half, erwachsen zu werden, wie meine Arbeit mit Pfarrern und Laien meinen Entschluss festigte, ein Leben in der Politik zu führen, wie sie meine Rassenidentität stärkte und meine Überzeugung bestätigte, dass ganz gewöhnliche Menschen außergewöhnliche Dinge vollbringen können. Aber meine Erfahrungen in Chicago zwangen mich auch zur Konfrontation mit einem Dilemma, das meine Mutter in ihrem Leben nie ganz gelöst hat: der Tatsache, dass ich zu keiner Gemeinschaft gehörte und keine Traditionen teilte, in denen meine tiefsten Überzeugungen hätten wurzeln können. Die Christen, mit denen ich zusammenarbeitete, erkannten sich in mir wieder; sie sahen, dass ich ihr Buch der Bücher kannte, ihre Werte teilte und ihre Lieder sang. Aber sie spürten zugleich, dass ein Teil von mir fernblieb, distanziert, ein Beobachter von außen. Ich begriff, dass ich ohne ein Gefäß für meine Überzeugungen, ohne eindeutiges Bekenntnis zu einer bestimmten Glaubensgemeinschaft auf einer Ebene immer Außenseiter sein würde, frei in der Weise, wie meine Mutter frei war, aber auch allein, so wie sie letztlich allein war.

Es gibt Schlimmeres als solche Freiheit. Meine Mutter lebte glücklich als Bürgerin der Welt, knüpfte sich ein Netz von Freunden, wo immer sie welche fand, und erfüllte ihren Wunsch nach einem Sinn im Leben mit ihrer Arbeit und durch ihre Kinder. Auch ich hätte mich in einem solchen Leben einrichten können, wären da nicht die Besonderheiten der schwarzen Kirche gewesen, Eigenschaften, die mir halfen, meine Skepsis teilweise zu überwinden und mich zum christlichen Glauben zu bekennen.

Zum einen zog mich an, welche Macht die afroamerikanische religiöse Tradition entfaltet hatte, um den sozialen Wandel voranzubringen. Aus schierer Notwendigkeit musste sich die schwarze Kirche um die ganze Person kümmern. Aus Notwendigkeit konnte sich die schwarze Kirche selten den Luxus erlauben, die individuelle Erlösung von der kollektiven zu trennen. Sie bildete den Mittelpunkt des politischen, wirtschaftlichen, gesellschaftlichen und auch spirituellen Lebens der Gemeinschaft, sie verstand ganz unmittelbar, was die biblische Aufforderung bedeutete, den Hungrigen zu essen zu geben, die Nackten zu kleiden, den Mächtigen und den Herrschern die Stirn zu bieten. Die Geschichte dieser Kämpfe zeigte mir, dass der Glaube mehr ist als Trost für die Beladenen oder eine Versicherung gegen den Tod, der Glaube ist vielmehr eine aktive, greifbare Kraft in der Welt. In der Alltagsarbeit der Männer und Frauen, die mir jeden Tag in der Kirche begegneten, in der Art, wie es ihnen gelang, »einen Weg aus der Ausweglosigkeit zu finden« und Hoffnung und Würde noch unter den schwierigsten Umständen zu bewahren, erkannte ich das Fleisch gewordene Wort.

Und vielleicht, weil die schwarze Kirche unmittelbar mit der Not der Menschen zu tun hatte, weil ihr Glaube im Kampf wurzelte, vermittelte sie mir noch eine zweite Erkenntnis: Glaube bedeutet nicht, dass man keine Zweifel hat oder dass man sich von der Welt abwendet. Lange bevor das bei Fernsehpredigern Mode wurde, haben schwarze Pfarrer in ihren Predigten selbstverständlich zugestanden, dass alle Christen (auch die Pfarrer) weiterhin die gleichen Gefühle haben wie andere Menschen, dass sie Gier, Ärger, Lust und Wut empfinden genau wie alle Laien. Das Singen und Tanzen, die Tränen und die Schreie kündeten von Erleichterung, von der Anerkennung und letztlich vom Kanalisieren solcher Emotionen. In der schwarzen Gemeinschaft war die Trennlinie zwischen Sündern und Geretteten nicht so scharf, die Sünden der Menschen, die zur Kirche kamen, waren nicht so anders wie die Sünden der übrigen, und es wurde auch häufiger humorvoll über sie gesprochen als verurteilend. Man sollte in die Kirche gehen, eben weil man ein Mensch in der Welt war, nicht fern der Welt, ob reich oder arm, Sünder oder Geretteter, jeder sollte Christus finden, eben weil er Sünden mit sich herumtrug, die es abzuwaschen galt, und weil man als Mensch einen Verbündeten auf der gefahrvollen Reise durch das Leben braucht, der hohe Berge und tiefe Täler ein wenig einebnet und die krummen Wege ein bisschen gerade richtet.

Dank dieser neu gewonnenen Einsicht, dass ein religiöses Bekenntnis nicht die Preisgabe des kritischen Denkens bedeutet, dass ich mich deswegen nicht aus dem Kampf für wirtschaftliche und soziale Gerechtigkeit zurückziehen oder sonst der Welt, wie ich sie kenne und liebe, den Rücken kehren muss, konnte ich schließlich eines Tages in der Trinity United Church of Christ den Gang hinunterschreiten und mich taufen lassen. Es war eine Entscheidung, nicht eine Erweckung, meine Fragen verschwanden nicht auf wundersame Weise. Aber als ich dann in der Kirche unter dem Kreuz kniete, spürte ich den Geist Gottes in mir. Ich unterstellte mich Seinem Willen und machte es mir zur Aufgabe, Seine Wahrheit zu erkennen.

Diskussionen über Glaubensfragen spielen im Senat keine große Rolle. Kein Senatsmitglied wird nach seinen oder ihren religiösen Sympathien gefragt, und ich habe nur ganz selten erlebt, dass in einer Debatte Gott erwähnt wurde. Der Senatskaplan Barry Black ist ein kluger, weltlich eingestellter Mann, ehemals Chef der Marinekaplane, ein Afroamerikaner aus einem mehr als schwierigen Stadtviertel in Baltimore. Seine begrenzten Pflichten – er bietet ein Morgengebet an und Bibellektüre nach Bedarf und steht jedem für ein seelsorgerisches Gespräch zur Verfügung – übt er mit viel Wärme aus und vermittelt dem Gegenüber stets das Gefühl, angenommen zu sein. Das Gebetsfrühstück am Mittwochmorgen ist eine ganz und gar freiwillige, überparteiliche und ökumenische Angelegenheit (die Organisation auf republikanischer Seite liegt für gewöhnlich in den Händen von Senator Norm Coleman, der Jude ist), die Teilnehmer wählen der Reihe nach eine Bibelstelle aus und leiten die Diskussion darüber. Wenn man hört, mit welcher Heiterkeit, Offenheit, Bescheidenheit und wie humorvoll selbst erklärtermaßen religiöse Senatoren wie Rick Santorum, Sam Brownback oder Tom Coburn an einem solchen Mittwochmorgen über ihre persönlichen Glaubenserfahrungen berichten, möchte man meinen, dass die Wirkung des Glaubens auf die Politik auf jeden Fall positiv ist, dass er individuellen Ehrgeiz bremst, vor den Sturmböen der Schlagzeilen und vor politischem Egoismus schützt.

Doch außerhalb der hehren Mauern des Senats verlaufen Diskussionen über Religion und ihre Rolle in der Politik oft sehr viel weniger zivilisiert. Nehmen wir meinen republikanischen Gegenkandidaten bei der Wahl 2004, Botschafter Alan Keyes, der in den letzten Tagen des Wahlkampfs ein neues Argument ins Spiel brachte, warum die Wähler für ihn stimmen sollten.

»Christus würde nicht Barack Obama wählen«, verkündete Mr. Keyes, »denn Barack Obama unterstützt ein Verhalten, das für Christus undenkbar wäre.«

Mr. Keyes sagte so etwas nicht zum ersten Mal. Mein ursprünglicher republikanischer Gegenkandidat hatte sich nach pikanten Enthüllungen aus seiner Scheidungsakte aus dem Wahlkampf zurückziehen müssen, und weil es der Republikanischen Partei von Illinois nicht gelungen war, im Bundesstaat einen Kandidaten zu finden, hatte sie Mr. Keyes für die Aufgabe gewonnen. Der Umstand, dass Mr. Keyes aus Maryland stammt, nie in Illinois gelebt, niemals eine Wahl gewonnen hatte und vielen Republikanern auf Bundesebene als unerträglich galt, hatte die Führung der Grand Old Party in Illinois nicht abgeschreckt. Ein republikanischer Kollege im Senat des Bundesstaates hatte mir ihre Strategie ganz unverblümt erklärt: »Wir lassen unseren konservativen schwarzen Harvard-Absolventen gegen den liberalen schwarzen Harvard-Absolventen antreten. Mag sein, dass er nicht gewinnt, aber wenigstens wird er Ihnen den Heiligenschein vom Kopf holen.«

An Selbstvertrauen fehlte es Mr. Keyes nicht. Er hatte in Harvard promoviert, war ein Protegé von Jeane Kirkpatrick und unter Ronald Reagan US-Botschafter beim Wirtschafts- und Sozialrat der Vereinten Nationen gewesen. Der breiten Öffentlichkeit war er dadurch bekannt geworden, dass er zweimal in Maryland für einen Senatssitz kandidiert und sich dann noch zweimal um die Nominierung der Republikanischen Partei für die Präsidentschaftswahlen beworben hatte. In allen vier Fällen war er kläglich gescheitert, aber die Niederlagen hatten seinem Ansehen bei seinen Anhängern nicht geschadet, in ihren Augen schienen sie nur zu bestätigen, dass er den konservativen Grundsätzen bedingungslos huldigte.

Reden kann er, unbestritten. Aus dem Stegreif kann sich Mr. Keyes in grammatikalisch einwandfreier Form über praktisch jedes Thema auslassen. Bei Wahlreden steigert er sich zu Fanatismus, sein ganzer Körper geht mit, Schweiß rinnt ihm über die Stirn, die Finger fliegen durch die Luft, und seine hohe Stimme bebt vor Gefühl, wenn er die Gläubigen aufruft, gegen die Mächte des Bösen zu kämpfen.

Nur leider konnten weder Intellekt noch Eloquenz bestimmte Defizite des Kandidaten ausgleichen. Anders als die meisten

Politiker versuchte Mr. Keyes zum Beispiel gar nicht erst, seine vermeintliche moralische und intellektuelle Überlegenheit zu verbergen. Mit seiner aufrechten Haltung, seinem beinahe theatralisch förmlichen Benehmen und dem verschleierten Blick, der ihn immer gelangweilt aussehen lässt, wirkte er wie eine Kreuzung zwischen einem Prediger der Pfingstler und William F. Buckley.* Sein ausgeprägtes Selbstbewusstsein beeinträchtigte zudem die instinktive Selbstzensur, die bei den meisten Menschen dafür sorgt, dass sie durch die Welt kommen, ohne dauernd in tätliche Auseinandersetzungen verwickelt zu werden. Mr. Keyes sprach aus, was ihm gerade durch den Kopf ging, und hartnäckig wie ein Spürhund auf der Fährte verfolgte er jeden Gedanken bis zum bitteren Ende. Gehandicapt durch seinen späten Einstieg in den Wahlkampf, durch zu wenig Geld und durch seine Außenseiterposition als politischer Import aus dem Norden in einem Bundesstaat des Südens, schaffte er es innerhalb von nur drei Monaten, so ziemlich allen auf die Zehen zu treten. Er bezeichnete sämtliche Homosexuelle einschließlich der Tochter von Dick Cheney als »selbstsüchtige Hedonisten« und verkündete, wenn schwule Paare Kinder adoptierten, führe das unweigerlich zu Inzest. Die Presse von Illinois war für ihn ein Werkzeug in einer »Kampagne gegen die Ehe, gegen das Leben«. Mir warf er vor, mit meiner Verteidigung des Rechts auf Abtreibung nähme ich die »Haltung eines Sklavenhalters« ein, und er nannte mich einen »verbohrten akademischen Marxisten«, weil ich für eine allgemeine Krankenversicherung und andere Sozialprogramme eintrat, und zum Ausgleich fügte er dann noch hinzu, ich sei kein echter Afroamerikaner, weil ich nicht von ehemaligen Sklaven abstammte. Schließlich gelang es ihm sogar, die konservativen Republikaner zu verärgern, die

---

* Buckley war CIA-chief of station in Beirut. Er wurde am 16. März 1984 von der islamischen Gruppe *Heiliger islamischer Krieg* entführt und gefoltert. Er starb nach 444 Tagen in der Gewalt seiner Entführer.

ihn nach Illinois geholt hatten, indem er, vielleicht als Köder für die schwarzen Wähler, vorschlug, allen Nachfahren ehemaliger Sklaven komplett die Einkommensteuer zu erlassen. (»Eine Katastrophe!«, lautete ein Kommentar im Diskussionsforum auf der Website der strammen Rechten in Illinois, dem Illinois Leader. »*Und was ist mit den Weißen!!!*«)

Mit anderen Worten: Alan Keyes war der ideale Gegenkandidat, ich brauchte nur den Mund zu halten und auf den Tag meiner Vereidigung zu warten. Trotzdem, je länger der Wahlkampf dauerte, desto deutlicher registrierte ich, dass Keyes mir in einer Weise unter die Haut ging wie nur wenige Menschen zuvor. Wenn sich im Wahlkampf unsere Wege kreuzten, musste ich oft den unchristlichen Drang unterdrücken, ihn zu verspotten oder ihm an die Gurgel zu gehen. Einmal stießen wir bei der Parade zum Unabhängigkeitstag der Indianer aufeinander, und ich versetzte ihm, während ich ein Argument vorbrachte, in der Hitze des Gefechts einen Stoß gegen den Brustkorb: Das typische Gebaren eines Alphamännchens, das ich seit Highschool-Zeiten nicht mehr gezeigt hatte. Die anwesende Crew eines Nachrichtensenders stürzte sich natürlich darauf, und am Abend wurde die Szene in Zeitlupe gesendet. In unseren drei Debatten vor der Wahl suchte ich wiederholt nach Worten, ich war gereizt und ganz untypisch angespannt – die Bürger (die Mr. Keyes bereits abgeschrieben hatten) bemerkten das überwiegend nicht, aber einige meiner Anhänger irritierte es ziemlich. »Warum lassen Sie sich von diesem Kerl auf die Palme bringen?«, fragten sie mich. Für sie war Mr. Keyes ein Spinner, ein Radikaler, und was er sagte, hatte noch nicht einmal Unterhaltungswert.

Sie verstanden nicht, dass ich Mr. Keyes nicht einfach ignorieren konnte. Denn er behauptete, er spreche über mein Verhältnis zur Religion, und obwohl mir seine Worte nicht gefielen, musste ich zugeben, dass bei manchen Punkten viele in der christlichen Kirche so dachten wie er.

Seine Argumentation war ungefähr wie folgt: Amerika ist auf die beiden Prinzipien der gottgegebenen Freiheit und des christlichen Glaubens gegründet. Mehrere linke Administrationen haben sich der Bundesinstitutionen bemächtigt im Dienste eines gottlosen Materialismus und dabei durch Vorschriften, sozialistische Wohlfahrtsprogramme, Waffengesetze, die Pflicht zum Besuch staatlicher Schulen und die Einkommensteuer (»die Sklavensteuer«, wie Mr. Keyes sie nannte) die persönliche Freiheit und die traditionellen Werte immer weiter beschnitten. Liberale Richter haben weiter zum moralischen Verfall beigetragen, indem sie den ersten Verfassungszusatz über die Trennung von Kirche und Staat pervertierten und alle möglichen Arten von abnormem Verhalten billigten, allen voran Abtreibung und Homosexualität, die nun die Kernfamilie zu zerstören drohen. Die Antwort, wie Amerikas Erneuerung aussehen muss, liegt dementsprechend auf der Hand: Die Religion allgemein und das Christentum ganz besonders müssen wieder den ihnen zustehenden Platz im Mittelpunkt des öffentlichen und privaten Lebens erhalten, die Lebensführung hat sich an den religiösen Geboten auszurichten, und die Macht der Bundesregierung, Gesetze in Bereichen zu erlassen, die weder von der Verfassung noch von Gottes Geboten vorgegeben sind, muss drastisch beschränkt werden.

Anders ausgedrückt: Alan Keyes verkörperte die Grundüberzeugungen der religiösen Rechten in unserem Land, ohne jegliche Vorbehalte, ohne Kompromisse und ohne weitere Rechtfertigung. Innerhalb dieses Denksystems war das alles vollkommen schlüssig, und es verlieh Mr. Keyes die Sicherheit und die Wortgewalt eines alttestamentarischen Propheten. Und während ich mühelos seine verfassungsrechtlichen und politischen Argumente vom Tisch fegen konnte, brachte er mich mit seiner Lesart der Heiligen Schrift in die Defensive.

»Mr. Obama sagt, er sei Christ«, begann Mr. Keyes in der

Regel, »aber seine Anhänger befürworten ein Verhalten, das die Bibel widernatürlich nennt.«

»Mr. Obama sagt, er sei Christ, aber er ist für die Vernichtung von unschuldigem, heiligem Leben.«

Was sollte ich darauf antworten? Dass es absurd ist, die Bibel wörtlich zu nehmen? Dass Mr. Keyes als römischer Katholik die Lehren des Papstes ignorieren müsse? Weil ich keine Lust hatte, mich auf solche Debatten einzulassen, gab ich die üblichen linken Antworten: dass wir in einer pluralistischen Gesellschaft leben, dass ich anderen nicht meine religiösen Überzeugungen aufzwingen kann, dass ich für das Amt des Senators von Illinois kandidiere und nicht für das Amt des Pfarrers. Aber während ich das sagte, ging mir Mr. Keyes' impliziter Vorwurf nicht aus dem Kopf: dass ich von Zweifeln zerfressen und mein Glauben verfälscht sei, kurz, dass ich kein richtiger Christ wäre.

In gewisser Weise spiegelt mein Problem mit Mr. Keyes das allgemeine Problem der Linken mit der religiösen Rechten wider. Der Liberalismus lehrt uns Toleranz gegenüber den religiösen Überzeugungen anderer Menschen, solange ihre Überzeugungen niemandem schaden oder nicht das Recht von anderen beschneiden, zu glauben, was sie für richtig halten. Soweit religiöse Gemeinschaften für sich bleiben und der Glaube eindeutig als eine Sache des individuellen Gewissens behandelt wird, ist solche Toleranz eine leichte Aufgabe.

Aber Religion wird selten in Isolation praktiziert, zumindest die organisierte Religion ist eine sehr öffentliche Angelegenheit. Womöglich drängt es die Gläubigen, immer und überall zu missionieren. Oder sie meinen, ein säkularer Staat propagiere Werte, die ihre Glaubensüberzeugungen direkt verletzen. Unter Umständen wollen sie, dass die Gesellschaft insgesamt ihre Ansichten gutheißt und unterstützt.

Und wenn religiös motivierte Menschen im Sinne solcher

Ziele politisch aktiv werden, macht das die Liberalen nervös. Diejenigen von uns, die ein öffentliches Amt bekleiden, können versuchen, das Gespräch über religiöse Werte ganz einfach zu vermeiden, um nur ja niemanden zu verletzen, und wir können uns darauf berufen, dass uns unabhängig von unseren persönlichen Überzeugungen in Fragen wie Abtreibung und Schulgebet durch die Verfassung die Hände gebunden sind. (Katholische Politiker einer bestimmten Generation sind anscheinend besonders vorsichtig, vielleicht weil sie in einer Zeit aufgewachsen sind, als viele Amerikaner sich fragten, ob John F. Kennedy eines Tages Befehle vom Papst entgegennehmen würde.) Manche Linke (allerdings nicht in öffentlichen Ämtern) gehen noch weiter und bezeichnen Religion in der Öffentlichkeit als prinzipiell irrational, intolerant und deshalb gefährlich und weisen darauf hin, dass die religiöse Redeweise mit ihrer Betonung des individuellen Heils und der Kontrolle der privaten Moral den Konservativen den Vorwand geliefert hat, Fragen der öffentlichen Moral wie Armut und unternehmerisches Fehlverhalten auszublenden.

Solche Vermeidungsstrategien von Linken können funktionieren, wenn der Gegner jemand wie Alan Keyes ist. Aber ich denke, auf lange Sicht machen wir einen Fehler, wenn wir nicht anerkennen, was für eine Macht der Glaube im Leben des amerikanischen Volkes darstellt, und der Diskussion ausweichen, wie sich der Glaube mit unserer modernen, pluralistischen Demokratie vereinbaren lässt.

Vor allem anderen ist das politisch unklug. Es gibt sehr viele religiöse Menschen in Amerika, und dazu gehört auch die Mehrheit der Demokraten. Wenn wir das Feld des religiösen Diskurses aufgeben, wenn wir die Diskussion nicht mehr führen, was es heißt, ein guter Christ, ein guter Muslim oder Jude zu sein, wenn wir die Religion nur in dem negativen Sinn diskutieren, wo und wie sie *nicht* praktiziert werden darf, statt in dem positiven Sinn, was sie uns über unsere gegenseitigen Verpflichtungen sagen kann, wenn wir vor religiösen Orten und religiösen Sendungen zurückschrecken, weil wir erwarten, dass wir unerwünscht sind – wenn wir uns so verhalten, werden andere das Vakuum ausfüllen. Und das werden wahrscheinlich diejenigen mit den besonders engstirnigen Glaubensvorstellungen sein und jene, die auf zynische Weise die Religion zu parteilichen Zwecken missbrauchen.

Grundsätzlich müssen wir sagen, das Unbehagen mancher Linker, sobald die Rede auf die Religiosität kommt, hat uns oft gehindert, Fragen unter moralischen Gesichtspunkten zu erörtern. Ein Teil des Problems ist rhetorischer Natur: Wenn wir die Sprache von allen religiösen Inhalten reinigen, verlieren wir die Bilder und die Begriffe, mit denen Millionen von Amerikanern ihre persönliche Moral und die soziale Gerechtigkeit fassen. Wie hätte sich Lincolns Rede bei seiner zweiten Amtseinführung angehört ohne den Bezug auf »das Urteil des Herrn« oder Martin Luther Kings Rede »Ich habe einen Traum« ohne die Wendung »alle Kinder Gottes«? Dass sie eine höhere Wahrheit zu Hilfe riefen, erleichterte es, etwas zu denken, was bisher undenkbar gewesen war, und die Nation zu bewegen, dass sie gemeinsam in die Zukunft schritt. Natürlich hat die organisierte Religion nicht das Monopol auf Anstand und Moral, und man muss nicht religiös sein, um moralische Forderungen zu erheben oder für das Gemeinwohl einzutreten. Aber wir dürfen uns nicht aus Angst, dass wir jemanden verletzen könnten, von solchen Forderungen und Appellen abhalten lassen und dürfen auch nicht jeden Bezug auf unsere reichen religiösen Traditionen ängstlich vermeiden.

Unser Versagen als Linke, die moralischen Fundamente unserer Nation einzubeziehen, ist nicht nur ein rhetorisches Problem. Unsere Angst, nur ja nicht »predigerhaft« zu klingen, kann auch dazu führen, dass wir die Rolle von Werten und Kultur bei der Lösung unserer drängendsten gesellschaftlichen Probleme unterschätzen.

Armut und Rassismus, die Lage der Menschen ohne Versicherung und ohne Arbeitsplatz: Das sind nicht nur technische Schwierigkeiten bei der Suche nach dem perfekten Zehn-Punkte-Plan. Sie hängen auch mit gesellschaftlicher Gleichgültigkeit und individueller Abgestumpftheit zusammen, bei jenen an der Spitze der sozialen Leiter mit dem Wunsch, ihren Wohlstand und ihren Status unbedingt zu erhalten, und bei jenen ganz unten auf der sozialen Leiter mit Verzweiflung und der Neigung zu Selbstzerstörung.

Zur Lösung dieser Probleme werden politische Veränderungen nötig sein, aber auch Veränderungen in den Köpfen und in den Herzen. Ich bin überzeugt, dass es richtig ist, Waffen in unseren Innenstädten zu verbieten, und ich meine, dass unsere Politiker das der Lobby der Waffenproduzenten ganz klar sagen müssen. Aber ich bin auch der Meinung, wenn ein Bandenmitglied wahllos in die Menge feuert, weil er sich unhöflich behandelt fühlt, dann haben wir es mit einem moralischen Defizit zu tun. Wir müssen den Mann nicht nur für sein Verbrechen bestrafen, sondern wir müssen auch anerkennen, dass in seinem Herzen etwas fehlt, dass er einen Defekt hat, den Regierungsprogramme allein nicht beheben können. Ich bin entschieden für die strikte Umsetzung unserer Antidiskriminierungsgesetze, aber ich bin auch überzeugt, dass ein Umdenken bei unseren Managern, ein echtes Bekenntnis zu Vielfalt, schneller Resultate bringen kann als ein ganzes Heer von Anwälten. Ich denke, wir sollten mehr Steuermittel in die Ausbildung armer Jungen und Mädchen investieren und sie über Verhütungsmittel aufklären, damit sie ungewollte Schwangerschaften verhindern, damit die Abtreibungszahlen sinken und damit gewährleistet ist, dass jedes Kind gewünscht und geliebt wird. Aber ich denke auch, dass der Glaube das Selbstbewusstsein einer jungen Frau und das Verantwortungsgefühl eines jungen Mannes stärken kann und bei beiden die Achtung vor dem intimen sexuellen Akt, die alle jungen Leute haben sollten.

Ich plädiere nicht dafür, dass wir Linke uns künftig auf religiöse Begriffe stürzen oder dass wir den Kampf für institutionelle Veränderungen aufgeben zugunsten von Aufrufen wie »Lasst tausend Lichter leuchten« (Formel für Bushs Sozialpolitik, die auf individuelle karitative Initiativen setzt statt auf staatliche Sozialpolitik). Ich weiß, wie oft Appelle an die persönliche Moral als Entschuldigung für Nichtstun herhalten müssen. Außerdem ist nichts so leicht zu durchschauen wie heuchlerische Glaubensbekenntnisse, etwa wenn ein Politiker im Wahlkampf in einer schwarzen Kirche auftaucht und (ohne Gefühl für Rhythmus) beim Gospelchor mitklatscht oder eine ansonsten nüchterne politische Rede mit ein paar Bibelzitaten würzt.

Ich meine, wenn wir Linken unsere eigenen blinden Flecken überwinden, könnten wir erkennen, welche Werte religiöse und weltlich gesinnte Menschen teilen, wenn es um die moralische und materielle Entwicklungsrichtung unseres Landes geht. Wir könnten erkennen, dass die Aufforderung zu Opfern zugunsten der nächsten Generation, die Notwendigkeit, nicht nur »ich« zu denken, sondern auch »du«, in religiösen Gemeinschaften im ganzen Land Anklang findet. Wir müssen den Glauben ernst nehmen, nicht nur weil wir die religiöse Rechte aufhalten wollen, sondern weil wir alle gläubigen Menschen in das große Vorhaben der Erneuerung Amerikas einbeziehen wollen.

Einiges ist bereits im Gang. Pastoren von Megakirchen wie Rick Warren und T. D. Jakes setzen ihren gewaltigen Einfluss ein im Kampf gegen Aids, für den Schuldenerlass für Länder der Dritten Welt und gegen den Völkermord in Darfur. Bekennende »progressive Evangelikale« wie Jim Wallis und Tony Campolo begreifen die biblische Aufforderung, den Armen zu helfen, als ein Mittel, Christen gegen Einsparungen bei Sozialprogrammen und gegen die zunehmende Ungleichheit zu mobilisieren. Und überall im Land tragen einzelne Kirchengemeinden, auch meine, Programme für Kinderbetreuung, errichten Seniorenzentren und helfen entlassenen Straftätern dabei, ihr Leben wieder in den Griff zu bekommen.

Aber es ist noch viel Arbeit, auf diesen tastenden Versuchen eine Partnerschaft zwischen der religiösen und der säkularen Welt aufzubauen. Die Spannungen und das Misstrauen auf beiden Seiten müssen klar angesprochen werden, und die einen wie die anderen werden einige Grundregeln der Zusammenarbeit akzeptieren müssen.

Der erste und für manche evangelikale Christen schwierigste Schritt besteht darin anzuerkennen, welch entscheidende Rolle die Trennung von Kirche und Staat nicht nur für die Entwicklung unserer Demokratie, sondern auch für den Bestand unserer religiösen Praxis gespielt hat. Anders als viele rechte Christen behaupten, die dagegen wettern, sind ihre Gegner nicht ein paar liberale Richter aus den sechziger Jahren. Ihre Gegner sind die Verfasser der Bill of Rights und die Vorläufer der evangelikalen Kirche von heute.

Viele führende Köpfe der Revolutionszeit, allen voran Franklin und Jefferson, waren Deisten. Sie glaubten zwar an einen allmächtigen Gott, stellten aber die Dogmen der christlichen Kirche ebenso in Frage wie die zentralen Glaubenssätze des Christentums selbst (einschließlich der göttlichen Natur Christi). Jefferson und Madison plädierten für eine »Trennmauer«, wie Jefferson es nannte, zwischen Kirche und Staat als Mittel, die individuelle Freiheit im religiösen Glauben und der religiösen Praxis zu schützen, den Staat vor sektiererischem Eifer zu bewahren und die organisierte Religion gegen staatliche Einmischung und Übergriffe abzusichern.

Natürlich teilten nicht alle Gründungsväter diese Meinung. Männer wie Patrick Henry und John Adams äußerten etliche

Vorschläge, wie der Staat die Religion fördern sollte. Aber Jefferson und Madison setzten zwar das Virginia Statute for Religious Freedom durch, das Bekenntnisfreiheit garantierte und zum Vorbild für die Religionsklausel des ersten Verfassungszusatzes wurde, aber die beiden Schüler der Aufklärung erwiesen sich nicht als die fähigsten Streiter für die Trennung von Kirche und Staat.

Für die breite Unterstützung, damit die Regelungen ratifiziert werden konnten, sorgten Baptisten wie Reverend John Leland. Sie taten es, weil sie Außenseiter waren, weil ihr Stil überschwänglicher Religiosität die unteren Schichten ansprach, weil die Art, wie sie unterschiedslos missionierten – auch Sklaven –, die herrschende Ordnung in Frage stellte, weil ihnen Rang und Privilegien nichts galten und weil sie von der in den Südstaaten dominierenden anglikanischen Kirche und den kongregationalistischen Gemeinschaften im Norden schikaniert und verfolgt wurden. Sie fürchteten nicht nur zu Recht, dass staatliche Unterstützung für die Religion es ihnen erschweren würde, als religiöse Minderheiten ihren Glauben zu praktizieren, sie waren auch überzeugt, dass die Religion an Vitalität einbüßt, wenn sie vom Staat verordnet oder auch nur unterstützt wird. Mit den Worten von Reverend Leland: »Nur der Irrtum braucht Hilfe vom Staat, die Wahrheit kann und wird besser ohne sie zurechtkommen.«

Die Religionsfreiheit nach den Vorstellungen Jeffersons und Lelands funktionierte. Amerika sind nicht nur all die Formen von religiösem Fanatismus erspart geblieben, unter denen die Welt bis heute leidet, sondern bis heute gedeihen die religiösen Institutionen. Manche Beobachter schreiben das direkt der Tatsache zu, dass es keine vom Staat getragene Kirche gibt und deshalb religiöses Experimentieren und Freiwilligkeit belohnt werden. Außerdem sind die Gefahren von Sektiererei nie größer gewesen als heute, weil die Bevölkerung Amerikas immer vielfältiger wird. Was immer wir einstmals gewesen sein mögen, wir sind nicht mehr nur eine christliche Nation, wir sind auch eine jüdische Nation, eine muslimische Nation, eine buddhistische Nation, eine hinduistische Nation und eine Nation von Ungläubigen.

Aber nehmen wir einmal an, wir hätten nur Christen innerhalb der Grenzen unseres Landes. Wessen Christentum würden wir in den Schulen unterrichten? Das Christentum eines Konservativen wie James Dobson oder das Christentum eines Sozialreformers wie Al Sharpton? Welche Bibelstellen sollen unsere Politik leiten? Sollen wir uns an Levitikus halten, wonach Sklaverei in Ordnung ist, aber Schalentiere zu essen eine Ungeheuerlichkeit darstellt? Und wie steht es mit Deuteronomium, wo es heißt, ein Vater solle seinen Sohn steinigen lassen, wenn er störrisch und widerspenstig ist? Oder sollten wir einfach bei der Bergpredigt bleiben? Allerdings ist diese Passage der Bibel so radikal pazifistisch, dass ich Zweifel habe, ob unser Verteidigungsministerium ihre Anwendung überstehen würde.

Das bringt uns zu einem weiteren Punkt: In welcher Weise sollen religiöse Ansichten die öffentliche Debatte bestimmen, und wie sollen sie gewählte Vertreter leiten? Natürlich haben die Säkularisten Unrecht, wenn sie von den Gläubigen verlangen, sie sollten ihre Religion abstreifen, bevor sie die öffentliche Arena betreten. Frederick Douglass, Abraham Lincoln, William Jennings Bryan, Dorothy Day, Martin Luther King jr., kurz gesagt die meisten großen Reformer in der amerikanischen Geschichte, waren nicht nur vom religiösen Glauben motiviert, sondern vertraten ihre Anliegen häufig auch mit religiösen Begriffen. Zu sagen, Männer und Frauen sollten ihre »persönliche Moral« nicht in öffentliche politische Debatten einfließen lassen, ist letztlich eine Absurdität. Unsere Rechtsordnung ist definitionsgemäß eine Kodifizierung der Moral, und ein großer Teil dieser Moral basiert auf der jüdisch-christlichen Tradition.

Allerdings verlangt unsere auf Diskussion ausgerichtete pluralistische Demokratie, dass religiös motivierte Politiker ihre Anliegen nicht religionsspezifisch ausdrücken, sondern in universelle Werte übersetzen. Das bedeutet, dass ihre Vorschläge der Vernunft zugänglich sein und dem Diskurs unterworfen werden müssen. Wenn ich aus religiösen Gründen Abtreibung ablehne und ein Gesetz durchbringen will, das Abtreibung verbietet, dann kann ich nicht einfach nur auf die Lehren meiner Kirche hinweisen oder mich auf Gottes Willen berufen und erwarten, dass ich mich damit durchsetze. Wenn ich will, dass andere mir zuhören, dann muss ich erklären, warum Abtreibung einen Grundsatz verletzt, der für Menschen aller Glaubensrichtungen einsichtig ist, also auch für die Menschen ohne Glauben.

All jenen, die wie viele Evangelikale an die Unfehlbarkeit der Bibel glauben, mögen solche Grundsätze nur als ein weiteres Beispiel für die Tyrannei der säkularen und materiellen Welt über die heilige und ewige erscheinen. Aber in einer pluralistischen Demokratie haben wir keine Wahl. Beinahe definitionsgemäß sind Glauben und Vernunft für unterschiedliche Bereiche zuständig und führen auf unterschiedlichen Wegen zur Wahrheit. Vernunft und auch die Wissenschaft beinhalten die Ansammlung von Wissen ausgehend von Realitäten, die wir alle wahrnehmen können. Die Religion hingegen gründet auf Wahrheiten, die mit gewöhnlichen menschlichen Argumenten nicht beweisbar sind. Sie gründet auf dem »Glauben an Dinge, die nicht sichtbar sind«. Wenn die Lehrer in naturwissenschaftlichen Fächern darauf beharren, dass Kreationismus und die Schöpfungslehre nicht ins Klassenzimmer gehören, dann behaupten sie nicht, dass das naturwissenschaftliche Wissen der religiösen Erkenntnis überlegen wäre. Sie sagen nur, dass jeder Weg zum Wissen seine eigenen Regeln hat und dass die Regeln nicht austauschbar sind.

Politik ist gewiss keine Wissenschaft, und leider ist sie selten von Vernunft geleitet. Aber in einer pluralistischen Demokratie gelten die gleichen Unterscheidungen. Politik hängt wie Wissenschaft von unserer Fähigkeit ab, andere von gemeinsamen Zielen zu überzeugen, deren Basis eine gemeinsame Realität ist. Außerdem gehört zur Politik (anders als zur Wissenschaft) der Kompromiss, die Kunst des Möglichen. Auf einer fundamentalen Ebene erlaubt die Religion keinen Kompromiss. Sie besteht auf dem Unmöglichen. Wenn Gott gesprochen hat, dann wird von den Gläubigen erwartet, dass sie nach Gottes Geboten leben, egal welche Folgen das hat. Es mag etwas Erhabenes sein, das Leben auf solche unbedingten Verpflichtungen zu gründen, aber wenn wir das in der Politik tun würden, wäre es gefährlich.

Die Geschichte von Abraham und Isaak ist dafür ein einfaches, aber wichtiges Beispiel. Nach der Bibel befiehlt Gott Abraham, »nimm deinen Sohn, deinen einzigen, den du liebst, Isaak, … und bring ihn … als Brandopfer dar«. Widerspruchslos führt Abraham Isaak auf den Berggipfel, fesselt ihn, legt ihn auf den Altar und erhebt das Messer, bereit, zu tun, was Gott ihm befohlen hat.

Natürlich kennen wir das glückliche Ende der Geschichte: Gott schickt einen Engel, der in letzter Sekunde eingreift. Gott hat Abraham geprüft, und Abraham hat die Prüfung bestanden. Er wird ein Vorbild für die Treue zu Gott, und sein tiefer Glaube wird in künftigen Generationen belohnt. Und doch müssen wir sagen, würde jemand von uns im 21. Jahrhundert sehen, wie Abraham auf dem Dach seines Wohnblocks steht und das Messer erhebt, würde er die Polizei rufen. Wir würden ihn niederringen, und selbst wenn wir sähen, wie er in der letzten Minute das Messer sinken lässt, würden wir erwarten, dass das Jugendamt sich einschaltet, Isaak mitnimmt und Abraham wegen Kindesmisshandlung anklagt. Wir tun das, weil Gott und seine Engel sich uns allen nicht im selben Augenblick offenbaren. Wir hören nicht, was Abraham hört, sehen nicht, was er sieht, so wahr seine Wahrnehmungen auch sein mögen. Deshalb ist es richtiger, wenn wir in Übereinstimmung mit den Dingen handeln, die wir alle wissen können, in dem Bewusstsein, dass ein Teil dessen, was wir als einzelner Mensch oder als Glaubensgemeinschaft für wahr halten, nur für uns wahr ist.

Schließlich verlangt die Versöhnung von Glauben und demokratischem Pluralismus einen gewissen Sinn für Proportionen. Der religiösen Lehre ist das nicht gänzlich fremd, selbst diejenigen, die auf der Unfehlbarkeit der Bibel beharren, machen Unterschiede zwischen den Geboten der Schrift, weil sie meinen, dass manche Passagen – sagen wir die Zehn Gebote oder der Glaube an die göttliche Natur Christi – für den christlichen Glauben zentral sind, andere hingegen eher kulturgebunden und deshalb entsprechend den Erfordernissen des modernen Lebens modifiziert werden können. Das amerikanische Volk versteht das intuitiv, und deshalb praktiziert die Mehrheit der Katholiken Geburtenkontrolle, und manche von denen, die Homo-Ehen ablehnen, sind trotzdem gegen einen Verfassungszusatz, der die Homo-Ehe verbietet. Religiöse Führer müssen solche Weisheiten im Umgang mit ihren Anhängern vielleicht nicht berücksichtigen, aber sie sollten sie in ihrer Politik bedenken.

So wie ein Gespür für Proportionen die christlichen Aktivisten leiten soll, sollte es auch jene leiten, die die Grenzen zwischen Kirche und Staat überwachen. Nicht jede Erwähnung Gottes in der Öffentlichkeit ist ein Verstoß gegen das Gebot der Trennung, es kommt immer, wie der Oberste Gerichtshof zu Recht festgestellt hat, auf den Zusammenhang an. Man kann bezweifeln, ob Kinder sich unter Druck gesetzt fühlen, wenn sie den Treueschwur auf die Flagge und die Nation mit dem Zusatz »unter Gott« aufsagen sollen, mir ging es allerdings nicht so.

Es sollte nicht als Bedrohung empfunden werden, wenn Schulräume für Treffen freiwilliger Gebetsgruppen von Schülern zur Verfügung gestellt werden, genauso wenig wie es Demokraten aufbringen sollte, wenn der Republikanische Club an der Highschool Schulräume nutzt. Und man kann sich bestimmte Programme im Umkreis von Glaubensgemeinschaften vorstellen, zum Beispiel für Straftäter oder Drogensüchtige, die sehr wirkungsvolle Instrumente sind, Probleme zu lösen, und deshalb eine maßgeschneiderte Unterstützung verdienen.

Diese allgemeinen Grundsätze, wie in einer Demokratie über den Glauben diskutiert werden kann, sind nicht allumfassend. Es wäre auch hilfreich, wenn wir in Debatten über religiöse Themen und überhaupt in der demokratischen Diskussion der Versuchung widerstehen könnten, den Menschen, die anderer Meinung sind als wir, böse Absichten zu unterstellen. Wenn wir darüber urteilen, wie überzeugend verschiedene moralische Behauptungen sind, sollten wir auf Inkonsequenzen bei der Anwendung achten: Generell höre ich eher denen zu, die sich genauso über die Sittenwidrigkeit von Obdachlosigkeit empören, wie sie sich über die Sittenwidrigkeit mancher Musikvideos empören. Und wir müssen anerkennen, dass unser Streit manchmal weniger darum geht, was richtig ist, als darum, wer die letzte Entscheidung trifft – ob wir für die Durchsetzung unserer Werte die Zwangsgewalt des Staates brauchen oder ob wir das besser dem Gewissen des Einzelnen und den sich wandelnden Normen überlassen.

Natürlich wird die konsequente Anwendung dieser Grundsätze nicht alle Konflikte lösen. Dass viele Abtreibungsgegner bereit sind, bei Vergewaltigung und Inzest Ausnahmen zu machen, zeigt, dass sie aus praktischen Erwägungen die Prinzipien beugen. Dass die glühendsten Verfechter des Rechts auf Abtreibung bereit sind, Einschränkungen bei Spätabtreibungen zu akzeptieren, zeigt das Eingeständnis, dass ein Fötus mehr als ein Körperteil ist und dass die Gesellschaft ein gewisses Interesse an seiner Entwicklung hat. Doch in der Auseinandersetzung zwischen denen, die glauben, das Leben beginne mit der Zeugung, und jenen, die den Fötus bis zur Geburt als eine Erweiterung des mütterlichen Körpers ansehen, ist schnell ein Punkt erreicht, an dem ein Kompromiss nicht mehr möglich ist. Und dann können wir nur noch dafür sorgen, dass das politische Ergebnis durch Überzeugung entsteht und nicht durch Gewalt oder Einschüchterung – und dass wir zumindest einen Teil unserer Energie darauf konzentrieren, die Zahl ungewollter Kinder durch Aufklärung (auch über Enthaltsamkeit), Verhütung, Adoption und sonstige Maßnahmen zu verringern, die breite Unterstützung finden und sich bewährt haben.

Für viele praktizierende Christen ist auch die Homo-Ehe ein Feld, auf dem es keinen Kompromiss geben kann. Ich finde eine solche Haltung problematisch, insbesondere in einer Gesellschaft, in der christliche Männer und Frauen bekanntlich Ehebruch begehen oder in sonstiger Weise gegen die Gebote ihres Glaubens verstoßen, ohne dass das zivilrechtlich bestraft wird. Und nur zu oft habe ich in der Kirche miterlebt, wie Pfarrer das Schimpfen auf Homosexuelle als billigen rhetorischen Trick einsetzen. »Adam and Eve, not Adam and Steve!«, rufen sie aus, bevorzugt dann, wenn die Predigt ein bisschen langweilig wird. Ich glaube, dass die amerikanische Gesellschaft sich entscheiden kann, der Ehe zwischen einem Mann und einer Frau einen besonderen Platz zu geben, weil es in allen Kulturen die übliche Verbindung ist, in der Kinder aufgezogen werden. Ich will aber nicht, dass der Staat amerikanischen Bürgern eine eingetragene Partnerschaft verweigert, die gleiche Rechte in grundlegenden Dingen wie Besuchsrecht im Krankenhaus oder Krankenversicherung beinhaltet, einfach weil die Menschen, die sie lieben, dasselbe Geschlecht haben wie sie selbst. Und ich bin auch nicht bereit, eine Bibelauslegung zu akzeptieren, die einer obskuren Stelle im Römerbrief mehr Gewicht für die Definition christlichen Verhaltens beimisst als der Bergpredigt.

Vielleicht bin ich bei diesem Thema empfindlich, weil ich gesehen habe, welchen Schmerz meine eigene Unbedachtheit verursacht hat. Vor meiner Wahl, mitten in den Diskussionen mit Mr. Keyes, erhielt ich eine telefonische Nachricht von einer Anhängerin, die mich sehr unterstützte. Sie führt ein kleines Unternehmen, ist Mutter, eine nachdenkliche und großzügige Frau. Und sie ist lesbisch und lebt seit zehn Jahren mit ihrer Partnerin in einer monogamen Beziehung.

Sie wusste, dass ich gegen gleichgeschlechtliche Ehen bin, als sie beschlossen hatte, mich zu unterstützen, und kannte meine Argumentation: Solange ein tragfähiger Konsens fehlt, ist die Konzentration auf die Ehe eine Ablenkung von anderen, erreichbaren Möglichkeiten, die Diskriminierung von Schwulen und Lesben abzubauen. Auslöser für ihren Anruf war ein Radiointerview gewesen, in dem ich meine Haltung in der Frage mit meinen religiösen Überzeugungen begründet hatte. Sie sagte, diese Bemerkungen hätten sie verletzt, denn indem ich die Religion ins Spiel gebracht hätte, hätte ich angedeutet, dass sie und ihresgleichen schlechte Menschen wären.

Ich war betroffen, und das sagte ich ihr auch, als ich sie zurückrief. In dem Gespräch dachte ich daran, wie verletzend es für anständige Menschen ist, wenn Christen, die Homosexualität ablehnen, behaupten, dass sie die Sünde hassen, aber den Sünder lieben – verletzend für Menschen, die nach dem Ebenbild Gottes geschaffen sind und oft getreulicher nach Gottes Botschaft leben als jene, die sie verdammen. Und ich dachte daran, dass es meine Pflicht ist, nicht nur als gewählter Amtsträger in einer pluralistischen Gesellschaft, sondern auch als Christ, für die Möglichkeit offen zu bleiben, dass ich mit meiner Ablehnung der Homo-Ehe falsch liege, genau wie ich auch nicht Unfehlbarkeit beanspruchen kann, wenn ich das Recht auf Abtreibung befürworte. Ich musste zugeben, dass ich vielleicht mit den Vorlieben und Vorurteilen der Gesellschaft infiziert war und sie Gott zugeschrieben hatte, dass Jesu Appell, den Nächsten zu lieben, womöglich eine andere Schlussfolgerung verlangte, und dass ich später vielleicht einmal als jemand angesehen werden könnte, der auf der falschen Seite der Geschichte gestanden hatte. Ich glaube nicht, dass solche Zweifel mich zu einem schlechten Christen machen, ich glaube vielmehr, sie machen mich menschlich. Mein Wissen um Gottes Ratschluss ist begrenzt, und deshalb kann ich der Sünde anheimfallen. Wenn ich in der Bibel lese, dann mit der Überzeugung, dass es kein statischer Text ist, sondern das Lebendige Wort, und dass ich beständig für Neues offen sein muss – ob es von einer lesbischen Freundin kommt oder von einem Arzt, der Abtreibung ablehnt.

Das soll nicht heißen, dass ich in meinem Glauben nicht verwurzelt bin. Bei manchen Dingen bin ich mir absolut sicher: beim ethischen Imperativ, bei der Notwendigkeit, Grausamkeit in all ihren Erscheinungsformen zu bekämpfen, beim Wert von Liebe und Mitgefühl, Demut und Gnade.

Diese Überzeugungen wurden mir vor zwei Jahren bewusst, als ich im Civil Rights Institute von Birmingham im Bundesstaat Alabama (Dokumentationszentrum der Bürgerrechtsbewegung) eine Rede halten sollte. Das Zentrum liegt genau gegenüber der Sixteenth Street Baptist Church, wo 1963 vier junge Mädchen, Addie Mae Collins, Carole Robertson, Cynthia Wesley und Denise McNair, starben, als während der Sonntagsschule eine Bombe explodierte, die militante Weiße gelegt hatten. Bevor ich meine Rede hielt, besuchte ich die Kirche. Der junge Pfarrer und mehrere Diakone begrüßten mich an der Tür und wiesen mich auf die Spuren der Explosion an der Wand hin. Ich schaute auf die Uhr hinten in der Kirche, die immer noch 14.22 Uhr anzeigte, den Zeitpunkt der Explosion. Ich betrachtete Fotos der vier Mädchen.

Nach dem Rundgang fassten der Pfarrer, die Diakone und ich uns an den Händen und sprachen vor dem Altar ein Gebet. Dann gingen die anderen weg, ich blieb noch ein wenig in einer Kirchenbank sitzen und sammelte meine Gedanken. Wie mochte es für die Eltern gewesen sein, damals vor vierzig Jahren, zu wissen, dass ihnen die Kinder, die ihnen so teuer waren, durch niederträchtige und skrupellose Gewalt entrissen worden waren? Die Eltern hatten gesehen, wie Trauernde aus dem ganzen Land herbeiströmten, hatten Beileidsschreiben aus der ganzen Welt erhalten, hatten vor dem Fernseher gesessen, als Lyndon Johnson verkündete, es sei an der Zeit, eine neue Zeit zu beginnen, und sie hatten miterlebt, wie der Kongress schließlich das Bürgerrechtsgesetz von 1964 verabschiedete. Freunde und Fremde gleichermaßen hatten ihnen versichert, ihre Töchter seien nicht umsonst gestorben, ihr Tod habe die Nation wachgerüttelt und dazu beigetragen, Menschen zu befreien, die Bombe in der Kirche habe einen Damm eingerissen, und nun werde die Gerechtigkeit wie Wasser fließen und Anständigkeit sich wie ein breiter Strom ergießen. Und dennoch – kann solches Wissen den Kummer lindern, kann es verhindern, dass man verrückt wird und in ewige Wut verfällt, oder muss man darüber hinaus auch wissen, dass das eigene Kind an einen besseren Ort gegangen ist?

Meine Gedanken schweiften zu meiner Mutter in ihren letzten Tagen, als sich der Krebs im ganzen Körper ausgebreitet hatte und klar war, dass es keine Hoffnung mehr gab. Im Verlauf ihrer Krankheit hatte sie zu mir gesagt, dass sie zum Sterben noch nicht bereit sei. Die Krankheit hatte sie überrumpelt, als hätte die physische Welt, die sie so liebte, sich gegen sie gewandt und sie betrogen. Und obwohl sie tapfer kämpfte,

Schmerzen und Chemotherapie bis zum Ende mit Würde und Humor ertrug, sah ich mehr als einmal Angst in ihren Augen. Mehr als die Angst vor Schmerzen oder vor dem Unbekannten erschreckte sie, denke ich, die schiere Einsamkeit des Todes, der Gedanke, dass auf dieser letzten Reise, bei diesem letzten Abenteuer niemand mit ihr teilen würde, was sie erlebte. Niemand würde mit ihr staunen, in welchem Ausmaß der Körper sich selbst Schmerzen bereiten kann, oder mit ihr lachen über die blanke Absurdität des Lebens, wenn das Haar langsam ausfällt und die Speicheldrüsen einem den Dienst versagen.

Solche Gedanken bewegten mich, als ich die Kirche verließ und meine Rede hielt. An jenem Abend, als ich wieder in Chicago war und beim Abendessen saß, beobachtete ich Malia und Sasha, wie sie lachten und sich zankten und in ihren Bohnen herumstocherten, bis ihre Mutter sie nach oben scheuchte zum Zähneputzen. Ich blieb allein in der Küche und räumte den Tisch ab. Dabei stellte ich mir vor, wie meine beiden Mädchen heranwachsen würden, und ich fühlte einen Schmerz, wie ihn wohl jeder Vater und jede Mutter von Zeit zu Zeit spürt: den Wunsch, jeden Augenblick im Leben des eigenen Kindes festzuhalten und nicht vergehen zu lassen, jede Geste aufzuheben, für alle Ewigkeit den Anblick ihrer Locken zu bewahren und das Gefühl, wenn sich die Finger des Kindes um die eigenen schließen. Ich dachte daran, wie Sasha mich einmal gefragt hatte, was passiert, wenn wir sterben. »Ich will nicht sterben, Daddy«, hatte sie noch ganz sachlich festgestellt. Und ich hatte sie in die Arme genommen und gesagt: »Du hast noch sehr viel Zeit vor dir, darüber brauchst du dir noch keine Gedanken zu machen.« Das schien ihr zu genügen. Ich fragte mich, ob ich ihr die Wahrheit hätte sagen sollen: dass ich nicht weiß, was passiert, wenn wir sterben, genauso wenig wie ich weiß, wo die Seele sitzt oder was vor dem Urknall war. Als ich an dem Abend nach oben ging, wusste ich wenigstens, was ich hoffte: dass meine Mutter mit diesen vier kleinen Mädchen zusammen war, sie umarmen und sich an ihnen freuen konnte.

Und ich weiß, dass ich ein kleines Stück Himmel in der Hand hielt, als ich meinen Töchtern an diesem Abend ihren Gutenachtkuss gab.

KAPITEL SIEBEN

Rasse

Die Beerdigungsfeier für Rosa Parks fand in einer großen Kirche statt, einer schimmernden geometrischen Struktur, die sich über gut 40 000 gepflegten Quadratmetern erhob. Ihr Bau hatte angeblich 35 Millionen Dollar gekostet, und jeder Dollar war zu sehen: Es gab einen Bankettsaal, ein Konferenzzentrum, einen Parkplatz für 1200 Autos, ein hochmodernes Soundsystem und ein Studio für Fernsehproduktionen mit einer Ausrüstung für digitales Schneiden.

In der eigentlichen Kirche des Gebäudes waren etwa 4000 Trauergäste versammelt, die meisten Afroamerikaner, darunter viele Freiberufler aus verschiedenen Bereichen: Ärzte, Anwälte, Wirtschaftsprüfer, Pädagogen und Immobilienmakler. Auf der Bühne saßen Senatoren, Gouverneure und Industriekapitäne sowie schwarze Führer wie Jesse Jackson, John Lewis, Al Sharpton und T. D. Jakes. Außerhalb des Geländes standen weitere Tausende von Gästen in der hellen Oktobersonne an den stillen Straßen: ältere Paare, alleinstehende Männer, junge Frauen mit Kinderwagen. Manche winkten den Wagenkolonnen zu, die gelegentlich vorbeifuhren, andere wirkten ganz in sich versunken, und alle waren da, um der kleinen, grauhaarigen Frau, die drinnen im Sarg lag, die letzte Ehre zu erweisen.

Der Chor sang; der Pfarrer sprach das Begrüßungsgebet. Der frühere Präsident Bill Clinton erhob sich und schilderte, wie es ihm als weißem Jungen aus einem Südstaat gegangen war, wenn er in einem der Busse mit Rassentrennung fuhr, und wie die Bürgerrechtsbewegung, an deren Entstehung Rosa Parks beteiligt gewesen war, ihn und seine weißen Nachbarn von ihrer Doppelmoral befreit hatte. Clintons guter Draht zu dem schwarzen Publikum und dessen überschwängliche Begeisterung für ihn waren Ausdruck von Versöhnung und Vergebung und zeugten von der begonnenen Heilung der schlimmen Wunden der Vergangenheit.

In vieler Hinsicht war es eine angemessene Würdigung von Rosa Parks' Vermächtnis, dass sich ein Südstaatler und früherer Führer der westlichen Welt dazu bekannte, was er einer schwarzen Näherin verdankte. Die herrliche Kirche, die Vielzahl schwarzer Abgeordneter, der offensichtliche Wohlstand vieler Trauergäste und meine eigene Anwesenheit auf der Bühne in meiner Eigenschaft als US-Senator, all das konnte tatsächlich auf jenen Dezembertag im Jahr 1955 zurückgeführt werden, als Mrs. Parks sich mit stiller Entschlossenheit und unerschütterlicher Würde geweigert hatte, ihren Sitzplatz in einem Bus zu räumen. Indem wir Rosa Parks die Ehre erwiesen, ehrten wir auch andere: Tausende von Männern, Frauen und Kindern überall in den Südstaaten, deren Namen nicht in den Geschichtsbüchern stehen, deren Geschichte im Lauf der Zeit in Vergessenheit geriet und die doch durch ihren Mut und ihre Opferbereitschaft mithalfen, ein Volk zu befreien.

Und dennoch, als ich in der Kirche saß und dem Ex-Präsidenten und den vielen anderen Rednern nach ihm zuhörte, musste ich immer wieder an die Szenen der Verwüstung denken, die nur zwei Monate zuvor die Nachrichten beherrscht hatten, als der Hurrikan Katrina die Golfküste heimgesucht und New Orleans überflutet hatte. Ich dachte daran, wie junge Mütter im Teenager-Alter vor dem Superdome (großes Sportstadion) von New Orleans geweint und geflucht hatten, dachte an die erschöpften Kinder, die sie auf ihren Hüften trugen, an alte Frauen in Rollstühlen, mit hängendem Kopf wegen der Hitze, die welken Beine unter dem schmutzigen Rock den Blicken preisgegeben. Ich dachte an den Filmbericht mit der Leiche, die jemand neben eine Mauer gelegt und mit einer dünnen Decke zugedeckt hatte, an junge Männer, die mit bloßem Oberkörper und hängenden Hosen durch das schwarze Wasser wateten, ein wahnsinniges Glitzern in den Augen und die Arme voller Waren, die aus geplünderten Geschäften in der Umgebung stammten.

Ich war im Ausland, als der Hurrikan New Orleans traf – auf dem Heimweg nach einer Russlandreise. Eine Woche nach dem Beginn der Tragödie jedoch reiste ich nach Houston, wo ich mit Hillary und Bill Clinton und George H. W. Bush und seiner Frau Barbara auftrat, als diese Spendensammlungen für die Opfer des Hurrikans ankündigten und einige der 25 000 Evakuierten besuchten, die im Houstoner Astrodome (einer Sportstätte) und dem benachbarten Reliant Center (einer Messehalle) Zuflucht gefunden hatten.

Die Houstoner Stadtverwaltung hatte sehr gute Arbeit geleistet, als sie in Zusammenarbeit mit dem Roten Kreuz und der Katastrophenschutzbehörde FEMA Notunterkünfte für so viele Leute bereitstellte und sie mit Nahrungsmitteln, Kleidung und Medikamenten versorgte. Aber als wir die Reihen von Feldbetten entlanggingen, die jetzt im Reliant Center aufgestellt waren, und Menschen die Hand schüttelten, mit Kindern spielten, den Geschichten der Leute zuhörten, wurde schnell klar, dass viele Überlebende des Hurrikans schon lange vor der Katastrophe im Stich gelassen worden waren. Sie waren das Gesicht aller innerstädtischen Viertel aller amerikanischen Großstädte, das Gesicht der schwarzen Armut, der Arbeitslosen und fast Arbeitslosen, der Kranken und fast schon Kranken, der Gebrechlichen und der Alten. Eine junge Frau berichtete, wie sie ihre Kinder in einen Bus voller Fremder gesetzt hatte. Alte Männer erzählten leise, dass sie ihre Häuser verloren hatten, dass sie nicht versichert waren und dass sie keine Familie hatten, die sie unterstützen konnte. Eine Gruppe junge Männer behauptete steif und fest, dass der Deich gesprengt worden sei, um die Schwarzen aus New Orleans zu vertreiben. Eine gro-ße hagere Frau, die in ihrem viel zu großen Astrodome-T-Shirt ganz verhärmt aussah, packte mich am Arm und nahm mich beiseite.

»Wir haben schon vor dem Sturm nichts gehabt«, flüsterte sie. »Und jetzt haben wir weniger als nichts.«

In den folgenden Tagen kehrte ich nach Washington zurück, hängte mich ans Telefon und versuchte Hilfsmaterial und Spenden aufzutreiben. In den Fraktionssitzungen der demo-kratischen Senatoren sprachen wir über mögliche gesetzgebe-rische Maßnahmen. Ich trat in den Nachrichtensendungen am Sonntagmorgen auf und widersprach dem Eindruck, dass die Regierung so langsam auf die Katastrophe reagiert habe, weil die Opfer schwarz seien. »Die Inkompetenz war farbenblind«, sagte ich, aber ich betonte, dass die schlechte Planung der Regie-rung für eine beträchtliche Ahnungslosigkeit und Gleichgültig-keit gegenüber der Armut in den Innenstädten spreche, was sich unbedingt ändern müsse. An einem Spätnachmittag nahm ich mit anderen demokratischen und republikanischen Senatoren an einer »geheimen Informationsveranstaltung« teil, in der die Regierung über ihre Reaktionen auf die Katastrophe berichtete. Fast alle Minister und der Direktor der Vereinigten Stabschefs waren anwesend, und eine Stunde lang verbreiteten die Minister Chertoff und Rumsfeld und ihre Kollegen die schönste Zuver-sicht (und zeigten nicht das kleinste bisschen Reue), als sie über die Anzahl der Evakuierten, der verteilten Militärrationen und der entsandten Soldaten der Nationalgarde informierten. Ein paar Tage später sahen wir Präsident Bush auf diesem unheim-lichen, flutlichtbestrahlten Platz stehen und hörten, wie er ein-räumte, dass die Tragödie mit dazu beigetragen habe, das Erbe der rassischen Ungerechtigkeit ans Licht zu bringen, und wie er verkündete, dass New Orleans wieder auferstehen werde.

Und nun, auf der Beerdigung von Rosa Parks, fast zwei

Monate nach dem Hurrikan und nach der Empörung und der Scham, die Amerikaner im ganzen Land angesichts der Katastrophe empfunden hatten, nach den Reden und E-Mails und Memos und Fraktionssitzungen, nach den Sonderberichten im Fernsehen und den zahlreichen Artikeln und ausführlichen Hintergrundberichten in den Zeitungen schien es so, als sei nichts passiert. Immer noch standen Autos auf Hausdächern, immer noch wurden Leichen gefunden. Gerüchte drangen von der Golfküste herauf, dass große Baufirmen Aufträge im Wert von Hunderten Millionen Dollar an Land gezogen hätten, dass sie das geltende Arbeitsrecht und die Gesetze bezüglich der Affirmative Action verletzten und dass sie illegale Einwanderer beschäftigten, um ihre Kosten zu senken. Die Hoffnung, dass das Land einen Wandel erlebte (dass sein Gewissen aus einem langen Schlaf erwacht war und es einen neuen Krieg gegen die Armut geben könnte), war schnell verflogen.

Stattdessen saßen wir in der Kirche, hielten Nachrufe auf Rosa Parks, gedachten vergangener Siege und versanken in Nostalgie. Schon jetzt war ein Gesetz in Vorbereitung, nach dem eine Statue von Rosa Parks unter der Kuppel des Kapitols aufgestellt werden sollte. Eine Gedenkbriefmarke mit ihrem Porträt sollte gedruckt werden, und zahllose Straßen, Schulen und Bibliotheken in ganz Amerika würden zweifellos nach ihr benannt werden. Ich fragte mich, was Rosa Parks wohl von alledem gehalten hätte, ob ihr Geist durch Statuen und Briefmarken beschworen werden konnte oder ob es dazu nicht etwas mehr brauchte.

Ich dachte daran, was die Frau in Houston mir zugeflüstert hatte, und fragte mich, wie man uns wohl beurteilt hätte in den Tagen nach dem Deichbruch.

Bei unserer ersten Begegnung zitieren manche Leute einen Satz aus der Rede, die ich 2004 auf dem demokratischen Parteitag gehalten habe. Er lautet: »Es gibt kein schwarzes Amerika und kein weißes Amerika und kein Latino-Amerika und kein asiatisches Amerika – es gibt nur die Vereinigten Staaten von Amerika.« Für sie scheint dieser Satz die Vision von einem Amerika ohne Rassendiskriminierung und Sklaverei, ohne Internierungslager für japanische Amerikaner und ohne mexikanische Braceros (ungelernte Arbeiter), ohne Spannungen am Arbeitsplatz und ohne Kulturkonflikte zu beinhalten – einem Amerika, das Martin Luther Kings Verheißung erfüllt, dass wir nicht mehr nach unserer Hautfarbe, sondern nach unserem Charakter beurteilt werden.

In gewissem Sinne habe ich keine andere Wahl, als an diese Vision von Amerika zu glauben. Ich bin als Kind eines Schwarzen und einer Weißen in dem rassischen Schmelztiegel Hawaii geboren, habe eine Schwester, die Halbindonesierin ist, aber in der Regel für eine Mexikanerin oder Puerto-Ricanerin gehalten wird, einen Schwager und eine Nichte chinesischer Abstammung, ein paar Blutsverwandte, die Margaret Thatcher ähnlich sehen, und andere, die als der schwarze Hollywood-Schauspieler Bernie Mac durchgehen könnten, weshalb unsere Familientreffen an den Weihnachtsfeiertagen wie die UNO-Generalversammlung wirken. Mit diesem familiären Hintergrund hatte ich nie die Möglichkeit, Loyalität zu einer bestimmten Rasse zu entwickeln oder meinen Wert am Wert meines Stammes zu messen.

Außerdem glaube ich, dass es einen Teil des amerikanischen Genies ausmacht, dass die Amerikaner immer Neuankömmlinge absorbiert haben und ihre nationale Identität aus der bunten Mischung gebildet haben, die ins Land strömte. Dabei kam ihnen eine Verfassung zugute, deren Kernbestandteil die Gleichheit vor dem Gesetz ist (obwohl sie durch die Ursünde der Sklaverei beeinträchtigt war); und sie profitierten von einem Wirtschaftssystem, das mehr als jedes andere allen Neuankömmlingen Chancen bot, und zwar ohne Rücksicht auf deren Status, Titel oder Rang. Natürlich wurden diese Ideale oft durch rassistische oder nativistische Ressentiments beeinträchtigt. Oft machten sich auch die Mächtigen und Privilegierten die Vorurteile der Massen zunutze oder verstärkten sie sogar noch, um sie für ihre eigenen Ziele zu nutzen. Trotzdem prägten diese Ideale der Gleichheit unter der Regie von Reformern wie Tubman, Douglass, Chavez oder King im Lauf der Zeit das amerikanische Selbstverständnis und erlaubten uns, eine multikulturelle Nation zu formen, die einmalig auf der Welt ist.

Letztlich beschreibt der erwähnte Satz in meiner Rede auch die demographische Realität der amerikanischen Zukunft. Jetzt schon sind in Texas, Kalifornien, New Mexico, Hawaii und im District of Columbia die Weißen in der Minderheit. In zwölf weiteren Staaten besteht die Bevölkerung zu mehr als einem Drittel aus Latinos und Schwarzen und/oder Asiaten. Die Latinos zählen inzwischen 42 Millionen und sind als die am schnellsten wachsende demographische Gruppe in den USA für fast die Hälfte des nationalen Bevölkerungswachstums in den Jahren 2004 und 2005 verantwortlich; der Anteil der asiatisch-amerikanischen Bevölkerung ist zwar viel kleiner, hat aber ebenfalls explosionsartig zugenommen und wird in den nächsten 45 Jahren vermutlich um 200 Prozent wachsen. Kurz nach 2050 wird die Bevölkerung der Vereinigten Staaten den Voraussagen der Experten zufolge nicht mehr überwiegend aus Weißen bestehen – mit wirtschaftlichen, politischen und kulturellen Konsequenzen, die sich heute noch gar nicht abschätzen lassen.

Wenn ich freilich höre, dass meine Rede in Kommentaren so interpretiert wird, dass wir uns heute schon einer »postrassischen Politik« erfreuten oder bereits in einer farbenblinden Gesellschaft lebten, möchte ich doch gern ein paar Einschränkungen vorbringen: Die Aussage, dass wir *ein* Volk sind, bedeutet nicht, dass die Rassenzugehörigkeit keine Rolle mehr spielte. Sie bedeutet nicht, dass der Kampf um Gleichberechtigung schon gewonnen wäre oder dass die Probleme der Minderheiten in diesem Land größtenteils selbst verschuldet wären. Wir kennen die Statistik: Bei fast allen sozioökonomischen Indikatoren, von der Kindersterblichkeit über die Lebenserwartung und die Beschäftigungsrate bis hin zum Hausbesitz, liegen die schwarzen und lateinamerikanischen Staatsbürger der USA auch heute noch weit hinter den weißen Staatsbürgern zurück. In den Vorstandsetagen aller amerikanischen Unternehmen sind die Minderheiten massiv unterrepräsentiert. Im Senat der Vereinigten Staaten sitzen nur drei Latinos und zwei Asiaten (beide für Hawaii), und während ich das schreibe, bin ich das einzige afroamerikanische Mitglied dieser Kammer. Wer annimmt, dass die Rasse bei diesen Disparitäten keine Rolle spielt, leugnet sowohl unsere Geschichte als auch unsere aktuelle Erfahrung und will sich vor der Aufgabe drücken, die nach wie vor bestehenden Ungerechtigkeiten zu beseitigen.

Auch war meine Jugend keineswegs typisch für einen Afroamerikaner, und ich bin vor allem dank glücklichen Umständen in eine Position gelangt, die mich vor den Demütigungen schützt, die der durchschnittliche Schwarze ertragen muss. Dennoch blieben auch mir in meinem 45-jährigen Leben die üblichen kleinen Kränkungen nicht erspart: Im Kaufhaus hefteten sich Sicherheitsleute an meine Fersen; weiße Ehepaare warfen mir die Wagenschlüssel zu, als ich vor einem Restaurant auf den Parkservice wartete; Streifenwagen hielten mich ohne ersichtlichen Grund an. Ich weiß, wie es ist, wenn man mir sagt, dass ich etwas wegen meiner Hautfarbe nicht tun kann, und ich kenne den bitteren Geschmack hinuntergeschluckter schwarzer Wut. Ich weiß auch, dass Michelle und ich ständig auf der Hut sein müssen, weil unsere Töchter (im Fernsehen, in Songs, bei Freunden, auf der Straße) vielleicht dümmliche Geschichten darüber aufschnappen könnten, für was die Welt sie hält und wie die Welt sie gerne hätte.

Wenn wir in der Rassenfrage klar sehen wollen, müssen wir sie auf einem unterteilten Bildschirm betrachten: Wir müssen das Amerika im Auge behalten, das wir uns wünschen, und uns zugleich schonungslos mit dem real existierenden Amerika konfrontieren. Nur so können wir uns den Sünden der Vergangenheit und den Herausforderungen der Zukunft stellen, ohne in Zynismus oder Verzweiflung zu verfallen. Ich habe in meinem Leben eine nachhaltige Veränderung der Rassenbeziehungen erlebt. Ich habe sie genauso deutlich gespürt wie eine Temperaturveränderung. Wenn ich höre, dass manche Schwarze diese Veränderung leugnen, meine ich, dass sie damit nicht nur die Leistung derjenigen missachten, die für unsere Volksgruppe gekämpft haben, sondern ihr auch die Kraft rauben, das Werk dieser Vorkämpfer zu vollenden. So sehr ich jedoch darauf bestehe, dass die Verhältnisse besser geworden sind, so sehr bestehe ich auch auf einer zweiten Wahrheit: Besser ist nicht gut genug.

An meinem Wahlkampf für den US-Senat lassen sich einige Dinge ablesen, die sich sowohl in den weißen als auch in den schwarzen Gemeinden von Illinois in den letzten 25 Jahren geändert haben. Als ich meine Kandidatur bekannt gab, hatte es in Illinois bereits eine ganze Reihe schwarzer Wahlbeamter gegeben, darunter einen State Comptroller und einen Justizminister (Roland Burris) sowie eine US-Senatorin (Carol Mosely Braun), und der amtierende Secretary of State hatte bei seiner Wiederwahl zwei Jahre zuvor einen überwältigenden Sieg errungen. Wegen der Pionierleistung dieser Amtsträger war meine Kandidatur im Grunde nichts Neues mehr – ich war zwar nicht unbedingt der Favorit, doch es war auch nicht von vornherein ausgeschlossen, dass ich die Wahlen gewann.

Auch meine Unterstützer und Wähler entsprachen letztlich

nicht den üblichen Erwartungen. An dem Tag, als ich meine Kandidatur für den US-Senat bekannt gab, teilten zum Beispiel drei meiner weißen Kollegen im Senat von Illinois der Öffentlichkeit mit, dass sie mich unterstützten. Sie waren nicht das, was wir in Chicago »Seeufer-Liberale« nennen, entsprachen also keineswegs dem Klischee des Volvo fahrenden, Milchkaffee schlürfenden, Weißwein trinkenden linksliberalen Demokraten, über den sich die Republikaner so gerne lustig machen und für den es vielleicht typisch gewesen wäre, sich für eine verlorene Sache wie die meine zu engagieren. Nein, es waren drei Männer mittleren Alters aus der Arbeiterschicht, Terry Link aus Lake County, Denny Jacobs aus den Quad Cities (Zusammenschluss von Orten am Mississippi in den Bundesstaaten Iowa und Illinois) und Larry Walsh aus Will County, und sie vertraten alle drei überwiegend von weißen Arbeitern oder Angestellten bewohnte Gemeinden in der Umgebung Chicagos.

Ein Grund für ihre Entscheidung war, dass sie mich gut kannten; wir hatten in den sieben Jahren zuvor in Springfield als Senatoren gedient und in jeder Sitzungsperiode einmal wöchentlich miteinander eine Runde gepokert. Ein anderer wichtiger Grund war, dass sie alle drei auf ihre Unabhängigkeit stolz waren und deshalb trotz des Drucks favorisierterer weißer Kandidaten zu mir hielten.

Doch sie unterstützten mich nicht nur aufgrund unserer persönlichen Beziehung, obwohl sie alle drei in einer Zeit und in Stadtvierteln aufgewachsen waren, wo Feinseligkeit gegen Schwarze keineswegs ungewöhnlich war, und unsere Freundschaft deshalb an sich schon etwas über die Entwicklung der Rassenbeziehungen aussagte. Nein, die Senatoren Link, Jacobs und Walsh sind nüchterne, erfahrene Politiker, die kein Interesse daran hatten, einen Verlierer zu unterstützen oder ihre eigene Position zu gefährden. Vielmehr rechneten sie damit, dass ich mich in ihren Wahlbezirken »gut verkaufen« würde, wenn mich ihre Wähler erst kennen gelernt und meinen Namen verdaut hätten.

Auch trafen sie ihre Entscheidung nach reiflicher Überlegung. Sie hatten sieben Jahre lang beobachtet, wie ich in der Hauptstadt von Illinois oder bei Besuchen in ihren Wahlbezirken mit den Wählern umging. Sie hatten gesehen, dass weiße Frauen ihre Kinder mit mir fotografieren ließen und weiße Veteranen aus dem Zweiten Weltkrieg mir die Hand schüttelten, nachdem ich auf ihrer Konferenz eine Rede gehalten hatte. Sie spürten, was ich aus lebenslanger Erfahrung wusste: dass die überwältigende Mehrheit der Amerikaner unabhängig ist von den Vorurteilen, die sie vielleicht nach wie vor haben. Die Bürger der USA sind heute in der Lage, bei der Beurteilung eines Menschen von seiner Rassenzugehörigkeit abzusehen, wenn man ihnen genug Zeit dafür lässt.

Dies bedeutet nicht, dass die Vorurteile ganz verschwunden wären. Keiner von uns, egal ob Schwarzer, Weißer, Latino oder Asiate, ist ganz frei von den Vorurteilen, mit denen wir in unserer Kultur gefüttert werden, insbesondere gegenüber den Vorurteilen zur Kriminalität, Intelligenz oder Arbeitsethik der Schwarzen. Insgesamt werden die Angehörigen aller Minderheiten immer noch nach dem Grad ihrer Assimilation beurteilt, danach, wie stark ihre Sprachmuster, ihre Kleidung oder ihr Verhalten mit der vorherrschenden weißen Kultur übereinstimmen. Und je mehr eine Minderheit von diesen äußeren Merkmalen abweicht, desto mehr wird sie mit negativen Vorurteilen konfrontiert. Obwohl dank der Internalisierung des Diskriminierungsverbots in den letzten drei Jahrzehnten (ganz zu schweigen von schlichtem Anstand) heute mehr Weiße bei ihrem täglichen Umgang mit Personen anderer Rassenzugehörigkeit nicht mehr auf der Grundlage solcher Klischeevorstellungen handeln, ist es doch unrealistisch zu glauben, dass Vorurteile überhaupt keine Auswirkungen mehr auf häufig schnell getroffenen Entscheidungen hätten. Sie können immer noch eine Rolle spielen, wenn es zum Beispiel darum geht, wer eingestellt oder befördert, festgenommen oder angeklagt wird. Auch können sie immer noch einen Einfluss darauf haben, welche Haltung ein Ladenbesitzer zu einem Kunden einnimmt, der sein Geschäft betritt, oder darauf, wie verschiedene Bevölkerungsgruppen statistisch auf die Schulen verteilt sind.

Ich bin mir jedoch sicher, dass diese Vorurteile im Amerika von heute sehr viel weniger ausgeprägt sind als früher und folglich ausgeräumt werden können. Wenn einem weißen Ehepaar auf der Straße ein schwarzer Teenager entgegenkommt, haben die beiden Weißen vielleicht auch heute noch Angst, aber wenn sich der junge Schwarze als Schulfreund ihres Sohnes entpuppt, laden sie ihn womöglich zum Essen ein. Ein schwarzer Mann kann nachts immer noch Schwierigkeiten haben, ein Taxi zu bekommen, aber wenn er ein fähiger Software-Spezialist ist, wird er von Microsoft sofort eingestellt.

Ich kann diese Annahmen nicht beweisen; Umfragen über die Haltung zu Rassenfragen sind notorisch unzuverlässig. Und selbst wenn ich Recht habe, ist das für viele Minderheiten nur ein schwacher Trost. Es kann nämlich sehr anstrengend sein, den ganzen Tag Vorurteile zu widerlegen. Viele Angehörige von Minderheiten und insbesondere Afroamerikaner berichten, dass genau diese Anstrengung sie in ihrem Alltag zusätzlich belastet. Sie haben das Gefühl, dass sie in Amerika als Gruppe keinen Vorschuss an gutem Willen genießen und sich jeden Tag von Neuem als Einzelpersonen beweisen müssen, dass bei ihnen fast nie der Grundsatz »Im Zweifel für den Angeklagten« zur Anwendung kommt und sie sich so gut wie keine Fehler leisten können. Für ein schwarzes Kind bedeutet dies, dass es eine zusätzliche Angst überwinden muss, wenn es am ersten Schultag eine Klasse mit mehrheitlich weißen Schülern betritt; und für eine Latina, dass sie zuerst mit ihren Selbstzweifeln fertig werden muss, bevor sie zu einem Bewerbungsgespräch bei einem Unternehmen mit mehrheitlich weißen Mitarbeitern geht.

Am schlimmsten ist es jedoch, wenn man der Versuchung erliegt, die Anstrengungen zum Ausräumen der Vorurteile aufzugeben. Nur wenige Minderheiten können sich radikal von der weißen Gesellschaft abschotten, dagegen ist es für Weiße relativ leicht, den Kontakt zu Angehörigen anderer Rassen ganz zu vermeiden. Minderheiten bleibt jedoch die Möglichkeit, psychisch den Rollladen herunterzulassen und sich zu schützen, indem sie das Schlimmste annehmen. »Warum sollten wir die Anstrengung auf uns nehmen, Weiße von ihrer Unwissenheit in Bezug auf uns zu befreien?«, bekam ich schon von verschiedenen Schwarzen zu hören. »Wir versuchen das jetzt schon dreihundert Jahre, und es hat immer noch nicht geklappt.«

Ich antworte darauf, die Alternative sei die Kapitulation vor der Vergangenheit und der Verzicht auf den Kampf um eine bessere Zukunft.

Zu den Dingen, die mir als Repräsentant von Illinois am besten gefallen, gehört, dass dieser Staat meine eigenen Erwartungen zur Haltung der Bürger in Rassenfragen radikal widerlegt hat. Während meines Wahlkampfs für den Senat machte ich zum Beispiel mit Dick Durbin, dem US-Senator von Illinois, eine Tour durch 39 Städte des Staates. Eine dieser Städte war Cairo. Es liegt an der Südspitze von Illinois, wo der Ohio in den Mississippi mündet, und wurde in den späten sechziger und frühen siebziger Jahren durch die schlimmsten Rassenkonflikte außerhalb der Südstaaten bekannt. Dick Durbin kam damals zum ersten Mal in die Stadt, weil er als junger Anwalt für den damaligen Vizegouverneur Paul Simon arbeitete und herausfinden sollte, was gegen die dortigen Spannungen unternommen werden konnte. Auf der Fahrt nach Cairo berichtete er mir von seinem ersten Besuch in der Stadt. Gleich nach seiner Ankunft hatte man ihm dringend abgeraten, das Telefon in seinem Hotelzimmer zu benutzen, weil in der Vermittlung ein Mitglied des rassistischen White Citizens Council saß. Weiße Ladenbesitzer hatten lieber ihre Geschäfte geschlossen, als sich der Forderung der Boykotteure zu beugen und Schwarze einzustellen. Schwarze Einwohner hatten Durbin von ihren Anstrengungen berichtet, die Schulen zu integrieren, von ihrer Angst und ihren Enttäuschungen, von Lynchmorden und Selbstmorden im Gefängnis, von Schießereien und Unruhen.

Als wir nach Cairo hineinfuhren, wusste ich nicht, was mich erwartete. Obwohl es Mittag war, wirkte die Stadt verlassen. Nur wenige Geschäfte an der Hauptstraße hatten geöffnet, und ein paar ältere Paare kamen aus einem Gebäude, das wie ein Krankenhaus aussah. Wir bogen um eine Ecke und kamen zu einem Parkplatz, auf dem eine Menge von ein paar Hundert Menschen wartete. Etwa ein Viertel war schwarz, fast alle anderen weiß.

Alle trugen blaue Ansteckplaketten mit der Aufschrift *Obama in den US-Senat*.

Ed Smith, ein großer, herzlicher Mann, der die Laborers' International Union in der Region Midwest leitete und in Cairo aufgewachsen war, kam mit einem breiten Grinsen zu unserem Minibus geschlendert.

»Willkommen«, sagte er und schüttelte uns die Hand, als wir ausstiegen. »Ich hoffe, Sie sind hungrig, es gibt ein Barbecue, und meine Mama kocht für uns.«

Ich maße mir nicht an zu wissen, was in den Köpfen der Weißen vorging, die sich an diesem Tag in der Menge befanden. Die meisten waren in meinem Alter. Sie erinnerten sich wahrscheinlich an die schlimmen Ereignisse vor 30 Jahren, und manche hatten sich womöglich aktiv an den Auseinandersetzungen beteiligt. Zweifellos waren viele von ihnen nur da, weil Ed Smith, einer der mächtigsten Männer in der Region, wollte, dass sie da waren. Andere waren vielleicht wegen des Essens gekommen, oder sie wollten einfach nur sehen, wie ein amtierender

US-Senator und ein Kandidat für den US-Senat an ihrem Ort Wahlkampf machten.

Das Barbecue war jedenfalls fantastisch, die Gespräche waren anregend, und die Leute freuten sich allem Anschein nach über unsere Anwesenheit. Etwa eine Stunde lang aßen wir, machten Fotos und hörten uns an, was die Leute auf dem Herzen hatten. Wir überlegten gemeinsam, mit welchen Maßnahmen man die Region wirtschaftlich wieder zum Blühen bringen und wie man mehr Geld für die Schulen auftreiben könnte. Leute erzählten von Söhnen und Töchtern, die auf dem Weg in den Irak waren, und wir erfuhren, dass man ein altes verwahrlostes Krankenhaus abreißen musste, das sich zu einem Schandfleck der Innenstadt entwickelt hatte. Als wir gingen, hatte ich das Gefühl, dass ich zu den Menschen, mit denen ich gesprochen hatte, eine Beziehung hatte herstellen können – nichts Spektakuläres, aber vielleicht genug, um einige Vorurteile abzuschwächen und einige der besseren Impulse zu verstärken. Mit anderen Worten: Insgesamt war mehr Vertrauen entstanden.

Natürlich wird solches Vertrauen zwischen den Rassen meist nur sehr zaghaft aufgebaut. Und es kann schnell wieder schwinden, wenn man nicht daran arbeitet, es zu erhalten. Auch hält es manchmal nur so lange, wie die Minderheiten unterwürfig bleiben und schweigend Unrecht ertragen; oder es kann durch ein paar gut getimte Negativspots im Fernsehen zerstört werden. Etwa indem geschildert wird, wie weiße Arbeiter durch Affirmative Action ihre Arbeitsplätze verlieren oder dass Polizisten einen unbewaffneten jungen Schwarzen oder Latino erschossen haben.

Ich glaube aber auch, dass Begegnungen wie in Cairo über den Augenblick hinaus positiv wirken: dass Menschen aller Rassen danach etwas Positives mit nach Hause und mit in ihre Gottesdienste nehmen; dass die Begegnungen Einfluss auf Gespräche mit ihren Kindern oder Arbeitskollegen haben und auf diese

Weise langsam aber stetig der Hass und das Misstrauen abgetragen werden, die durch Isolation entstehen.

Kürzlich war ich wieder einmal im Süden von Illinois. Ich hatte den ganzen Tag Veranstaltungen gehabt und Reden gehalten und fuhr mit einem meiner Wahlkampfmanager für den Süden, einem jungen Weißen namens Robert Stephan, nach Hause. Es war eine herrliche Frühlingsnacht. Unterbrochen von schwärzlichen Sandbänken schimmerten die Fluten des Mississippi im Licht eines vollen, niedrig stehenden Mondes. Der Fluss erinnerte mich an Cairo und all die anderen Städte, die an ihm lagen, an die Siedlungen, die mit dem Strom der Lastkähne gewachsen oder geschrumpft waren, und an die häufig traurigen, harten, grausamen Ereignisse, die sich hier im Grenzgebiet zwischen dem Land der Freiheit und dem der Sklaverei zugetragen hatten, in der Welt von Huckleberry Finn und dem Nigger Jim.

Ich sprach mit Robert über die Fortschritte, die wir beim Abreißen des alten Krankenhauses in Cairo gemacht hatten (unser Büro führte Gespräche mit dem Gesundheitsministerium des Bundesstaates und Vertretern der Kommune), und erzählte ihm von meinem ersten Besuch in der Stadt. Robert war im Süden von Illinois aufgewachsen, und so kamen wir schnell in ein lebhaftes Gespräch über die Haltung seiner weißen Freunde und Nachbarn zur Rassenfrage. Wie er berichtete, war er erst eine Woche zuvor von ein paar einflussreichen Leuten aus der Gegend in einen kleinen Club in Alton eingeladen worden, nur ein paar Blocks von dem Haus entfernt, in dem er aufgewachsen war. Robert war zum ersten Mal in dem Club, und er war von der Atmosphäre durchaus angetan. Das Essen wurde serviert, und die Gruppe machte ein bisschen Smalltalk, als Robert auffiel, dass unter den etwa 50 Personen im Raum nicht ein einziger Schwarzer war. Da die Bevölkerung von Alton zu etwa einem Viertel aus Afroamerikanern besteht, fand Robert das seltsam und fragte die Männer danach.

Der Club sei privat, sagte einer von ihnen.

Zuerst begriff Robert nicht, was er meinte. Ob sich denn keine Schwarzen als Mitglieder beworben hätten, fragte er. Schließlich sei jetzt das Jahr 2006, um Himmels willen.

Die Männer zuckten die Schultern. Das sei schon immer so gewesen, sagten sie. Schwarze würden nicht aufgenommen.

An diesem Punkt legte Robert seine Serviette auf den Teller, sagte gute Nacht und ging.

Vermutlich könnte ich viel Zeit damit verbringen, über die Männer in dem Club nachzugrübeln, und ich könnte die Geschichte als Beweis werten, dass viele Weiße immer noch eine heftige Feindseligkeit gegen Menschen hegen, die aussehen wie ich. Aber ich will dieser Form von Intoleranz nicht eine Macht zusprechen, die sie nicht mehr besitzt.

Ich dachte lieber über Robert und die kleine, aber schwierige Geste nach, die er gemacht hatte. Wenn ein junger Mann die Anstrengung auf sich nimmt, die Stromschnellen von Hass und Furcht zu durchschwimmen und das zu tun, von dem er weiß, dass es richtig ist, dann will ich sicher sein, dass ich am anderen Ufer auf ihn warte und ihm helfe, an Land zu steigen.

Mein Wahlsieg war nicht nur auf die gewandelte Haltung der weißen Wähler von Illinois zur Rassenfrage zurückzuführen. Auch Veränderungen bei den Afroamerikanern in dem Bundesstaat spielten eine Rolle.

Als ein Maßstab für diese Veränderungen kann die frühe Unterstützung gewertet werden, die ich für meinen Wahlkampf erhielt. Von den ersten 500 000 Dollar, die ich in den Vorwahlen erhielt, stammte fast die Hälfte von schwarzen Unternehmern und Selbstständigen. Außerdem erwähnte der schwarze Radiosender WVON meine Kandidatur erstmals im Rundfunk, und die in schwarzem Besitz befindliche Wochenzeitschrift *N'Digo* setzte mich als erste auf die Titelseite. Auch als ich ein Firmenflugzeug für den Wahlkampf brauchte, war ein befreundeter schwarzer Unternehmer einer der Ersten, der mir seine Maschine lieh.

Solche Möglichkeiten hatten eine Generation zuvor noch gar nicht bestanden. Obwohl es in Chicago immer eine blühende schwarze Geschäftswelt gab, hätten nach den Maßstäben des weißen Amerika in den sechziger und siebziger Jahren nur eine Hand voll schwarze Selfmademen als reich gegolten: John Johnson, der Gründer der Zeitschriften *Ebony* und *Jet*; George Johnson, der Gründer von Johnson Products, einer Firma, die Haarpflegemittel für schwarze Männer herstellte; Ed Gardner, der Gründer von Soft Sheen, einer Firma, die Haarpflegemittel für schwarze Frauen herstellte; und Al Johnson, der erste Schwarze in den Vereinigten Staaten, der eine Vertretung von General Motors hatte.

Heute gibt es in der Stadt nicht nur zahllose schwarze Ärzte, Anwälte, Wirtschaftsprüfer und andere Freiberufler, sondern Schwarze besetzen auch einige der wichtigsten Führungspositionen bei Chicagoer Großunternehmen. Schwarze besitzen Restaurantketten, Investmentbanken, PR-Agenturen, Immobilienfonds und Architekturbüros. Sie können es sich leisten, im Stadtviertel ihrer Wahl zu wohnen und ihre Kinder auf die besten Privatschulen zu schicken. Man wirbt um sie, damit sie Fördervereinen beitreten und alle Arten von Sozialprojekten unterstützen.

Statistisch ist der Anteil der Afroamerikaner im obersten Fünftel der Einkommensskala immer noch relativ klein. Außerdem kann einem jeder schwarze Selbstständige und jede schwarze Geschäftsfrau immer noch Geschichten darüber erzählen, wie ihnen wegen ihrer Rasse Knüppel zwischen die Beine geworfen werden. Nur wenige afroamerikanische Unternehmer verfügen entweder über das geerbte Vermögen oder über die notwendigen Risikokapitalgeber, um ein Unternehmen zu gründen und es mit einem Finanzpolster gegen plötzliche Konjunktureinbrüche abzusichern. Und fast alle sind überzeugt, dass sie ihren Zielen als Weiße schon näher wären.

Trotzdem berufen sich diese Männer und Frauen nicht auf ihre Rassenzugehörigkeit, um Sonderrechte zu beanspruchen, noch erklären sie es mit der Rassendiskriminierung, wenn sie scheitern. Im Gegenteil: Diese neue Generation schwarzer Geschäftsleute geht davon aus, dass ihren Erfolgschancen keine Grenzen gesetzt sind. Als ein Freund von mir, der erfolgreichste Aktienverkäufer der Chicagoer Niederlassung von Merryl Lynch, beschloss, seine eigene Investmentbank zu gründen, wollte er sein Unternehmen nicht zur besten schwarzen Bank machen, sondern zur besten Bank überhaupt. Als ein anderer Freund von mir seine Führungsposition bei General Motors verließ und mit der Hotelkette Hyatt als Partner einen eigenen Parkservice aufmachte, dachte seine Mutter, er habe den Verstand verloren. »Sie konnte sich nichts Besseres vorstellen, als Manager bei GM zu sein, weil solche Jobs für ihre Generation unerreichbar waren«, berichtete mir mein Freund. »Aber ich wusste, dass ich etwas Eigenes aufbauen wollte.«

Dieser einfache Gedanke, dass man in seinen Träumen keiner Beschränkung unterworfen ist, bleibt für unser Verständnis von Amerika so zentral, dass er fast wie ein Gemeinplatz erscheint. Im schwarzen Amerika jedoch steht dieser Gedanke für einen radikalen Bruch mit der Vergangenheit, für das Sprengen der psychologischen Fesseln, die mit Sklaverei und der Rassendiskriminierung verbunden waren. Dies ist vielleicht das wichtigste Erbe der Bürgerrechtsbewegung, ein Geschenk von führenden Aktivisten wie John Lewis und Rosa Parks, die demonstrierten und Versammlungen organisierten und die bedroht, festgenommen und zusammengeschlagen wurden, weil sie die Tore zur Freiheit aufstießen. Und es ist wahrscheinlich auch das Vermächtnis einer Generation afroamerikanischer Mütter und Väter, deren

Heroismus weniger dramatisch, aber nicht weniger wichtig war: Eltern, die sich klaglos ihr ganzes Leben in Jobs abrackerten, in denen sie unterfordert waren, und mühsam ein kleines Haus abzahlten; Eltern, die Verzicht leisteten, damit ihre Kinder Tanzunterricht nehmen oder an der Exkursion ihrer Highschool teilnehmen konnten; Eltern, die Kindermannschaften trainierten und Geburtstagskuchen buken und die Lehrer ihrer Kinder nervten, damit diese nicht in weniger aussichtsreiche Bildungsgänge abgeschoben wurden; Eltern, die ihre Kinder jeden Sonntag in die Kirche schleppten, ihnen den Hintern versohlten, wenn sie über die Stränge schlugen, und sich an langen Sommertagen bis weit in die Nacht hinein um alle Kinder in ihrer Straße kümmerten; Eltern, die ihre Kinder zur Leistung ermutigten und sie mit einer Liebe panzerten, die allem standhielt, womit der Rest der Gesellschaft sie bewerfen mochte.

Durch diesen typisch amerikanischen Weg des sozialen Aufstiegs ist die schwarze Mittelschicht binnen einer Generation um das Vierfache gewachsen, und die Zahl der schwarzen Armen hat um die Hälfte abgenommen. Und die Latinos haben durch einen ähnlichen Prozess von harter Arbeit und Fürsorge für die Familie einen ähnlichen Aufstieg erlebt: Von 1979 bis 1999 hat die Zahl der Latino-Haushalte, die zur Mittelschicht gerechnet werden, um über 70 Prozent zugenommen. In Bezug auf ihre Hoffnungen und Erwartungen sind diese schwarzen und lateinamerikanischen Arbeiter von ihren weißen Kollegen nicht mehr zu unterscheiden. Sie halten unsere Volkswirtschaft am Laufen und sorgen dafür, dass unsere Demokratie blüht. Als Lehrer, Automechaniker, Krankenschwestern, Computertechniker, Fließbandarbeiter, Busfahrer, Briefträger, Supermarktleiter, Klempner und Fernsehtechniker sind sie das kraftvolle Herz Amerikas.

Und doch, trotz aller Fortschritte, die in den letzten vier Jahrzehnten gemacht worden sind, besteht immer noch eine Kluft zwischen dem Lebensstandard der Weißen und dem der

Schwarzen und Latinos. Der Durchschnittslohn von Schwarzen beträgt nur 75 Prozent des weißen Durchschnittslohns und der Durchschnittslohn von Latinos nur 71 Prozent. Das durchschnittliche Nettovermögen von Schwarzen liegt bei etwa 6000, das mittlere Nettovermögen von Latinos bei etwa 8000 und das von Weißen bei 88 000 Dollar. Wenn Schwarze und Latinos ihren Arbeitsplatz verlieren oder einen Schicksalsschlag verkraften müssen, haben sie weniger Ersparnisse, von denen sie zehren können, und auch ihre Eltern haben weniger Mittel, um ihnen zu helfen. Selbst Schwarze und Latinos, die bereits in die Mittelschicht aufgestiegen sind, müssen mehr für Versicherungen bezahlen, besitzen seltener Wohneigentum und sind in einem schlechteren Gesundheitszustand als der Durchschnitt aller Amerikaner. Wohl leben immer mehr Angehörige von Minderheiten den amerikanischen Traum, doch er kann sich bei ihnen immer noch leicht in Luft auflösen.

Wie wir diese Kluft schließen können (und welche Rolle der Staat dabei spielen sollte), ist bis heute eine der zentralen Streitfragen der amerikanischen Politik. Doch es sollte ein paar Strategien geben, auf die wir uns alle einigen können. Wir könnten damit anfangen, die unvollendete Arbeit der Bürgerrechtsbewegung zu Ende zu bringen: Vor allem müssten wir dafür in so grundlegenden Bereichen wie Beschäftigung, Wohnung und Bildung die geltenden Antidiskriminierungsgesetze durchsetzen. Wer meint, eine solche Anstrengung sei nicht mehr nötig, braucht nur einen der vorstädtischen Bürokomplexe in seiner Region zu besuchen und die dort beschäftigten Schwarzen zu zählen. Er wird feststellen, dass sie sogar in den Jobs für Ungelernte dünn gesät sind. Oder er geht in das Gewerkschaftsbüro am Ort und erkundigt sich, wie viele schwarze Lehrlinge es gibt, oder er liest neue Untersuchungen, denen zufolge weiße Immobilienmakler immer noch versuchen, Schwarze, die ein Haus suchen, aus den vorwiegend von Weißen bewohnten Vierteln fernzuhalten. Wenn Sie in einem Staat mit einem großen schwarzen Bevölkerungsanteil leben, werden Sie mir vermutlich zustimmen, dass hier etwas nicht stimmt.

Unter den republikanischen Regierungen der letzten Zeit war die Durchsetzung solcher Bürgerrechtsgesetze bestenfalls lau, und unsere gegenwärtige Regierung unternimmt praktisch gar nichts mehr in diese Richtung, es sei denn, man berücksichtigt, mit welchem Eifer die Bürgerrechtsabteilung des Justizministeriums Stipendien oder Bildungsförderungsprogramme für Studenten aus Minderheiten als »umgekehrte Diskriminierung« beklagt, gleichgültig, wie stark Studenten aus Minderheiten in einer bestimmten Institution oder einem bestimmten Fach unterrepräsentiert sind, und gleichgültig, wie belanglos die Auswirkungen der Förderprogramme auf weiße Studenten sein mögen.

Diese Verhältnisse müssten eigentlich im ganzen politischen Spektrum als Besorgnis erregend empfunden werden – sogar bei den Gegnern der Affirmative Action. Programme zur Minderheitenförderung können, wenn sie gut strukturiert sind, qualifizierten Minderheiten Chancen eröffnen, ohne die Chancen weißer Studenten zu beeinträchtigen. Angesichts des Mangels an schwarzen und lateinamerikanischen Doktoranden in Mathematik und den Naturwissenschaften würden weiße Studenten in diesen Fächern durch moderate Stipendien für Angehörige von Minderheiten, die höhere Abschlüsse anstreben, nicht verdrängt. Durch die Stipendien könnte aber der Pool von Talenten vergrößert werden, die Amerika braucht, damit wir alle von einer technologiegestützten Volkswirtschaft profitieren. Außerdem war ich als Anwalt an Verfahren wegen Verletzung der Bürgerrechte beteiligt und bin der festen Überzeugung, dass es starke Beweise für eine anhaltende und systematische Diskriminierung von Minderheiten durch große Konzerne, Gewerkschaften und manche Stadtverwaltungen gibt, ein Missstand, der vielleicht nur durch Zielvorgaben und Zeitpläne für die Einstellung von Minderheiten behoben werden kann.

Viele Amerikaner sind in dieser Sache aus grundsätzlichen Erwägungen anderer Ansicht als ich. Sie meinen, dass in unseren Institutionen die Rassenzugehörigkeit niemals eine Rolle spielen dürfe, selbst wenn es darum geht, den Opfern früherer Diskriminierung zu helfen. Ich kann diese Argumentation gut verstehen und glaube nicht, dass die Debatte in nächster Zeit aufhören wird. Aber wir sollten wenigstens dann dafür sorgen, dass der Staat mit seinen Staatsanwälten und seinen Gerichten eingreift und für Gerechtigkeit sorgt, wenn bei gleich qualifizierten Bewerbern verschiedener Hautfarbe um eine Stelle, ein Haus oder einen Kredit stets die Weißen bevorzugt werden.

Außerdem sollten wir darin übereinstimmen, dass die Verantwortung für das Schließen dieser bestürzenden Kluft zwischen den Rassen nicht allein der Staat tragen kann. Auch die Minderheiten und ihre einzelnen Mitglieder müssen Verantwortung übernehmen. Viele der sozialen und kulturellen Faktoren, die negative Auswirkungen auf Schwarze haben, sind zum Beispiel Probleme, die Amerika insgesamt betreffen, nur dass sie bei den Schwarzen extrem ausgeprägt sind: zu viel Fernsehen (in einem durchschnittlichen schwarzen Haushalt läuft der Fernseher mehr als elf Stunden pro Tag), zu viel Konsum von Giftstoffen (Schwarze rauchen mehr und essen mehr Fastfood als andere Bevölkerungsgruppen) und zu wenig Wertschätzung für schulischen Erfolg.

Außerdem gibt es einen rapiden Rückgang der schwarzen Haushalte mit zwei Elternteilen, und dieser Rückgang vollzieht sich im Vergleich zum Rest der amerikanischen Gesellschaft mit so alarmierender Geschwindigkeit, dass aus einem graduellen Unterschied ein grundlegender Unterschied geworden ist. Dieses Phänomen hat mit der nachlässigen Haltung vieler schwarzer Männer zu Sex und verantwortlicher Vaterschaft zu tun. Sie ist ein schwerer Nachteil für schwarze Kinder und deshalb schlichtweg unentschuldbar.

Zusammengenommen hemmen diese Faktoren den Fortschritt. Außerdem können staatliche Maßnahmen zwar zu einer Änderung des Verhaltens beitragen. (Zum Beispiel wäre es schon ein großer Schritt auf dem Weg, die Essgewohnheiten der Schwarzen zu ändern, wenn der Staat für Supermarktketten mit frischen Produkten Anreize schaffen würde, sich in schwarzen Vierteln niederzulassen.) Aber eine echte Veränderung der Lebenseinstellung muss zu Hause, im eigenen Viertel und in den Gotteshäusern beginnen. Gemeindebasierte Institutionen und insbesondere die schwarzen Kirchen müssen den Familien dabei helfen, in den jungen Leuten wieder eine Achtung vor schulischem Erfolg zu wecken, sie zu einem gesünderen Lebensstil zu ermutigen und den traditionellen sozialen Normen hinsichtlich der Freuden und Pflichten der Vaterschaft neue Akzeptanz zu verschaffen.

Das wichtigste Instrument, um die Kluft zwischen weißen und Beschäftigten aus Minderheiten zu schließen, hat allerdings kaum etwas mit dem Rassenproblem zu tun. Was Schwarzen und Latinos aus der Arbeiter- und Mittelschicht heute am meisten zu schaffen macht, unterscheidet sich kaum von den wichtigsten Problemen ihrer weißen Kollegen: Personalabbau, Outsourcing, Automatisierung, stagnierende Löhne, die Auflösung betrieblicher Krankenversicherungs- und Pensionssysteme und Schulen, auf denen die Schüler nicht lernen, was sie brauchen, um sich in einer globalisierten Wirtschaft zu behaupten. Schwarze sind durch diese Trends besonders verwundbar, da sie häufiger Fabrikarbeiter sind und nicht so oft in den Vorortsiedlungen wohnen, wo neue Jobs entstehen. Trotzdem würden den Arbeitern aus den verschiedenen Minderheiten dieselben Veränderungen helfen, die auch die Lage der weißen Arbeiter verbessern würden: die Möglichkeit, genug für den Lebensunterhalt zu verdienen; die notwendige schulische und berufliche Bildung für solche Arbeitsplätze; die richtigen Arbeits- und Steuergesetze, um ein gewisses Gleichgewicht in der Verteilung des nationalen Reichtums wiederherzustellen; und eine verlässliche Gesundheits-, Kinder- und Altersversorgung für Lohnabhängige.

Dieses Rezept, nach dem durch eine steigende Flut auch die Boote der Minderheit wieder flottgemacht werden, hat jedenfalls in der Vergangenheit funktioniert. Die Fortschritte, die frühere Generationen von Latinos und Afroamerikanern machten, waren vor allem der Tatsache zu verdanken, dass dieselben Aufstiegsmöglichkeiten, die zur Entstehung der weißen Mittelschicht beitrugen, zum ersten Mal auch ihnen geboten wurden. Und wie alle anderen profitierten auch sie von einer wachsenden Volkswirtschaft und von einem Staat, der daran interessiert war, in seine Bevölkerung zu investieren. Nicht nur, dass die große Nachfrage auf dem Arbeitsmarkt, der Zugang zu Kapital und Studienzuschüssen oder -darlehen wie Pell Grants oder Perkins Loans den Schwarzen direkt nutzten, sie profitierten auch davon, dass die Weißen mit wachsendem Einkommen und großer sozialer Sicherheit den Emanzipationsbestrebungen von Minderheiten weniger Widerstand entgegensetzten, wenn sie sich selbst nicht durch Konkurrenz bedroht fühlen.

Das Rezept ist auch heute noch erfolgreich. 1999 erreichte die Arbeitslosigkeit von Schwarzen ein Rekordtief, und ihre Einkommen stiegen auf ein Rekordhoch, aber nicht, weil durch Affirmative Action plötzlich ganz viele Arbeitsplätze geschaffen worden wären oder weil sich die Arbeitsethik der Schwarzen plötzlich geändert hätte, sondern weil die Wirtschaft florierte und die Regierung ein paar bescheidene Maßnahmen (wie die Erweiterung des Earned Income Tax Credit*) ergriff, um den

---

* Der Earned Income Tax Credit ist eine Form der Lohnauffüllung mit einem anteiligen Auszahlbetrag in Abhängigkeit vom erworbenen Einkommen.

Reichtum etwas besser zu verteilen. Wer wissen will, warum Clinton bei Afroamerikanern so populär ist, braucht sich nur die statistischen Daten dieses Programms anzusehen.

Dieselben Daten sollten alle, die sich für rassische Gleichberechtigung engagieren, zu einer ehrlichen Kosten-Nutzen-Analyse ihrer derzeitigen Strategien bewegen. Wir können Affirmative Action durchaus weiterhin als nützliches, wenn auch nur beschränkt wirksames Mittel zur Herstellung von Chancengleichheit für die Angehörigen unterrepräsentierter Minderheiten verteidigen. Doch wir sollten viel mehr politisches Kapital investieren, um endlich zu gewährleisten, dass alle unsere Kinder ihre Klassenziele erreichen und einen Highschool-Abschluss schaffen. Ein solcher Erfolg würde den schwarzen und lateinamerikanischen Kindern, die am nötigsten Hilfe brauchen, mehr helfen als Affirmative Action. Auch sollten wir Programme unterstützen, die den Gesundheitszustand der Minderheiten auf das Niveau der Weißen heben. (Einiges deutet darauf hin, dass die medizinische Versorgung von Minderheiten sogar unabhängig von ihrem Einkommen und der Qualität ihrer Krankenversicherung schlechter ist.) Die Einführung einer allgemeinen Krankenversicherung würde die Unterschiede im Gesundheitszustand von Weißen und Minderheiten schneller abbauen als jedes rassenspezifische Programm, das wir entwickeln können.

Eine Konzentration auf die allgemeinen im Gegensatz zu den rassenspezifischen Programmen wäre nicht nur materiell erfolgversprechend, sondern auch politisch sinnvoll. Ich weiß noch, wie ich neben einem meiner demokratischen Kollegen im Senat von Illinois saß und wir einem anderen Senator bei seiner Rede zuhörten (einem Afroamerikaner, den ich hier John Doe nennen will und der einen großen innerstädtischen Wahlbezirk vertrat). Der Kollege schloss seine Rede mit dem langen und leidenschaftlichen Fazit, dass die Abschaffung eines bestimmten Programms blanker Rassismus sei. Nach ein paar Minuten sagte der weiße Senator neben mir (für den ein relativ linksliberales Abstimmungsverhalten kennzeichnend war): »Wissen Sie, was bei John das Problem ist? Jedes Mal, wenn ich ihn höre, fühle ich mich mehr als Weißer.«

Ich wies zur Verteidigung meines schwarzen Kollegen darauf hin, dass es für einen schwarzen Politiker nicht immer einfach sei, den richtigen Ton zu treffen (Zu wütend? Nicht wütend genug?), wenn er über das große Elend in seinem Wahlkreis rede. Trotzdem war die Bemerkung meines weißen Kollegen aufschlussreich. Zu Recht oder zu Unrecht sind die Schuldgefühle der Weißen in Amerika inzwischen weitgehend erloschen; selbst die fairsten von ihnen, die wirklich Rassengleichheit herstellen und die Armut bekämpfen wollen, halten tendenziell dagegen, wenn es um den Opferstatus rassischer Minderheiten geht oder um rassenspezifische Forderungen, die sich auf die Geschichte der Rassendiskriminierung in diesem Land stützen.

Eine Teilerklärung für dieses Phänomen ist der Erfolg, mit dem die Konservativen eine Politik der Ressentiments geschürt haben, indem sie zum Beispiel die negativen Auswirkungen der Affirmative Action auf weiße Arbeiter schamlos übertrieben. Vor allem jedoch geht es um simples Eigeninteresse. Die meisten weißen Amerikaner haben das Gefühl, dass sie selbst niemanden diskriminiert und genug eigene Probleme haben. Sie wissen auch, dass das Land angesichts einer Staatsverschuldung von fast neun Billionen Dollar und eines jährlichen Staatsdefizits von weiteren 300 Milliarden Dollar nur wenige kostbare Mittel hat, um ihnen bei diesen Problemen zu helfen.

Aus diesem Grund finden Vorschläge, die nur Minderheiten zugute kommen und die Amerika in zwei Lager spalten, vielleicht eine begrenzte Zustimmung, wenn die Kosten für die Weißen nicht zu hoch sind, aber sie können nicht als Grundlage für die Art von dauerhaften und breiten politischen Bündnissen dienen, die notwendig wären, um Amerika zu verändern. Demgegenüber könnte die universale Forderung nach einer Politik, die allen hilft, als Grundlage für solche breiten Bündnisse dienen, selbst wenn die Minderheiten von diesen Strategien unverhältnismäßig profitieren sollten. Eine solche Politik müsste sich etwa folgende Ziele setzen: Schulen, an denen man wirklich etwas lernt, ausreichend bezahlte Jobs, eine Gesundheitsversorgung für alle Bedürftigen, wirksame staatliche Hilfe nach einer Flutkatastrophe, und sie müsste dafür sorgen, dass unser Recht (etwa durch eine bessere Durchsetzung der Bürgerrechtsgesetze) für alle gleichermaßen gilt, wie es dem alten amerikanischen Ideal entspricht.

Eine solche Verlagerung der Schwerpunkte ist nicht einfach: Alte Gewohnheiten sind schwer auszurotten, und viele Angehörige von Minderheiten sind der Ansicht, dass die Rassendiskriminierung in Vergangenheit und Gegenwart Thema bleiben muss, weil das weiße Amerika sonst vom Haken gelassen wird und hart erkämpfte Fortschritte wieder rückgängig gemacht werden. Ich kann diese Befürchtungen verstehen. Nirgends steht geschrieben, dass sich die Geschichte zielgerichtet entwickeln müsste, und in wirtschaftlich schwierigen Zeiten ist es gut möglich, dass das Gebot der Rassengleichheit wieder missachtet wird.

Und dennoch, wenn ich mir anschaue, was frühere Generationen von Minderheiten für Schwierigkeiten überwinden mussten, bin ich optimistisch, dass auch die nächste Generation in der Lage sein wird, weiter in den Mittelstand vorzustoßen. Den größten Teil unserer Geschichte waren die Sprossen auf der Leiter des sozialen Aufstiegs für Schwarze vermutlich rutschiger als für Weiße; und auch den Latinos wurde nur widerwillig Zugang zur freiwilligen Feuerwehr und zu den Vorstandsetagen gewährt. Trotzdem genügten eine Kombination von wirtschaftlichem Wachstum und staatlichen Investitionen in breit gestreute Programme zur Förderung des sozialen Aufstiegs sowie die bescheidene Verpflichtung, wenigstens den Grundsatz der Nicht-Diskriminierung durchzusetzen, um der großen Mehrheit der Schwarzen und Latinos binnen einer Generation den Aufstieg in den sozioökonomischen Mittelstand zu ermöglichen.

Wir müssen uns diese Errungenschaft bewusst machen. Bemerkenswert ist keineswegs, wie viele Angehörige von Minderheiten den Aufstieg in den Mittelstand *nicht* geschafft haben, sondern wie viele ihn trotz widriger Umstände geschafft haben. Wichtig ist nicht, wie viel Wut und Bitterkeit farbige Eltern auf ihre Kinder übertragen haben, sondern wie stark diese Gefühle abgenommen haben. Auf diesen Erfolgen können wir aufbauen. Sie beweisen, dass weitere Fortschritte möglich sind.

Universale Strategien zur Bewältigung der Herausforderungen, mit denen alle Amerikaner konfrontiert sind, sind ein sehr wirksames Mittel, um die Kluft zwischen Schwarzen, Latinos und Weißen zu schließen. Es gibt allerdings zwei Aspekte der interrassischen Beziehungen in Amerika, die der besonderen Aufmerksamkeit bedürfen – zwei Probleme, die wie Öl im Feuer der Rassenkonflikte wirken und bereits erreichte Fortschritte wieder zunichtemachen könnten. Für die afroamerikanische Gemeinschaft ist das wichtigste Problem die wachsende Armut in den Innenstädten. Bei den Latinos sind es die Arbeiter ohne Aufenthaltsgenehmigung und die heftige politische Auseinandersetzung über die Einwanderung.

Eines meiner Lieblingsrestaurants in Chicago ist das MackArthur's. Es befindet sich in einiger Entfernung vom Geschäftsviertel am westlichen Ende der Westside an der Madison Street und ist ein einfaches, gut beleuchtetes Lokal mit Sitzgruppen aus hellem Holz und Platz für etwa 100 Personen. An fast jedem Tag der Woche stehen etwa weitere 100 Personen vor dem Lokal Schlange (Familien, Teenager, Gruppen von älteren

Frauen und Männern). Sie alle warten wie in einer Caféteria, bis sie dran sind und sich ihren Teller mit Brathuhn, Fisch, Hoppin' John, Collared Greens, Hackbraten, Maisbrot und anderen traditionellen schwarzen Gerichten abgeholt haben. Und sie alle sind wohl der Ansicht, dass das Warten sich lohnt.

Mac Alexander, der Besitzer des Restaurants, ist ein großer Mann in den frühen Sechzigern mit einem gewaltigen Brustkasten, schütteren grauen Haaren, einem Schnurrbart und immer etwas zusammengekniffenen Augen hinter einer Brille, die ihm ein nachdenkliches, fast professorales Aussehen verleiht. Er ist in Lexington, Mississippi, geboren und hat in Vietnam das linke Bein verloren. Nachdem er nach diesem Schicksalsschlag wieder genesen war, zogen er und seine Frau nach Chicago, wo er Abendkurse in Betriebswirtschaft besuchte und in einem Lagerhaus arbeitete. Im Jahr 1972 eröffnete er Mac's Records und beteiligte sich an der Gründung der Westside Business Improvement Association, um »seine kleine Ecke der Welt in Ordnung zu bringen«.

Er hatte in jeder Hinsicht Erfolg. Sein Plattenladen wuchs; er eröffnete das Restaurant und stellte dort Leute aus der Gegend ein; er kaufte heruntergekommene Gebäude und sanierte und vermietete sie. Dank der Anstrengungen von Leuten wie Mac ist der Blick die Madison Street entlang nicht so schlimm, wie man bei dem Ruf der Westside vermuten könnte. Es gibt Kleidergeschäfte und Apotheken und Kirchen für jeden Straßenzug. In den Seitenstraßen stehen dieselben kleinen Bungalows mit sauber gemähtem Rasen und gepflegten Blumenbeeten wie in den anderen Vierteln Chicagos.

Sobald man jedoch ein paar Blocks weiter die Straße hinauf- oder hinunterfährt, lernt man eine andere Seite von Mac's Welt kennen: Gruppen junger Leute, die verstohlene Blicke die Straße hinauf und hinunter werfen; den Klang von Sirenen und das periodische Wummern voll aufgedrehter Auto-Stereoanla-

gen; dunkle, mit Brettern vernagelte Gebäude und hastig hinge-
schmierte Zeichen von Straßengangs; Müll, der überall herum-
liegt und durch die Winterwinde aufgewirbelt wird. Kürzlich
installierte die Chicagoer Polizei Kameras und Blaulichter auf
den Lampenpfosten in der Madison Street. Die Anwohner
beschwerten sich nicht; Blaulichter sind für sie ohnehin ein ver-
trauter Anblick. Sie sind nur eine weitere Erinnerung an das,
was sowieso jeder weiß: Das Immunsystem der Gemeinschaft
ist fast völlig zusammengebrochen, geschwächt durch Drogen,
Schießereien und Verzweiflung; trotz aller Anstrengungen von
Leuten wie Mac hat sich ein Virus festgesetzt, und ein Volk ist
im Begriff, vor die Hunde zu gehen.

»Das Verbrechen ist in der Westside nichts Neues«, sagte
Mac eines Nachmittags, als wir auf dem Weg zu einem seiner
Gebäude waren, das er mir zeigen wollte. »Ich meine, früher,
in den siebziger Jahren, hat sich die Polizei nicht ernsthaft um
die Viertel der Schwarzen gekümmert. Solange die Probleme
nicht auf die weißen Viertel übergriffen, waren sie ihnen egal. In
meinem ersten Geschäft, das ich an der Ecke Lake und Damen
Avenue eröffnete, gab es acht oder neun Einbrüche hintereinander.«

»Heute reagiert die Polizei schneller«, fuhr er fort. »Der
zuständige Polizeichef ist ein guter Bruder. Er tut, was er kann.
Aber er ist genauso überfordert wie alle anderen auch. Wissen
Sie, diesen Kids da draußen ist einfach alles egal. Sie haben keine
Angst vor der Polizei, keine Angst vor dem Knast – über die
Hälfte der jungen Leute ist bereits vorbestraft. Wenn die Poli-
zei an einer Straßenecke zehn Kerle einsammelt, haben binnen
einer Stunde zehn andere ihren Platz eingenommen.«

Dann zog er Schlussfolgerungen: »Das ist es, was sich geändert hat. Die Haltung der jungen Leute. Man kann ihnen eigentlich keinen Vorwurf machen, die meisten haben praktisch kein
Zuhause. Ihre Mütter können ihnen nichts beibringen; viele

von ihnen sind selbst noch Kinder. Die Väter sitzen im Knast. Niemand ist da, der die Kinder beaufsichtigt und dafür sorgt, dass sie die Schule nicht abbrechen, und der ihnen Anstand beibringt. Also ziehen sie sich praktisch selber groß – auf der Straße. Was andres kennen sie nicht. Die Gang, das ist ihre Familie. Sie finden keine anderen Jobs da draußen als im Drogenhandel. Verstehen Sie mich nicht falsch, wir haben immer noch eine Menge gute Familien hier in der Gegend … nicht unbedingt mit viel Geld, aber sie tun ihr Bestes, damit ihre Kinder nicht in Schwierigkeiten kommen. Doch sie sind einfach zu sehr in der Minderheit. Je länger sie bleiben, umso mehr Angst bekommen sie um ihre Kinder. Also ziehen sie weg, sobald sie die Möglichkeit dazu haben. Und das macht alles noch schlimmer.«

Mac schüttelte den Kopf. »Ich weiß auch nicht. Ich glaube immer noch, dass wir die Entwicklung umkehren können. Aber um ehrlich zu sein, Barack, manchmal ist es schwer, die Lage nicht für hoffnungslos zu halten. Wirklich schwer. Und es wird immer schwerer.«

Ich höre in diesen Tagen viele solche Stimmen aus der afroamerikanischen Gemeinschaft: mit dem offenen Eingeständnis, dass die Verhältnisse in den Innenstädten außer Kontrolle geraten. Manchmal dreht sich das Gespräch um Statistik: um die Kindersterblichkeit, die bei armen schwarzen Amerikanern genauso hoch ist wie in Malaysia, um die Arbeitslosigkeit bei Schwarzen, die in manchen Chicagoer Vierteln auf über 30 Prozent geschätzt wird, oder um die Anzahl der Schwarzen, die irgendwann in ihrem Leben straffällig werden – jeder dritte in den ganzen USA.

Häufiger jedoch werden Geschichten aus dem Alltag erzählt, die als Beweis für den völligen Zusammenbruch eines Teils unserer Gemeinschaft dienen sollen und mit einer Mischung von Traurigkeit und ungläubigem Staunen vorgebracht werden. Ein Lehrerin erzählt, wie es ist, wenn sie von einem Achtjährigen mit Obszönitäten beschimpft wird und er ihr körperliche Gewalt androht. Ein Pflichtverteidiger berichtet vom erschreckenden Vorstrafenregister eines Fünfzehnjährigen oder von dem Gleichmut, mit dem seine Klienten voraussagen, dass sie ihren 30. Geburtstag nicht erleben werden. Ein Kinderarzt erzählt von Eltern im Teenageralter, die es ganz normal finden, dass sie ihrem Kleinkind Kartoffelchips zum Frühstück geben, oder gleichmütig berichten, dass sie ihr fünf- oder sechsjähriges Kind allein zu Hause gelassen haben.

Diese Geschichten handeln von denen, die es nicht geschafft haben, die Fesseln der Geschichte abzustreifen, von den Vierteln der schwarzen Gemeinschaft, wo die Ärmsten der Armen hausen. In diesen Vierteln treten alle Narben der Sklaverei und der Rassendiskriminierung offen zutage, die innere Wut und die erzwungene Unwissenheit, die Scham von Männern, die ihre Frauen nicht schützen und ihre Familie nicht ernähren können, die Kinder, denen man von Anfang an sagt, dass aus ihnen nichts werden wird, und die niemanden haben, der ihnen helfen könnte.

Es gab eine Zeit, in der eine solche chronische und tiefe Armut noch das ganze Land schockieren konnte, eine Zeit, in der die Veröffentlichung von Michael Harringtons *Das andere Amerika* oder die Berichte über Bobby Kennedys Reisen zum Mississippi-Delta einen Aufschrei der Empörung und den Ruf nach Abhilfe auslösten. Das war einmal. Heute sind die Bilder von der so genannten Unterklasse allgegenwärtig, sind festes Inventar der amerikanischen Pop-Kultur: in Film und Fernsehen, wo sie das Milieu ist, in dem die Ordnungskräfte operieren; in der Rap-Musik und ihren Videos, wo das Gangsterleben glorifiziert wird, um von weißen wie schwarzen Teenagern nachgeahmt zu werden (wobei wenigstens den weißen Teenagern bewusst ist, dass es sich nur um eine Pose handelt); und in den Abendnachrichten, weil die Raubzüge in den Innenstädten immer eine gute

Story abgeben. Diese Vertrautheit mit dem Leben der armen Schwarzen weckt nicht Sympathie, sondern löst Anfälle von Angst und offener Verachtung aus. Vor allem jedoch gebiert sie Gleichgültigkeit. Schwarze Männer füllen die amerikanischen Gefängnisse, schwarze Kinder können nicht lesen oder sterben bei Schießereien zwischen Gangs im Kreuzfeuer, schwarze Obdachlose schlafen auf Abluftrosten und in den Parks der US-Hauptstadt. Und für uns ist das alles selbstverständlich geworden, Teil der natürlichen Ordnung, eine tragische Situation vielleicht, aber keine, für die wir verantwortlich sind, und gewiss keine, die sich ändern ließe.

Diese Vorstellung von der schwarzen Unterschicht als abgesondert, im Abseits, mit fremdartigem Verhalten und fremdartigen Werten, spielt in der modernen amerikanischen Politik eine zentrale Rolle. Eines der Motive für Johnsons War on Poverty (Krieg gegen die Armut) war das Ziel, die schwarzen Ghettos zu sanieren, und die Konservativen instrumentalisierten die (realen und nur als solche wahrgenommenen) Niederlagen in diesem Krieg, um einen Großteil des Landes gegen das Konzept des Wohlfahrtsstaats aufzubringen. In den konservativen Denkfabriken wurde nicht nur behauptet, kulturelle Pathologien (statt Rassismus oder strukturelle Benachteiligung durch bestimmte Kennzeichen unseres Wirtschaftssystems) seien für die Armut der Schwarzen verantwortlich, sondern auch, diese Pathologien würden noch verschärft durch Regierungsprogramme wie die Sozialhilfe und durch liberale Richter, die Kriminelle verhätschelten. Im Fernsehen wurden die Bilder von unschuldigen Kindern mit aufgeblähten Bäuchen durch Bilder von schwarzen Plünderern und Straßenräubern ersetzt; und in den Nachrichten lag das Hauptgewicht nicht mehr auf dem fleißigen schwarzen Hausmädchen, das mit Müh und Not seinen Lebensunterhalt verdient, sondern auf den so genannten »Welfare Queens«, die nur Kinder hatten, damit sie Sozialhilfe kassieren konnten. Nötig war nach Ansicht der Konservativen eine starke Dosis Disziplin: mehr Polizei, mehr Gefängnisse, mehr persönliche Verantwortung und ein Ende der Sozialhilfe. Auch wenn man mit solchen Strategien das schwarze Ghetto nicht unbedingt verändern konnte, hielt man es wenigstens im Zaum, und hart arbeitende Steuerzahler mussten ihrem bereits verlorenen Geld kein gutes mehr hinterherwerfen.

Dass die Konservativen mit dieser Argumentation die weiße öffentliche Meinung gewannen, ist nicht weiter verwunderlich. Sie beruhte auf der Unterscheidung zwischen »verdienter« und »unverdienter« Armut, die in Amerika eine lange und wechselhafte Tradition hat. Diese war häufig von rassischen oder ethnischen Vorurteilen beeinflusst und gewann in wirtschaftlich eher harten Zeiten wie den siebziger und achtziger Jahren an Popularität. Die linksliberalen Politiker und die Führer der Bürgerrechtsbewegung reagierten auf den Angriff der Konservativen ziemlich ungeschickt. In ihrem Bestreben, die Opfer des historischen Rassismus für ihr Elend nicht selbst verantwortlich zu machen, spielten sie reale Hinweise, dass die chronische Armut durch tief verwurzelte Verhaltensmuster der armen Schwarzen mitverursacht sein könnte, herunter oder ignorierten sie ganz. (Patrick Moynihan wurde bekanntlich Rassismus vorgeworfen, als er sich besorgt über den Anstieg der außerehelichen Geburten bei den schwarzen Armen äußerte.) Die Tendenz der Linksliberalen, die Bedeutung von Werten für den wirtschaftlichen Erfolg einer Gemeinschaft herunterzuspielen, schwächte ihre Glaubwürdigkeit und empörte viele Weiße aus der Arbeiterschicht, zumal einige der liberalsten Politiker ein beschauliches Leben auf dem Land führten und mit dem Chaos in den Städten überhaupt nicht konfrontiert wurden.

Tatsächlich ist der wachsende Unmut über die Zustände in den Innenstädten keineswegs nur auf Weiße beschränkt. In den meisten schwarzen Vierteln fordern hart arbeitende, gesetzestreue Bewohner seit Jahren mehr Schutz durch die Polizei, weil sie selbst am häufigsten Opfer von Verbrechen werden. Im privaten Kreis (am Küchentisch, beim Friseur und nach der Kirche) kann man Schwarze oft mit einer solchen Vehemenz über den Verfall der Arbeitsethik, die vielen schlechten Eltern und die immer laxere Sexualmoral schimpfen hören, dass die konservative Denkfabrik Heritage Foundation zweifellos stolz auf sie wäre.

In mancher Hinsicht ist die Einstellung der Schwarzen, was die Ursachen der chronischen Armut betrifft, viel konservativer, als schwarze Politiker zugeben würden. Freilich würden Schwarze junge Gangmitglieder nie als »Raubtiere« oder Mütter, die Sozialhilfe beziehen, als »arbeitsscheu« bezeichnen, weil diese durch solche Klassifikationen eingeteilt werden in Menschen, die unsere Fürsorge wert sind, und solche, die sie nicht wert sind. Für uns schwarze Amerikaner steht eine solche Distanzierung von den Armen überhaupt nicht zur Debatte, weil wir dank unserer Hautfarbe (und den Schlüssen, die eine Mehrheit der Gesellschaft aus ihr zieht) nur so frei und nur so geachtet sein können, wie die Geringsten unter uns.

Der zweite Grund, warum wir uns nicht distanzieren können, besteht darin, dass wir die Hintergründe des Verfalls der Innenstädte kennen. Die meisten Schwarzen, die in Chicago aufgewachsen sind, erinnern sich noch an ihre kollektive Geschichte der großen Völkerwanderung von den Südstaaten in den Norden. Sie wissen, dass die Schwarzen nach ihrer Ankunft im Norden durch rassenorientierte Unterbringung, restriktive Mietverträge und die Unterbringung in bestimmten Sozialwohnungen in Ghettos gezwungen wurden, in denen die Schulen schlechter waren als anderswo, die Parks nicht ordentlich gepflegt wurden, die Polizei die Bewohner nicht schützte und der Drogenhandel stillschweigend geduldet wurde. Sie wissen, dass die tollen Jobs, für die man Beziehungen brauchte, für andere Einwanderergruppen reserviert waren, und dass die Hilfsarbeiterjobs, von denen die Schwarzen lebten, mit der Zeit verschwanden. Dies führte dazu, dass intakte Familien unter dem Druck zerfielen und ganz normale Kinder den Halt verloren, bis schließlich zur Regel wurde, was einst nur traurige Ausnahme war. Sie wissen, weshalb der Obdachlose dem Alkohol verfallen ist, denn er ist ihr Onkel. Und sie haben den hartgesottenen Verbrecher schon gekannt, als er noch ein lebhafter und liebenswerter Junge war, weil er ihr Vetter ist.

Mit anderen Worten, wir Afroamerikaner wissen, dass Kultur wichtig ist, aber wir wissen auch, dass sie durch die Verhältnisse geprägt wird. Wir wissen, dass in den Innenstädten viele Menschen Opfer ihres eigenen selbstzerstörerischen Verhaltens werden, doch dieses Verhalten ist keineswegs angeboren. Und weil wir das wissen, sind wir immer noch überzeugt davon, dass Amerika, wenn es nur will, die Verhältnisse für diejenigen ändern kann, die in den Innenstädten gestrandet sind, dass sich die Haltung der einzelnen Schwarzen entsprechend ändern wird und dass der Schaden allmählich wiedergutgemacht werden kann, wenn nicht in dieser Generation, dann in der nächsten.

Dieses Wissen könnte uns dabei helfen, das ideologische Gezänk zu überwinden, und es könnte als Grundlage für einen neuen Anlauf zur Lösung der Probleme in unseren Städten dienen. Der neue Anlauf könnte vielleicht mit dem Eingeständnis der Schwarzen beginnen, dass das wirksamste Mittel zur Bekämpfung ihrer Armut darin bestünde, junge Mädchen zum Abschluss der Highschool zu ermuntern und sie davon abzuhalten, uneheliche Kinder zu bekommen. Zu diesem Zweck müssten Programme erweitert werden, die in Schulen und Gemeinden nachweislich zu einem Rückgang der Teenager-Schwangerschaften geführt haben, aber auch schwarze Eltern, führende Lokalpolitiker und Geistliche sollten zu dem Thema deutlicher ihre Meinung sagen.

Wir sollten außerdem zugeben, dass die Konservativen (und Bill Clinton) Recht hatten, was die alte Struktur der Sozialhilfe betraf: Solange alleinerziehende Mütter ihr Einkommen unabhängig von der Arbeit bezogen und keine anderen Forderungen an sie gestellt wurden, als eine zudringliche Bürokratie zu ertragen und glaubhaft zu versichern, dass der Vater ihrer Kinder nicht im gleichen Haus wie sie wohnt, wurde durch die Sozialhilfe ihr Unternehmungsgeist und ihre Selbstachtung geschwächt. Bei jeder Strategie zur Bekämpfung der chronischen Armut muss die Arbeit im Mittelpunkt stehen und nicht die Sozialhilfe, nicht nur, weil Arbeit Einkommen und Unabhängigkeit bedeutet, sondern auch, weil sie Ordnung, Struktur und Würde in das Leben der Menschen bringt und ihnen ermöglicht, sich weiterzuentwickeln.

Aber wir müssen auch zugeben, dass Arbeit allein nicht unbedingt ausreicht, um Menschen aus der Armut zu befreien. In ganz Amerika wurde die Zahl der Menschen, die auf Kosten des Staates leben, durch die Sozialhilfereform stark vermindert. Zugleich jedoch wuchs die Zahl der erwerbstätigen Armen: Frauen, die ständig zwischen Arbeitslosigkeit und Beschäftigung wechseln und so schlecht bezahlt werden, dass ihr Einkommen unter dem Existenzminimum liegt, die sich jeden Tag abstrampeln müssen, um eine ordentliche Betreuung für ihre Kinder, eine erschwingliche Wohnung und eine ausreichende Gesundheitsversorgung zu bekommen, und sich am Ende des Monats doch immer fragen, wie sie mit den letzten paar Dollar Nahrungsmittel, die Gasrechnung und den neuen Strampelanzug für ihr Baby bezahlen sollen.

Maßnahmen wie die Lohnauffüllung, die allen Niedriglohnbeziehern sehr helfen würde, könnten das Leben dieser Frauen und ihrer Kinder enorm verbessern. Doch wenn wir den Teufelskreis der chronischen Armut wirklich durchbrechen wollen, brauchen diese Frauen auch noch Hilfe in grundlegenden Dingen, die für viele Menschen, die nicht in der Innenstadt leben, selbstverständlich sind. Sie brauchen mehr Polizei, mehr Schutz durch die Polizei in ihrem Viertel, damit sie und ihre Kinder wenigstens eine gewisse Sicherheit haben. Sie brauchen Zugang zu gemeindeeigenen Gesundheitszentren, die das Hauptgewicht auf Vorsorge, also auf Schwangerschaftsmedizin und Ernährungsberatung, legen, aber auch bei Drogenmissbrauch helfen können. Sie brauchen eine radikale Verbesserung der Schulen und eine erschwingliche Kinderbetreuung, damit sie auf einer Ganztagsstelle arbeiten oder ihre Ausbildung fortsetzen können.

In vielen Fällen müssen sie auch lernen, gute Eltern zu sein. Kinder aus der Innenstadt sind schon im Rückstand, wenn sie in die Schule kommen. Sie können nicht bis zehn zählen, können weder die Grundfarben noch die Buchstaben des Alphabets benennen, sind nicht daran gewöhnt, stillzusitzen oder sich in einer strukturierten Umgebung zu bewegen, und sie haben oft unerkannte Gesundheitsprobleme. Sie sind jedoch nicht so schlecht auf die Schule vorbereitet, weil sie nicht geliebt würden, sondern weil ihre Mütter nicht in der Lage sind, richtig für sie zu sorgen. Gut strukturierte staatliche Programme für Schwangerschaftsberatung, regelmäßige kinderärztliche Betreuung oder Elternschulung sowie eine solide Vorschulerziehung könnten diese Defizite wenigstens teilweise beheben.

Schließlich müssen wir den Zusammenhang von Arbeitslosigkeit und Verbrechen in den Innenstädten offensiv angehen, damit die Männer, die dort leben, ihrer Verantwortung als Väter wieder gerecht werden können. Der landläufigen Meinung zufolge könnten Männer aus der Innenstadt leicht Arbeit finden, ziehen aber den Drogenhandel, der hohe Risiken, aber guten Verdienst bringt, einer schlecht bezahlten Arbeit als Ungelernte vor. Wirtschaftswissenschaftler, die das Problem untersucht haben, sind jedoch zu einem ganz anderen Ergebnis gekommen:

Das tatsächliche Kosten-Nutzen-Verhältnis in der Kleinkriminalität entspricht in keiner Weise der landläufigen Meinung. In den unteren und sogar in den mittleren Rängen ist der Drogenhandel ein Niedriglohngeschäft. Außerdem bekommen viele Männer aus den Innenstädten keinen auskömmlichen Job, auch wenn sie ihre Existenz als Straßenkriminelle satt haben. Sie können keinen beruflichen Lebenslauf vorweisen, haben keine brauchbaren Qualifikationen und sind immer häufiger als Vorbestrafte stigmatisiert.

Fragen sie Mac, der es sich zur Aufgabe gemacht hat, jungen Männern in seinem Viertel eine zweite Chance zu geben. 95 Prozent seiner männlichen Beschäftigten sind ehemalige Straftäter, darunter einer seiner besten Köche. Er war in den 20 Jahren zuvor immer wieder wegen Drogendelikten und einmal sogar wegen eines bewaffneten Raubüberfalls ins Gefängnis gewandert. Mac lässt seine Leute mit einem Stundenlohn von 8 Dollar anfangen, den er allmählich auf bis zu 15 Dollar erhöht. Es herrscht kein Mangel an Bewerbern. Aber Mac gibt sofort zu, dass es viele Anfangsprobleme gibt. Viele Neue sind nicht daran gewöhnt, pünktlich zu erscheinen oder sich von einem Vorgesetzten etwas sagen zu lassen. Deshalb kann die Fluktuation groß sein. Aber weil Mac bei den jungen Männern, die er beschäftigt, keine Ausreden akzeptiert (»Ich sage den Leuten, dass ich einen Betrieb führen muss und es genug andere gibt, die ihren Job gern hätten.«), passen sie sich überwiegend schnell an. Im Lauf der Zeit gewöhnen sie sich an einen normalen Lebensrhythmus: Sie halten sich an Terminpläne, werden teamfähig und leisten ihren Beitrag. Irgendwann sprechen sie davon, doch noch ihren Highschool-Abschluss zu machen und sich vielleicht am örtlichen Community College einzuschreiben.

Sie wollen aufsteigen.

Es wäre schön, wenn es in unserem Land Tausende von Macs gäbe und der Markt allein genug Arbeitsplätze für alle Männer aus den Innenstädten generieren könnte. Die meisten Arbeitgeber sind jedoch nicht bereit, einen Vorbestraften einzustellen, und wer doch dazu bereit ist, darf es oft nicht. In Illinois zum Beispiel ist die Beschäftigung früherer Straftäter nicht nur in Schulen, Pflegeheimen und Krankenhäusern verboten (Einschränkungen, die einleuchten, weil wir unsere Kinder oder alten Eltern nicht gefährden wollen), sondern manche Vorbestrafte dürfen auch nicht als Friseure und Fußpfleger arbeiten.

Der Staat könnte die Initialzündung für eine Änderung der Verhältnisse leisten, indem er in Zusammenarbeit mit Privatunternehmen Vorbestrafte für gemeinnützige Projekte einstellt und ausbildet, etwa für die Wärmeisolierung von Wohnungen und Büros, um deren Energieeffizienz zu verbessern, oder für das Legen der Breitbandkabel, die nötig sind, damit ganze Kommunen den Sprung ins Internet-Zeitalter schaffen. Solche Programme würden natürlich Geld kosten, aber wenn man bedenkt, was ein Strafgefangener den Staat kostet, würden sie sich schon bei einem geringfügigen Absinken der Rückfallrate lohnen. Nicht alle Langzeitarbeitslosen würden einen anfangs schlecht bezahlten Job dem Leben auf der Straße vorziehen, und kein Programm zur Rehabilitierung Vorbestrafter kann verhindern, dass hartgesottene Verbrecher eingesperrt werden müssen, wenn die Anwendung von Gewalt für sie selbstverständlich geworden ist.

Trotzdem ist die Annahme sicherlich richtig, dass die Kriminalität in vielen Gemeinden zurückgehen würde, wenn es ordentliche Arbeitsplätze für die Männer gäbe, die heute vom Drogenhandel leben. Wahrscheinlich ist auch, dass sich in der Folge mehr Unternehmen in den betroffenen Vierteln ansiedeln würden und allmählich eine überlebensfähige Wirtschaft entstünde. Im Lauf der folgenden 10 oder 15 Jahre würden sich vermutlich auch die Normen ändern: Junge Männer und Frauen würden eine Zukunft für sich sehen, die Zahl der Eheschließungen würde zunehmen, und die Kinder würden in einer stabileren Welt aufwachsen.

Was wäre uns ein Amerika wert, in dem die Kriminalitätsrate gefallen ist, in dem mehr Kinder ordentlich betreut und Städte wiedergeboren werden und in dem die Vorurteile, die Furcht und die Zwietracht, die durch die Armut der Schwarzen entstehen, langsam verschwinden würden? Wäre es uns die Summe Wert, die wir letztes Jahr im Irak ausgegeben haben? Würden wir dafür auf die hartnäckigen Forderungen nach Abschaffung der Erbschaftssteuer verzichten? Es ist schwer, den Nutzen solcher Veränderungen zu quantifizieren, weil er unermesslich wäre.

Während die Armut in den Innenstädten darauf zurückgeführt werden kann, dass wir es versäumt haben, uns einer in vieler Hinsicht tragischen Vergangenheit zu stellen, wecken die Probleme der Einwanderung Angst vor einer unsicheren Zukunft. Die demographische Struktur der Vereinigten Staaten verändert sich unerbittlich und mit atemberaubender Geschwindigkeit. Und die Ansprüche der neuen Einwanderer passen nicht so richtig zu dem alten schwarzweißen Paradigma von Diskriminierung und Widerstand oder Schuld und Schuldzuweisungen. Schwarze und weiße Neuankömmlinge aus Ghana und der Ukraine, Somalia und Rumänien kommen unbelastet durch die rassische Dynamik eines früheren Zeitalters an unsere Küsten.

Im Wahlkampf wurde ich direkt mit den Gesichtern dieses neuen Amerika konfrontiert: auf den indischen Märkten an der Devon Avenue, in einer funkelnden neuen Moschee in einer Vorstadt im Südwesten, auf einer armenischen Hochzeit und auf einem philippinischen Ball, bei den Sitzungen des Korean American Leadership Council und der Nigerian Engineers Association. Wo ich auch hinkam, stieß ich auf Einwanderer, die jede Unterkunft bezogen und jede Arbeit annahmen, die Teller wuschen oder Taxi fuhren oder sich in der Reinigungsfirma ihres Vetters abrackerten, die Geld sparten und Unternehmen gründeten und sterbenden Vierteln neues Leben einhauchten. Bis sie schließlich in eine Vorstadt umsiedelten und Kinder aufzogen, deren Akzent nicht das Land ihrer Eltern, sondern ihre Chicagoer Geburtsurkunde verriet, Teenager, die Rap hörten und in der Einkaufsgalerie einkauften und Pläne für eine Zukunft als Ärzte, Rechtsanwälte, Ingenieure und sogar Politiker machten.

Im ganzen Land spielen sich diese klassischen Einwanderergeschichten ab, Geschichten von Ehrgeiz und Anpassung, harter Arbeit und Ausbildung, Assimilation und sozialem Aufstieg. Freilich durchleben die Immigranten von heute diese Geschichten mit extremer Geschwindigkeit. Sie profitieren von einer Gesellschaft, die toleranter und weltoffener ist als jene, mit der frühere Generationen von Einwanderern konfrontiert waren. Sie profitieren von einem Land, das anfängt, stolz auf seinen Mythos als Einwanderungsland zu sein, sind zuversichtlicher als ihre Vorgänger, dass sie im Land ihren Platz finden werden, und sie nehmen ihre Rechte energischer in Anspruch. Als Senator bekomme ich zahllose Einladungen, zu diesen frischgebackenen Amerikanern zu sprechen, und auf den Veranstaltungen werde ich oft mit Fragen über meine außenpolitischen Ansichten bedrängt: Wie stehe ich zur Zypernfrage oder zur Zukunft Taiwans? Oft geht es auch um Politikfelder, in denen die jeweilige ethnische Gruppe stark vertreten ist: Indische Apotheker beschweren sich zum Beispiel über die Erstattungspraxis der staatlichen Krankenversicherung Medicare, und koreanische Kleinunternehmer setzen sich für eine Steuerreform ein.

Vor allem jedoch wollen die Neubürger bestätigt haben, dass auch sie Amerikaner sind. Wenn ich auf einer Veranstaltung von Einwanderern spreche, muss ich unweigerlich ein paar freundliche Neckereien meiner Mitarbeiter erdulden. Sie sagen, dass meine Reden immer aus drei Teilen bestünden: »Ich bin

Ihr Freund«, »[Ursprungsland bitte einfügen] war eine Wiege der Zivilisation« und »Sie verkörpern den amerikanischen Traum«. Meine Mitarbeiter haben Recht: Meine Botschaft ist einfach, denn ich habe begriffen, dass ich diesen neuen Amerikanern durch meine bloße Anwesenheit signalisiere, dass es auf sie ankommt, dass sie als Wähler für meinen Erfolg wichtig sind, dass sie vollwertige Staatsbürger sind und dass sie Respekt verdienen.

Natürlich entsprechen nicht alle meine Gespräche mit Einwanderern diesem einfachen Muster. In der Folge des 11. September zum Beispiel waren meine Begegnungen mit Amerikanern arabischen und pakistanischen Ursprungs sehr viel aufreibender. Die Mitglieder dieser Gruppen sind durch Geschichten von Internierungen und FBI-Verhören und durch die bösen Blicke ihrer Nachbarn zutiefst verunsichert und fühlen sich in den Vereinigten Staaten oft nicht mehr richtig zu Hause. Sie wurden unsanft daran erinnert, dass die Einwanderungsgeschichte in diesem Land eine finstere Kehrseite hat; und sie brauchen die ausdrückliche Zusicherung, dass ihre Staatsbürgerschaft wirklich etwas bedeutet, dass Amerika die richtigen Lehren aus der Internierung der japanischen Amerikaner im Zweiten Weltkrieg gezogen hat und dass ich zu ihnen stehen würde, falls sich der politische Wind auf hässliche Weise drehen sollte.

Es sind jedoch meine Begegnungen mit den Latinos in Vierteln wie Pilsen und Little Village oder in Städten wie Cicero und Aurora, die mich zwingen, über die Bedeutung Amerikas, über die Bedeutung der Staatsbürgerschaft und über meine bisweilen ambivalenten Gefühle wegen der vielen Veränderungen nachzudenken.

Natürlich kamen die ersten Latinos (Puerto-Ricaner, Salvadorianer, Kubaner und vor allem Mexikaner) schon vor vielen Jahrzehnten nach Illinois, als unzählige Landarbeiter nach Norden strömten und sich die Arbeitsplätze in den Fabriken der

Region mit anderen ethnischen Gruppen teilten. Wie andere Immigranten assimilierten auch sie sich kulturell, obwohl ihr sozialer Aufstieg ähnlich wie bei den Afroamerikanern oft durch rassische Vorurteile behindert wurde. Vielleicht ist dies der Grund, warum schwarze und lateinamerikanische Führer der Bürgerrechtsbewegung oft zusammenarbeiteten. Im Jahr 1983 war die Unterstützung der Amerikaner lateinamerikanischen Ursprungs entscheidend für die Wahl Harold Washingtons zum ersten schwarzen Bürgermeisters von Chicago. Und der Bürgermeister revanchierte sich für die Unterstützung, indem er bei den Wahlen für den Stadtrat von Chicago und die Volksvertretung von Illinois eine Generation junger progressiver Latinos unterstützte. Tatsächlich waren die Latinos offiziell Mitglieder der schwarzen Abgeordnetengruppe von Illinois, bis ihre Zahl die Gründung einer eigenen Gruppe rechtfertigte.

Damals knüpfte ich nach meiner Ankunft in Chicago meine eigenen Verbindungen zu den Latinos. Als junger Organizer arbeitete ich mit ihren Führern oft bei Problemen zusammen, die sowohl Schwarze als auch Latinos betrafen, etwa wenn es um gescheiterte Schulen, illegale Müllbeseitigung oder nicht geimpfte Kinder ging. Ich hatte nicht nur politisches Interesse an der lateinamerikanischen Gemeinschaft, sondern fand auch Gefallen an den mexikanischen und puerto-ricanischen Stadtteilen: an der Salsa- und Merengue-Musik, die in den heißen Sommernächten aus den Wohnungen drang, an der Hingabe, mit der in den ehemals polnischen, italienischen und irischen Kirchen die Messe gefeiert wurde, an dem fröhliche Geplapper bei den Fußballspielen im Park, an dem trockenen Humor der Männer, die im Sandwichladen hinter der Theke standen, an den älteren Frauen, die mir die Hand drückten und über meine kläglichen Versuche lachten, Spanisch zu sprechen. Ich schloss lebenslange Freundschaften und Bündnisse in diesen Vierteln. Zumindest was mich betraf, waren die Schicksale von Schwarzen und Braunen untrennbar miteinander verbunden, das Fundament eines Bündnisses, das dazu beitragen konnte, dass Amerika seiner Verheißung gerecht wurde.

Als ich jedoch nach dem Jurastudium nach Chicago zurückkehrte, traten die Spannungen zwischen Schwarzen und Latinos in der Stadt bereits offen zutage. Zwischen 1990 und 2000 wuchs die spanischsprachige Bevölkerung Chicagos um 38 Prozent, und angesichts dieses enormen Zuwachses waren die Latinos nicht mehr bereit, in einem Bündnis mit den Schwarzen den Juniorpartner zu spielen. Nach dem Tod Harold Washingtons erschien eine neue Gruppe spanischsprachiger Politiker auf der Bildfläche. Sie waren mit Richard M. Daley und den Resten des alten Chicagoer Parteiapparats verbündet und interessierten sich weniger für hehre Ideale und Regenbogenkoalitionen und mehr dafür, ihre gewachsene Macht in Aufträge und Arbeitsplätze umzusetzen. Während viele schwarze Unternehmen zu kämpfen hatten, blühten die spanischsprachigen auf, unter anderem weil sie sich auf finanzielle Verbindungen mit den Ursprungsländern stützen konnten und eine Kundenbasis hatten, die wegen der Sprachbarriere an sie gebunden war. Mit der Zeit begannen mexikanische und mittelamerikanische Arbeiter die Niedriglohn-Jobs (als Kellner, Laufburschen, Zimmermädchen und Hotelpagen) zu dominieren, die früher Schwarze bekommen hatten, und sie drangen auch in das Baugewerbe vor, das schwarzen Arbeitern lange Zeit verschlossen gewesen war. Die Schwarzen begannen zu murren, denn sie fühlten sich bedroht und fragten sich, ob sie wieder einmal zugunsten von Neuankömmlingen übergangen würden.

Freilich sollte man das Ausmaß der Spaltung nicht übertreiben. Da beide Gruppen eine Vielzahl von gemeinsamen Problemen haben (vom starken Anstieg der Schulabbrecher bis zur unzureichenden Krankenversicherung), arbeiten sie politisch immer wieder zusammen. Und obwohl die Schwarzen natürlich frustriert sind, wenn sie in einem schwarzen Viertel an einer Baustelle vorbeikommen und dort nur mexikanische Arbeiter sehen, habe ich kaum je gehört, dass sie die Arbeiter dafür verantwortlich machen. In der Regel sind sie nur auf die Unternehmer wütend, die bevorzugt Latinos einstellen. Wenn man ein bisschen bohrt, bringen viele Schwarze sogar eine widerstrebende Bewunderung für die lateinamerikanischen Einwanderer zum Ausdruck, für ihre ausgeprägte Arbeitsethik und ihren Familiensinn, ihre Bereitschaft, ganz unten anzufangen und das Beste aus ihren begrenzten Möglichkeiten zu machen.

Trotzdem lässt sich nicht bestreiten, dass viele Schwarze wegen des Stroms illegaler Immigranten, der über die US-amerikanische Südgrenze ins Land fließt, dieselben Ängste haben wie viele Weiße, Ängste, die auf dem Gefühl beruhen, dass es sich bei dieser Einwanderungswelle um etwas radikal Neues handelt. Und diese Ängste haben durchaus einen rationalen Kern: Die Zahl der Einwanderer, die jedes Jahr neu auf den Arbeitsmarkt kommen, ist von einer Größe, wie es sie in diesem Land seit 100 Jahren nicht gegeben hat. Der gewaltige Zustrom größtenteils ungelernter Arbeitskräfte bringt der US-amerikanischen Volkswirtschaft insgesamt zwar gewisse Vorteile, insbesondere weil er das US-amerikanische Arbeitskräftepotenzial im Vergleich zu den immer stärker überalterten Bevölkerungen in Europa und Japan jung erhält. Aber durch den Zustrom droht auch das Lohnniveau der amerikanischen Arbeiter noch weiter zu fallen und das jetzt schon überlastete soziale Netz noch mehr strapaziert zu werden. Andere Ängste im Land geborener Amerikaner sind unangenehm vertraut und knüpfen an die Fremdenfeindlichkeit an, von der einst auch Italiener, Iren und frisch vom Schiff gekommene Sklaven betroffen waren. Diese Ängste stützen sich auf die Annahme, dass sich die Latinos kulturell und charakterlich so sehr von den Amerikanern europäischen Ursprungs unterscheiden, dass sie sich niemals richtig an die amerikanische Lebensweise assimilieren werden und angesichts des rapiden demographischen Wandels eines Tages die herrschende politische Elite entmachten könnten.

Den meisten Amerikanern bereitet die illegale Einwanderung jedoch tiefer gehende Sorgen. Sie plagt nicht nur die Angst, wirtschaftlich verdrängt zu werden, und ihre Emotionen sind nicht als bloßer Rassismus zu erklären. In der Vergangenheit vollzog sich die Immigration zu US-amerikanischen Bedingungen: Die Einwanderungserlaubnis konnte je nach den Qualifikationen oder der Hautfarbe der Einwanderer und den Bedürfnissen der amerikanischen Industrie selektiv erteilt werden. Der Arbeitsimmigrant war, gleichgültig ob es sich um einen Chinesen, einen Russen oder einen Griechen handelte, ein Fremder in einem fremden Land – losgelöst von seinem Ursprungsland, häufig harten Beschränkungen unterworfen und gezwungen, Regeln zu befolgen, die er selbst nicht gemacht hatte.

Heute scheinen diese Bedingungen nicht mehr zu gelten. Die Einwanderer kommen dank einer durchlässigen Grenze und nicht mehr aufgrund einer systematischen staatlichen Einwanderungspolitik ins Land. Die geographische Nähe Mexikos und die verzweifelte Armut eines Großteils seiner Bevölkerung lassen vermuten, dass sich die Zahl der illegalen Grenzübertritte nicht vermindern und schon gar nicht auf null reduzieren lässt. Dank der Existenz von Satelliten, Telefonkarten und telegraphischen Überweisungen und der schieren Größe des blühenden lateinamerikanischen Marktes in den USA ist es für die Einwanderer von heute leichter, die Bindung an Sprache und Kultur ihrer Geburtsländer aufrechtzuerhalten (der spanischsprachige Fernsehsender Univision hat heute die meistgesehene Nachrichtensendung in Chicago). In den Vereinigten Staaten geborene Amerikaner hegen die Befürchtung, dass sie und nicht die Immigranten zur Anpassung gezwungen werden. So gesehen, geht es in der Einwanderungsdebatte nicht nur um den

Verlust von Arbeitsplätzen, sondern auch um einen Verlust an Souveränität, und die Immigration wird nur zu einem weiteren Beispiel dafür, dass die Vereinigten Staaten ihr Schicksal nicht mehr selbst bestimmen können (wie auch am 11. September, bei der Vogelgrippe, bei der Verbreitung von Computerviren oder bei der Verlegung von Fabriken nach China).

In der angespannten Atmosphäre einer von beiden Lagern mit großer Leidenschaft geführten Debatte wurde im US-Senat im Frühjahr 2006 ein umfassendes Reformgesetz zur Einwanderung vorgelegt. Hunderttausende Einwanderer demonstrierten auf den Straßen, während eine selbst ernannte Bürgerwehr, die sich Minutemen nannte, an der Südgrenze zu patrouillieren begann. Sowohl für die Demokraten als auch für die Republikaner und den Präsidenten stand dabei politisch viel auf dem Spiel.

Das unter Führung von Ted Kennedy und John McCain verfasste Gesetz war ein Kompromiss mit drei zentralen Elementen. Es sah erstens eine viel schärfere Überwachung der Grenzen vor und erschwerte durch einen von mir und Chuck Grassley verfassten Zusatz massiv die Beschäftigung illegaler Einwanderer. Zweitens berücksichtigte das Gesetz die Erkenntnis, dass es schwierig wäre, zwölf Millionen illegale Einwanderer abzuschieben. Deshalb war ein Verfahren vorgesehen, durch das viele Immigranten im Laufe von elf Jahren die Staatsbürgerschaft erwerben konnten. Und drittens beinhaltete das Gesetz ein Gastarbeiterprogramm, nach dem 200 000 ausländische Arbeiter für eine befristete Beschäftigung einreisen durften.

Unter dem Strich hielt ich es für richtig, das Gesetz zu unterstützen. Allerdings hatte ich Bedenken wegen der Gastarbeiterregelung; sie war ein Geschenk für Großunternehmen, damit sie Arbeit auslagern konnten, ohne eigens Niederlassungen im Ausland gründen zu müssen. Um dem vorzubeugen, erreichte ich, dass in dem Gesetz die Bestimmungen aufgenommen wurden, dass jeder Arbeitsplatz zuerst einem US-amerikanischen Arbeitnehmer angeboten werden muss und Unternehmen kein Lohndumping betreiben dürfen, indem sie ausländischen Arbeitern weniger zahlen als US-amerikanischen. Ich wollte damit erreichen, dass die Unternehmen nur dann auf ausländische Arbeitskräfte zurückgriffen, wenn Mangel an inländischen herrschte.

Mein Zusatz war eindeutig darauf angelegt, den amerikanischen Arbeitern zu helfen, weshalb er von allen Gewerkschaften vehement unterstützt wurde. Kaum war die Bestimmung jedoch in das Gesetz aufgenommen, als mich verschiedene Konservative in- und außerhalb des Senats angriffen, weil ich angeblich »forderte, dass ausländische Arbeiter besser bezahlt werden als US-amerikanische«.

Eines Tages sprach ich im Sitzungssaal des Senats einen der republikanischen Kollegen an, die diese Beschuldigung gegen mich erhoben hatten. Ich erklärte ihm, dass das Gesetz die US-amerikanischen Arbeiter in Wirklichkeit schützen würde, weil die Arbeitgeber keinen Anreiz mehr hätten, Gastarbeiter einzustellen, wenn sie ihnen dieselben Löhne zahlen müssten wie US-amerikanischen Arbeitern. Der republikanische Kollege, der sich vehement gegen ein Gesetz gewehrt hatte, das illegalen Einwanderern ein Aufenthaltsrecht verschafft hätte, schüttelte den Kopf.

»Meine kleinen Geschäftsleute stellen immer noch Immigranten ein«, sagte er. »Doch wegen Ihrem Gesetz müssen sie diese Leute nun besser bezahlen.«

»Aber warum stellen sie Einwanderer ein, wenn US-amerikanische Arbeiter dasselbe kosten?«, fragte ich ihn.

Er lächelte: »Sehen wir den Tatsachen ins Auge, Barack. Weil diese Mexikaner einfach bereit sind, härter zu arbeiten als Amerikaner.«

Dass die Gegner des Einwanderungsgesetzes sich privat so äußerten, während sie öffentlich so taten, als würden sie sich für die amerikanischen Arbeiter einsetzen, lässt auf den Zynismus und die Heuchelei schließen, die die Einwanderungsdebatte vergiften. Aber angesichts der aufgebrachten Stimmung in der Bevölkerung, deren Befürchtungen und Ängste von dem konservativen CNN-Moderator Lou Dobbs und von den Talk-Radios überall im Land täglich geschürt werden, wundert es mich nicht, dass das vom Senat verabschiedete Einwanderungsgesetz bis heute vom Repräsentantenhaus nicht verabschiedet wurde.

Wenn ich ganz ehrlich bin, muss ich gestehen, dass ich selbst nicht völlig immun gegen nativistische Ansichten bin. Wenn ich auf den Demonstrationen der Einwanderungsbefürworter mexikanische Flaggen wehen sehe, verspüre ich manchmal einen Anflug von patriotischem Unmut. Und wenn ich gezwungen bin, einen Dolmetscher zu rufen, um mich mit dem Mann zu verständigen, der mein Auto repariert, bin ich schon ein bisschen genervt.

Einmal, als die Einwanderungsdebatte im Kapitol gerade immer hitziger wurde, erschien eine Gruppe von Aktivisten in meinem Büro und verlangte, dass ich eine Private Relief Bill (eine Art Petition zur Erreichung einer Ausnahmeregelung in besonderen Härtefällen) vorlegte, um 30 Einwanderern mexikanischer Nationalität eine Aufenthaltsgenehmigung zu verschaffen. Die Männer waren abgeschoben worden und hatten ihre aufenthaltsberechtigten Ehefrauen und Kinder zurücklassen müssen. Danny Sepulveda, ein junger Mann aus meinem Stab, der chilenischer Abstammung ist, leitete die Besprechung mit den Aktivisten. Er erklärte ihnen, dass ich zwar zu den engagiertesten Befürwortern des vom Senat verabschiedeten Einwanderungsgesetzes gehöre, aber aus grundsätzlichen Erwägungen davor zurückscheue, ein Gesetz vorzulegen, das für 30 Menschen eine Sonderregelung schaffen würde, während Millionen von einem ähnlichen Schicksal betroffen seien. Einige Mitglieder der Gruppe wurden wütend und sagten, dass mir die Frauen und Kinder der Immigranten offenbar gar nicht am Herzen lägen und es mir nur auf die Grenzsicherheit und die Einhaltung der bestehenden Gesetze ankomme. Außerdem sagte einer der Aktivisten, Danny habe offenbar vergessen, woher er stamme, und sei kein echter Latino mehr.

Ich war wütend und frustriert, als ich hörte, wie das Gespräch gelaufen war. Ich wollte die Aktivisten anrufen und ihnen erklären, dass die amerikanische Staatsbürgerschaft ein Privileg und kein Recht sei; dass ohne sinnvolle Grenzen und Achtung vor dem Gesetz gerade die Dinge unvermeidlich verschwinden würden, die sie selbst veranlasst hatten, in die Vereinigten Staaten einzuwandern: die Chancengleichheit und der Schutz für alle, die in diesem Land leben. Außerdem könne ich es nicht dulden, dass einer meiner Mitarbeiter beschimpft werde, und zwar einer, der sich für ihr Anliegen engagiere.

Es war Danny, der mir den Anruf ausredete, und zwar mit dem vernünftigen Argument, dass er vielleicht kontraproduktiv sein könnte. Mehrere Wochen später besuchte ich an einem Samstagmorgen einen Einbürgerungsworkshop in der St. Pius Kirche in Pilsen. Er wurde von dem Kongressabgeordneten Luis Gutierrez, der Gewerkschaft Service Employers International Union und einigen der Rechtshilfegruppen für Einwanderer veranstaltet, deren Vertreter mit mir in meinem Büro diskutiert hatten. Vor der Kirche hatte sich eine Warteschlange von etwa 1000 Personen gebildet, darunter junge Familien, ältere Ehepaare und Frauen mit Kinderwägen. Drinnen saßen die Leute schweigend in den hölzernen Bankreihen und hatten kleine amerikanische Flaggen in der Hand, die die Veranstalter verteilt hatten. Sie warteten, bis sie von einem der freiwilligen Helfer aufgerufen wurden, der ihnen bei dem jahrelangen Prozess der Einbürgerung behilflich sein sollte.

Als ich den Mittelgang hinunterging, winkten mir einige Leute lächelnd zu, andere gaben mir schüchtern die Hand, wenn ich mich ihnen vorstellte. Ich lernte eine mexikanische Frau kennen, die nicht Englisch sprach, aber deren Sohn im Irak war. Ich erkannte einen jungen Kolumbianer, der beim Parkservice eines nahegelegenen Restaurants arbeitete, und erfuhr, dass er am lokalen Community College Rechnungswesen studierte. Irgendwann kam ein sieben- oder achtjähriges Mädchen mit seinen Eltern im Schlepptau zu mir und bat mich um ein Autogramm. Sie wollte es im Gemeinschaftskundeunterricht ihren Klassenkameradinnen zeigen.

Ich fragte sie nach ihrem Namen. Sie antwortete, sie heiße Cristina und sei in der dritten Klasse. Ich sagte, ihre Eltern könnten stolz auf sie sein. Als ich hörte, wie sie ihren Eltern meine Worte ins Spanische übersetzte, wurde mir klar, dass Amerika von diesen Neuankömmlingen nichts zu befürchten hat. Cristinas Familie war aus denselben Gründen nach Amerika gekommen, die schon vor 150 Jahren Menschen in die Vereinigten Staaten geführt hatten: Menschen, die vor den Hungersnöten und Kriegen und verhärteten Hierarchien in Europa flohen und die vielleicht auch nicht die richtigen Papiere oder Verbindungen oder seltenen Fertigkeiten besaßen, aber trotzdem auf ein besseres Leben hofften.

Wir haben das Recht und die Pflicht, unsere Grenzen zu schützen. Wir dürfen gegenüber allen Einwanderern darauf bestehen, dass sie sich mit dem Erwerb der Staatsbürgerschaft auf eine gemeinsame Sprache, gemeinsame Loyalitäten, gemeinsame Ziele und ein gemeinsames Schicksal verpflichten. Letztlich jedoch ist unsere Lebensweise nicht dadurch gefährdet, dass wir von Menschen, die anders aussehen als wir oder nicht unsere Sprache sprechen, überrannt werden könnten. Die Gefahr besteht vielmehr darin, dass wir Cristina und ihre Familie nicht als Mitmenschen anerkennen. Dass wir ihnen die Rechte und

Chancen vorenthalten, die für uns selbstverständlich sind. Dass wir so heuchlerisch sind und zulassen, dass in unserer Mitte eine Schicht von Knechten entsteht. Oder allgemeiner ausgedrückt, dass wir weiterhin tatenlos zusehen, wie die Ungleichheit in Amerika immer mehr wächst, und zwar eine Ungleichheit, die sich oft an der Rassenzugehörigkeit ausrichtet und deshalb den Rassenhass nährt, eine Ungleichheit, die weder unsere Demokratie noch unsere Wirtschaft lange überstehen werden, weil das Land immer brauner und schwärzer wird.

Das ist nicht die Zukunft, die ich mir für Cristina wünsche, dachte ich mir, als sie und ihre Eltern mir zum Abschied zuwinkten. Und es ist nicht die Zukunft, die ich mir für meine Töchter wünsche. Ihr Amerika wird im Vergleich zu heute von schwindelerregender Vielfalt sein und eine vielsprachige Kultur aufweisen. Meine Töchter werden Spanisch lernen und sehr davon profitieren. Cristina wird von Rosa Parks hören und lernen, was das Leben einer schwarzen Näherin mit ihrem zu tun hat. Die Probleme, denen sich meine Mädchen und Cristina einmal stellen müssen, werden vielleicht nicht die moralische Eindeutigkeit eines Busses mit Rassentrennung haben, aber auch ihre Generation wird in der einen oder anderen Form auf die Probe gestellt werden, genau wie Mrs. Parks und die Freedom Riders auf die Probe gestellt wurden. Und wie wir alle auf die Probe gestellt werden – von den Stimmen, die uns gerne spalten wollen, und denen, die wollen, dass wir uns einander zuwenden.

Und wenn Cristina und meine Töchter diesem Test unterzogen werden, hoffe ich, dass sie alle genug über die Geschichte dieses Landes gelernt haben, um zu wissen, dass sie ein kostbares Geschenk bekommen haben.

Amerika ist groß genug, um allen ihren Träumen eine Heimat zu bieten.

KAPITEL ACHT

Die Welt jenseits unserer Grenzen

Indonesien ist ein Inselstaat. Es besteht aus über 70 000 Inseln und erstreckt sich entlang des Äquators zwischen dem Indischen Ozean und dem Pazifik, zwischen Australien und dem Südchinesischen Meer. Die meisten Indonesier sind malaiischen Ursprungs und leben auf den größeren Inseln Java, Sumatra, Kalimantan, Sulawesi und Bali. Die Bewohner der östlichsten Inseln, etwa Ambons und des indonesischen Teils von Neuguinea, haben oft einen oder mehrere Melanesier unter ihren Ahnen. Das Klima Indonesiens ist tropisch, und in seinen Regenwäldern gab es einst zahlreiche exotische Tierarten wie zum Beispiel den Orang-Utan und den Sumatratiger. Heute sind die Regenwälder rasch im Schwinden begriffen, fallen der Holzwirtschaft, dem Bergbau und dem Anbau von Reis, Tee, Kaffee und Ölpalmen zum Opfer. Der Orang-Utan ist seines Lebensraums beraubt und zu einer gefährdeten Art geworden, und es gibt nur noch ein paar Hundert wild lebende Sumatratiger.

Mit über 240 Millionen Einwohnern hat Indonesien nach China, Indien und den Vereinigten Staaten die viertgrößte Bevölkerung der Welt. Über 700 ethnische Gruppen leben auf seinem Staatsgebiet, und mindestens 742 Sprachen werden dort gesprochen. Fast 90 Prozent der Indonesier sind Muslime. Damit ist Indonesien der größte islamische Staat der Welt. Das Land ist das einzige Mitglied der OPEC im ostasiatischen Raum, obwohl es wegen veralteter Infrastruktur, erschöpfter Ressourcen und hohen Eigenverbrauchs inzwischen Nettoimporteur von Rohöl ist. Seine Amtssprache ist Bahasa Indonesia, seine Hauptstadt Jakarta. Währung ist die Rupiah.

Die meisten Amerikaner würden Indonesien nicht auf der Landkarte finden.

Diese Tatsache ist für die Indonesier befremdlich, denn das Schicksal ihres Landes war in den vergangenen 60 Jahren stark durch die Außenpolitik der Vereinigten Staaten bestimmt. Der zunächst von einer Reihe von Sultanaten und oft sehr kleinen Königreichen regierte Archipel wurde im 17. Jahrhundert eine holländische Kolonie (Niederländisch-Ostindien) und blieb es über drei Jahrhunderte lang. In der Zeit vor dem Zweiten Weltkrieg jedoch wurde die Eroberung der reichen Ölreserven Niederländisch-Ostindiens ein wichtiges Ziel der japanischen Expansion. Japan hatte sich auf die Seite der Achsenmächte gestellt und war von den USA mit einem Ölembargo belegt worden. Deshalb brauchte es das indonesische Öl als Energieträger für sein Militär und seine Industrie. Unmittelbar nach dem Angriff auf Pearl Harbor eroberte Japan die niederländische Kolonie und besetzte sie für den Rest des Krieges.

Nach der japanischen Kapitulation im Jahr 1945 erklärten die aufstrebenden nationalistischen Führer Indonesiens das Land für unabhängig. Die Niederländer wollten diese Bewegung unterdrücken und ihre alte Kolonie wieder in Besitz nehmen. Es folgte ein vierjähriger blutiger Krieg. Schließlich beugten sich die Niederlande dem wachsenden internationalen Druck und erkannten die Unabhängigkeit Indonesiens an. (Die US-Regierung fürchtete damals schon, dass sich der Kommunismus unter dem Deckmantel des Antikolonialismus ausbreiten könnte, und hatte den Niederlanden mit einer Einstellung der Förderung nach dem Marshallplan gedroht.) Der wichtigste Führer der indonesischen Unabhängigkeitsbewegung, Sukarno, ein eigenwilliger und charismatischer Politiker, wurde der erste Staatspräsident Indonesiens.

Sukarno erwies sich als große Enttäuschung für Washington: Er beteiligte sich zusammen mit dem indischen Premier

Nehru und dem ägyptischen Staatspräsidenten Nasser an der Gründung der Bewegung der blockfreien Staaten – dem Versuch gerade erst unabhängig gewordener Staaten, zwischen dem Westen und dem Sowjetblock einen unabhängigen Kurs zu steuern. Die kommunistische Partei Indonesiens gelangte zwar nie formell an die Macht, gewann aber immer mehr Zulauf und Einfluss. Sukarno selbst verschärfte seine antiwestliche Rhetorik, verstaatlichte die Schlüsselindustrien, wies US-amerikanische Entwicklungshilfe zurück und vertiefte seine Beziehungen zur Sowjetunion und zu China. Die USA waren damals bereits stark in Vietnam engagiert, und die Domino-Theorie* gehörte immer noch zu den wichtigsten Glaubenssätzen der US-Politik. Deshalb begann die CIA die verschiedenen Widerstandsgruppen innerhalb Indonesiens heimlich zu unterstützen und knüpfte enge Verbindungen zu indonesischen Offizieren, von denen viele in den USA ausgebildet worden waren. Im Jahr 1965 putschte das indonesische Militär unter Führung von General Suharto gegen Sukarno, verhängte das Kriegsrecht und begann mit einer massiven Verfolgung der Kommunisten und ihrer Sympathisanten. Schätzungen zufolge wurden während der Säuberungen zwischen 500 000 und einer Million Menschen umgebracht und 750 000 weitere interniert oder zur Flucht ins Ausland gezwungen.

Zwei Jahre nach dem Putsch, im selben Jahr, als Suharto die Präsidentschaft übernahm, zog meine Mutter mit mir nach Jakarta. Sie hatte in zweiter Ehe einen indonesischen Studenten geheiratet, den sie an der Universität von Hawaii kennen gelernt hatte. Ich war damals sechs und meine Mutter vierundzwanzig. In späteren Jahren behauptete sie steif und fest, dass wir nie

---

* Die Domino-Theorie besagt, dass benachbarte Länder aufgrund der populistischen Anziehungskraft der kommunistischen Ideologie ebenfalls kommunistisch werden, wenn sich in einem Land ein kommunistisches Regime etabliert.

nach Indonesien übergesiedelt wären, wenn sie gewusst hätte, was in den Monaten zuvor passiert war. Doch sie hatte es nicht gewusst. Es dauerte relativ lange, bis die amerikanischen Zeitungen über das ganze Ausmaß der Säuberungen berichteten, und die Indonesier sprachen auch nicht darüber. Das Studentenvisum meines Stiefvaters war nicht verlängert worden, als er noch auf Hawaii weilte. Er war einige Monate, bevor wir nachkamen, in die indonesische Armee eingezogen worden. Nach unserer Ankunft weigerte er sich, mit meiner Mutter über Politik zu sprechen, und sagte, manche Dinge würde man am besten vergessen.

Tatsächlich fiel es in Indonesien leicht, die Vergangenheit zu vergessen. Jakarta war damals noch recht verschlafen und provinziell. Nur wenige Gebäude waren mehr als vier oder fünf Stockwerke hoch, es gab mehr Fahrradrikschas als Autos, das Stadtzentrum und die reicheren Stadtviertel (mit ihrer kolonialen Eleganz und ihren sattgrünen, gepflegten Rasenflächen) waren umgeben von Ansammlungen kleiner Dörfer. Sie hatten ungeteerte Straßen, offene Abwasserkanäle und staubige Märkte, und ihre armseligen Hütten aus Lehm und Ziegelsteinen, Sperrholzplatten und Wellblech waren auf der leicht abfallenden Uferböschung von Flüssen errichtet, in denen die Bewohner badeten und ihre Wäsche wuschen wie die Pilger im Ganges.

Unsere Familie war damals nicht wohlhabend; die indonesische Armee bezahlte ihre Leutnants nicht sonderlich gut. Wir lebten in einem bescheidenen Haus am Stadtrand, ohne Klimaanlage, Kühlschrank oder Wasserklosett. Wir hatten kein Auto. Mein Stiefvater besaß ein Motorrad, und meine Mutter fuhr jeden Morgen mit einem kleinen Linienbus zur US-Botschaft, wo sie als Englischlehrerin arbeitete. Wir verdienten nicht genug, um das Schulgeld für die internationale Schule bezahlen zu können, die die meisten Ausländerkinder in Jakarta besuchten, also ging ich in eine indonesische Schule und spielte mit den

Kindern von Bauern, Hausangestellten, Schneidern und Büroangestellten auf der Straße.

Mit meinen sieben oder acht Jahren störte mich das alles nicht besonders. Ich habe diese Phase meines Lebens als eine schöne Zeit in Erinnerung, eine Zeit voller Abenteuer und Geheimnisse, in der ich Hühner jagte, vor Wasserbüffeln davonrannte, mir in der Nacht Schattenspiele ansah und Geistergeschichten hörte und in der uns Straßenverkäufer köstliche Süßigkeiten an der Haustür verkauften. Ich wusste, dass es meiner Familie im Vergleich zu unseren Nachbarn gut ging. Im Gegensatz zu vielen anderen hatten wir immer genug zu essen.

Und vielleicht waren wir auch noch auf andere Weise privilegiert. Schon in meinem damaligen Alter verstand ich, dass die Stellung meiner Familie nicht nur auf ihrem Reichtum, sondern auch auf unseren Verbindungen zum Westen beruhte. Meine Mutter mochte über die Ansichten der anderen Amerikaner in Jakarta die Stirn runzeln, über die Herablassung, mit der sie Indonesiern begegneten, über ihre mangelnde Bereitschaft, etwas über das Land zu lernen, in dem sie lebten, aber wegen des günstigen Umtauschkurses war sie trotzdem froh, dass sie in Dollar bezahlt wurde und nicht in Rupiahs wie ihre indonesischen Kollegen in der Botschaft. Wir lebten vielleicht, wie die Indonesier lebten, aber immer wieder nahm mich meine Mutter mit in den American Club, wo ich nach Herzenslust im Pool baden, Zeichentrickfilme anschauen und Coca-Cola trinken konnte. Manchmal, wenn mich meine indonesischen Freunde besuchten, zeigte ich ihnen Bildbände mit Disneyland oder dem Empire State Building, die mir meine Großmutter geschickt hatte, oder wir blätterten einen Sears-Roebuck-Katalog durch und bestaunten die abgebildeten Schätze. All dies gehörte zu meinem Erbe und unterschied mich von meiner Umgebung, das wusste ich, denn meine Mutter und ich waren Staatsbürger der Vereinigten Staaten, profitierten von ihrer Macht und standen unter ihrem Schutz.

Das Ausmaß dieser Macht war kaum zu übersehen: Das US-amerikanische Militär veranstaltete gemeinsame Übungen mit dem indonesischen Militär und bildete dessen Offiziere aus. Präsident Suharto ließ von amerikanischen Wirtschaftswissenschaftlern einen Entwicklungsplan für Indonesien entwerfen, der auf dem Prinzip der freien Marktwirtschaft und der Förderung von Auslandsinvestitionen beruhte. Die amerikanischen Entwicklungsberater spielten eine wichtige Rolle unterhalb der Ministerebene und halfen, den massiven Zustrom von Geldern der U.S. Agency for International Development* (USAID) und der Weltbank zu verwalten. Zwar herrschte massive Korruption auf allen Regierungsebenen (schon bei der kleinsten Interaktion mit einem Polizisten oder einem Verwaltungsbeamten war Bestechung nötig, und fast jede Ware, die in Indonesien ein- oder ausgeführt wurde – gleichgültig, ob es sich um Öl, Weizen oder Kraftfahrzeuge handelte –, wurde von Unternehmen gekauft oder verkauft, die vom Präsidenten, von seiner Familie oder von Mitgliedern der herrschenden Junta kontrolliert wurden), aber trotzdem wurden so viele Öleinnahmen und Entwicklungsgelder in die Schulen sowie in den Straßenbau und andere Infrastrukturmaßnahmen investiert, dass der Lebensstandard der indonesischen Gesamtbevölkerung gewaltig stieg. Zwischen 1967 und 1997 wuchs das Pro-Kopf-Einkommen in dem Inselstaat von 50 auf 4600 Dollar pro Jahr. Für die Vereinigten Staaten hatte sich Indonesien zu einem Vorbild an Stabilität, einem verlässlichen Rohstofflieferanten und Importeur westlicher Güter, einem treuen Verbündeten und einem Bollwerk gegen den Kommunismus entwickelt.

Ich lebte lange genug in Indonesien, dass ich einen Teil dieses enormen Aufschwungs noch direkt miterlebte. Mein Stiefva-

---

* Die unabhängige Bundesanstalt koordiniert die gesamten Aktivitäten der Außenpolitik der Vereinigten Staaten im Bereich der Entwicklungszusammenarbeit.

ter nahm nach seiner Entlassung aus der Armee eine Stelle bei einer amerikanischen Ölgesellschaft an. Wir zogen in ein größeres Haus und schafften uns ein Auto mit Chauffeur, einen Kühlschrank und einen Fernsehapparat an. 1971 jedoch schickte mich meine Mutter zu meinen Großeltern nach Hawaii – vielleicht wegen meiner Ausbildung, aber vielleicht auch, weil sie bereits die wachsende Distanz zwischen ihr und meinem Stiefvater spürte. Ein Jahr später kam sie mit meiner Schwester nach. Meine Mutter blieb Indonesien immer verbunden und pendelte in den folgenden 20 Jahren praktisch zwischen Hawaii und Indonesien hin und her. Dabei arbeitete sie jeweils sechs bis zwölf Monate als Spezialistin in Entwicklungsprojekten internationaler Organisationen für Frauen und entwickelte Programme, um Dorfbewohnerinnen bei der Gründung eigener Kleinunternehmen oder bei der Vermarktung ihrer Produkte zu helfen. Ich selbst machte als Teenager noch drei oder vier kurze Besuche in Indonesien, aber danach wandte ich mich allmählich anderen Dingen zu.

Mein Wissen über den seitherigen Verlauf der indonesischen Geschichte stammt hauptsächlich aus Büchern und Zeitungen und aus den Erzählungen meiner Mutter. Fünfundzwanzig Jahre lang wuchs die indonesische Wirtschaft mit wechselnder Geschwindigkeit. Jakarta entwickelte sich zu einer Metropole mit fast 9 Millionen Einwohnern, mit Wolkenkratzern und Slums, Smog und einem alptraumhaften Verkehrschaos. Männer und Frauen zogen vom Land in die Stadt und arbeiteten in den durch Auslandsinvestitionen finanzierten Fabriken, machten Schuhe für Nike und Hemden für Gap. Bali wurde ein beliebtes Urlaubsland für Surfer und Rockstars – mit Fünf-Sterne-Hotels, Internetanschlüssen und einer Kentucky-Fried-Chicken-Kette. In den frühen neunziger Jahren gehörte Indonesien zu den asiatischen »Tigerstaaten« und galt als eine der großen Erfolgsgeschichten der Globalisierung.

Selbst die dunkleren Aspekte des indonesischen Alltags, die undemokratischen Verhältnisse und die Menschenrechtsverletzungen, schienen sich zu bessern. An schierer Brutalität war das indonesische Regime nach 1967 nie mit dem Irak unter Saddam Hussein zu vergleichen; dank seines verhaltenen, ruhigen Stils zog der indonesische Staatspräsident nie so viel Aufmerksamkeit auf sich wie auffälligere starke Männer vom Schlage Pinochets oder des Schahs von Persien. Trotzdem war das Suharto-Regime zweifellos extrem repressiv. Verhaftung und Folter von Oppositionellen waren an der Tagesordnung, eine freie Presse gab es nicht, Wahlen waren eine bloße Formalität. Als sich in Gebieten wie Aceh ethnisch orientierte Befreiungsbewegungen erhoben, ging die indonesische Armee bei ihren Vergeltungsmaßnahmen nicht nur gegen die Guerilla, sondern auch gegen die Zivilbevölkerung vor: mit Mord, Vergewaltigung und dem Niederbrennen ganzer Dörfer. All dies geschah während der siebziger und achtziger Jahre mit Wissen oder gar ausdrücklicher Zustimmung der verschiedenen US-Regierungen.

Mit dem Ende des Kalten Krieges jedoch änderte sich die Haltung Washingtons allmählich. Das amerikanische Außenministerium drängte die indonesische Regierung, die Menschenrechtsverletzungen in ihrem Staat zu unterbinden. Im Jahr 1992, als indonesische Militäreinheiten in Dili in Ost-Timor ein Massaker unter friedlichen Demonstranten anrichteten, wurde die Militärhilfe für die indonesische Regierung per Kongressbeschluss eingestellt. Ab 1996 demonstrierten indonesische Reformer auf den Straßen, prangerten die Korruption in hohen Ämtern und die Übergriffe der Armee offen an und forderten freie und faire Wahlen.

Dann, im Jahr 1997, wurde Indonesien von einer schweren Wirtschaftskrise erschüttert. Ein Zusammenbruch der Währungs- und Aktienkurse in ganz Asien stürzte die bereits durch die Korruption geschwächte indonesische Volkswirtschaft ins

Chaos. Der Wert der Rupiah fiel binnen weniger Monate um 84 Prozent. Indonesische Unternehmen, die Dollarkredite aufgenommen hatten, schrieben negative Bilanzen. Im Austausch für einen Kredit über 43 Milliarden Dollar bestand der westlich orientierte Weltwährungsfonds (IWF) auf einer Reihe von Sparmaßnahmen (Abbau staatlicher Subventionen, Erhöhung der Zinsen). Die Folge war, dass sich der Preis für wichtige Güter wie Reis und Kerosin fast verdoppelte. Nach der Krise war die indonesische Volkswirtschaft um fast 14 Prozent geschrumpft. Die Aufstände und Demonstrationen wurden so massiv, dass Suharto zurücktrat und 1998 die ersten freien Wahlen in Indonesien stattfanden. Dabei kämpften etwa 48 politische Parteien um Sitze im Parlament, und 93 Millionen Menschen gaben ihre Stimme ab.

Zumindest oberflächlich gesehen hat Indonesien den doppelten Schock von Finanzkrise und Demokratisierung gut überstanden. Die Börse boomt, und eine zweite landesweite Wahl ging ohne Zwischenfälle über die Bühne und führte zu einem friedlichen Machtwechsel. Zwar ist die Korruption immer noch weit verbreitet und das Militär ist immer noch eine starke Kraft, doch es sind zahlreiche unabhängige Zeitungen und politische Parteien entstanden, die politische Unzufriedenheit artikulieren können.

Allerdings war die Demokratisierung nicht von einer Rückkehr zum alten Wohlstand begleitet. Das Pro-Kopf-Einkommen ist fast 22 Prozent geringer als 1997. Die Kluft zwischen Reich und Arm, die schon immer gewaltig war, ist offenbar noch größer geworden. Das Gefühl des Mangels, das der durchschnittliche Indonesier empfindet, wird durch Internet und Satellitenfernsehen verstärkt, die detaillierte Bilder von den unerreichbaren Reichtümern in London, New York, Hongkong und Paris übertragen. Auch der Antiamerikanismus, den es in den Jahren unter Suharto nur selten gegeben hat, ist inzwischen weit verbreitet.

Er beruht zum Teil auf der Annahme, dass New Yorker Spekulanten und der IWF die Finanzkrise in Asien absichtlich ausgelöst hätten. In einer Umfrage von 2003 hatten die meisten Indonesier eine höhere Meinung von Osama bin Laden als von George W. Bush.

All dies unterstreicht, dass in Indonesien die vielleicht tiefgreifendste Verschiebung der Kräfteverhältnisse in der Geschichte des Staates stattgefunden hat: eine massive Erstarkung des militanten, fundamentalistischen Islam. Traditionell praktizierten die Indonesier eine tolerante, fast synkretistische Version des Islam, die von den buddhistischen, hinduistischen und animistischen Traditionen früherer Epochen durchdrungen war. Unter dem ausgesprochen säkularen Suharto-Regime war Alkohol erlaubt, Nicht-Muslime durften ihren Glauben unbehelligt praktizieren, und die Frauen, die mit Röcken oder Sarongs bekleidet zur Arbeit fuhren, waren völlig gleichberechtigt mit den Männern. Heute bilden die islamischen Parteien einen der größten politischen Blöcke, und viele fordern die Einführung der Scharia, des islamischen Rechts. Inzwischen ist das Land von wahhabitischen Koranschulen und Moscheen übersät, die mit Geld aus dem Nahen Osten finanziert werden. Viele Indonesierinnen haben die Kopftücher übernommen, die uns aus den islamischen Ländern in Nordafrika und am Persischen Golf so vertraut sind. Islamische Militante und selbst ernannte »Bataillone zur Bekämpfung des Lasters« greifen Kirchen, Nachtclubs, Spielkasinos und Bordelle an. Im Jahr 2002 wurden durch einen Bombenanschlag auf einen Nachtclub auf Bali über 200 Menschen getötet; weitere Selbstmordanschläge folgten 2004 in Jakarta und 2005 erneut auf Bali. Mitglieder von Jemaah Islamiah, einer militanten islamistischen Organisation mit Verbindungen zur al-Qaida, wurden wegen der Anschläge vor Gericht gestellt. Drei Mitglieder der Organisation wurden wegen Beteiligung an den Anschlägen zum Tode verurteilt, aber

Abu Bakar Bashir, der spirituelle Führer der Gruppe, wurde nach 26 Monaten Haft wieder freigelassen.

Bei meinem letzten Besuch auf Bali wohnte ich an einem Strand, der nur wenige Kilometer vom Ort der Anschläge entfernt war. Wenn ich an diese Insel und an ganz Indonesien denke, werde ich von Erinnerungen heimgesucht: an das Gefühl des Schlamms unter meinen nackten Füßen, als ich durch die Reisfelder wanderte; an das Morgenrot hinter den Vulkangipfeln; an den Ruf des Muezzins in der Nacht und den Geruch von Holzrauch; an das Feilschen beim Kauf von Früchten an einem der Stände neben der Straße; an die ekstatischen Klänge eines Gamelan-Orchesters und die Gesichter der Musiker im Feuerschein. Ich würde diesen Teil meines Lebens gern mit Michelle und den Kindern teilen, mit ihnen zu der 1000 Jahre alten hinduistischen Tempelanlage von Prambanan hinaufsteigen oder in einem Fluss in den balinesischen Hügeln schwimmen.

Doch ich muss die Pläne für diese Reise immer wieder verschieben. Ich bin einfach zu beschäftigt, und das Reisen mit kleinen Kindern ist schwierig. Außerdem mache ich mir vielleicht auch Sorgen, wie ich Indonesien vorfinden werde, und ich habe Angst, dass es heute womöglich ganz anders ist als das Land meiner Kindheit. So sehr die Welt dank Direktflügen, Handys, CNN und Internet-Cafés auch geschrumpft sein mag, Indonesien erscheint mir heute ferner als vor 30 Jahren.

Ich fürchte, dass es ein Land von Fremden wird.

Im Bereich der Außenbeziehungen ist es gefährlich, aus den Erfahrungen mit einem einzigen Land allgemeine Schlüsse zu ziehen. In Bezug auf seine Geschichte, seine Geographie, seine Kultur und seine Konflikte ist jedes Land einzigartig. Und doch kann Indonesien in vieler Hinsicht als aussagekräftige Metapher für die Welt jenseits der US-amerikanischen Grenzen dienen, eine Welt, in der Globalisierung und Sektierertum, Armut und

Überfluss, Modernität und Rückständigkeit ständig miteinander kollidieren.

Auch die US-amerikanische Außenpolitik der letzten 50 Jahre lässt sich am indonesischen Beispiel gut studieren. In groben Umrissen zumindest ist alles da: unsere Rolle bei der Befreiung früherer Kolonien und der Schaffung internationaler Institutionen zur besseren Verwaltung der Weltordnung in der Folge des Zweiten Weltkriegs; unsere Tendenz, Länder und Konflikte aus der Perspektive des Kalten Kriegs zu sehen; unser unermüdliches Eintreten für den Kapitalismus amerikanischer Prägung und für internationale Konzerne; das Tolerieren und die gelegentliche Unterstützung von Diktaturen, von Korruption und von Umweltzerstörung, wenn sie in unserem Interesse zu liegen schienen; unsere Zuversicht, dass historischen Konflikten nach dem Ende des Kalten Kriegs durch Big Mac und Internet ein Ende gesetzt werden könnte; die wachsende wirtschaftliche Macht Asiens und die wachsende Ablehnung der Vereinigten Staaten als einziger Supermacht der Welt; die Erfahrung, dass ethnische und religiöse Konflikte durch die Demokratisierung zumindest kurzfristig eher verschärft als abgemildert werden; und die Erfahrung, dass die Globalisierung nicht nur positive Auswirkungen hat, sondern auch zu wirtschaftlicher Destabilisierung führen und die weltweite Ausbreitung von Krankheiten und Terrorismus fördern kann.

Mit anderen Worten, unsere Leistungsbilanz ist gemischt, und das nicht nur in Indonesien, sondern weltweit. Manchmal war die amerikanische Außenpolitik weitsichtig und diente zugleich unseren nationalen Interessen, unseren Idealen und den Interessen anderer Länder. Aber manchmal war sie auch irregeleitet. Dann beruhte sie auf falschen Annahmen, missachtete die legitimen Interessen anderer Völker, untergrub die internationale Glaubwürdigkeit der Vereinigten Staaten und war mit dafür verantwortlich, dass die Welt gefährlicher wurde.

Diese Widersprüche sind nicht weiter verwunderlich, denn die amerikanische Außenpolitik ist seit jeher von einem Gemenge widerstreitender Impulse geprägt. In den frühen Jahren der USA dominierten oft eine Politik des Isolationismus und eine Furcht vor ausländischen Intrigen, wie sie in einer Nation, die gerade durch einen Unabhängigkeitskrieg entstanden war, sehr verständlich waren.

»Warum sollen wir«, fragte George Washington in seiner berühmten Abschiedsbotschaft, »wenn wir unser Schicksal mit dem irgendeines Teiles von Europa verknüpfen, unsern Frieden und unsern Wohlstand in die Fallstricke von Europas Ehrgeiz, in seine Feindschaften, Interessen, Launen oder Grillen verstricken?« Washington unterstrich seine Argumentation mit dem Verweis auf die »abgesonderte und entfernte Lage«, dank derer es der neuen Nation möglich sein werde, »groben Kränkungen durch Belästigungen von außen die Stirn« zu bieten.

Außerdem übten die Vereinigten Staaten dank ihrer revolutionären Ursprünge und ihrer republikanischen Regierungsform zwar eine beträchtliche Anziehungskraft auf Menschen aus, die außerhalb ihrer Heimatstaaten Freiheit suchten, aber die ersten Führer Amerikas warnten vor idealistischen Versuchen, die amerikanische Lebensart zu exportieren. Laut John Quincy Adams sollte Amerika »nicht im Ausland nach Monstern suchen, die es vernichten kann«, und nicht die »Diktatorin der Welt werden«. Die Vorsehung hatte Amerika vor die Aufgabe gestellt, eine neue Welt zu schaffen, nicht, die alte zu reformieren. Geschützt durch einen Ozean und gesegnet mit dem Reichtum eines Kontinents konnte es der Sache der Freiheit am besten dienen, indem es sich auf seine eigene Entwicklung konzentrierte und für andere Länder und Völker rund um den Erdball zu einem Leuchtfeuer der Hoffnung wurde.

Aber nicht nur das Misstrauen gegen außenpolitische Verwicklungen ist im amerikanischen Genom verankert, sondern auch der Impuls, geographisch, wirtschaftlich und ideologisch zu expandieren. Thomas Jefferson äußerte schon früh, dass er eine Expansion über die Grenzen der ursprünglichen 13 Staaten hinaus für unvermeidlich hielt, und sein Zeitplan für diese Expansion wurde durch den Kauf von Louisiana und die Erforschung des Kontinents durch die Expedition von Lewis und Clark stark beschleunigt. Derselbe John Quincy Adams, der vor amerikanischen Abenteuern im Ausland gewarnt hatte, wurde später zu einem unermüdlichen Befürworter der Expansion auf dem amerikanischen Kontinent, und er war der wichtigste Architekt der Monroe-Doktrin, die als Warnung an die europäischen Mächte verstanden werden kann, sich vom nordamerikanischen Kontinent fernzuhalten. Während amerikanische Soldaten und Siedler stetig nach Westen und Südwesten vordrangen, bezeichneten mehrere amerikanische Regierungen die Annexion neuer Territorien als »Manifest Destiny«. Sie hielten die Expansion für vorbestimmt, weil es angeblich zu Gottes Plan gehörte, das von Andrew Jackson so genannte »Gebiet der Freiheit« quer über den Kontinent auszudehnen.

Natürlich bedeutete Manifest Destiny auch blutige Eroberungsfeldzüge: gegen die Stämme der amerikanischen Ureinwohner, die mit Gewalt aus ihren Gebieten vertrieben wurden, und gegen die mexikanische Armee, die ihr Land verteidigte. Diese Eroberungen widersprachen genau wie die Sklaverei den amerikanischen Gründungsprinzipien und wurden oft mit ausgesprochen rassistischen Argumenten gerechtfertigt. Diese Eroberung lässt sich bis heute kaum mit dem amerikanischen Mythos vereinbaren, und sie wird in anderen Ländern als das erkannt, was sie war: die Ausübung brutaler Macht.

Mit dem Ende des Bürgerkriegs und der Konsolidierung der heutigen Vereinigten Staaten konnte diese Macht nicht mehr geleugnet werden. In der Absicht, neue Märkte für seine Waren zu erschließen, sich Rohstoffe für seine Industrie zu sichern und die Seewege für seinen Handel freizuhalten, richteten die Vereinigten Staaten ihre Aufmerksamkeit über ihre Grenzen hinaus. Durch die Annexion Hawaiis fassten sie im Pazifik Fuß. Durch den Spanisch-Amerikanischen Krieg bekamen sie Puerto Rico, Guam und die Philippinen unter ihre Kontrolle. Als einige Senatoren gegen die Besetzung einer 11 000 Kilometer entfernten Inselgruppe Widerspruch erhoben, bei der Tausende von US-Soldaten eine philippinische Unabhängigkeitsbewegung niederschlugen, argumentierte einer ihrer Kollegen, durch die Annexion würden die USA Zugang zum chinesischen Markt bekommen und »einen riesigen Handel sowie gewaltigen Reichtum und große Macht« erringen. Amerika praktizierte nie die systematische Kolonialisierung, wie sie die europäischen Mächte betrieben, hatte jedoch bald schon keinerlei Hemmungen mehr, in allen Ländern zu intervenieren, die es für strategisch wichtig hielt. Theodore Roosevelt erweiterte beispielsweise die Monroe-Doktrin um den Grundsatz, dass die Vereinigten Staaten in jedem lateinamerikanischen oder karibischen Land intervenieren würden, dessen Regierung ihnen nicht passte. »Die Vereinigten Staaten von Amerika haben nicht die Wahl, ob sie in der Welt eine große Rolle spielen wollen oder nicht«, argumentierte er. »Sie *müssen* eine große Rolle spielen. Sie können nur darüber entscheiden, ob sie diese Rolle gut oder schlecht spielen.«

Zu Beginn des 20. Jahrhunderts waren die Motive der amerikanischen Außenpolitik deshalb von denen anderer Großmächte, denen es um Realpolitik und Handelsinteressen ging, kaum noch zu unterscheiden. In der Bevölkerung war der Isolationismus weiterhin populär, insbesondere wenn es um Konflikte in Europa ging und amerikanische Interessen nicht direkt tangiert waren. Da jedoch die Welt durch den technischen Fortschritt und den Handel immer kleiner wurde, war es immer schwieriger zu entscheiden, ob amerikanische Interessen tatsächlich tangiert waren oder nicht. Im Ersten Weltkrieg scheute Woodrow Wilson vor einem amerikanischen Kriegseintritt zurück, bis deutsche U-Boote wiederholt amerikanische Schiffe versenkten und die amerikanische Neutralität wegen des unmittelbar bevorstehenden Zusammenbruchs der Alliierten untragbar wurde. Als der Krieg zu Ende war, hatte sich Amerika zur stärksten Macht der Welt entwickelt, aber zu einer Macht, deren Wohlstand nach Wilsons Verständnis mit dem Frieden und dem Wohlstand in fernen Ländern zusammenhing.

Um dieser neuen Realität Rechnung zu tragen, interpretierte Wilson die Idee vom Manifest Destiny Amerikas neu. »Die Welt für die Demokratie sicher machen« bedeutete in seiner Interpretation für Amerika nicht nur, den Krieg zu gewinnen; vielmehr lag es auch im amerikanischen Interesse, für die Selbstbestimmung aller Völker einzutreten und für die Welt einen rechtlichen Rahmen zu schaffen, der zur Vermeidung künftiger Konflikte mit beitragen sollte. Bestandteil des Versailler Vertrags, in dem die Bedingungen für die deutsche Kapitulation formuliert waren, wurde auf Wilsons Betreiben die Gründung eines Völkerbunds, der bei internationalen Konflikten vermitteln sollte, sowie die Gründung eines internationalen Gerichtshofs und die Verabschiedung einer Reihe von internationalen Gesetzen, an die nicht nur die Schwachen, sondern auch die Starken gebunden sein sollten. »Nie war es wichtiger, dass die Demokratie beweist, dass sie reinen Herzens ist und über die spirituelle Kraft verfügt, sich durchzusetzen«, sagte Wilson. »Es ist ganz gewiss das Manifest Destiny der Vereinigten Staaten, dass sie bei dem Versuch, diesem Geist zum Sieg zu verhelfen, eine führende Rolle spielen.«

Wilsons Vorschläge wurden zunächst sowohl in den Vereinigten Staaten als auch im Rest der Welt begeistert begrüßt. Doch der US-Senat teilte diese Begeisterung nicht. Henry Cabot Lodge, der Führer der Republikaner im Senat, betrachtete den Völkerbund und allein schon den Gedanken an ein internationales Recht als Verletzung der amerikanischen Souveränität, als törichte Beschränkung der Fähigkeit der USA, ihren Willen überall auf der Welt durchzusetzen. Dank der Unterstützung der traditionellen Isolationisten in beiden Parteien (von denen viele schon gegen den amerikanischen Kriegseintritt gewesen waren) und weil Wilson jeden Kompromiss verweigerte, weigerte sich der Senat, die amerikanische Mitgliedschaft im Völkerbund zu ratifizieren.

In den folgenden 20 Jahren wandte sich Amerika konsequent nach innen. Es verkleinerte seine Flotte und sein Heer, weigerte sich, dem Internationalen Gerichtshof beizutreten, und sah tatenlos zu, wie Italien, Japan und Nazi-Deutschland ihre Militärmaschinerien aufbauten. Der Senat wurde eine Brutstätte des Isolationismus. Er verabschiedete ein Neutralitätsgesetz, das es den Vereinigten Staaten verbot, den von den Achsenmächten angegriffenen Staaten Hilfe zu leisten, und ignorierte wiederholt Appelle Präsident Roosevelts, das Gesetz zu ändern, als Hitlers Armeen weite Teile Europas eroberten. Erst nach dem Bombenangriff auf Pearl Harbor erkannte Amerika, dass es einen schrecklichen Fehler gemacht hatte. »Es gibt keine Sicherheit für irgendeine Nation – oder irgendeine Einzelperson – in einer Welt, die von den Prinzipien des Gangstertums beherrscht wird«, sagte Roosevelt in seiner Rede an die Nation in der Folge des Angriffs. »Wir können unsere Sicherheit nicht mehr in Kilometern auf der Karte messen.«

Nach dem Zweiten Weltkrieg hatten die Vereinigten Staaten die Chance, diese Erkenntnisse in ihrer Außenpolitik umzusetzen. Europa und Japan lagen in Trümmern, und die Sowjetunion war durch ihre Schlachten mit Deutschland völlig ausgeblutet, machte aber trotzdem bereits Anstalten, ihre totalitäre Spielart des Kommunismus so weit wie möglich auszubreiten. Amerika hatte die Wahl: Manche rechtsgerichtete Politiker vertraten die Ansicht, die wachsende kommunistische Bedrohung könne man nur durch eine unilaterale Außenpolitik und einen sofortigen Einmarsch in die Sowjetunion bekämpfen. Und obwohl der Isolationismus, der sich in den dreißiger Jahren durchgesetzt hatte, inzwischen gründlich diskreditiert war, gab es linke Politiker, die das aggressive Verhalten der Sowjetunion herunterspielten und die Ansicht vertraten, angesichts der hohen Verluste der Sowjetunion und der wichtigen Rolle, die das Land für den Sieg der Alliierten gespielt habe, müsse man Stalin entgegenkommen.

Die USA schlugen weder den einen noch den anderen Weg ein. Stattdessen entwarfen ihre Nachkriegsführer Präsident Truman, Dean Acheson, George Marshall und George Kennan die Architektur für eine neue Nachkriegsordnung, die Wilsons Idealismus mit nüchternem Realismus verband. Dabei war Amerika sich seiner realen Macht bewusst, blieb aber trotzdem bescheiden, was die Kontrolle der Ereignisse rund um den Erdball betraf: Jawohl, die Welt sei ein gefährlicher Ort und die Bedrohung durch die Sowjetunion sei real, verkündeten die Architekten der amerikanischen Nachkriegspolitik. Deshalb müsse Amerika seine militärische Überlegenheit weiter aufrechterhalten und bereit sein, seine Interessen rund um den Erdball auch mit Gewalt zu verteidigen. Doch selbst die Macht der Vereinigten Staaten sei begrenzt, und da die Schlacht gegen den Kommunismus eine Schlacht der Ideen sei (ein Test, welches System die Hoffnungen und Träume von Millionen Menschen auf der Welt besser erfüllen könne), könnten Wohlstand und Sicherheit Amerikas ausschließlich mit militärischer Macht nicht langfristig gesichert werden.

Deshalb brauche Amerika verlässliche Verbündete, Länder, die seine Ideale der Freiheit, Demokratie und Rechtsstaatlichkeit teilten und auf ein marktwirtschaftliches Wirtschaftssystem Wert legten. Militärische und wirtschaftliche Bündnisse mit solchen Staaten, die freiwillig eingegangen und in gegenseitigem

Einverständnis aufrechterhalten würden, seien dauerhafter (und würden weniger Empörung verursachen) als sämtliche Vasallenstaaten, die ein imperialistisches Amerika jemals um sich scharen könne. Ebenso liege es im amerikanischen Interesse, in Zusammenarbeit mit anderen Ländern internationale Institutionen aufzubauen und für internationale Normen einzutreten. Nicht aufgrund der naiven Annahme, dass sich zwischenstaatliche Konflikte oder notwendige amerikanische Militärinterventionen allein durch internationale Gesetze und Verträge vermeiden ließen, sondern weil umso weniger Konflikte entstünden, je mehr internationale Normen durchgesetzt würden und je mehr Bereitschaft Amerika zeige, sich bei der Ausübung seiner Macht zu beschränken. Auch würden die Maßnahmen der Vereinigten Staaten in den Augen der Welt vor diesem Hintergrund viel legitimer wirken, falls sie tatsächlich einmal militärisch eingreifen müssten.

In knapp einem Jahrzehnt war die Infrastruktur für die neue Weltordnung geschaffen: Die US-amerikanische Containment-Politik zur Eindämmung der kommunistischen Expansion wurde nicht nur durch amerikanische Truppen, sondern auch durch Sicherheitsabkommen mit den Mitgliedstaaten der Nato und Japan gestützt; durch den Marshallplan wurden kriegsgeschädigte Volkswirtschaften wieder aufgebaut; das Abkommen von Bretton Woods sicherte die Stabilität der internationalen Finanzmärkte; und mit dem Allgemeinen Zoll- und Handelsabkommen (GATT) wurde ein Regelwerk für den Welthandel geschaffen; die USA setzten sich für die Unabhängigkeit der alten europäischen Kolonien ein; der IWF und die Weltbank halfen dabei, die gerade unabhängig gewordenen Völker in die Weltwirtschaft zu integrieren, und die Vereinten Nationen dienten als Forum für kollektive Sicherheit und internationale Zusammenarbeit.

Sechzig Jahre später sind die Ergebnisse dieser gewaltigen

Nachkriegsunternehmung immer noch deutlich sichtbar: die erfolgreiche Beendigung des Kalten Krieges, die Vermeidung einer atomaren Katastrophe, das definitive Ende des Konflikts zwischen den großen Militärmächten der Welt und eine Ära des beispiellosen wirtschaftlichen Wachstums in den Vereinigten Staaten und anderswo.

Dies ist ein bemerkenswerter Erfolg, vielleicht das größte Geschenk, das uns die *Greatest Generation** nach dem Sieg über den Faschismus hinterlassen hat. Doch wie jedes von Menschen aufgebaute System hatte auch dieses seine Schwächen und war nicht frei von Widersprüchen. Es war anfällig für politische Verzerrungen, für größenwahnsinnige Unternehmungen und für die korrumpierenden Auswirkungen der Furcht. Wegen der Größe der sowjetischen Bedrohung und dem Schock der kommunistischen Machtübernahmen in China und Nordkorea sahen die politischen Entscheidungsträger in den Vereinigten Staaten nationalistische Bewegungen, ethnische Konflikte, Reformanstrengungen oder linksgerichtete Politik überall auf der Welt durch die Brille des Kalten Krieges, das heißt als potenzielle Bedrohungen, die schwerer wogen als das amerikanische Bekenntnis zu Freiheit und Demokratie. Jahrzehntelang wurden Schurken wie Mobutu und Noriega von den USA toleriert, wenn sie nur antikommunistisch genug waren. Gelegentlich führten die USA in Ländern wie dem Iran durch verdeckte Operationen den Sturz demokratisch gewählter Regierungen herbei – mit weltweiten Folgen, die ihnen heute noch zu schaffen machen.

Zur amerikanischen Politik der Eindämmung gehörte auch eine gewaltige Aufrüstung, durch die sie mit dem russischen und

---

* Nach dem gleichnamigen Titel des Bestsellers von Tom Brokaw die Generation der zwischen 1911 und 1924 Geborenen. Präsidenten aus der *Greatest Generation*: Kennedy, Johnson, Nixon, Ford, Carter, Reagan und George H. W. Bush.

dem chinesischen Waffenarsenal zunächst Schritt hielten und es dann übertrafen. Im Lauf der Zeit wurde das »eiserne Dreieck« zwischen dem Pentagon, den Rüstungsunternehmen und den Kongressabgeordneten, in deren Wahlkreise hohe Rüstungsausgaben flossen, zu einem starken Machtfaktor, der die amerikanische Außenpolitik massiv beeinflusste. Und obwohl eine direkte Konfrontation mit rivalisierenden Supermächten wegen der Gefahr eines Atomkriegs ausgeschlossen war, sahen die führenden amerikanischen Politiker die Probleme an anderen Orten der Welt immer mehr durch die militärische und immer weniger durch die diplomatische Brille.

Vor allem jedoch litt das Nachkriegssystem mit der Zeit unter einem Zuviel an taktischen Winkelzügen und einem Zuwenig an Beratung und innerer Konsensbildung in den USA. Eine der amerikanischen Stärken unmittelbar nach dem Zweiten Weltkrieg war ein hohes Maß an innerem Konsens zur Außenpolitik. Zwar gab es durchaus heftige Meinungsverschiedenheiten zwischen Republikanern und Demokraten, aber die politischen Intrigen endeten in der Regel an der amerikanischen Küste; von Profis, gleichgültig ob sie im Weißen Haus, im Pentagon, im State Department oder in der CIA saßen, wurde erwartet, dass sie ihre Entscheidungen auf Tatsachen und solide Urteile stützten und nicht auf ideologische oder wahlkämpferische Erwägungen. Außerdem erstreckte sich der allgemeine Konsens auch auf die breitere Öffentlichkeit; Programme wie der Marshallplan, die mit massiven amerikanischen Staatsausgaben verbunden waren, wären ohne ein gewisses Grundvertrauen der amerikanischen Bevölkerung in die Regierung nicht durchführbar gewesen. Aber auch umgekehrt mussten die Regierenden darauf vertrauen, dass sie das amerikanische Volk mit den Fakten konfrontieren konnten, die ihren Entscheidungen zu Grunde lagen, Steuergelder auszugeben oder amerikanische Söhne in den Krieg zu schicken.

Im Laufe des anhaltenden Kalten Krieges begannen die Schlüsselelemente dieses Konsenses zu verfallen. Politiker entdeckten, dass sie mehr Wählerstimmen bekamen, wenn sie sich antikommunistischer gaben als ihre Gegner. Mitglieder der Demokratischen Partei wurden angegriffen, weil sie angeblich »China verloren« hatten. Durch die Hexenjagd des McCarthyismus wurden Karrieren zerstört und Oppositionelle zum Schweigen gebracht. Kennedy machte die Republikaner in seinem erfolgreichen Wahlkampf gegen Nixon für eine nicht existente »Raketenlücke« verantwortlich, während Nixon zuvor seine Karriere vorangetrieben hatte, indem er seine politischen Gegner als Rote verunglimpft hatte. Die Präsidenten Eisenhower, Kennedy und Johnson trafen alle drei bedenkliche Entscheidungen aus Furcht, man könne ihnen »Wankelmütigkeit gegenüber dem Kommunismus« unterstellen. Techniken des Kalten Krieges wie Geheimhaltung, Schnüffelei und Desinformation, die ursprünglich gegen feindliche Regierungen und fremde Völker zum Einsatz gekommen waren, wurden nun Instrumente der Innenpolitik – Mittel, um Kritiker zu verfolgen, Unterstützung für zweifelhafte politische Projekte zu gewinnen oder Fehler zu vertuschen. Ausgerechnet jene Ideale, die man ins Ausland zu exportieren versprach, wurden im eigenen Land verraten.

All diese Trends erreichten mit dem Vietnamkrieg ihren Höhepunkt. Die katastrophalen Folgen dieses Konflikts – für die amerikanische Glaubwürdigkeit und das amerikanische Ansehen im Ausland, für unsere Streitkräfte (die eine ganze Generation brauchen sollten, um sich vom Vietnamkrieg zu erholen) und vor allem für die kämpfenden Soldaten – sind ausführlich dokumentiert. Der vielleicht größte Schaden dieses Krieges war der Verlust des Vertrauens zwischen dem amerikanischen Volk und seiner Regierung und zwischen den Amerikanern untereinander. Dank einer aggressiven Presseberichterstattung und durch Fernsehbilder gefallener Soldaten, die in Leichensäcken nach Hause kamen, erkannten die Amerikaner, dass ihre Elite in Washington nicht immer wusste, was sie tat, und dass ihre Politiker nicht immer die Wahrheit sagten. Bei den Linken wurde die Kritik nicht nur am Vietnamkrieg, sondern auch an den eher grunsätzlichen Zielen der amerikanischen Außenpolitik immer stärker. Ihrer Ansicht nach waren Präsident Johnson, General Westmoreland, die CIA, der »militärisch-industrielle Komplex« und internationale Institutionen wie die Weltbank allesamt Manifestationen von amerikanischer Arroganz und amerikanischem Chauvinismus, Rassismus, Kapitalismus und Imperialismus. Die Rechten reagierten ähnlich radikal und machten diejenigen, »die immer als Erstes Amerika die Schuld geben«, nicht nur für den Verlust Vietnams, sondern auch für den Verlust des amerikanischen Ansehens in der Welt verantwortlich: die Protestierer, die Hippies, Jane Fonda, die Ivy-League-Intellektuellen* und die linksliberalen Medien, die den Patriotismus schmähten, eine relativistische Weltsicht vertraten und die Entschlossenheit untergruben, mit der Amerika den gottlosen Kommunismus bekämpfte.

Natürlich waren das alles Karikaturen, die von politischen Aktivisten und Beratern verbreitet wurden. Viele Amerikaner standen irgendwo zwischen diesen Fronten. Sie unterstützten immer noch die amerikanischen Anstrengungen zur Bekämpfung des Kommunismus, standen aber einer amerikanischen Politik, die viele Todesopfer forderte, skeptisch gegenüber. In den ganzen siebziger und achtziger Jahren konnte man demokratische Falken und republikanische Tauben finden. Im Kongress versuchten Männer wie Mark Hartfield aus Oregon und Sam Nunn aus Georgia die Tradition der von beiden Parteien

---

* Absolventen der Universitäten Harvard, Yale, Columbia, Princeton, Brown, Dartmouth, Cornell und Pennylvania.

getragenen Außenpolitik fortzusetzen. In Wahlkampfzeiten jedoch beherrschten die Karikaturen die Öffentlichkeit: Dann porträtierten die Republikaner die Demokraten zunehmend als Weicheier in Fragen der Landesverteidigung, und alle, die Militäreinsätzen und verdeckten Aktionen im Ausland tatsächlich eher skeptisch gegenüberstanden, fanden ihre politische Heimat zunehmend in der Demokratischen Partei.

In dieser Zeit, die mehr von Polarisierung als von Konsens geprägt war, bildeten sich die meisten heute lebenden Amerikaner ihre Meinung über außenpolitische Fragen. Dies geschah in der Zeit von Nixon und Kissinger, deren Außenpolitik taktisch brillant, aber von innenpolitischen Manipulationen und einem moralisch verwerflichen Bombenkrieg gegen Kambodscha überschattet war. Es geschah auch in der Zeit von Jimmy Carter, einem Demokraten, der mit seiner Betonung der Menschenrechte wieder bereit schien, moralische Anliegen mit einer offensiven Landesverteidigung zu verbinden, bis er wegen der Ölkrise, wegen der Demütigung durch die Geiselnahme in der US-Botschaft in Teheran und wegen der sowjetischen Invasion in Afghanistan plötzlich naiv und hilflos wirkte.

Der vielleicht größte Politiker dieser Zeit jedoch war Ronald Reagan, dessen kompromissloser Antikommunismus offenbar nur durch seine Blindheit gegenüber anderen Unglücksursachen dieser Welt übertroffen wurde. Ich persönlich wurde während der Präsidentschaft Ronald Reagans erwachsen. Ich studierte damals internationale Politik an der Columbia University und arbeitete später als Community Organizer in Chicago, und ich beklagte damals, wie viele andere Demokraten auch, die Auswirkungen, die Reagans Politik in der Dritten Welt hatte. Seine Regierung unterstützte das Regime der Apartheid in Südafrika, förderte die Bildung von Todesschwadronen in El Salvador und marschierte in dem kleinen, unglücklichen Grenada ein. Je mehr ich mich mit Atomwaffenpolitik befasste, umso abwegiger fand ich Reagans Star-Wars-Politik; und der Kontrast zwischen seinem moralischem Pathos und dem schmutzigen Deal der Iran-Contra-Affäre machte mich sprachlos.

Manchmal jedoch, bei Diskussionen mit meinen Freunden aus dem linken Lager, ertappte ich mich dabei, dass ich Aspekte von Reagans Weltsicht verteidigte. Zum Beispiel verstand ich nicht, warum sich die Progressiven weniger um die Unterdrückung hinter dem Eisernen Vorhang scheren sollten als um die Unterdrückung in Chile. Auch konnten mich meine linken Freunde nicht davon überzeugen, dass einzig und allein die amerikanischen Multis und die internationalen Terms of Trade für alle Armut auf der Welt verantwortlich waren; niemand zwang die korrupten Führer von Ländern der Dritten Welt dazu, ihre Bevölkerung zu bestehlen. Ich hatte vielleicht Bedenken wegen des Ausmaßes von Reagans Aufrüstung, aber angesichts der sowjetischen Invasion in Afghanistan erschien es mir grundsätzlich vernünftig, den militärischen Vorsprung der USA aufrechtzuerhalten. Stolz auf unser Land, Achtung vor unseren Streitkräften, eine gesunde Einschätzung der Gefahren jenseits unserer Grenzen, das Bestehen auf der Tatsache, dass Ost und West nicht ohne weiteres gleichzusetzen sind, in all diesen Dingen konnte und wollte ich Reagan nicht widersprechen. Und als die Berliner Mauer fiel, musste ich dem alten Mann meine Anerkennung zollen, auch wenn ich dies nie durch meine Wählerstimme tat.

Viele (auch viele Demokraten) stimmten tatsächlich für Reagan, und führende Republikaner werteten diese Tatsache als Beweis, dass durch Reagans Präsidentschaft der außenpolitische Konsens Amerikas wiederhergestellt worden sei. In Wirklichkeit wurde dieser Konsens aber nie wirklich auf die Probe gestellt. Reagans Krieg gegen den Kommunismus wurde vor allem durch Stellvertreter und Staatsverschuldung geführt und nicht durch den Einsatz von US-Truppen. Auch schien

Reagans Rezept nach dem Ende des Kalten Krieges nicht mehr gut zu der neuen Welt zu passen.

George H. W. Bushs Rückkehr zu einer traditionelleren, »realistischen« Außenpolitik zeichnete sich durch ein stabiles Management der Auflösung der Sowjetunion und eine gute Bewältigung des ersten Golfkriegs aus. Weil sich die amerikanische Öffentlichkeit jedoch stark auf den schlechten Zustand der eigenen Volkswirtschaft konzentrierte, konnte Bush seine Präsidentschaft weder durch sein Geschick beim Aufbau internationaler Koalitionen noch durch seinen vernünftigen Einsatz amerikanischer Macht retten.

Als Bill Clinton Präsident wurde, herrschte die Ansicht vor, dass die amerikanische Außenpolitik nach dem Kalten Krieg eher durch Handel als durch Panzer bestimmt sein würde, dass es eher um den Schutz amerikanischer Patente und Urheberrechte als um den Schutz amerikanischer Leben ging. Clinton selbst hatte allerdings begriffen, dass die Globalisierung nicht nur neue wirtschaftspolitische, sondern auch neue sicherheitspolitische Herausforderungen mit sich brachte. Seine Regierung propagierte nicht nur den freien Handel und die Stärkung des internationalen Finanzsystems, sondern arbeitete auch an einer Lösung für die schon lange schwelenden Konflikte auf dem Balkan und in Nordirland, und sie versuchte die Demokratisierung in Osteuropa, Lateinamerika, Afrika und der früheren Sowjetunion voranzutreiben. In den Augen der Öffentlichkeit jedoch hatte die Außenpolitik in den neunziger Jahren weder ein übergreifendes Thema noch ein dringendes Anliegen. Insbesondere die US-amerikanischen Militäraktionen wirkten eher willkürlich als durch Notwendigkeiten diktiert. Sie mochten aus dem Wunsch erwachsen, einen Schurkenstaat abzustrafen, oder beruhten auf humanitären Erwägungen, was die moralische Verpflichtung Amerikas gegenüber Somalis, Haitianern, Bosniern oder anderen gepeinigten Menschen betraf.

Dann kam der 11. September, und die Amerikaner hatten das Gefühl, dass ihre Welt auf den Kopf gestellt wurde.

Im Januar 2006 ging ich an Bord eines Militärtransportflugzeugs vom Typ C-130 und reiste zum ersten Mal in den Irak. Zwei meiner Mitreisenden, Senator Evan Bayh aus Indiana und das Mitglied des Repräsentantenhauses Harold Ford jr. aus Tennessee, hatten die Reise schon einmal gemacht und warnten mich, dass die Landung in Bagdad ungemütlich werden könne. Um möglichem Feindfeuer auszuweichen, führten Militärmaschinen bei Start und Landung in der irakischen Hauptstadt Manöver durch, die den Magen ihrer Fluggäste manchmal arg strapazierten. Als sich unser Flugzeug an einem dunstigen Morgen im Anflug auf Bagdad befand, hatten wir vermeintlich wenig Anlass zur Besorgnis. Wir saßen angeschnallt auf unseren Segeltuchsitzen und einige der Passagiere waren eingeschlafen und wippten sanft mit den Köpfen gegen das orangefarbene Netz, das im Mittelgang des Flugzeugs gespannt war. Eines der Besatzungsmitglieder spielte offenbar ein Videospiel, ein anderes blätterte seelenruhig unsere Flugpläne durch.

Es war viereinhalb Jahre her, seit ich die Nachricht gehört hatte, dass ein Flugzeug ins World Trade Center geflogen war. Ich war damals in Chicago und in meiner Eigenschaft als Senator von Illinois zu einer Anhörung in der Innenstadt unterwegs. Die Berichte in meinem Autoradio waren unklar, und ich nahm an, dass es einen Unfall gegeben hatte und womöglich eine kleine Propellermaschine vom Kurs abgekommen war. Als ich bei meiner Sitzung eintraf, hatte auch das zweite Flugzeug schon sein Ziel getroffen, und man forderte uns auf, das Gebäude zu verlassen, das dem Staat Illinois gehörte. Überall auf der Straße versammelten sich die Leute und starrten in den Himmel oder zum Sears Tower hinauf. Später, in meinem Anwaltsbüro, saß ich mit ein paar Mitarbeitern regungslos vor dem Fernseher und beobachtete, wie sich das alptraumhafte Geschehen auf dem Bildschirm entfaltete. Ein Flugzeug, dunkel wie ein Schatten, verschwand in der Fassade aus Glas und Stahl; Männer und Frauen klammerten sich an Fenstersimsen fest, dann ließen sie los; Schreien und Schluchzen drang von unten herauf, und schließlich verdunkelten wirbelnde schwarze Staubwolken die Sonne.

Ich verbrachte die folgenden paar Wochen wie viele andere Amerikaner, rief Freunde in New York und Washington D.C. an, verschickte Spenden, lauschte der Rede des Präsidenten, trauerte um die Toten. Und wie die meisten von uns nahm auch ich die Auswirkungen des 11. September entschieden persönlich. Es war nicht nur das Ausmaß der Zerstörung, das mich betroffen machte, oder die Erinnerung an die fünf Jahre, die ich in New York gelebt hatte, die Erinnerung an Straßen und Sehenswürdigkeiten, die jetzt nur noch ein Trümmerfeld waren. Vielmehr war es die Intimität der alltäglichen Verrichtungen, denen die Opfer des 11. September nachgegangen waren, bevor sie umgebracht wurden. Die tägliche Routine, aus der das Leben in unserer modernen Welt besteht: das Besteigen eines Flugzeugs, das Gedränge beim Verlassen eines Pendlerzugs, der Kauf eines Kaffees und der Morgenzeitung an einem Zeitungskiosk, der Smalltalk im Aufzug. Für die meisten von uns Amerikanern stellten solche Verrichtungen einen Sieg der Ordnung über das Chaos dar, den konkreten Ausdruck der Überzeugung, dass wir und unsere Familien sicher waren, wenn wir brav unsere Gymnastik machten, Sicherheitsgurte trugen, einen Arbeitsplatz mit Sozialleistungen hatten und bestimmte Stadtviertel mieden.

Nun jedoch hatte das Chaos unsere Türschwelle erreicht. Von nun an würden wir anders handeln, die Welt anders verstehen müssen. Wir würden dem Ruf einer Nation folgen müssen. Ich erlebte, wie der Senat binnen einer Woche nach den Angriffen mit 98 zu 0 und das Repräsentantenhaus mit 429 Stimmen und

1 Gegenstimme den Präsidenten ermächtigten, »alle notwendige und angemessene Gewalt gegen die Länder, Organisationen oder Personen anzuwenden«, die hinter den Angriffen steckten. Das Interesse an den Streitkräften und die Bewerbungen bei der CIA nahmen rapide zu, weil immer mehr junge Leute in ganz Amerika beschlossen, ihrem Land zu dienen. Und wir waren nicht allein. In Paris erschien die Zeitung *Le Monde* mit der Balkenüberschrift: *»Nous sommes tous Américains«* (»Wir sind alle Amerikaner«). In Kairo wurde in einigen Moscheen für Amerika gebetet. Und die Nato beschloss zum ersten Mal seit ihrer Gründung im Jahr 1949 unter Bezug auf Artikel 5 ihres Vertrags, den bewaffneten Angriff auf eines ihrer Mitglieder als »Angriff gegen sie alle« anzusehen. Mit dem Recht und der Welt auf unserer Seite vertrieben wir das Taliban-Regime in nur einem Monat aus Kabul; und die Aktivisten der al-Qaida flohen oder wurden getötet oder gefangen genommen.

Die Regierung hatte einen guten Start hingelegt, dachte ich: ruhig, maßvoll und erfolgreich bei minimalen Verlusten (erst später kam ans Licht, dass das Versäumnis, ausreichend militärischen Druck gegen die Kräfte der al-Qaida in Bora Bora zu entfalten, vielleicht bin Ladens Flucht ermöglicht hatte). Und so wartete ich zusammen mit dem Rest der Welt gespannt auf das, was meiner Ansicht nach nun folgen musste: die Formulierung einer amerikanischen Außenpolitik für das 21. Jahrhundert, einer Politik, durch die nicht nur unsere militärische Planung, unsere Geheimdienstoperationen und unser Zivilschutz der Bedrohung durch terroristische Netzwerke angepasst würden, sondern auch ein internationaler Konsens über den Umgang mit transnationalen Bedrohungen hergestellt würde.

Dieser große Entwurf kam nie zustande. Stattdessen bekamen wir eine Zusammenstellung überholter politischer Strategien aus längst vergangener Zeit serviert, abgestaubt, zusammengestoppelt und mit neuen Etiketten versehen. Reagans »Reich des

Bösen« war jetzt die »Achse des Bösen«. Theodore Roosevelts Version der Monroe-Doktrin – der Gedanke, dass wir präventiv Regierungen stürzen könnten, die uns nicht passten – hieß jetzt Bush-Doktrin, nur dass sie über die westliche Hemisphäre hinaus auf den ganzen Erdball ausgedehnt worden war. Das Manifest Destiny war wieder in Mode; laut Bush waren zu seiner Verwirklichung nur genügend amerikanische Feuerkraft, genügend amerikanische Entschlossenheit und eine »Koalition der Willigen« erforderlich.

Der vielleicht verheerendste Fehler der Regierung Bush bestand darin, dass sie eine Politik wiederbelebte, die seit dem Ende des Kalten Krieges nicht mehr praktiziert worden war: Der Sturz Saddam Husseins wurde zum Testfall für Bushs Doktrin des Präventivkriegs erklärt, und alle, die die Begründung der Regierung für eine Invasion in Frage stellten, wurden beschuldigt, »zu weich gegenüber dem Terrorismus« oder »unamerikanisch« zu sein. Statt aufrichtig Rechenschaft über das Für und Wider des geplanten Feldzugs abzulegen, startete die Regierung eine PR-Kampagne. Sie manipulierte Geheimdienstberichte, um ihr Anliegen zu untermauern, untertrieb massiv sowohl die Kosten als auch den Personalbedarf für die Militäraktion und beschwor sogar die Horrorvision von Atompilzen.

Die PR-Strategie funktionierte. Im Herbst 2002 war eine Mehrheit der Amerikaner überzeugt davon, dass Saddam Hussein Massenvernichtungswaffen besitze, und mindesten 66 Prozent glaubten (fälschlich), dass der irakische Staatschef persönlich an den Angriffen des 11. September beteiligt gewesen sei. Die Unterstützung für eine Invasion im Irak lag (genau wie Bushs Zustimmungsrate) bei etwa 60 Prozent. Als die Zwischenwahlen in den USA näherrückten, verschärften die Republikaner ihre Angriffe und drängten auf eine Abstimmung, die die Regierung zur Gewaltanwendung gegen Hussein ermächtigte. Und tatsächlich, am 11. Oktober 2002 stimmten 28 von

50 demokratischen und alle republikanischen Senatoren außer einem dafür, Bush die Macht zu geben, die er wollte.

Ich war enttäuscht über diese Abstimmung, obwohl ich gut nachfühlen konnte, unter welchem Druck die Demokraten standen, weil ich selbst kurz zuvor unter ähnlichem Druck gestanden hatte. Im Herbst 2002 hatte ich bereits beschlossen, für den US-Senat zu kandidieren, und ich wusste, dass der mögliche Krieg gegen den Irak im Wahlkampf eine große Rolle spielen würde. Als eine Gruppe Chicagoer Aktivisten mich fragte, ob ich auf einer im Oktober geplanten großen Antikriegsveranstaltung sprechen wolle, warnte mich eine Reihe von Freunden, zu einer so brisanten Frage öffentlich Stellung zu nehmen. Mein Problem war nicht nur, dass der Gedanke an eine Invasion immer populärer wurde, sondern auch, dass ich es angesichts der Sachlage keineswegs für erwiesen hielt, dass der Krieg nicht gerechtfertigt sei. Wie die meisten politischen Analytiker nahm auch ich damals an, dass Saddam tatsächlich chemische und biologische Waffen habe und nach dem Besitz von Atomwaffen strebe. Ich fand, dass er wiederholt UN-Resolutionen und Anordnungen von UN-Inspektoren missachtet hatte und dass das Konsequenzen haben musste. Dass er seine eigenen Staatsbürger abgeschlachtet hatte, war unbestritten, und ich hatte keinen Zweifel daran, dass die Welt, und das irakische Volk, ohne ihn besser dran sein würden.

Freilich hatte ich das Gefühl, dass Saddam keine unmittelbare Bedrohung darstellte, dass die Begründungen der Regierung für einen Krieg dürftig und ideologisch motiviert waren und dass der Krieg in Afghanistan noch keineswegs beendet war. Und ich war überzeugt, dass die USA die Gelegenheit verpassten, breite internationale Unterstützung für ihre Politik zu gewinnen, wenn sie sich für eine überstürzte, unilaterale Militäraktion entschieden, statt den steinigen Weg der Diplomatie, der Zwangsinspektionen und der klugen Sanktionen zu wählen.

Also hielt ich die Rede. Vor den 2000 Menschen, die sich auf der Federal Plaza in Chicago versammelt hatten, erklärte ich, dass ich im Gegensatz zu manchen anderen in der Menge nicht gegen *jeden* Krieg sei. Dass mein Großvater sich einen Tag nach der Bombardierung von Pearl Harbor freiwillig gemeldet und in General Pattons Armee gekämpft habe. Ich sagte auch, dass ich, »nachdem ich Zeuge des Blutbads und der Zerstörung geworden war und den Staub und die Tränen gesehen hatte, das Versprechen dieser Regierung richtig fand, jene zur Strecke zu bringen und auszumerzen, die im Namen der Intoleranz Menschen abschlachteten«, und dass ich »gerne selbst zu den Waffen greifen würde, um zu verhüten, dass sich eine solche Tragödie wiederholt«.

Was ich jedoch nicht unterstützen könne, sei »ein dummer Krieg, ein überhasteter Krieg, ein Krieg, der nicht auf Vernunft, sondern auf Leidenschaft beruht und nicht auf Grundsätzen, sondern auf kurzsichtigem politischem Kalkül«. Und weiter sagte ich:

Ich weiß, dass selbst nach einem erfolgreichen Krieg gegen den Irak eine amerikanische Besatzung von unbekannter Dauer, mit unbekannten Kosten und mit unbekannten Folgen notwendig sein wird. Ich weiß, dass eine Invasion im Irak ohne klare Begründung und ohne starke internationale Unterstützung den Brand im Nahen Osten nur noch weiter anfachen, dass sie die schlimmsten und nicht die besten Impulse der arabischen Welt verstärken und dass sie der al-Qaida die Rekrutierung erleichtern wird.

Die Rede kam gut an; Aktivisten verbreiteten den Wortlaut im Internet, und ich erwarb mir den Ruf, auch bei umstrittenen Themen meine Meinung zu sagen – ein Ruf, mit dem ich durch eine harte demokratische Vorwahl kam. Ich konnte damals natürlich nicht wissen, ob meine Einschätzung der Lage im Irak richtig war. Als die Invasion schließlich stattfand und die amerikanischen Streitkräfte ungehindert durch Bagdad marschierten, als ich Saddam Husseins Statue fallen sah und beobachtete, wie Präsident Bush auf der U.S.S. *Abraham Lincoln* vor der amerikanischen Flagge stand und »Mission Accomplished« (Einsatz erfolgreich beendet) verkündete, hatte ich den Verdacht, dass ich vielleicht falschgelegen hatte, und ich war erleichtert, wie gering die amerikanischen Verluste gewesen waren.

Und nun, drei Jahre später, nachdem die Zahl der amerikanischen Toten 2000 überschritten hat und die der amerikanischen Verwundeten über 16 000 beträgt; nachdem 250 Milliarden Dollar direkt für den Krieg ausgegeben wurden und weitere Hunderte von Milliarden notwendig sein werden, um die für den Krieg gemachten Schulden abzuzahlen und kriegsversehrte Veteranen zu versorgen; nun, nachdem im Irak zwei landesweite Wahlen und ein Verfassungsreferendum stattgefunden haben und Zehntausende von Irakern ums Leben gekommen sind; nun, nachdem ich erlebt habe, dass die antiamerikanische Stimmung rund um den Erdball Rekordniveau erreicht und dass Afghanistan langsam wieder im Chaos zu versinken beginnt, nun flog ich als Mitglied des US-Senats nach Bagdad und wollte mich daran beteiligen, einen Ausweg aus dieser Katastrophe zu suchen.

Die Landung auf dem internationalen Flughafen von Bagdad verlief weniger schlimm als erwartet, obwohl ich froh war, dass wir nicht aus den Fenstern blicken konnten, als die C-130 bockend und kurvend und mit periodischen Sturzflügen ihren Landeanflug absolvierte. Am Boden wurden wir von unserem Begleitoffizier aus dem Außenministerium und von einer Gruppe Soldaten empfangen, die Gewehre über der Schulter trugen. Nachdem wir unsere Sicherheitseinweisung bekommen hatten, unsere Blutgruppe notiert war und man uns mit Helmen und Kevlarwesten ausgerüstet hatte, gingen wir an Bord eines Black-Hawk-Hubschraubers und flogen Richtung Grüne Zone. Der Hubschrauber flog niedrig. Kilometerweit ging es über kahle, morastige Felder. Sie waren von einem Geflecht schmaler Straßen durchzogen und mit kleinen Dattelhainen übersät. Außerdem sahen wir immer wieder flache Betonbunker, von denen viele offenbar leer und manche bis auf die Grundfesten geschleift waren. Schließlich kam Bagdad in Sicht: eine sandfarbene Metropole von runder Gestalt, durch deren Zentrum der Tigris wie ein breiter, dunkler Schnitt verlief. Selbst aus der Luft wirkte die Stadt erschöpft und angeschlagen, und der Verkehr in den Straßen bewegte sich nur stockend. Es half nicht viel, dass fast auf jedem Dach mehrere Satellitenschüsseln montiert waren, eine Errungenschaft, die amerikanische Offizielle zusammen mit einem Mobiltelefondienst als einen der Erfolge des Wiederaufbaus gepriesen hatten.

Ich verbrachte nur eineinhalb Tage im Irak und davon die meiste Zeit in der Grünen Zone, einem etwa 10 Quadratkilometer großen Gebiet in der Bagdader Innenstadt, wo sich früher Saddams Regierungszentrum befunden hatte und das jetzt ein amerikanisch kontrolliertes Sperrgebiet war, dessen Grenzen durch Splitterschutzmauern und Stacheldraht geschützt waren. Wiederaufbau-Teams berichteten uns, wie schwierig es sei, angesichts der zahlreichen Sabotageakte die Stromversorgung und die Ölförderung aufrechtzuerhalten. Geheimdienstoffiziere berichteten über die wachsende Bedrohung durch fanatische Milizen und darüber, dass die Milizen die irakischen Sicherheitskräfte infiltrierten. Später trafen wir mit Mitgliedern der irakischen Wahlkommission zusammen, die uns begeistert von der hohen Wahlbeteiligung bei der kürzlich abgehaltenen Wahl erzählten, und wir hörten eine Stunde dem amerikanischen Botschafter Khalilzad zu, einem gewieften, eleganten Mann mit müden Augen. Er schilderte uns den schwierigen diplomatischen Pendelverkehr, den er damals betrieb, um die Fraktionen der Sunniten, Schiiten und Kurden irgendwie in eine funktionierende Einheitsregierung einzubinden.

Am Nachmittag hatten wir Gelegenheit, in der riesigen Messehalle gleich neben dem Swimmingpool in Saddam Husseins ehemaligem Präsidentenpalast mit einigen Soldaten Mittag zu essen. Unsere Gruppe setzte sich aus Mitgliedern der regulären Streitkräfte, Reservisten und Mitgliedern der Nationalgarde zusammen. Sie bestand aus Schwarzen, Weißen und Latinos, die aus Groß- und Kleinstädten kamen. Die Soldaten und Soldatinnen erzählten stolz, was ihre Einheiten geleistet hatten: Schulen gebaut, Elektrizitätswerke geschützt, neu ausgebildete irakische Soldaten auf Patrouillen geführt, Nachschublinien für Kameraden in weit entfernten Regionen aufrechterhalten. Immer wieder wurde ich dasselbe gefragt: Warum berichtet die US-amerikanische Presse nur über Bombenangriffe und Tote? Es würden Fortschritte gemacht, betonten die Soldaten, ich müsse den Leuten daheim berichten, dass ihre Arbeit nicht nutzlos sei.

Wenn man mit diesen Männern und Frauen sprach, war es nur zu verständlich, weshalb sie frustriert waren. Alle Amerikaner, die ich im Irak kennen lernte, beeindruckten mich durch ihre Hingabe und ihre Kompetenz und dadurch, dass sie nicht nur begangene Fehler offen eingestanden, sondern auch ehrlich über die Schwierigkeiten der Aufgabe sprachen, die sie noch vor sich hatten. Tatsächlich kündete das ganze Unternehmen im Irak von dem Talent, dem Reichtum und dem technischen Knowhow der US-Amerikaner. Wer in der Grünen Zone oder in irgendeiner anderen großen Operationsbasis stand, konnte über die Fähigkeit unserer Regierung nur staunen, auf feindlichem Gebiet praktisch ganze Städte aus dem Boden zu stampfen, selbstständige Einheiten mit eigenen Energieversorgungs- und Abwassersystemen, Computerverbindungen und drahtlosen Netzwerken, Basketballfeldern und Eisständen. Und es wurde einem der einzigartige amerikanische Optimismus bewusst, der überall zu spüren war – die Abwesenheit von Zynismus im Angesicht der Gefahr, im Angesicht der Opfer und der anscheinend permanenten Rückschläge, die Zuversicht, dass die amerikanischen Taten am Ende einem Volk, das wir Amerikaner kaum kannten, ein besseres Leben ermöglichen würden.

Und doch, drei der Gespräche, die ich im Irak führte, zeigten mir, was für eine Donquichotterie unsere Anstrengungen im Irak dennoch waren und dass das Haus, das wir mit viel amerikanischem Blut und Geld und den besten Absichten errichtet hatten, vielleicht doch auf Sand gebaut wurde. Das erste der drei Gespräche fand am frühen Abend statt, als unsere Gruppe eine Pressekonferenz mit in Bagdad stationierten Auslandskorrespondenten abhielt. Nach dem offiziellen Frage-und-Antwort-Teil bat ich ein paar Journalisten, noch zu einem informellen Gespräch zu bleiben und mir einen Eindruck vom Leben außerhalb der Grünen Zone zu vermitteln. Sie taten mir gern den Gefallen, sagten jedoch, dass sie in spätestens 45 Minuten aufbrechen müssten. Es wurde schon spät, und wie die meisten Bewohner Bagdads wollten sie nach Sonnenuntergang nicht mehr unterwegs sein.

Die Gruppe bestand aus jungen Leuten, fast alle zwischen Mitte zwanzig und Anfang dreißig und so leger gekleidet, dass man sie für Studenten hätte halten können. Ihre Gesichter jedoch waren von dem Stress gezeichnet, unter dem sie standen – damals waren im Irak bereits 60 Journalisten getötet worden. Tatsächlich entschuldigten sie sich gleich zu Beginn des Gesprächs, dass sie ein wenig unkonzentriert seien. Sie hätten gerade erfahren, dass Jill Carol, eine Kollegin, die für den *Christian Science Monitor* arbeitete, entführt worden sei und man ihren Fahrer tot neben der Straße gefunden habe. Jetzt würden sie alle ihre Kontakte spielen lassen, um herauszufinden, wo sich die Kollegin befinde. Solche Gewalttaten seien in Bagdad inzwischen keine Seltenheit mehr, obwohl in der überwältigenden Mehrheit der Fälle Iraker die Opfer seien. Die Kämpfe zwischen Schiiten und Sunniten hätten zugenommen, sie seien weniger strategisch geprägt, schwerer zu verstehen und deshalb furchterregender als früher. Keiner der Journalisten erwartete, dass sich die Sicherheitslage nach den Wahlen wesentlich verbessern würde. Ich fragte sie, ob die Spannungen nach einem Abzug der amerikanischen Truppen nachlassen würden, und erwartete, dass sie mit Ja antworten würden. Aber sie schüttelten den Kopf.

»Am ehesten glaube ich, dass das Land binnen weniger Wochen im Bürgerkrieg versinken würde«, sagte einer der Journalisten. »Mit hunderttausend oder vielleicht zweihunderttausend Toten. Wir sind die Einzigen, die den Laden noch zusammenhalten.«

Am Abend war unsere Delegation mit Botschafter Khalilzad zum Abendessen im Haus des irakischen Interimspräsidenten Jalal Talabani eingeladen. Unser Konvoi wurde scharf bewacht, als er sich durch ein Labyrinth von Barrikaden aus der Grünen Zone hinausschlängelte. Draußen wurde unsere Route an jedem Straßenzug von US-Soldaten gesichert, und man riet uns, während der ganzen Fahrt die Helme und die schusssicheren Westen zu tragen.

Nach zehn Minuten trafen wir in einer großen Villa ein, wo wir von Präsident Talabani und mehreren Mitgliedern der Interimsregierung begrüßt wurden. Alle waren stämmige Männer, die meisten in ihren Fünfzigern oder Sechzigern, und alle hatten ein breites Lächeln aufgesetzt, während ihre Augen ausdruckslos blieben. Ich erkannte nur einen der Minister: Ahmed Chalabi, den im Westen ausgebildeten Schiiten, der als Führer der Exilgruppe Irakischer Nationalkongress angeblich die amerikanischen Geheimdienste und die maßgeblichen Mitglieder der Regierung Bush mit einem Teil der Informationen über den

Irak gefüttert hatte, auf deren Basis die Entscheidung für die Invasion getroffen worden war. Chalabis Gruppe hatte für diese Informationen Millionen Dollar erhalten, doch sie hatten sich als falsch erwiesen. Inzwischen war Chalabi bei seinen amerikanischen Gönnern in Ungnade gefallen. Es gab Gerüchte, dass er geheime amerikanische Informationen an den Iran geliefert hatte. Außerdem war in Jordanien ein Haftbefehl gegen ihn erlassen worden, weil er dort in Abwesenheit für insgesamt 31 Fälle von Unterschlagung, Diebstahl, Untreue und Währungsspekulation verurteilt worden war. Doch anscheinend war er auf die Füße gefallen: Der makellos gekleidete, von seiner erwachsenen Tochter begleitete Mann war geschäftsführender Ölminister der Interimsregierung.

Ich sprach während des Essens nicht viel mit Chalabi, denn man hatte mich neben den ehemaligen Finanzminister der Interimsregierung gesetzt. Dieser machte einen guten Eindruck. Er sprach kenntnisreich über die irakische Volkswirtschaft, über die Notwendigkeit, die wirtschaftlichen Beziehungen transparenter zu gestalten und die Rechtssicherheit zu verbessern, um ausländische Investoren anzulocken. Am Ende des Abends erwähnte ich gegenüber Mitarbeitern der Botschaft, dass der Mann einen guten Eindruck auf mich gemacht hatte.

»Er ist clever, kein Zweifel«, sagte einer der Diplomaten. »Aber natürlich ist er auch einer der Führer der Partei SCIRI (Supreme Council for the Islamic Revolution in Iraq oder Oberster Rat für die Islamische Revolution im Irak). Sie kontrolliert das Innenministerium, und das Innenministerium kontrolliert die Polizei. Und bei der Polizei, na ja … Da hat es Probleme wegen der Infiltration durch Milizen gegeben. Beschuldigungen, dass die sich sunnitische Führer schnappen, und am nächsten Tag werden die Leichen gefunden, solche Sachen …« Der Mann brach ab. Dann zuckte er die Schultern und sagte: »Wir arbeiten mit dem, was wir haben.«

In der Nacht konnte ich nicht einschlafen, also sah ich mir das Spiel der Redskins an, das per Satellit live in mein Quartier übertragen wurde, das einst für Saddam und seine Gäste reserviert gewesen war. Mehrmals stellte ich den Ton des Fernsehers ab und hörte, wie die Nachtruhe durch Mörserfeuer gestört wurde. Am folgenden Morgen flogen wir mit einem Black Hawk zum Stützpunkt der Marines in Fallujah in der Provinz Anbar im trockenen Westen des Irak. Einige der härtesten Kämpfe mit Aufständischen hatten in der von Sunniten dominierten Provinz stattgefunden, und die Atmosphäre auf dem Stützpunkt war wesentlich trüber als in der Grünen Zone. Erst am Vortag waren fünf Marines auf einer Patrouille durch am Straßenrand gezündete Bomben und Feuer aus Handfeuerwaffen getötet worden. Die Soldaten auf dem Stützpunkt waren offenbar jünger als die in der Grünen Zone. Die meisten waren erst Anfang zwanzig, und viele hatten noch Pickel und den unfertigen Körper von Teenagern.

Der kommandierende Offizier des Stützpunkts hatte eine Informationsveranstaltung angesetzt, und wir hörten zu, wie die ranghöchsten Offiziere des Stützpunkts das Dilemma erläuterten, in dem die amerikanischen Streitkräfte steckten: Sie wurden immer besser und nahmen jeden Tag mehr Anführer des Aufstands fest, aber wie bei den Straßengangs daheim in Chicago kamen auf jeden verhafteten Aufständischen zwei neue, die bereit waren, seinen Platz einzunehmen. Der Aufstand schien nicht nur politische, sondern auch wirtschaftliche Ursachen zu haben. Die Zentralregierung hatte Anbar vernachlässigt, und die Arbeitslosigkeit bei Männern lag bei 70 Prozent.

»Für zwei oder drei Dollar kriegt man ein Kind dazu, eine Bombe zu legen«, sagte einer der Offiziere. »Das ist eine Menge Geld hier draußen.«

Am Ende der Besprechung war leichter Nebel aufgekommen, und unser Flug nach Kirkuk wurde verschoben. Während wir warteten, fing mein außenpolitischer Referent Mark Lippert ein Gespräch mit einem höheren Offizier der Einheit an, während ich mich mit einem der Majore unterhielt, die für die Strategie der Aufstandsbekämpfung in der Region verantwortlich waren. Der Major war ein kleiner bebrillter Mann, der leise sprach. Man konnte ihn sich leicht als Mathelehrer an einer Highschool vorstellen. Tatsächlich hatte er mehrere Jahre als Mitglied des Peace Corps auf den Philippinen gearbeitet, bevor er zu den Marines gegangen war. Vieles, was er damals gelernt habe, könne er jetzt bei seiner militärischen Arbeit im Irak brauchen, sagte er. Er verfüge nicht einmal annähernd über das arabisch sprechende Personal, das sie bräuchten, um das Vertrauen der Bevölkerung vor Ort zu gewinnen. Man müsse die kulturelle Sensibilität in den amerikanischen Streitkräften verbessern, langfristige Beziehungen zu lokalen Führern aufbauen und Sicherheitskräfte mit Wiederaufbaukräften koppeln, um die Iraker davon zu überzeugen, dass sie konkret von der amerikanischen Anwesenheit profitierten. All dies werde Zeit brauchen, sagte er, aber er könne jetzt schon erkennen, wie sich die Lage verbessere, seit das Militär diese Vorgehensweise für das ganze Land übernehme.

Unser Begleitoffizier gab bekannt, dass der Hubschrauber zum Abflug bereit sei. Ich wünschte dem Major viel Glück und ging zum Lieferwagen. Mark holte mich ein, und ich fragte ihn, was er von seinem Gesprächspartner erfahren habe.

»Ich habe ihn gefragt, wie wir das Beste aus der Situation machen könnten.«

»Und was hat er gesagt?«

»Abziehen.«

Die Geschichte des amerikanischen Engagements im Irak wird noch viele Jahre lang analysiert und debattiert werden. Tatsächlich wird diese Geschichte noch immer geschrieben. Gegenwärtig hat sich die Lage im Irak so verschlechtert, dass offenbar ein Bürgerkrieg von geringer Intensität begonnen hat. Meines Erachtens haben alle Amerikaner, ganz unabhängig davon, wie sie über die ursprüngliche Entscheidung zur Invasion denken, ein Interesse daran, dass der Krieg im Irak ein glimpfliches Ende nimmt. Trotzdem muss ich ehrlicherweise sagen, dass ich zur Entwicklung des Iraks in naher Zukunft nicht optimistisch bin.

Ich weiß, dass das Schicksal des Iraks in diesem Stadium von den harten, unsentimentalen Männern, mit denen ich zu Abend aß, politisch und nicht durch den Einsatz amerikanischer Waffengewalt entschieden wird. Ich glaube außerdem, dass unsere strategischen Ziele zum jetzigen Zeitpunkt klar definiert sein sollten: Wir sollten wenigstens eine gewisse Stabilität im Irak erreichen, wir sollten dafür sorgen, dass die Machthaber in dem Land den Vereinigten Staaten nicht feindlich gesinnt sind, und wir sollten verhindern, dass der Irak zu einer Basis für terroristische Aktivitäten wird. Um diese Ziele zu erreichen, liegt es meiner Ansicht nach sowohl im Interesse der Amerikaner als auch der Iraker, Ende 2006 mit einem schrittweisen Rückzug der amerikanischen Truppen zu beginnen. Wann allerdings ein kompletter Rückzug möglich sein wird, ist nur schwer einzuschätzen. Es hängt von einer Reihe unwägbarer Faktoren ab: der Fähigkeit der irakischen Regierung, ihrer Bevölkerung wenigstens eine gewisse Grundsicherheit und elementare Dienstleistungen zu bieten, dem Ausmaß, in dem der Aufstand durch unsere Anwesenheit angeheizt wird, beziehungsweise der Wahrscheinlichkeit, dass der Irak in Abwesenheit der US-Truppen vollends im Bürgerkrieg versinkt. Wenn schlachterprobte Offiziere der Marines vorschlagen, dass wir abziehen sollten, und skeptische Auslandskorrespondenten meinen, dass wir bleiben sollten, gibt es keine einfache Antwort auf diese Frage.

Trotzdem ist es nicht zu früh, ein paar Schlüsse aus unserem Vorgehen im Irak zu ziehen. Unsere dortigen Schwierigkeiten sind nämlich nicht nur auf eine schlechte Durchführung des Krieges zurückzuführen, sondern auch auf das Fehlen eines Konzepts. Tatsache ist, dass die Vereinigten Staaten 5 Jahre nach dem 11. September und 15 Jahre nach dem Zusammenbruch der Sowjetunion noch immer nicht über eine kohärente nationale Sicherheitspolitik verfügen. Anstatt uns an Leitideen und Prinzipien zu orientieren, haben wir offenbar eine Serie von Ad-hoc-Entscheidungen getroffen – mit zweifelhaften Ergebnissen. Warum sind wir im Irak einmarschiert, aber nicht in Nordkorea oder Birma? Warum haben wir in Bosnien interveniert, aber nicht in Darfur? Ist unser Ziel im Iran ein Regimewechsel oder die vollständige Demontage aller iranischen Anlagen zur Herstellung von Atomwaffen oder die Verhinderung der Weiterverbreitung von Atomwaffen, oder streben wir alle drei Ziele an? Sind wir entschlossen, militärische Gewalt anzuwenden, wo immer ein despotisches Regime seine Bevölkerung terrorisiert, und wenn ja, wie lange bleiben wir nach einer Intervention im Land, um sicherzustellen, dass sich dort ein demokratisches System etabliert? Wie gehen wir mit Staaten wie China um, die sich wirtschaftlich, aber nicht politisch liberalisieren? Arbeiten wir bei allen Problemen mit den Vereinten Nationen zusammen oder nur, wenn diese bereit sind, die Beschlüsse zu bestätigen, die wir bereits gefasst haben?

Vielleicht hat jemand im Weißen Haus klare Antworten auf diese Fragen. Aber unsere Verbündeten (und natürlich auch unsere Feinde) kennen diese Antworten ganz gewiss nicht. Wichtiger noch, auch das amerikanische Volk kennt sie nicht. Ohne eine gut artikulierte Strategie, die von der amerikanischen Öffentlichkeit unterstützt wird und die die Welt versteht, wird es den USA an der Legitimität (und letztlich auch an der Macht) fehlen, die sie brauchen, um die Welt sicherer zu machen, als sie heute ist. Wir brauchen einen neuen Rahmen für unsere Außenpolitik, der sich an Kühnheit und Reichweite mit Trumans Politik nach dem Zweiten Weltkrieg messen kann, einen Rahmen, der die Herausforderungen und Chancen des neuen Jahrtausends berücksichtigt, der uns beim Einsatz unserer Streitkräfte Orientierung bietet und der unseren höchsten Idealen und Überzeugungen entspricht.

Ich gebe nicht vor, dass ich diese große Strategie in der Tasche habe. Aber ich weiß, woran ich glaube, und ich will ein paar Dinge vorschlagen, auf die sich das amerikanische Volk vermutlich als Ausgangspunkte für einen neuen Konsens einigen könnte.

Zunächst einmal sollten wir begreifen, dass eine Rückkehr zum Isolationismus oder einer amerikanischen Außenpolitik, die leugnet, dass es gelegentlich notwendig ist, amerikanische Truppen einzusetzen, nicht funktionieren wird. Der Impuls, sich aus der Welt zurückzuziehen, ist bis heute eine starke Unterströmung in beiden Parteien, insbesondere wenn es amerikanische Verluste gibt. Als 1993 die Leichen amerikanischer Soldaten durch Mogadischu geschleift wurden, beschuldigten zum Beispiel die Republikaner Präsident Clinton, amerikanische Truppen in schlecht geplanten Einsätzen zu verheizen. Es war zum Teil wegen dieser Erfahrung, dass George W. Bush im Jahr 2000 als Präsidentschaftskandidat schwor, er werde nie mehr amerikanisches Militär zur »Nationenbildung« einsetzen. Verständlicherweise hat die Intervention der Regierung Bush im Irak eine viel heftigere Reaktion hervorgerufen als der Einsatz in Somalia. Laut einer Umfrage des Pew Research Center sind knapp fünf Jahre nach dem 11. September 46 Prozent der US-Amerikaner der Ansicht, dass die Vereinigten Staaten »sich im internationalen Bereich um ihre eigenen Angelegenheiten kümmern und andere Länder so gut wie möglich allein fertig werden lassen sollten«.

Die Reaktion auf den Irakkrieg ist bei den Linksliberalen besonders heftig; sie sehen in dem Krieg eine Wiederholung der Fehler, die Amerika in Vietnam machte. Die Frustration über die schlimme Lage im Irak und über das fragwürdige Vorgehen der Regierung bei der Rechtfertigung des Krieges hat viele Linke sogar dazu verführt, die Bedrohung durch den Terrorismus und die Weiterverbreitung von Atomwaffen herunterzuspielen. Laut einer Umfrage vom Januar 2005 war es bei Befragten, die sich selbst als konservativ einschätzten, um 29 Punkte wahrscheinlicher als bei Linksliberalen, dass sie die Zerstörung der al-Qaida als eines ihrer wichtigsten außenpolitischen Ziele nannten, und es war um 26 Punkte wahrscheinlicher, dass sie es als wichtiges Ziel bezeichneten, dass Atomwaffen nicht in die Hände feindlich gesinnter Gruppen oder Staaten gelangten. Demgegenüber waren die drei wichtigsten außenpolitischen Ziele der Linksliberalen ein Truppenabzug im Irak, die Verhinderung einer weiteren Ausbreitung von Aids und eine engere Zusammenarbeit mit unseren Verbündeten.

Die von den Linksliberalen bevorzugten Ziele sind zweifellos wichtig. Aber aus ihnen lässt sich schwerlich ein kohärentes nationales Sicherheitskonzept ableiten. Es ist sinnvoll, sich daran zu erinnern, dass Osama bin Laden nicht Ho Chi Minh ist und dass die Bedrohungen, mit denen die Vereinigten Staaten heute konfrontiert sind, real, vielfältig und potenziell verheerend sind. Durch unsere Politik in letzter Zeit hat sich die Lage noch verschlimmert, aber auch wenn wir uns morgen aus dem Irak zurückzögen, wären die Vereinigten Staaten angesichts ihrer beherrschenden Stellung in der bestehenden internationalen Ordnung immer noch ein Angriffsziel für den Terrorismus. Natürlich sind die Konservativen ebenfalls irregeleitet, wenn sie glauben, dass wir »die Übeltäter« einfach eliminieren und dann die Welt sich selbst überlassen könnten. Auf Grund der Globalisierung werden unsere Wirtschaft, unsere Gesundheit und unsere Sicherheit auch durch Vorgänge auf der anderen Seite des Erdballs beeinflusst. Und keine andere Nation auf der Welt besitzt eine größere Fähigkeit, dieses globale System zu gestalten oder auf der Basis eines internationalen Regelwerks einen Konsens herbeizuführen, der zu einer Ausdehnung der Zonen mit Freiheit, persönlicher Sicherheit und wirtschaftlichem Wohlstand führt. Ob wir wollen oder nicht, müssen wir dazu beitragen, dass die Welt sicherer wird, wenn wir die Sicherheit Amerikas verbessern wollen.

Die zweite Erkenntnis, der wir uns stellen müssen, ist, dass die Sicherheitslage, mit der wir heute konfrontiert sind, sich fundamental von derjenigen vor 50, 25 und sogar vor 10 Jahren unterscheidet. Als Truman, Acheson, Kennan und Marshall die Architektur für die Weltordnung nach dem Zweiten Weltkrieg entwarfen, war ihr Bezugsrahmen die Rivalität zwischen den Großmächten, die das 19. und frühe 20. Jahrhundert beherrscht hatten. In dieser Welt kam die größte Bedrohung der USA von expansionistischen Staaten wie Nazideutschland oder Sowjetrussland. Sie konnten ihre großen Armeen und mächtigen Waffenarsenale einsetzen, um wichtige Gebiete zu erobern, den Vereinigten Staaten den Zugang zu lebensnotwendigen Rohstoffen zu erschweren und die Bedingungen des Welthandels zu diktieren.

Diese Welt gibt es nicht mehr. Durch die Integration von Deutschland und Japan in ein System von freiheitlichen Demokratien mit freier Marktwirtschaft wurde die Gefahr von Konflikten zwischen den Großmächten innerhalb der freien Welt effektiv beseitigt. Durch die Existenz der Atomwaffen und die Möglichkeit der »gegenseitigen gesicherten Zerstörung« war auch das Risiko eines Krieges zwischen den Vereinigten Staaten und der Sowjetunion schon vor dem Fall der Berliner Mauer relativ gering. Heute fühlen sich die mächtigsten Staaten der Welt (darunter auch das stetig mächtiger werdende China) weitgehend an einen gemeinsamen Kanon internationaler Bestimmungen gebunden, die den Handel, die Wirtschaftspolitik und die rechtliche und diplomatische Klärung internationaler Streitfragen regeln, und dies gilt auch für die überwältigende Mehrheit der Menschen in diesen Staaten, selbst wenn viele Länder innerhalb ihrer Grenzen noch keine umfassende Freiheit und Demokratie hergestellt haben.

Die wachsende Bedrohung kommt daher vor allem aus jenen Teilen der Welt, die in der Weltwirtschaft marginalisiert sind und in denen sich die »internationalen Verkehrsregeln« noch nicht durchgesetzt haben, also aus dem Reich der schwachen, gescheiterten Staaten, der Willkürherrschaft, Korruption und chronischen Gewalt; aus Ländern, in denen die überwältigende Mehrheit der Bevölkerung arm, ungebildet und vom weltweiten Informationsnetz abgeschnitten ist; aus Ländern, deren Führer fürchten, dass durch die Globalisierung ihre Macht untergraben, traditionelle Kulturen gefährdet und heimische Institutionen marginalisiert werden könnten.

In der Vergangenheit war die Wahrnehmung vorherrschend, dass Amerika die Staaten und Personen in diesen abgehängten Regionen ungestraft ignorieren könne. Sie waren zwar unserer Weltanschauung feindlich gesinnt, verstaatlichten US-Unternehmen, schlossen sich dem sowjetischen oder chinesischen Block an oder verübten gar Anschläge auf US-Botschaften oder amerikanisches Militärpersonal in ihrer Region, aber sie konnten uns nicht in unserem eigenen Land treffen. Am 11. September zeigte sich, dass sich das geändert hat. Ausgerechnet das Netzwerk, das die Welt immer mehr miteinander verbindet, hat jene, die diese Welt zerstören wollen, zu ihrem Angriff auf die USA befähigt. Terroristische Netzwerke können heute ihre Doktrinen in Sekundenschnelle verbreiten; sie können die schwächsten Stellen des Weltwirtschaftssystems angreifen und wissen, dass ein Angriff in London oder Tokio auch New York oder Hongkong erschüttern wird. Waffen und Technologien, die früher ausschließlich Nationalstaaten zur Verfügung standen, können heute auf dem Schwarzmarkt erworben oder ihre

Baupläne aus dem Internet heruntergeladen werden. Der freie, grenzüberschreitende Personen- und Güterverkehr, der Lebensnerv der globalisierten Weltwirtschaft, kann für mörderische Ziele missbraucht werden.

Heute haben die Nationalstaaten nicht mehr das Monopol auf den Einsatz von Massenvernichtungsmitteln, und es wird tatsächlich immer unwahrscheinlicher, dass uns irgendein Nationalstaat direkt angreifen könnte, weil alle Nationalstaaten mit einem Gegenschlag auf ihrem Territorium rechnen müssten. Stattdessen sind die am schnellsten wachsenden Bedrohungen transnational: terroristische Netzwerke, die die Kräfte der Globalisierung stoppen oder zerstören wollen, potenzielle Pandemien wie die Vogelgrippe oder katastrophale Veränderungen des Erdklimas. Deshalb stellt sich die Frage, wie wir unsere nationale Sicherheitsstrategie dieser neuen Lage anpassen können.

Zunächst einmal sollte sich die neue Realität in unseren Verteidigungsausgaben und der Struktur unserer Streitkräfte niederschlagen. Seit Beginn des Kalten Krieges haben wir dank unserer Fähigkeit, Kriege zwischen Nationalstaaten durch Abschreckung zu verhindern, fast jedem Land, das sich an internationale Regeln und Normen hält, Sicherheit garantiert. Da wir als einziger Staat eine Hochseeflotte haben, die auf der ganzen Erde patrouilliert, sind es unsere Schiffe, die die Seewege freihalten. Auch haben wir durch unseren atomaren Schild verhindert, dass sich Europa und Japan im Kalten Krieg am Rüstungswettlauf beteiligten, und wir haben dafür gesorgt, dass die meisten Länder – wenigstens bis vor kurzem – den Besitz von Atomwaffen nicht für wünschenswert hielten. Solange Russland und China ihre großen militärischen Streitkräfte behalten und der Versuchung noch nicht ganz widerstehen können, ihr militärisches Gewicht auch zur Geltung zu bringen, und solange ein paar Schurkenstaaten bereit sind, andere souveräne Staaten anzugreifen, wie es Saddam 1991 mit Kuwait tat, solange werden wir immer wieder, wenn auch widerstrebend, den Weltpolizisten spielen müssen. Das wird sich nicht ändern, und es sollte sich auch nicht ändern.

Andererseits ist es an der Zeit, sich einzugestehen, dass ein Verteidigungshaushalt und eine Streitkräftestruktur, die im Wesentlichen darauf angelegt sind, einen dritten Weltkrieg führen zu können, keinen großen strategischen Sinn mehr haben. Die Militär- und Verteidigungsausgaben der USA haben 2005 die Summe von 522 Milliarden Dollar überschritten – mehr als die nächsten 30 Länder zusammen ausgegeben haben. Das Bruttoinlandsprodukt der Vereinigten Staaten ist größer als die addierten Bruttoinlandsprodukte der beiden größten Staaten mit den am schnellsten wachsenden Volkswirtschaften zusammen: China und Indien. Wir müssen ein strategisches Kräfteverhältnis aufrechterhalten, das es uns erlaubt, mit Bedrohungen durch Schurkenstaaten wie Nordkorea und dem Iran fertigzuwerden und uns den Herausforderungen zu stellen, die potenzielle Rivalen wie China darstellen. Tatsächlich werden wir angesichts der Erschöpfung unserer Kräfte nach den Kriegen im Irak und in Afghanistan unseren Militärhaushalt in der unmittelbaren Zukunft wahrscheinlich sogar noch etwas erhöhen müssen, nur um die Einsatzbereitschaft wiederherzustellen und verbrauchte Ausrüstung zu ersetzen.

Unsere komplizierteste militärische Herausforderung wird jedoch nicht darin bestehen, den Vorsprung vor China zu halten (zumal China vermutlich eher eine wirtschaftliche als eine militärische Herausforderung darstellen dürfte). Viel wahrscheinlicher ist, dass sie darin bestehen wird, in den nicht regierten oder uns feindlich gesinnten Gebieten, wo der Terrorismus gedeiht, Bodentruppen einzusetzen. Dies bedeutet, dass wir ein angemessenes Gleichgewicht zwischen unseren Ausgaben für hochmoderne Hardware und für unsere Männer und Frauen in Uniform herstellen müssen. Es bedeutet wahrscheinlich, dass wir unsere Streitkräfte vergrößern müssen, um unsere Soldaten im Kampfgebiet rechtzeitig austauschen zu können. Außerdem müssen wir unsere Truppen entsprechend ausrüsten und sie in den sprachlichen, handwerklichen und nachrichtendienstlichen Fähigkeiten ausbilden, die sie brauchen, damit sie bei ihren immer komplexeren und schwierigeren Einsätzen Erfolg haben.

Eine Veränderung in der Struktur unserer Streitkräfte wird jedoch nicht ausreichen. Wenn wir mit den asymmetrischen Bedrohungen der Zukunft (durch terroristische Netzwerke und jene wenigen Staaten, die sie unterstützen) fertigwerden wollen, wird der Aufbau unserer Streitkräfte letztlich weniger ins Gewicht fallen als die Frage, wie wir diese Streitkräfte einsetzen. Die Vereinigten Staaten haben den Kalten Krieg nicht nur deshalb gewonnen, weil sie der Sowjetunion militärisch überlegen waren, sondern auch, weil die amerikanischen Werte vor dem Gericht der internationalen öffentlichen Meinung den Sieg davontrugen, auch bei den Menschen, die unter kommunistischen Regimen lebten. Mehr noch als der Kalte Krieg wird sich der Kampf gegen den Terrorismus mit islamischem Hintergrund nicht nur durch einen militärischen Feldzug entscheiden, sondern durch eine Schlacht um die öffentliche Meinung in der islamischen Welt, bei unseren Verbündeten und in den Vereinigten Staaten. Osama bin Laden weiß, dass er die Vereinigten Staaten in einem konventionellen Krieg nicht besiegen, ja nicht einmal lähmen kann. Er und seine Verbündeten können nur so viel Schaden anrichten, dass eine Reaktion erfolgt, wie wir sie im Irak erlebt haben: eine verpfuschte und unkluge Invasion in ein muslimisches Land, die zu religiös und national motivierten Aufständen führt, die eine lange und schwierige US-Besatzung erforderlich macht, für die sowohl die amerikanischen Soldaten als auch die Zivilbevölkerung einen hohen Blutzoll entrichten müssen. All dies heizt die antiamerikanische Stimmung unter den Muslimen an, erhöht das Rekrutierungspotenzial der Terroristen und veranlasst die US-amerikanische Öffentlichkeit, nicht nur den Krieg, sondern auch die Politik in Frage zu stellen, die uns überhaupt in die islamische Welt geführt hat.

Das ist der Plan, mit dem man von einer Höhle aus einen Krieg gewinnen kann, und bis jetzt wenigstens haben wir uns genau an das Drehbuch gehalten. Um aus diesem Spiel auszusteigen, müssen wir dafür sorgen, dass jeder Einsatz amerikanischer Militärmacht unseren langfristigen Zielen dient, statt ihnen zu schaden. Das heißt, er muss geeignet sein, das destruktive Potenzial der terroristischen Netzwerke zu zerstören *und* die globale Schlacht der Ideen zu gewinnen.

Was bedeutet dies in der Praxis?

Wir sollten von der Prämisse ausgehen, dass die Vereinigten Staaten wie alle anderen souveränen Staaten das Recht haben, sich unilateral gegen einen Angriff zu verteidigen. In dieser Beziehung war unser Feldzug gegen die Lager der al-Qaida und das Taliban-Regime, das die Terrororganisation beherbergte, absolut gerechtfertigt und wurde auch in den meisten islamischen Ländern als legitim angesehen. Es mag wünschenswert sein, dass wir auch bei solchen Militäreinsätzen die Unterstützung unserer Verbündeten haben, aber wir können unsere unmittelbare Sicherheit nicht von einem internationalen Konsens abhängig machen. Auch wenn wir als Amerikaner allein handeln müssen, sind wir bereit, jeden Preis zu zahlen und jede Last zu tragen, um unser Land zu schützen.

Ich würde auch die Ansicht vertreten, dass wir das Recht haben, unilateral gegen eine *direkte Bedrohung* unserer Sicherheit vorzugehen, solange diese Bedrohung von einem Staat, einer Gruppe oder einer Einzelperson ausgeht, die sich aktiv darauf vorbereitet, US-amerikanische Ziele anzugreifen (oder Ziele in verbündeten Ländern, mit denen die USA einen gegenseitigen Beistandspakt haben). Die Vereinigten Staaten haben die dafür erforderlichen Mittel oder werden sie in unmittelbarer Zukunft haben. Die al-Qaida fällt unter diese Definition, und wir können und sollten Präventivschläge gegen sie führen, wann immer wir können. Demgegenüber erfüllte der Irak unter Saddam Hussein diese Bedingung nicht, und deshalb war unsere Invasion ein überaus gravierender strategischer Fehler. Wenn wir schon unilateral handeln, sollten wir wenigstens etwas gegen den Feind in der Hand haben.

Sobald es nicht mehr nur um Selbstverteidigung geht, liegt es meiner Überzeugung nach fast immer in unserem strategischen Interesse, multilateral statt unilateral zu handeln, wenn wir irgendwo auf der Welt Gewalt einsetzen. Mit multilateral meine ich nicht, dass der Weltsicherheitsrat, der durch seine Struktur und seine Regeln allzu oft in einer Zeitschleife des Kalten Krieges erstarrt zu sein scheint, ein Vetorecht gegen unsere Maßnahmen haben sollte. Aber ich meine auch nicht, dass wir Großbritannien und Togo zusammentrommeln und dann tun, was wir wollen. Multilaterales Handeln ist das, was George H. W. Bush und seine Regierungsmannschaft im ersten Golfkrieg getan haben: Sie leisteten harte diplomatische Arbeit, um die Unterstützung des größten Teils der Welt für das amerikanische Vorgehen zu gewinnen, und sie stellten sicher, dass ihr Handeln die künftige Anerkennung der internationalen Normen nicht gefährdete.

Warum sollten wir uns so verhalten? Weil niemand mehr davon profitiert als wir selbst, wenn wir uns an die »internationalen Verkehrsregeln« halten. Wir können niemanden zur Einhaltung dieser Regeln bekehren, wenn wir selbst so handeln, als gälten sie nur für die anderen. Wenn die einzige Supermacht der Welt freiwillig ihre Macht begrenzt und sich an die internationalen Verhaltensregeln hält, vermittelt sie die Botschaft, dass es sich lohnt, diese Regeln zu befolgen. Zugleich wird Terroristen und Diktatoren das Argument genommen, diese Regeln wären bloße Werkzeuge des amerikanischen Imperialismus.

Wenn die USA die Weltgemeinschaft für eine Beteiligung gewinnen, haben sie bei einer Militäraktion eine geringere Last zu tragen und verbessern ihre Erfolgschancen. Angesichts der relativ bescheidenen Verteidigungsausgaben der meisten unserer Verbündeten ist es in manchen Fällen vielleicht ein wenig illusionär, die militärische Last teilen zu wollen, aber auf dem Balkan und in Afghanistan tragen unsere Nato-Partner tatsächlich ihren Teil der Risiken und der Kosten. Außerdem wird in den militärischen Konflikten, die wir wahrscheinlich austragen müssen, die Militäroperation am Anfang in der Regel weniger kompliziert und teuer sein als die danach folgende Arbeit: die Ausbildung lokaler Polizeikräfte, die Wiederherstellung der Strom- und Wasserversorgung, der Aufbau eines funktionierenden Rechtssystems, die Förderung unabhängiger Medien, der Aufbau eines staatlichen Gesundheitswesens und die Planung von Wahlen. Unsere Verbündeten können wie auf dem Balkan und in Afghanistan die Kosten für diese wichtigen Anstrengungen mittragen, und das werden sie viel eher tun, wenn wir für unser Eingreifen von Anfang an internationale Unterstützung hatten. Im militärischen Sprachgebrauch ist die Legitimität eines Einsatzes ein »Kampfkraftverstärker«.

Genauso wichtig ist es, dass der mühsame Aufbau einer Koalitionsstreitmacht uns dazu zwingt, andere Ansichten zu hören und uns umfassend zu informieren, bevor wir den Sprung wagen. Wenn wir uns nicht gegen eine direkte und unmittelbare Bedrohung verteidigen, haben wir oft die Zeit auf unserer Seite; unsere Militärmacht ist dann nur eines von vielen Werkzeugen (wenn auch ein außerordentlich wichtiges), mit denen wir den Lauf der Ereignisse beeinflussen und unsere Interessen in der Welt vertreten können – Interessen, die zum Beispiel Zugang zu lebenswichtigen Energiequellen, die Stabilität der Finanzmärkte, die Respektierung internationaler Grenzen und die Verhinderung von Völkermord betreffen. Bei der Verfolgung dieser Interessen sollten wir durch eine nüchterne Kosten-Nutzen-Analyse ermitteln, ob der Einsatz militärischer Gewalt dem Einsatz der anderen Mittel, über die wir verfügen, vorzuziehen ist.

Lohnt es sich, für billiges Öl mit dem Blutzoll und den finanziellen Kosten eines Krieges zu zahlen? Wird unsere militärische Intervention in einem bestimmten ethnischen Konflikt zu einer dauerhaften Friedensregelung führen oder dazu, dass unsere Truppen auf unbestimmte Zeit im Land bleiben müssen? Kann ein Konflikt mit einem anderen Land diplomatisch oder durch eine international koordinierte Serie von Sanktionen geregelt werden? Wenn wir hoffen, die umfassendere Schlacht der Ideen zu gewinnen, muss auch die Weltmeinung in unsere Analyse mit einfließen. Zwar mag das antiamerikanische Imponiergehabe europäischer Verbündeter, die von unserem Schutz profitieren, frustrierend sein, und manche Reden in der Generalversammlung der Vereinten Nationen sollen vielleicht wirklich nur Tatenlosigkeit kaschieren, von Tatenlosigkeit ablenken und Tatenlosigkeit entschuldigen, aber es ist auch möglich, dass sich hinter all der Rhetorik auch erhellende Perspektiven verbergen, die uns helfen, bessere strategische Entscheidungen zu treffen.

Schließlich beteiligen wir unsere Verbündeten, indem wir sie einbinden, an der methodisch schwierigen, lebenswichtigen und notwendigerweise gemeinsamen Aufgabe, dafür zu sorgen, dass die Terroristen möglichst wenig Schaden anrichten können. Zu dieser Aufgabe gehört es, die Finanznetze der Terroristen lahmzulegen und Nachrichten auszutauschen, um Terrorverdächtige zur Strecke zu bringen und ihre Zellen zu infiltrieren. Dass wir es bis heute nicht geschafft haben, die Nachrichtenbeschaffung wenigstens zwischen den verschiedenen US-amerikanischen Nachrichtendiensten zu koordinieren, und dass wir nach wie vor nicht über eine effektive Kapazität zur Informationsgewinnung mittels menschlicher Quellen verfügen, ist unentschuldbar. Vor allem jedoch müssen wir uns zusammenschließen, um zu verhindern, dass Massenvernichtungswaffen in die Hände von Terroristen gelangen.

Eines der besten Beispiele für eine solche Zusammenarbeit sind die bahnbrechenden Anstrengungen des republikanischen Senators Dick Lugar aus Indiana und des früheren demokratischen Senators Sam Nunn aus Georgia in den neunziger Jahren. Die beiden Männer hatten begriffen, wie wichtig es ist, Koalitionen zu festigen, bevor eine Krise ausbricht, und sie machten ihre Erkenntnis für das wichtige Problem der Weiterverbreitung von Atomwaffen fruchtbar. Die Prämisse des später so genannten Nunn-Lugar-Programms war einfach: Nach dem Zusammenbruch der Sowjetunion ist (wenn man vom versehentlichen Start einer Atomrakete absieht) die größte Bedrohung für die Vereinigten Staaten nicht ein von Gorbatschow oder Jelzin angeordneter Erstschlag, sondern die Weitergabe von nuklearem Material oder Know-how an Terroristen oder Schurkenstaaten – eine mögliche Folge von Russlands wirtschaftlichem Niedergang, der Korruption in seinem Militärapparat, der Verarmung seiner Wissenschaftler und des Verfalls seiner Sicherheits- und Kontrollsysteme. Im Rahmen des Nunn-Lugar-Plans stellte Amerika praktisch die Ressourcen für die Wiederherstellung dieser Systeme zur Verfügung, und obwohl das Programm bei denen, die noch dem Denken des Kalten Krieges verhaftet waren, einige Bestürzung hervorrief, hat es sich als eine der wichtigsten Investitionen erwiesen, die getätigt werden konnten, um die Vereinigten Staaten vor einer Katastrophe zu schützen.

Im August 2005 machte ich mit Senator Lugar eine Reise, um mir einen Teil dieser Arbeit anzusehen. Es war meine erste Reise nach Russland und in die Ukraine, und ich hätte keinen besseren Reiseführer haben können als Dick, einen bemerkenswert fitten Dreiundsiebzigjährigen. Er ist von unerschütterlicher Höflichkeit und hat ein unergründliches Lächeln, Eigenschaften, die ihm in den oft unglaublich langwierigen Sitzungen mit ausländischen Offiziellen sehr nützlich waren. Zusammen besuchten wir die Kernkraftanlagen von Saratow, wo uns russische Generäle voller Stolz auf die neue Einzäunung und die neuen Sicherheitssysteme hinwiesen, die erst kürzlich fertiggestellt worden waren. Danach servierten sie uns ein Mittagessen mit Borschtsch, Wodka, Kartoffelbrei und einer höchst bedenklich wirkenden Fischsülze. In Perm, einem Ort, wo taktische SS-24- und SS-25-Raketen demontiert wurden, inspizierten wir zwei Meter vierzig hohe, leere Raketenhüllen im Zentrum der Anlage. Und wir schauten uns schweigend auch die massiven, schlanken, noch betriebsbereiten Raketen an, die jetzt sicher gelagert, aber einst auf europäische Städte gerichtet waren.

Und in einer stillen Wohngegend von Kiew erhielten wir eine Führung durch das ukrainische Äquivalent der amerikanischen Centers for Disease Control (Gesundheitsamt), ein bescheidenes dreistöckiges Gebäude, das wie das naturwissenschaftliche Labor einer Highschool aussah. An einem bestimmten Punkt der Führung, nachdem wir registriert hatten, dass in Ermangelung einer Klimaanlage Fenster geöffnet und die Türrahmen mit groben Metallstreifen gegen das Eindringen von Mäusen geschützt waren, wurden wir zu einem kleinen Kühlschrank geführt, der nur durch eine Schnur gesichert war. Eine Frau reiferen Alters, die einen Labormantel und einen Mundschutz trug, holte ein paar Reagenzgläser aus dem Kühlschrank, schwenkte sie vor meinem Gesicht hin und her und sagte etwas auf Ukrainisch.

»Das ist Milzbrand«, erklärte der Dolmetscher und zeigte auf das Glasröhrchen in der rechten Hand der Frau. »Und das«, sagte er und zeigte auf das in ihrer Linken, »ist die Pest.«

Ich sah mich um und merkte, dass Lugar sich nach hinten in den Raum zurückgezogen hatte.

»Wollen Sie sich das nicht genauer ansehen, Dick?«, fragte ich, während ich selbst ein paar Schritte zurückwich.

»War schon da, kenne ich schon«, sagte er grinsend.

Es gab Momente auf unserer Reise, in denen wir uns an den Kalten Krieg erinnert fühlten. Auf dem Flughafen in Perm zum Beispiel hielt uns ein blutjunger Grenzpolizist drei Stunden lang fest, weil wir ihn unser Flugzeug nicht durchsuchen lassen wollten, während unsere Stäbe die amerikanische Botschaft und das russische Außenministerium in Moskau mit Anrufen bombardierten. Insgesamt jedoch sprach das Meiste, was wir hörten und sahen, für die offensichtliche Unwiderruflichkeit der wirtschaftlichen, wenn nicht gar politischen Integration von Ost und West. Dies galt für den Calvin-Klein-Laden und den Maserati-Ausstellungsraum in der Einkaufsgalerie am Roten Platz; die Kolonne von SUVs, die vor einem Restaurant geparkt waren, gefahren von vierschrötigen Männern in schlecht sitzenden Anzügen, die einst vielleicht Türen für Funktionäre des Kreml geöffnet hatten, jetzt aber als Sicherheitsleute für einen von Russlands milliardenschweren Oligarchen arbeiteten, und es galt auch für die Massen mürrischer Teenager in T-Shirts und tief sitzenden Hosen, die miteinander Zigaretten und die Musik auf ihren iPods teilten, während sie über die eleganten Boulevards von Kiew schlenderten.

Ich hatte das Gefühl, dass diese neue Atmosphäre einer der Gründe war, warum Lugar und ich in den verschiedenen militärischen Einrichtungen so herzlich willkommen geheißen wurden. Von unserer Anwesenheit versprach man sich nicht nur Geld für Sicherheitssysteme, Umzäunungen, Bildschirme und dergleichen, sondern sie schien den Männern und Frauen, die in diesen Einrichtungen arbeiteten, auch zu signalisieren, dass sie immer noch eine wichtige Funktion erfüllten. Sie hatten Karriere gemacht und Auszeichnungen erhalten, weil sie Kriegswaffen perfektioniert hatten. Nun wachten sie über Relikte der Vergangenheit, und ihre Einrichtungen fanden kaum noch Beachtung in ihren Ländern, wo sich die Bevölkerung inzwischen vor allem darauf konzentrierte, schnelles Geld zu machen.

Ganz eindeutig hatte ich dieses Gefühl in Donezk, einer Industriestadt im Südosten der Ukraine, wo wir Zwischenstation machten, um eine Anlage zur Vernichtung konventioneller Waffen zu besichtigen. Die Einrichtung befand sich in einer ländlichen Gegend und war über eine Reihe schmaler Sträßchen zugänglich, die gelegentlich von Ziegenherden blockiert wurden. Der Direktor der Anlage, ein rundlicher, vergnügter Mann, der mich an den Delegierten eines Chicagoer Stadtviertels erinnerte, führte uns zu einer Reihe von düsteren, in verschiedenen Stadien des Verfalls befindlichen Lagerhäusern, wo Reihen von Arbeitern mit großem Geschick diverse Arten von Landminen und Panzermunition demontierten und die leeren Granatenhülsen zu schulterhohen, ungeordneten Haufen auftürmten. Laut dem Direktor wurde US-amerikanische Hilfe benötigt, weil die Ukraine nicht das Geld hatte, um all die Waffen zu verschrotten, die nach dem Kalten Krieg und dem Afghanistankrieg übrig waren. Bei dem Tempo, in dem bis jetzt gearbeitet werde, könne das Sichern und Unbrauchbarmachen dieser Waffen noch 60 Jahre dauern. Bis dahin würden die Waffen über das Land verstreut gelagert, oft in Schuppen, die nicht einmal durch ein Vorhängeschloss gesichert wären und wo sie Witterungseinflüssen nahezu schutzlos ausgesetzt seien. Dabei gehe es nicht nur um normale Munition, sondern auch um hochbrisante Sprengstoffe und schultergestützte Boden-Luft-Raketen – Kampfmittel, die leicht in die Hände somalischer Warlords, tamilischer Kämpfer in Sri Lanka oder irakischer Aufständischer gelangen könnten.

Während der Direktor sprach, betraten wir ein weiteres Gebäude, in dem Frauen mit Mundschutz an einem Tisch standen und aus verschiedenen Granaten den hochbrisanten Militärsprengstoff Hexogen entfernten und ihn in Säcke steckten.

In einem anderen Raum stieß ich auf zwei Männer in Unterhemden, die rauchend neben einem zischenden alten Boiler standen und die Asche in eine offene Abflussrinne schnippten, durch die orange gefärbtes Wasser floss. Einer aus unserem Team rief mich zu sich und zeigte mir ein vergilbtes Plakat an der Wand. Es sei ein Überbleibsel aus dem Afghanistankrieg: Instruktionen, wie man Sprengladungen in Spielzeug versteckte, das man in Dörfern herumliegen ließ, damit es von ahnungslosen Kindern mit nach Hause genommen wurde.

Ein Zeugnis menschlichen Wahnsinns, dachte ich.

Und ein Zeugnis, wie Imperien sich selbst zerstören.

Noch eine letzte Dimension der US-amerikanischen Außenpolitik muss hier diskutiert werden, und zwar die, welche mehr mit der Förderung des Friedens als mit der Vermeidung von Kriegen zu tun hat. In dem Jahr, als ich geboren wurde, sagte Präsident Kennedy in seiner Antrittsrede:

> Allen Menschen in den Hütten und Dörfern der halben Erde, die darum kämpfen, die Fesseln des Massenelends zu brechen, versprechen wir, dass wir unser Bestes tun werden, ihnen zu helfen, sich selbst zu helfen, wie lange Zeit dazu auch nötig sein mag. Nicht, weil das sonst die Kommunisten besorgen, nicht, weil wir möchten, dass sie für uns stimmen, sondern, weil es recht und billig ist. Wenn eine freie Gesellschaft den vielen, die arm sind, nicht helfen kann, kann sie auch die wenigen nicht retten, die reich sind.

Fünfundvierzig Jahre später gibt es dieses Massenelend immer noch. Wenn wir Kennedys Versprechen erfüllen (und damit unseren langfristigen Sicherheitsinteressen dienen) wollen, müssen wir mehr erreichen als nur den klugen Einsatz militärischer Macht. Wir müssen unsere Politik darauf anlegen, auf der ganzen Welt die Gebiete mit Unsicherheit, Armut und Gewalt zu verkleinern, und wir müssen dafür sorgen, dass mehr Menschen ein materielles Interesse an der neuen Weltordnung haben, von der wir ganz besonders profitieren.

Natürlich werden manche meine Grundprämisse bezweifeln, dass jedes globale System, das nach dem Vorbild Amerikas aufgebaut ist, das Elend in den armen Ländern vermindern kann. Für diese Kritiker ist die amerikanische Vorstellung dieses Systems (mit freiem Handel, offenen Märkten, ungehindertem Informationsfluss, Rechtsstaatlichkeit, demokratischen Wahlen und dergleichen) nur ein Ausdruck des amerikanischen Imperialismus, darauf angelegt, die billigen Arbeitskräfte und die Rohstoffe anderer Länder auszubeuten und nicht-westliche Kulturen mit dekadentem Gedankengut zu infizieren. Statt sich den amerikanischen Regeln zu unterwerfen, so die Kritiker, sollten andere Länder den amerikanischen Anstrengungen zur Ausweitung der amerikanischen Hegemonie Widerstand entgegensetzen. Sie sollten ihren eigenen Entwicklungswegen folgen und sich an linksgerichteten Populisten wie dem venezolanischen Staatspräsidenten Hugo Chavez oder an eher traditionsgebundenen Prinzipien der sozialen Organisation wie dem islamischen Gesetz orientieren.

Ich weise diese Kritik nicht von vornherein zurück. Schließlich wurde das gegenwärtige internationale System tatsächlich von Amerika und seinen Partnern im Westen entwickelt; es entspricht unserer Art, Dinge zu tun, an die sich die Welt in den letzten 50 Jahren gewöhnen musste (an unsere Buchhaltungsnormen, unsere Sprache, unseren Dollar, unser Urheberrecht, unsere Technologie, unsere Massenkultur). Während im Rahmen dieses internationalen Systems in den entwickelten Ländern insgesamt großer Reichtum entstand, wurden auch viele Menschen abgehängt, ein Übel, das westliche Politiker oft ignoriert und manchmal sogar noch verschärft haben.

Letztlich jedoch glaube ich, dass die Kritiker sich irren, wenn sie glauben, dass die Armen dieser Welt von einer Ablehnung der Ideale der freien Marktwirtschaft und der freiheitlichen Demokratie profitieren würden. Wenn Menschenrechtsaktivisten aus verschiedenen Ländern in mein Büro kommen und berichten, dass sie wegen ihrer Überzeugungen ins Gefängnis kamen oder gefoltert wurden, dann geschah dies keineswegs, weil sie als Vertreter der US-amerikanischen Macht gehandelt hätten. Wenn mein Vetter in Kenia darüber klagt, dass er nur Arbeit findet, wenn er einen Funktionär der herrschenden Partei besticht, dann nicht, weil er mit westlichen Ideen indoktriniert worden ist. Wer würde bezweifeln, dass die meisten Nordkoreaner lieber in Südkorea leben würden, wenn sie die Wahl hätten, und dass viele Kubaner es gern einmal mit Miami versuchen würden.

Kein Mann und keine Frau, egal welcher Kultur, lässt sich gerne tyrannisieren. Kein Mensch lebt gern in Furcht, nur weil er eine andere Meinung hat. Niemand leidet gern Hunger, niemand ist gern arm und niemand lebt gern in einem Wirtschaftssystem, in dem er für seine Leistungen nicht belohnt wird. Das System der freien Marktwirtschaft und der freiheitlichen Demokratie, das heute für den größten Teil der entwickelten Welt kennzeichnend ist, hat vielleicht den Fehler, dass die Mächtigen allzu oft ihre Interessen gegen die Ohnmächtigen durchsetzen. Doch dieses System wird ständig verändert und verbessert, und genau diese Offenheit für den Wandel ist der Grund, warum die marktwirtschaftlichen, freiheitlichen Demokratien den Menschen auf der ganzen Welt die besten Chancen auf ein besseres Leben bieten.

Die Herausforderung der US-amerikanischen Politik besteht also darin, darauf hinzuarbeiten, dass sich das internationale System in Richtung auf mehr Gleichheit, Gerechtigkeit und Wohlstand entwickelt, dass die Regeln, für die sich die USA einsetzen, sowohl ihren eigenen als auch den Interessen einer

Welt dienen, die um ihre Existenz kämpft. Bei diesen Bestrebungen sollten wir Amerikaner ein paar Grundregeln stets beachten. Erstens sollten wir denen misstrauen, die glauben, wir könnten im Alleingang andere Völker von der Tyrannei befreien. Ich stimme mit George W. Bush darin überein, dass es, wie er in seiner zweiten Antrittsrede gesagt hat, eine universale Sehnsucht nach Freiheit gibt. Aber es kam in der Geschichte nur selten vor, dass die ersehnte Freiheit durch die Intervention einer ausländischen Macht erkämpft wurde. Bei fast jeder erfolgreichen sozialen Bewegung des letzten Jahrhunderts, von Gandhis Kampagne gegen die britische Herrschaft in Indien über die Gewerkschaft Solidarität in Polen bis zum Kampf gegen die Apartheid in Südafrika war die Demokratisierung das Resultat eines lokalen Bewusstseinswandels.

Wir können andere dazu anregen und auffordern, ihre Freiheiten zu verteidigen; wir können auf internationalen Foren und durch internationale Abkommen Maßstäbe setzen, an denen sich andere orientieren können; wir können jungen Demokratien mit Geld dabei helfen, faire Wahlsysteme einzurichten oder unabhängige Journalisten auszubilden; und wir können Bürgerbeteiligung an politischen Entscheidungsprozessen zur Gewohnheit machen. Auch können wir uns für politische Führer einsetzen, deren Rechte missachtet werden. Und wir können wirtschaftlichen und diplomatischen Druck auf jene ausüben, die immer wieder gegen die Rechte ihrer eigenen Völker verstoßen.

Wenn wir jedoch die Demokratie mit der Macht aus den Gewehrläufen einführen wollen, wenn wir Geld in Parteien hineinpumpen, nur weil deren Wirtschaftspolitik uns US-freundlich erscheint, oder wenn wir dem Einfluss von Exilpolitikern wie Chalabi erliegen, deren politischer Ehrgeiz in krassem Gegensatz zu der minimalen Unterstützung steht, die sie in ihrem Heimatland genießen, dann bereiten wir unser eigenes

Scheitern vor. Wir machen es Diktaturen leicht, Demokrati-sierungsbestrebungen als von feindlichen Mächten gesteuert zu diskreditieren, und wir verzögern die mögliche Entstehung einer echten, im Lande selbst gewachsenen Demokratie.

Eine damit verknüpfte Einsicht besagt, dass Demokratie mehr bedeutet als nur Wahlen. Im Jahr 1941 sagte Roosevelt, dass er sich auf eine Welt freue, die sich auf vier wesentliche Freiheiten gründe: Redefreiheit, Glaubensfreiheit, Freiheit von Mangel und Freiheit von Furcht. Unsere eigene Erfahrung lehrt uns, dass die beiden letztgenannten Freiheiten (Freiheit von Mangel und Freiheit von Furcht) Voraussetzung für alle ande-ren Freiheiten sind. Für die Hälfte der Weltbevölkerung, etwa drei Milliarden Menschen, die von weniger als zwei Dollar pro Tag leben, ist eine Wahl bestenfalls ein Mittel, aber kein Ziel; ein Anfang, aber nicht die Rettung. Diese Menschen sehnen sich nicht nach dem formalen Recht auf Wahlen, sondern nach den Dingen, die die meisten von uns als Grundlage eines men-schenwürdigen Lebens betrachten: nach Nahrung, Unterkunft, Strom, nach einer elementaren Gesundheitsversorgung, nach einer Ausbildung für ihre Kinder und nach der Möglichkeit, ihr Leben zu leben, ohne ständig von Korruption, Gewalt und Machtmissbrauch gepeinigt zu werden. Wenn wir die Köpfe und Herzen der Menschen in Caracas, Jakarta, Nairobi oder Teheran gewinnen wollen, wird es nicht ausreichen, Wahlurnen aufzustellen. Die Vereinigten Staaten müssen dafür sorgen, dass die von ihnen propagierten internationalen Regeln das materiel-le und persönliche Sicherheitsgefühl der Menschen eher verbes-sern als beeinträchtigen.

Um das zu erreichen, sollten wir vielleicht zunächst einmal unser eigenes Verhalten kritisch betrachten. Zum Beispiel ver-langen die Vereinigten Staaten und andere entwickelte Länder ständig, dass die Entwicklungsländer Handelsschranken abbau-en, mit denen sie sich vor Wettbewerb schützen, während dieselben entwickelten Länder ihre eigenen Interessengruppen vor Importen schützen, mit denen arme Länder ihre Armut bekämpfen könnten. In unserem eifrigen Bestreben, die Patente amerikanischer Pharmakonzerne zu schützen, haben wir Ländern wie Brasilien die Möglichkeit genommen, Generika zur Aidsbekämpfung herzustellen, durch die Millionen Menschenleben gerettet werden könnten. Unter der Führung Washingtons hat der Internationale Währungsfond, der nach dem Zweiten Weltkrieg gegründet wurde, um Länder in höchster Not mit Krediten zu helfen, wiederholt Staaten, die sich wie Indonesien mitten in einer schweren Finanzkrise befanden, zu schmerzhaften Sanierungsmaßnahmen gezwungen. Durch diese Maßnahmen (starke Erhöhung der Zinssätze, Beschneidung der staatlichen Sozialausgaben, Abbau von Subventionen für Schlüsselindustrien) wurden die betroffenen Völker oft in großes Elend gestürzt – eine bittere Medizin, die wir Amerikaner uns vermutlich nur ungern selbst verabreicht hätten.

Eine andere Institution des internationalen Finanzsystems, die Weltbank, steht in dem Ruf, große, teure Projekte zu finanzieren, die für teure Gutachter und lokale Eliten mit guten internationalen Verbindungen sehr lukrativ sind, aber der normalen Bevölkerung kaum etwas bringen, obwohl diese die Folgen zu tragen hat, wenn die Kredite zurückbezahlt werden müssen. Tatsächlich haben Länder, die sich im gegebenen internationalen Finanzsystem erfolgreich entwickelt haben, die rigiden wirtschaftlichen Rezepte Washingtons manchmal ignoriert, indem sie ihre jungen Industrien schützten und eine aggressive Industriepolitik betrieben. Der IWF und die Weltbank müssen erkennen, dass es keine allgemein gültige Formel für die Entwicklung aller Länder gibt.

Es ist natürlich durchaus richtig, bei der Entwicklungshilfe für arme Länder eine Politik der »strengen Liebe« zu verfolgen. Zu viele Länder sind durch ein archaisches, manchmal sogar feudales Banken- und Eigentumsrecht behindert. In der Vergangenheit wurden allzu viele Hilfsgelder einfach nur von der Elite eines Entwicklungslands geschluckt und landeten auf Schweizer Bankkonten. Tatsächlich wurde in der internationalen Entwicklungshilfepolitik viel zu lang ignoriert, was für eine wichtige Rolle Rechtsstaatlichkeit und Transparenz bei der Entwicklung jedes Landes spielen. In einer Zeit, in der internationale Finanztransaktionen von verlässlichen, durchsetzbaren Verträgen abhängig sind, sollte man eigentlich erwarten, dass der Boom im globalen Handel gewaltige Rechtsreformen ausgelöst hätte. Tatsächlich jedoch haben Länder wie Indien, Nigeria und China jeweils zwei Rechtssysteme entwickelt – eines für Ausländer und Mitglieder der eigenen Elite und eines für normale Menschen, die um sozialen Aufstieg kämpfen.

Demgegenüber verharren Länder wie Somalia, Sierra Leone oder der Kongo eigentlich in der Rechtlosigkeit. Manchmal werde ich von Zynismus und Verzweiflung übermannt, wenn ich an die Leiden Afrikas denke: die Millionen Aids-Kranken, die ständigen Dürren und Hungersnöte, die Diktaturen, die allgegenwärtige Korruption, die Brutalität der zwölfjährigen Guerillakämpfer, die nichts anderes gelernt haben, als mit Macheten oder AK-47-Gewehren umzugehen. Aber dann fällt mir ein, dass ein Moskitonetz, das gegen Malaria schützt, nur drei Dollar kostet; dass die Neuinfektionen mit Aids in Uganda durch ein freiwilliges HIV-Testprogramm mit Kosten von drei bis vier Dollar pro Test beträchtlich reduziert wurden; dass das Massaker in Ruanda womöglich schon durch eine bescheidene internationale Reaktion (eine internationale Machtdemonstration oder die Einrichtung von Schutzzonen) hätte gestoppt werden können; und dass ehemalige Problemstaaten wie zum Beispiel Mosambik inzwischen wichtige Reformen durchgeführt haben.

Roosevelt hatte sicherlich Recht, als er sagte: »Als Volk können wir vielleicht stolz darauf sein, dass wir weichherzig sind, aber wir können es uns nicht leisten schwachköpfig zu sein.« Wir sollten nicht erwarten, dass wir Afrika helfen können, wenn es sich letztlich als unfähig erweisen sollte, sich selbst zu helfen. Aber es gibt positive Trends in Afrika, die häufig in den vielen verzweifelten Nachrichten untergehen: Die Demokratie breitet sich aus. In vielen Ländern gibt es Wirtschaftswachstum. Auf diese positiven Anzeichen müssen wir bauen und den Politikern und einfachen Leuten in Afrika helfen, die bessere Zukunft aufzubauen, nach der sie sich genau wie wir verzweifelt sehnen.

Außerdem lügen wir uns selbst in die Tasche, wenn wir glauben, dass »wir lernen müssen, gleichmütig zuzuschauen, wie andere sterben«, wie es ein Kommentator formulierte. Chaos gebiert Chaos; und Hartherzigkeit gegenüber Fremden hat die Tendenz, sich auch auf die eigenen Bürger auszudehnen. Wenn moralische Appelle uns nicht zum Handeln bringen, wenn ein Kontinent implodiert, dann gibt es sicher praktische Gründe, warum die Vereinigten Staaten und ihre Verbündeten sich um gescheiterte Staaten kümmern sollten, die ihr Territorium nicht beherrschen, Seuchen nicht bekämpfen können und durch Bürgerkrieg und Gräueltaten gelähmt sind. In einem solchen Zustand der Rechtlosigkeit haben die Taliban Afghanistan übernommen. Und im Sudan, wo heute ein schleichender Völkermord stattfindet, hatte bin Laden mehrere Jahre lang sein Lager aufgeschlagen. Auch der nächste Killervirus wird vermutlich im Elend irgendeines namenlosen Slums ausbrechen.

Natürlich sollten wir weder in Afrika noch anderswo derart schwierige Probleme allein in Angriff nehmen. Also sollten wir mehr Zeit und Geld zur Stärkung internationaler Institutionen einsetzen, damit sie einen Teil der Arbeit für uns leisten können. Doch leider haben wir das Gegenteil getan. Seit Jahren schlagen die Konservativen in den USA politisches Kapital aus den Problemen, die es bei den Vereinten Nationen gibt: der Heuchelei der Resolutionen, in denen nur Israel verurteilt wird, der kafkaesken Wahl von Ländern wie Simbabwe und Libyen in die Menschenrechtskommission der UN, oder, in jüngster Zeit, aus den Rückschlägen, die es bei dem Programm Öl-für-Lebensmittel im Irak gab.

Die Kritik ist berechtigt. Auf jede UN-Organisation, die, wie etwa die UNICEF, gute Arbeit leistet, kommen mehrere, die anscheinend nur Konferenzen abhalten, Berichte schreiben und einträgliche Posten für drittklassige internationale Beamte bieten. Doch diese Mängel sind weder ein Argument dafür, unser Engagement in den internationalen Organisationen zu reduzieren, noch dürfen sie als Ausrede für amerikanischen Unilateralismus dienen. Je effektiver die friedenserhaltenden Streitkräfte der UN im Umgang mit Bürgerkriegen und Religionskonflikten sind, desto weniger müssen wir in den Regionen, die wir gerne stabilisieren möchten, Weltpolizei spielen. Je glaubwürdiger die von der Internationalen Atomenergiebehörde gelieferten Informationen sind, desto leichter können wir Verbündete gewinnen, um zu verhindern, dass Schurkenstaaten in den Besitz von Atomwaffen gelangen. Je leistungsfähiger die Weltgesundheitsorganisation ist, desto unwahrscheinlicher wird es, dass wir selbst eine Grippe-Pandemie in unserem eigenen Land bekämpfen müssen. Kein Land hat bessere Gründe als die USA, die internationalen Institutionen zu stärken. Deshalb haben wir uns auch für ihre Gründung stark gemacht, und deshalb müssen wir die Führung bei ihrer Verbesserung übernehmen.

Schließlich will ich all jene, die sich darüber ärgern, wenn wir bei der Lösung brennender globaler Probleme mit unseren Verbündeten zusammenarbeiten, auf einen Bereich hinweisen, in dem wir absolut unilateral handeln und trotzdem unser Ansehen in der Welt verbessern können, nämlich indem wir unsere eigene Demokratie perfektionieren und mit gutem Beispiel vorangehen. Wenn wir weiterhin Dutzende Milliarden Dollar für Waffensysteme von zweifelhaftem Nutzen ausgeben, aber nicht bereit sind, die höchst verwundbaren Chemieanlagen in unseren wichtigen Ballungsräumen vor Angriffen zu schützen, wird es immer schwieriger, andere Länder zur Sicherung ihrer Atomkraftwerke zu bewegen. Wenn wir Verdächtige ohne Gerichtsverfahren zeitlich unbegrenzt internieren oder sie bei Nacht und Nebel in Länder ausfliegen, wo sie mit unserem Wissen gefoltert werden, schwächen wir damit unsere Fähigkeit, gegenüber despotischen Regimen auf die Beachtung der Menschenrechte und die Einführung rechtsstaatlicher Bedingungen zu pochen. Wenn wir es als reichstes Land der Welt, das 25 Prozent der weltweit verbrauchten fossilen Treibstoffe konsumiert, nicht schaffen, unsere Energiesparnormen wenigstens ein kleines bisschen zu verschärfen, um unsere Abhängigkeit von den saudi-arabischen Ölfeldern zu verringern und etwas gegen die schleichende Klimaerwärmung zu tun, werden wir schwerlich China überzeugen können, dass es nicht mit Öllieferanten wie dem Iran oder dem Sudan zusammenarbeiten soll. Auch können wir dann kaum eine gedeihliche Zusammenarbeit mit anderen Ländern erwarten, wenn es darum geht, Umweltprobleme zu lösen, die auch uns zu schaffen machen.

Die fehlende Bereitschaft der Vereinigten Staaten, harte Entscheidungen zu treffen und ihren eigenen Idealen gerecht zu werden, unterminiert nicht nur ihre Glaubwürdigkeit in den Augen der Welt. Sie unterminiert auch die Glaubwürdigkeit der amerikanischen Regierung beim amerikanischen Volk. Ob wir eine erfolgreiche Außenpolitik betreiben können, ist letztlich abhängig von unserem Umgang mit unseren bei weitem kostbarsten Ressourcen: dem amerikanischen Volk und dem System der Selbstregierung, das wir von unseren Gründern geerbt haben. Die Welt jenseits unserer Grenzen ist gefährlich und komplex; die Arbeit an ihrer Erneuerung wird lang und hart sein, und sie wird einige Opfer fordern. Die dafür notwendige Opferbereitschaft entsteht, wenn das amerikanische Volk voll und ganz begreift, vor welcher Wahl es steht; sie ist getragen von dem Vertrauen, das wir in unsere Demokratie haben. Roosevelt wusste das, als er nach dem Angriff auf Pearl Harbor sagte, dass »diese Regierung ihr Vertrauen in die Zähigkeit des amerikanischen Volkes setzen wird«. Truman hatte es begriffen, als er zusammen mit Dean Acheson das Committee for the Marshallplan gründete, das aus Konzernchefs, Freiberuflern, Arbeiterführern, Geistlichen und anderen bestand, die im ganzen Land für den Plan warben. Heute hat es den Anschein, als müsste die Führung der USA diese Lektion neu lernen.

Ich frage mich manchmal, ob Männer und Frauen tatsächlich in der Lage sind, aus der Geschichte zu lernen; ob wir uns von Stadium zu Stadium immer höher bewegen, oder ob wir einfach die Zyklen von Boom und Depression, Krieg und Frieden, Aufstieg und Niedergang durchlaufen. Auf derselben Reise, die mich nach Bagdad führte, fuhr ich auch eine Woche durch Israel und das Westjordanland, sprach mit Vertretern beider Seiten und vermaß geistig den Schauplatz so vieler Kämpfe. Ich sprach mit Juden, die ihre Eltern im Holocaust und ihre Brüder durch Selbstmordanschläge verloren hatten; ich hörte, wie Palästinenser von der Entwürdigung an den Kontrollpunkten berichteten und sich an das Land erinnerten, das sie verloren hatten. Ich flog mit dem Hubschrauber über die Grenze zwischen den beiden Völkern und stellte fest, dass ich die jüdischen nicht von den arabischen Städten unterscheiden konnte, die in den grünen, steinigen Hügeln allesamt wie zerbrechliche Vorposten wirkten. Auf einem Spazierweg oberhalb Jerusalems blickte ich auf die Altstadt hinab, auf den Felsendom, die Klagemauer und die Grabeskirche. Ich dachte über die 2000-jährige Geschichte von Krieg und Kriegsgefahr nach, für die dieser kleine Fleck Erde inzwischen steht, und ich fragte mich, ob es eine vergebliche Hoffnung ist, dass dieser Konflikt noch zu meinen Lebzeiten enden könnte, und ob Amerika mit all seiner Macht tatsächlich irgendeinen langfristigen Einfluss auf den Lauf der Welt nehmen kann.

Freilich halte ich mich nicht lange mit solchen Gedanken auf; es sind die Gedanken eines alten Mannes. So schwer die Arbeit auch sein mag, ich glaube, wir sind verpflichtet, uns um eine Friedensregelung im Nahen Osten zu bemühen, und zwar nicht nur zum Wohl der Menschen in der Region, sondern auch wegen der Sicherheit unserer Kinder.

Und vielleicht hängt das Schicksal der Welt nicht nur von den Ereignissen auf den Schlachtfeldern ab, vielleicht ist es genauso abhängig von der Arbeit, die wir in aller Stille dort tun, wo unsere Hilfe gebraucht wird. Ich weiß noch, wie ich die Nachrichten über den Tsunami sah, der Ostasien im Jahr 2004 heimsuchte – wie er die Städte an der indonesischen Westküste dem Erdboden gleichmachte und Tausende ins Meer hinausspülte. Und wie ich dann, in den Wochen danach, voller Stolz erlebte, dass die Amerikaner über eine Milliarde Dollar an privaten Hilfsgeldern spendeten und amerikanische Kriegsschiffe Tausende von Soldaten in die betroffenen Regionen brachten, um bei der Bewältigung der Katastrophe und dem Wiederaufbau zu helfen. Zeitungsberichten zufolge sagten 65 Prozent der befragten Indonesier, dass sie dank dieser Hilfe ein positiveres Bild von den Vereinigten Staaten gewonnen hätten. Ich bin nicht so naiv zu glauben, dass durch eine einzige Episode in der Folge einer Katastrophe Jahrzehnte des Misstrauens ausgelöscht werden könnten.

Aber es ist ein Anfang.

KAPITEL NEUN

Familie

Zu Beginn meines zweiten Jahres im Senat hatte sich in meinem Leben ein akzeptabler Rhythmus eingestellt. Ich verließ Chicago am Montagabend oder am frühen Dienstagmorgen, je nachdem, wie die Abstimmungen im Senat terminiert waren. In den Tagen danach widmete ich mich, abgesehen von täglichen Ausflügen in das Fitnessstudio des Senats und seltenen Mittag- oder Abendessen mit Freunden, einer überschaubaren Reihe von Aufgaben: Ausschusssitzungen, Abstimmungen, dem wöchentlichen Mittagessen mit der demokratischen Fraktion, Stellungnahmen im Senat, Reden, Fototerminen mit Praktikanten, Abendveranstaltungen für wohltätige Zwecke, der Beantwortung von Anrufen, meiner Korrespondenz, dem Studium von Gesetzen, dem Verfassen von Pressemitteilungen, dem Aufnehmen von Podcasts* und den Briefings durch meine Referenten, außerdem fungierte ich als Gastgeber beim Kaffeetrinken mit Wählern und nahm an einer endlosen Reihe von Sitzungen teil. Am Donnerstagnachmittag wurden wir vom Cloakroom** informiert, wann die letzte Abstimmung der Woche stattfinden würde, und zur festgesetzten Zeit stand ich im Sitzungssaal des Senats zusammen mit meinen Kollegen

---

* Podcasting bezeichnet das Bereitstellen von selbst produzierten Audiodateien (Podcasts) über das Internet im Format eines Weblogs. Der Begriff leitet sich ab vom englischen Wort »broadcasting« und dem Namen des weit verbreiteten MP3-Players iPod.
** Der demokratische und der republikanische »Cloakroom« (ehemalige Garderoben) neben dem Sitzungssaal des Senats dienen Parteimitgliedern als Versammlungsräume. Beide Cloakrooms haben einen eigenen Mitarbeiterstab, der über alle Sitzungstermine informiert ist.

Schlange und gab meine Stimme ab. Danach hastete ich in der Regel die Stufen des Kapitols hinunter in der Hoffnung, einen Flug zu erwischen, der mich nach Chicago bringen würde, bevor die Mädchen im Bett waren.

Trotz dieses hektischen Programms fand ich meine Arbeit faszinierend, obwohl sie mitunter auch frustrierend war. Im Gegensatz zur allgemeinen Wahrnehmung kommen im Senat nur etwa zwei Dutzend wichtige Gesetze pro Jahr zur namentlichen Abstimmung, und kaum eines davon wird von einem Mitglied der Minderheitspartei vorgelegt. Deshalb blieben die meisten meiner wichtigen Gesetzesinitiativen in den Ausschüssen hängen: so die Erneuerung staatlicher Schulen in bestimmten Bezirken; ein Plan, den US-amerikanischen Autoherstellern bei der Bezahlung ihrer Kosten für Pensionen und Gesundheitsfürsorge zu helfen, wenn sie als Gegenleistung den Kraftstoffverbrauch ihrer Produkte reduzierten; eine Erweiterung der Pell-Grant-Stipendien, damit einkommensschwache Studenten die steigenden Studiengebühren bezahlen konnten.

Andererseits gelang es mir dank der hervorragenden Arbeit meines Stabs, eine erkleckliche Menge von Gesetzeszusätzen durchzubekommen. Wir trugen dazu bei, dass Geldmittel für obdachlose Veteranen der Streitkräfte zur Verfügung gestellt wurden. Wir sorgten dafür, dass Tankstellen Steuererleichterungen bekamen, wenn sie Zapfsäulen mit E 85 (einem Kraftstoff aus 85 Prozent Ethanol und 15 Prozent Benzin) installierten. Wir erreichten, dass der Weltgesundheitsorganisation Mittel zur Verfügung gestellt wurden, um eine potenzielle Vogelgrippe-Pandemie zu überwachen. Wir brachten einen Gesetzeszusatz durch, der beim Wiederaufbau nach dem Hurrikan Katrina die Erteilung von Staatsaufträgen ohne öffentliche Ausschreibung verbot, damit die Opfer der Tragödie mehr Geld verdienen konnten. Keiner dieser Zusätze konnte das Land radikal verwandeln, aber ich war damit zufrieden, dass sie entweder einigen Menschen eine bescheidene Verbesserung brachten oder das amerikanische Recht so veränderten, dass es ein wenig ökonomischer, verantwortungsbewusster oder gerechter wurde.

Eines Tages im Februar war ich besonders guter Laune, weil ich gerade mit einer Anhörung über einen Gesetzentwurf von Dick Lugar und mir fertig war, der darauf abzielte, die Weiterverbreitung von Waffen und den illegalen Handel mit Waffen einzudämmen. Da Dick nicht nur der führende Experte des Senats für die Weiterverbreitung von Waffen, sondern auch der Vorsitzende des Außenausschusses war, schienen unsere Chancen gut, das Gesetz durchzubringen, und ich wollte die positive Neuigkeit mit jemandem teilen. Also rief ich von meinem Washingtoner Büro aus Michelle an und begann ihr den Sinn des Gesetzes zu erklären: dass schultergestützte Luftabwehrraketen den zivilen Luftverkehr bedrohen konnten, wenn sie in die falschen Hände gerieten, und dass große Vorräte an Handfeuerwaffen, die noch aus dem Kalten Krieg stammten, weiterhin in Konflikten rund um den Erdball zum Einsatz kamen. Michelle schnitt mir das Wort ab:

»Wir haben Ameisen.«

»Hä?«

»Ich habe Ameisen in der Küche gefunden. Und im Badezimmer im ersten Stock.«

»Tja …«

»Du musst morgen auf dem Heimweg ein paar Ameisenfallen kaufen. Ich würde sie ja selbst besorgen, aber ich habe mit den Mädchen einen Arzttermin nach der Schule. Kannst du das für mich tun?«

»Okay. Ameisenfallen.«

»Ameisenfallen. Vergiss es nicht, okay Liebling? Und kauf nicht bloß eine. Also, ich muss jetzt zu einer Besprechung. Tschüs, ich hab dich lieb.«

Ich legte auf und fragte mich, ob Ted Kennedy oder John McCain auf dem Heimweg von der Arbeit auch Ameisenfallen kauften.

Die meisten Leute, die meine Frau kennenlernen, kommen schnell zu dem Schluss, dass sie ein bemerkenswerter Mensch ist. Und sie haben Recht: Sie ist klug, witzig und absolut bezaubernd. Sie ist auch sehr schön, allerdings nicht auf eine Weise, die Männer als einschüchternd oder Frauen als irritierend empfinden; es ist die gelebte Schönheit einer Mutter und engagierten berufstätigen Frau, nicht die aufpolierte Schönheit, wie sie auf den Titelseiten von Hochglanzmagazinen gezeigt wird. Oft kommen Leute, die sie haben sprechen hören oder mit ihr an einem Projekt gearbeitet haben, auf mich zu und sagen: »Sie wissen, dass ich ungeheuer viel von Ihnen halte, Barack, aber Ihre Frau ... Wow!« Ich nicke dann, weil ich weiß, dass sie mich locker schlagen würde, wenn sie je gegen mich um ein öffentliches Amt kandidierte.

Zu meinem Glück würde Michelle nie in die Politik gehen. »Ich habe nicht genug Geduld«, sagt sie, wenn sie jemand danach fragt. Und wie immer sagt sie die Wahrheit.

Ich lernte Michelle im Sommer 1988 kennen, als wir beide bei Sidley & Austin arbeiteten, einer großen Kanzlei von Firmenanwälten mit Sitz in Chicago. Obwohl Michelle drei Jahre jünger ist als ich, war sie damals schon praktizierende Anwältin; sie hatte direkt nach dem College die juristische Fakultät von Harvard besucht. Ich war noch im ersten Jahr meines Jurastudiums und war als Sommerpraktikant eingestellt worden.

Ich steckte damals in einer schwierigen Übergangsperiode. Nach drei Jahren als Community Organizer hatte ich mich als Jurastudent eingeschrieben, und obwohl mir das Studium gefiel, hatte ich immer noch Zweifel an meiner Entscheidung. Ich hatte Angst, dass ich damit die Ideale meiner Jugend verraten und mich zu sehr mit den harten Realitäten von Macht und Geld arrangieren könnte – mit der Welt, wie sie war, und nicht mit der Welt, wie sie sein sollte. Dass ich in einer Kanzlei von Firmenanwälten arbeitete, ganz in der Nähe der Armenviertel, wo sich meine Freunde immer noch abrackerten, und doch so fern davon, verstärkte diese Angst noch. Aber meine Schulden zur Finanzierung meines Studiums stiegen rapide, und ich konnte es mir nicht leisten, die bezahlte Stelle, die Sidley mir für drei Monate anbot, abzulehnen. Also begab ich mich eines regnerischen Morgens Anfang Juni in die Kanzlei, nachdem ich mir die ersten drei Anzüge gekauft hatte, die je in meinem Kleiderschrank hingen, und ein neues Paar Schuhe, das eine halbe Nummer zu klein war und mich in den folgenden neun Wochen höllisch quälen sollte. Bei meiner Ankunft wurde ich in das Büro der jungen Anwältin geschickt, die mir für den Sommer als Beraterin zugeteilt worden war.

Ich kann mich nicht mehr an die Einzelheiten dieses ersten Gesprächs mit Michelle erinnern. Ich weiß noch, dass sie groß war (fast meine Größe, wenn sie Schuhe mit Absätzen trug) und hübsch, mit einer freundlichen, professionellen Art, die gut zu ihrem maßgeschneiderten Kostüm und ihrer maßgeschneiderten Bluse passte. Sie erklärte mir, wie die Arbeit in der Firma verteilt wurde, welche Spezialgebiete die verschiedenen Teams hatten und wie wir die Stunden aufschrieben, die wir abrechnen konnten. Nachdem sie mir mein Büro gezeigt und mich in der Bibliothek herumgeführt hatte, übergab sie mich an einen ihrer Kollegen und sagte, wir würden uns beim Mittagessen wieder sehen.

Später erzählte mir Michelle, sie sei angenehm überrascht gewesen, als ich in ihrem Büro erschien. Auf dem Automatenfoto, das ich der Kanzlei für ihre Akten geschickt hatte, sah meine Nase ein bisschen groß aus (noch riesiger als normal, wie Michelle manchmal sagte), und sie hatte den Sekretärinnen, die mich während meines Bewerbungsgesprächs gesehen hatten, nicht so recht geglaubt, als sie sagten, ich sei hübsch. »Ich dachte, die wären von jedem schwarzen Mann beeindruckt, der einen Anzug und eine Stelle hat«, sagte Michelle. Aber auch wenn sie beeindruckt gewesen sein sollte, ließ sie es mich bei unserem ersten gemeinsamen Mittagessen keineswegs merken. Ich erfuhr, dass sie in der South Side in einem kleinen Bungalow aufgewachsen war, unmittelbar nördlich der Gegend, in der ich als Organizer gearbeitet hatte. Ihr Vater war Pumpenfahrer bei der Stadt, und ihre Mutter war Hausfrau gewesen, bis die Kinder groß waren, und arbeitete nun als Sekretärin bei einer Bank. Michelle hatte die Bryn Mayer Public Elementary School besucht, war dann auf die Whitney Young Magnet School gegangen und schließlich ihrem Bruder nach Princeton gefolgt, der ein Star in der Baseballmannschaft der Uni gewesen war. Bei Sidley gehörte sie der Abteilung Urheberrecht an und war auf die Unterhaltungsindustrie spezialisiert. Irgendwann, sagte sie, werde sie vielleicht einen Umzug nach Los Angeles oder New York in Erwägung ziehen müssen, um in ihrem Beruf vorwärtszukommen.

Oh, Michelle war voller Pläne an jenem Tag. Sie war auf der Überholspur und hatte, wie sie sagte, keine Zeit für Zerstreuungen, und schon gar nicht für Männer. Doch sie lachte viel, ein helles, lockeres Lachen, und ich merkte, dass sie es nicht allzu eilig hatte, wieder zurück ins Büro zu kommen. Außerdem war da noch etwas, ein seltsamer Schimmer in ihren runden, dunklen Augen, immer wenn ich sie ansah, ein winziger Hauch von Unsicherheit, als ob sie tief in ihrem Inneren wüsste, wie zerbrechlich die Dinge in Wirklichkeit waren und dass sich all ihre Pläne leicht in Luft auflösen konnten, wenn sie sich auch nur einen Moment gehen ließ. Dieser Hauch von Verwundbarkeit berührte mich irgendwie. Ich wollte diesen Teil von ihr kennenlernen.

In den folgenden paar Wochen sahen wir uns jeden Tag: in der juristischen Bibliothek oder in der Cafeteria oder bei einem der vielen Ausflüge, die eine Anwaltskanzlei für ihre Sommerpraktikanten organisiert, um sie davon zu überzeugen, dass das Leben eines Juristen nicht nur aus endlosem Aktenstudium besteht. Sie nahm mich auch auf ein oder zwei Partys mit, wobei sie meine nicht gerade perfekte Garderobe taktvoll übersah und mich sogar an ein paar von ihren Freundinnen zu verkuppeln versuchte. Aber sie wollte nicht mit mir alleine ausgehen. Das gehöre sich nicht, weil sie meine Beraterin sei.

»Das ist eine schwache Ausrede«, sagte ich. »Was für Ratschläge geben Sie mir denn schon? Sie zeigen mir, wie der Kopierer funktioniert. Sie sagen mir, welche Restaurants ich ausprobieren soll. Ich glaube nicht, dass die Partner der Kanzlei ein privates Treffen als Bruch der Firmenregeln betrachten würden.«

Sie schüttelte den Kopf. »Tut mir leid.«

»Okay, dann kündige ich. Wie gefällt Ihnen das? Sie sind meine Beraterin. Sagen Sie mir, bei wem ich kündigen kann.«

Schließlich kriegte ich sie doch herum. Nach einem Firmenpicknick fuhr sie mich zurück zu meiner Wohnung, und ich kaufte uns bei dem Baskin-Robbins auf der anderen Straßenseite ein Eis. Wir setzten uns auf den Randstein und aßen unser Eis in der drückenden Nachmittagshitze, und ich erzählte ihr, dass ich als Teenager bei der Eiscafé-Kette gearbeitet habe und wie schwer es gewesen sei, mit der braunen Schürze und der braunen Mütze cool auszusehen. Sie erzählte mir, dass sie als Kind etwa zwei oder drei Jahre lang nichts anderes gegessen habe als Erdnussbutter und Gelee. Ich sagte, dass ich ihre Familie gern kennenlernen würde. Sie sagte, das würde ihr gefallen.

Ich fragte, ob ich sie küssen dürfe. Es schmeckte nach Schokolade.

Wir waren den Rest des Sommers zusammen. Ich erzählte ihr von meiner Tätigkeit als Organizer und von meinem Leben in Indonesien und wie es ist, wenn man ohne Brett surft. Sie erzählte mir von den Freunden, die sie als Kind gehabt hatte, und von einer Reise nach Paris in der Highschool und welche Songs von Stevie Wonder ihr am besten gefielen.

Aber erst nachdem ich ihre Angehörigen getroffen hatte, begann ich sie wirklich zu verstehen. Wie sich herausstellte, war ein Besuch im Haushalt der Robinsons, als hätte es einen auf den Set der Fernsehserie *Leave it to Beaver* verschlagen. Da war Frasier, der nette, gutmütige Vater, der keinen einzigen Arbeitstag versäumte und immer zuschaute, wenn sein Sohn ein Ballspiel hatte. Da war Marian, die hübsche, vernünftige Mutter, die Geburtstagskuchen buk, Ordnung im Haus hielt und ehrenamtlich in der Schule gearbeitet hatte, um dafür zu sorgen, dass ihre Kinder sich gut benahmen und die Lehrer taten, was sie tun sollten. Da war Craig, der Baseballstar, groß und freundlich und höflich und witzig, der als Investmentbanker arbeitete, aber hoffte, eines Tages Trainer zu werden. Und da waren haufenweise Onkel und Tanten und Vettern und Basen, die vorbeikamen und am Küchentisch saßen und aßen, bis sie beinahe platzten, und aufregende Geschichten erzählten und Großvaters alte Jazzplatten anhörten und lachten bis tief in die Nacht hinein.

Nur ein Hund hätte noch gefehlt. Aber Marian wollte nicht, dass ein Hund ihr das Haus verwüstete.

Noch eindrucksvoller war dieses beispielhafte häusliche Glück aufgrund der Tatsache, dass die Robinsons mit einer Härte fertig werden mussten, wie man sie zur besten Sendezeit kaum je im Fernsehen sieht. Es gab natürlich die üblichen Rassenprobleme: die begrenzten Berufschancen, die Michelles Eltern als Heranwachsende im Chicago der fünfziger und sechziger Jahre gehabt hatten; der rassenorientierte Wohnraumverkauf und die Panikmache, die weiße Familien aus dem Viertel vertrieben hatte; die zusätzliche Energie, die schwarze Eltern aufbringen mussten, weil sie weniger verdienten als Weiße und weil die Viertel der

Schwarzen durch mehr Gewalt auf den Straßen, verwahrloste Spielplätze und schlechte Schulen geprägt waren.

Aber die Familie Robinson war von einer besonderen Tragödie betroffen. Mit dreißig, in seinen besten Jahren, war bei Michelles Vater Multiple Sklerose diagnostiziert worden, und in den folgenden 25 Jahren hatte sich sein Zustand immer mehr verschlechtert. Trotzdem hatte er die Verpflichtungen gegenüber seiner Familie ohne eine Spur von Selbstmitleid erfüllt. Er nahm sich jeden Morgen eine zusätzliche Stunde Zeit, um zur Arbeit zu kommen, musste sich bei jeder körperlichen Tätigkeit (vom Autofahren bis zum Zuknöpfen eines Hemds) besonders anstrengen und lächelte und scherzte trotzdem, während er sich abmühte. Zuerst hatte er nur gehinkt, doch am Ende brauchte er zwei Stöcke, wenn er mit Schweißperlen auf dem kahl werdenden Kopf über ein Feld ging, um seinem Sohn bei einem Spiel zuzuschauen, oder durch das Wohnzimmer, um seiner Tochter einen Kuss zu geben.

Nach unserer Hochzeit erklärte mir Michelle, welchen Tribut ihre Familie wegen der Krankheit ihres Vaters stillschweigend gezahlt hatte. Was für eine schwere Last Michelles Mutter hatte tragen müssen. Wie bewusst das ganze Familienleben eingeschränkt worden war, weil selbst der kleinste Ausflug sorgfältig hatte geplant werden müssen, um Probleme oder Peinlichkeiten zu vermeiden. Und wie furchtbar ungerecht ihnen das Leben hinter all dem Lächeln und Lachen erschienen war.

Bei meinen ersten Besuchen sah ich jedoch nur das Glück im Haus der Robinsons. Bei einem Menschen wie mir, der seinen Vater kaum gekannt hatte, der den größten Teil seines Lebens ständig umgezogen war und dessen Blutsverwandte in alle Winde verstreut waren, weckte das Haus, das Frasier und Marian Robinson für sich und ihre Kinder gebaut hatten, eine Sehnsucht nach Stabilität und ein Gefühl der Geborgenheit am rechten Ort. Bis dahin hatte ich gar nicht gewusst, dass ich diese Gefühle empfinden konnte. Umgekehrt eröffnete sich für Michelle durch mein Leben mit seinen Abenteuern und Risiken und Reisen in exotische Länder vielleicht ein neuer Horizont, den sie vor unserer Ehe nicht gesehen hatte.

Sechs Monate nachdem Michelle und ich uns kennengelernt hatten, starb ihr Vater an Komplikationen nach einer Nierenoperation. Ich flog zurück nach Chicago und stand an seinem Grab, und Michelle lehnte ihren Kopf an meine Schulter. Als der Sarg in die Grube gesenkt wurde, versprach ich Frasier Robinson, dass ich mich um sein Mädchen kümmern würde. Ich erkannte, dass sie und ich auf eine unausgesprochene, tastende Weise bereits zu einer Familie wurden.

Heutzutage wird viel über den Niedergang der amerikanischen Familie gesprochen. Konservative behaupten, die traditionelle Familie sei durch Hollywoodfilme und Schwulenparaden gefährdet. Linksliberale führen wirtschaftliche Faktoren von stagnierenden Löhnen bis zu ungenügender Kinderbetreuung an, die die Familie immer mehr belasten. Unsere Massenmedien nähren solche Ängste durch Geschichten von Frauen, die sich für immer dem Singledasein verschrieben haben, von Männern, die sich nicht mehr dauerhaft binden wollen, und von Teenagern, die sich notorisch mit sexuellen Eskapaden vergnügen. Nichts scheint mehr so stabil, wie es früher war; alle unsere Rollen und Beziehungen werden angeblich zur Disposition gestellt.

Angesichts dieser überspannten Panikmache ist es vielleicht angebracht, erst einmal auf Distanz zu gehen und sich daran zu erinnern, dass die Institution der Ehe keineswegs bald verschwinden wird. Es mag zutreffen, dass die Zahl der geschlossenen Ehen seit den fünfziger Jahren stetig sinkt, aber ein Teil dieses Rückgangs ist darauf zurückzuführen, dass immer mehr Amerikaner später heiraten, weil sie zuerst einen Beruf erlernen oder ein Studium abschließen wollen. Auch heute noch haben es 89 Prozent der Frauen und 83 Prozent der Männer, wenn sie fünfundvierzig sind, mindestens einmal mit einer Ehe versucht. Auch werden 67 Prozent der amerikanischen Familien von verheirateten Paaren versorgt, und die große Mehrheit der Amerikaner betrachtet immer noch die Ehe als die beste Grundlage für Intimität, wirtschaftliche Stabilität und die Versorgung und Erziehung von Kindern.

Trotzdem lässt sich nicht bestreiten, dass sich das Wesen der Familie in den letzten 50 Jahren verändert hat. Auch wenn die Scheidungsrate seit ihrem Höhepunkt in den späten siebziger und frühen achtziger Jahren wieder um 21 Prozent gesunken ist, wird die Hälfte aller ersten Ehen immer noch geschieden. Im Vergleich zu unseren Großeltern haben wir eine tolerantere Einstellung zu vorehelichem Sex, haben häufiger Beziehungen ohne Trauschein und leben öfter allein. Außerdem ist es heute viel wahrscheinlicher als früher, dass Kinder nicht in traditionellen Haushalten aufwachsen; bei 60 Prozent aller Scheidungen sind auch Kinder betroffen, 33 Prozent aller Kinder werden unehelich geboren, und 34 Prozent aller Kinder wohnen nicht bei ihrem leiblichen Vater.

All diese Trends sind bei Afroamerikanern besonders ausgeprägt, was sie betrifft, kann man tatsächlich sagen, dass die Kernfamilie kurz vor dem Zusammenbruch steht. Seit 1950 fiel der Anteil der verheirateten schwarzen Frauen von 62 auf 32 Prozent. Zwischen 1960 und 1995 sank die Zahl der schwarzen Kinder, die bei ihren verheirateten Eltern leben, um über die Hälfte; heute leben 54 Prozent aller afroamerikanischen Kinder im Vergleich zu etwa 23 Prozent aller weißen Kinder bei allein erziehenden Eltern.

Für Erwachsene zumindest hat diese Entwicklung sowohl negative als auch positive Folgen. Untersuchungen zufolge sind verheiratete Paare gesünder, wohlhabender und glücklicher als Singles, aber niemand behauptet, dass es Männern oder Frauen guttäte, wenn sie in schlechten oder von Gewalt und Missbrauch geprägten Ehen gefangen sind. Auf jeden Fall ist es sinnvoll, dass immer mehr Amerikaner später heiraten. Nicht nur braucht man in der heutigen Informationsgesellschaft mehr Zeit für die Ausbildung, sondern Studien haben auch ergeben, dass Paare, die erst mit Ende zwanzig oder Anfang dreißig heiraten, sich seltener scheiden lassen als solche, die jünger heiraten.

Wie auch immer diese Trends sich auf Erwachsene auswirken, für Kinder sind sie eher schlecht. Viele allein erziehende Mütter (einschließlich meiner eigenen) leisten heroische Arbeit für ihre Sprösslinge. Trotzdem leben Kinder von allein erziehenden Müttern viel häufiger in Armut als Kinder in Haushalten mit beiden Elternteilen. Auch brechen Kinder mit nur einem Elternteil öfter die Schule ab und werden häufiger schon als Teenager selbst Mutter oder Vater, und zwar auch dann, wenn der Faktor Einkommen herausgerechnet wird. Außerdem lassen die vorliegenden Daten vermuten, dass es Kindern, die bei ihren verheirateten leiblichen Eltern leben, besser geht als solchen, die bei Stiefeltern oder unverheirateten Partnern leben.

Angesichts dieser Fakten ist eine Politik richtig, die darauf abzielt, die Ehe bei denen zu stärken, die sich für diese Lebensform entscheiden, und unbeabsichtigte Schwangerschaften außerhalb der Ehe möglichst zu verhindern. Zum Beispiel besteht weitgehend Einigkeit darüber, dass verheiratete Paare weder durch die Sozialhilfeprogramme der amerikanischen Bundesregierung noch durch das Steuerrecht benachteiligt werden sollten; diejenigen Aspekte der unter Clinton verabschiedeten Sozialhilfereform und der von Bush geplanten Steuerreform, die die Nachteile für Verheiratete reduzieren, finden in beiden Parteien starke Unterstützung.

Dasselbe gilt auch für die Verhinderung von Schwangerschaften bei Teenagern. Es besteht große Übereinstimmung, dass durch eine Teenagerschwangerschaft sowohl die Mutter als auch das Kind zahlreichen Risiken ausgesetzt werden. Seit 1990 ist die Zahl der Teenagerschwangerschaften um 28 Prozent gefallen, ganz gewiss eine sehr gute Nachricht. Trotzdem stammt fast ein Viertel der unehelich geborenen Kinder immer noch von Teenagern, und bei unter 20-jährigen Müttern ist die Wahrscheinlichkeit, dass sie noch weitere uneheliche Kinder bekommen, größer als bei älteren. Programme auf kommunaler Ebene, die erwiesenermaßen geeignet sind, ungewollte Schwangerschaften (sei es durch Ermunterung zu sexueller Abstinenz oder durch Anleitung zum Gebrauch von Verhütungsmitteln) zu verhindern, verdienen deshalb breite Unterstützung.

Schließlich haben erste Untersuchungen gezeigt, dass Workshops zur Schulung von Ehepaaren signifikant dazu beitragen, dass verheiratete Paare zusammenbleiben und unverheiratete Paare sich für eine langfristige Bindung entscheiden. Den Zugang zu solchen Workshops (vielleicht in Kombination mit beruflicher Fortbildung und Stellenvermittlung, medizinischer Überwachung und anderen bereits verfügbaren Dienstleistungen) auch für einkommensschwache Paare zu ermöglichen, sollte ebenfalls ein weitgehend konsensfähiger Ansatz sein.

Vielen Konservativen gehen solche vernünftigen Ansätze jedoch nicht weit genug. Sie wollen zurück in eine längst vergangene Ära, in der außereheliche Sexualität als Schande galt und bestraft wurde, in der es viel schwieriger war als heute, sich scheiden zu lassen, und in der eine Ehe nicht nur persönliche Erfüllung bedeutete, sondern auch von klar definierten sozialen Rollen für Mann und Frau geprägt war. Jede Regierungspolitik, die sich gegenüber dem, was diese Konservativen als unmoralisches Verhalten betrachten, neutral verhält oder es gar zu belohnen scheint, entwertet ihrer Ansicht nach den Bund der Ehe, gleichgültig, ob sie jungen Leuten den Zugang zu Verhütungsmitteln erleichtert oder eheähnliche Verbindungen zwischen gleichgeschlechtlichen Partnern rechtlich anerkennt. Nach

Ansicht der Konservativen bringt uns jede solche Politik einer »schönen neuen Welt« einen Schritt näher, in der die Unterschiede zwischen den Geschlechtern verschwunden sind. Sex ist in dieser Welt nur noch ein Vergnügen, die Ehe ist verzichtbar, Mutterschaft ist eine Unbequemlichkeit, und die Zivilisation selbst ist auf Sand gebaut.

Ich kann das Bedürfnis verstehen, in einer Gesellschaft, die ständig im Fluss ist, ein gewisses Maß an Ordnung aufrechtzuerhalten. Und ich finde es absolut berechtigt, wenn Eltern ihre Kinder vor Einflüssen schützen wollen, die sie für schädlich halten. Ich habe oft denselben Impuls, wenn ich die Texte mancher Songs höre, die im Radio gespielt werden.

Insgesamt jedoch habe ich wenig Sympathie für jene, die den Staat in die Pflicht nehmen wollen, um eine bestimmte Sexualmoral durchzusetzen. Wie die meisten Amerikaner bin ich der Ansicht, dass Entscheidungen über Sexualität, Ehe, Scheidung und Schwangerschaft zutiefst persönlich sind und zum absoluten Kernbereich unseres Systems der individuellen Freiheit gehören. Wenn anderen durch solche persönliche Entscheidungen beträchtlicher Schaden zugefügt werden kann, wie es etwa bei Kindsmissbrauch, Inzest, Bigamie, häuslicher Gewalt oder der Verweigerung von Unterhaltszahlungen der Fall ist, hat die Gesellschaft das Recht und die Pflicht einzugreifen. (Wer die Überzeugung teilt, dass ein Fötus schon als Person zu betrachten ist, wird auch die Abtreibung zu dieser Kategorie zählen.) Darüber hinaus jedoch habe ich nicht das Bedürfnis, dass der Präsident, der Kongress oder eine Behörde der Regierung regulieren, was in den amerikanischen Schlafzimmern passiert.

Außerdem glaube ich nicht, dass wir die Familie stärken, wenn wir Menschen durch Einschüchterung oder Zwang dazu bringen, jene Beziehungen einzugehen, die unserer Ansicht nach am besten für sie sind, oder wenn wir Menschen bestrafen, die unserem Verständnis von anständigem Sexualverhalten nicht gerecht werden. Ich will junge Leute dazu ermutigen, mehr Ehrfurcht vor Sexualität und Intimität zu haben, und alle Eltern, Kirchengemeinden und kommunalen Projekte, die diese Botschaft vermitteln, haben meine volle Zustimmung. Aber ich bin nicht bereit, ein Mädchen im Teenageralter zu einem lebenslangen mühseligen Existenzkampf zu verdammen, indem ich ihr den Zugang zu Verhütungsmitteln verweigere. Ich will, dass Paare verstehen, dass die Werte Hingabe und Opferbereitschaft zu einer Ehe gehören. Aber ich bin nicht bereit, die Macht des Gesetzes einzusetzen, um Paare gegen ihren freien Willen aneinander zu fesseln.

Vielleicht finde ich die Wege des menschlichen Herzens einfach zu vielfältig und mein eigenes Leben zu wenig perfekt, um mich zum moralischen Schiedsrichter über andere aufzuschwingen. Ich weiß, dass Michelle und ich in den 14 Jahren unserer Ehe niemals über das Privatleben anderer Leute gestritten haben.

Dagegen streiten wir immer wieder darüber, wie wir Beruf und Familie so unter einen Hut bringen können, dass es für Michelle gerecht und für die Kinder gut ist. Und wir sind nicht die Einzigen, die sich solchen Konflikten stellen müssen. In den sechziger Jahren waren Haushalte wie der, in dem Michelle aufwuchs, die Norm: In über 60 Prozent der Haushalte war die Mutter »nur« Hausfrau und der Vater Alleinverdiener.

Heute ist es umgekehrt. Bei 70 Prozent der Familien mit Kindern arbeiten beide Elternteile, oder der Haushaltsvorstand ist allein erziehend und arbeitet. Das Ergebnis ist das, was Karen Kornbluh, die Direktorin für politische Strategie und Expertin für Arbeit und Familie in meinem Stab, die »Jonglierfamilie« nennt. In einer solchen Familie kämpfen beide Eltern darum, die Rechnungen zu bezahlen, die Kinder zu beaufsichtigen, den Haushalt zu führen und ihre Beziehung aufrechtzuerhalten. All diese Bälle in der Luft zu halten, fordert seinen Tribut auf Kosten des Familienlebens. Karen erklärte diesen Sachverhalt, als sie noch Direktorin des Work and Family Programs bei der New America Foundation war und vor dem Unterausschuss Kinder und Familie des Senats Folgendes feststellte:

Die Amerikaner haben heute pro Woche 22 Stunden weniger Zeit für ihre Kinder als 1969. Millionen von Kindern werden Tag für Tag einer Tagesbetreuung ohne staatliche Zulassung anvertraut oder mit dem Fernseher als Babysitter allein zu Hause gelassen. Arbeitende Mütter verlieren fast eine Stunde Schlaf pro Tag durch den Versuch, das alles zu kompensieren. Neuere Daten zeigen, dass Eltern mit Kindern im Schulalter, wenn sie nicht über flexible Arbeitszeit und nicht über verlässliche Kinderbetreuung verfügen, starke Stresssymptome aufweisen – Stress, der Einfluss auf ihre Produktivität und Arbeitsleistung hat.

Klingt das nicht vertraut?

Viele Konservative meinen, die Flut von Frauen, die aus der Familie auf den Arbeitsmarkt kommt, sei eine direkte Folge der feministischen Ideologie. Deshalb meinen sie, dass die Entwicklung wieder umgekehrt werden könne, wenn die Frauen nur zur Besinnung kämen und ihre alten Rollen wieder ausfüllten. Es stimmt tatsächlich, dass Vorstellungen von der Gleichberechtigung der Frau eine wichtige Rolle bei der Transformation der Arbeitswelt gespielt haben. In den Augen der meisten Amerikaner ist die Tatsache, dass Frauen inzwischen die Chance haben, Karriere zu machen, wirtschaftlich unabhängig zu werden und ihre Begabung genauso auszureizen wie die Männer, einer der großen Fortschritte des modernen Lebens.

Bei der durchschnittlichen amerikanischen Frau ist die Entscheidung für die Berufsarbeit jedoch keineswegs auf einen

Bewusstseinswandel zurückzuführen. Ihr geht es darum, finanziell über die Runden zu kommen.

Sehen wir den Tatsachen ins Auge: In den letzten 30 Jahren ist das Durchschnittseinkommen des amerikanischen Mannes inflationsbereinigt um weniger als 1 Prozent gestiegen, während die Kosten für alles, von der Wohnung über die Gesundheitsversorgung bis zur Bildung, stetig gestiegen sind. Was einen großen Teil der amerikanischen Familien vor dem Abstieg aus der Mittel- in die Unterschicht bewahrt hat, war tatsächlich Mammis Lohn. In ihrem Buch *The Two Income Trap* weisen Elizabeth Warren und Amelia Tyagi darauf hin, dass das Zusatzeinkommen, das Mütter nach Hause bringen, keineswegs für Luxusgüter ausgegeben wird. Vielmehr wird es fast vollständig für Dinge ausgegeben, die die Eltern als Investitionen in die Zukunft ihrer Kinder betrachten: für die Vorschulerziehung, für das College und vor allem für eine Unterkunft in einem sicheren Viertel mit einer guten staatlichen Schule. Tatsächlich hat die durchschnittliche Doppelverdienerfamilie wegen dieser Fixkosten und den zusätzlichen Kosten durch die Arbeit der Mutter (insbesondere für die Kinderbetreuung und einen Zweitwagen) weniger frei verfügbares Einkommen (und ist finanziell schlechter abgesichert) als eine Familie mit nur einem Ernährer vor 30 Jahren.

Ist es also für eine durchschnittliche Familie möglich, wieder von einem einzigen Einkommen zu leben? Nicht, wenn alle anderen Familien in ihrer Nachbarschaft zwei Einkommen haben und auf diesem Einkommensniveau um Wohnung, Schule und College konkurrieren. Warren und Tyagi zeigen, dass eine durchschnittliche Familie mit nur einem Ernährer, die heute versuchte, den Lebensstil der Mittelschicht aufrechtzuerhalten, 60 Prozent weniger frei verfügbares Einkommen hätte, als eine solche Familie 1970 gehabt hätte. Mit anderen Worten, die meisten Familien müssten in einem weniger sicheren Viertel leben und ihre Kinder in einer weniger konkurrenzfähigen Schule anmelden, wenn die Mutter zu Hause bliebe.

Für diese Möglichkeit wollen sich die meisten Amerikaner nicht entscheiden. Stattdessen tun sie unter den gegebenen Umständen ihr Bestes, weil sie wissen, dass die Art von Haushalt, in dem sie aufgewachsen sind (die Art von Haushalt, in dem Frasier und Marian Robinson ihre Kinder aufzogen), viel schwerer zu finanzieren ist.

Sowohl die Männer als auch die Frauen müssen sich diesen neuen Realitäten anpassen. Es ist jedoch schwer, Michelle zu widerlegen, wenn sie darauf beharrt, dass die Belastung in der modernen Familie für die Frauen größer ist.

In den ersten paar Jahren unserer Ehe machten Michelle und ich den für alle Paare typischen Anpassungsprozess durch: Wir lernten, die Stimmungen unseres Partners zu erkennen und die Eigenarten und Gewohnheiten des ständig anwesenden Fremden zu akzeptieren. Michelle stand gerne früh auf und konnte nach zehn Uhr abends kaum noch die Augen offen halten. Ich war eine Nachteule und konnte in der ersten halben Stunde nach dem Aufstehen ein bisschen mürrisch (oder, wie Michelle meinte, gemein) sein. Und ich verkroch mich abends oft in meinem Büro im hintersten Zimmer unserer Wohnung, vermutlich weil ich damals an meinem ersten Buch arbeitete und weil ich den größten Teil meines Lebens als Einzelkind verbracht hatte. Ich fand das normal, aber Michelle fühlte sich deshalb oft einsam. Außerdem vergaß ich nach dem Frühstück fast immer die Butter in den Kühlschrank zu stellen und die Brottüte mit dem kleinen Band zu verschließen, während Michelle massenhaft Strafzettel für falsches Parken kassierte.

In der Regel jedoch waren diese frühen Jahre von ganz normalen gemeinsamen Vergnügungen geprägt: Kino, Abendessen mit Freunden, hin und wieder ein Konzertbesuch. Wir hatten beide viel zu tun. Ich arbeitete als Anwalt für eine kleine Bürger-rechtskanzlei und hatte begonnen, an der juristischen Fakultät der University of Chicago zu unterrichten. Michelle hatte ihr Anwaltsbüro verlassen und arbeitete zunächst für das Chicagoer Department of Planning und trat dann eine Stelle als Leiterin des Chicagoer Büros von Public Allies an, einer gemeinnützigen Organisation, die junge Talente sucht und fördert. Unsere gemeinsame Zeit wurde noch knapper, als ich für einen Sitz im Senat von Illinois kandidierte. Aber obwohl ich immer wieder längere Zeit abwesend war und obwohl Michelle eine Abneigung gegen Politik hatte, unterstützte sie meine Entscheidung. »Ich weiß, dass du das tun willst«, sagte sie. An den Abenden, die ich in Springfield verbrachte, sprachen und lachten wir am Telefon miteinander. Wir tauschten uns über die lustigen und frustrierenden Ereignisse unserer getrennt verbrachten Tage aus, und ich schlief zufrieden ein, weil ich wusste, dass wir uns liebten.

Dann, am 4. Juli, dem amerikanischen Unabhängigkeitstag, wurde Malia geboren, ein richtiges Feiertagskind, ganz ruhig und wunderschön, mit großen, hypnotischen Augen, die die Welt zu verstehen schienen, sobald sie das Licht der Welt erblickt hatte. Malia kam für uns beide zum idealen Zeitpunkt auf die Welt: Der Senat von Illinois hatte Sommerpause, und ich musste im Sommer nicht lehren, also konnte ich alle Abende zu Hause verbringen; Michelle hatte eine Teilzeitstelle an der University of Chicago angenommen, damit sie mehr Zeit für das Baby hatte, und ihre neue Arbeit begann erst im Oktober. Drei zauberhafte Monate lang machten wir jeden erdenklichen Wirbel um unsere Neugeborene, schauten ständig in das Bettchen, um zu prüfen, ob die Kleine noch atmete, brachten sie mit allen Tricks zum Lachen, sangen ihr Lieder vor und machten so viele Fotos, dass wir allmählich Sorgen bekamen, ob das Blitzlicht ihren Augen schadete.

Plötzlich waren unsere verschiedenen Biorhythmen ganz praktisch: Während Michelle ihren wohlverdienten Schlaf bekam, blieb ich bis ein oder zwei Uhr morgens auf, wechselte die Windeln, machte Muttermilch warm und gab Malia das Fläschchen, spürte ihren warmen Atem an meiner Brust, wenn ich sie in den Schlaf wiegte, und überlegte, was sie wohl träumte.

Dann kam der Herbst. Meine Kurse begannen wieder, die Parlamentsferien waren zu Ende, und Michelle trat ihre neue Stelle an. Jetzt war unsere Beziehung deutlich belastet. Ich war oft drei Tage hintereinander weg, und selbst wenn ich in Chicago war, hatte ich manchmal Sitzungen am Abend oder musste Arbeiten korrigieren oder Schriftsätze verfassen. Michelle wiederum stellte fest, dass ein Teilzeitjob die seltsame Eigenschaft hat, mehr als die vorgesehene Zeit in Anspruch zu nehmen. Wir fanden eine wunderbare Tagesmutter, die Malia übernahm, wenn wir bei der Arbeit waren. Aber als wir plötzlich eine Vollzeitangestellte bezahlen mussten, wurde das Geld knapp.

Müde und gestresst, wie wir waren, hatten wir kaum mehr Zeit für Gespräche, von romantischen Abenden ganz zu schweigen. Als ich meine unglückliche Kandidatur für den Sitz im Repräsentantenhaus erklärte, tat Michelle erst gar nicht so, als sei sie glücklich über die Entscheidung. Auch dass ich nach dem Frühstück nie die Küche aufräumte, war plötzlich nicht mehr nur eine liebenswerte Schwäche. Wenn ich mich morgens hinunterbeugte, um Michelle zum Abschied zu küssen, bekam ich nur noch die Wange. Als Sasha geboren wurde (genauso schön und fast so ruhig wie ihre Schwester), konnte meine Frau ihre Wut auf mich nur noch mühsam unterdrücken.

»Du denkst nur an dich«, sagte sie. »Ich wollte nie eine allein erziehende Mutter werden.«

Solche Vorwürfe taten mir weh. Ich fand, dass Michelle unfair war. Schließlich zog ich nicht jeden Tag mit meinen Kumpeln durch die Kneipen. Ich verlangte kaum etwas von Michelle. Ich erwartete nicht, dass sie meine Socken stopfte oder das Essen auf dem Tisch stand, wenn ich heimkam. Wann immer ich konnte, sprang ich bei den Kindern ein. Als Gegenleistung wollte ich nur ein bisschen Zärtlichkeit. Stattdessen wurden mir lange Listen mit Dingen vorgelegt, die ich tun musste oder vergessen hatte zu tun. Ich musste über jedes Detail unserer Haushaltsführung endlos verhandeln, und Michelle war fast immer sauer auf mich. Ich erinnerte sie daran, dass wir im Vergleich zu den meisten anderen Familien unglaubliches Glück hatten. Und ich erinnerte sie auch daran, dass ich sie und die Mädchen trotz all meiner Fehler über alles in der Welt liebte. Meine Liebe musste genügen, fand ich. Meiner Ansicht nach hatte Michelle überhaupt keinen Grund, sich zu beschweren.

Erst lange Zeit später, als die größte Belastung vorbei war und die Kinder in der Schule waren, wurde mir allmählich bewusst, dass Michelle damals all die Kämpfe durchgemacht hatte, die für die arbeitenden Mütter von heute so typisch sind. Gleichgültig, für wie modern ich mich hielt, und gleichgültig, wie sehr ich mir auch einredete, dass Michelle und ich gleichberechtigte Partner und ihre Pläne genauso wichtig wie meine eigenen seien, sobald die Kinder kamen, war es Michelle und nicht ich, von der die unerlässliche Anpassung gefordert wurde. Ich half natürlich, aber immer zu meinen Bedingungen und nach meinem Zeitplan. Sie war diejenige, deren berufliche Karriere stagnierte. Sie war diejenige, die dafür sorgen musste, dass die Kinder gefüttert und jeden Abend gebadet wurden. Wenn Malia oder Sasha krank wurden oder der Babysitter nicht kam, war es in aller Regel Michelle, die bei ihrer Arbeitsstelle anrufen und eine Besprechung absagen musste.

Aber nicht nur das ewige Hin und Her zwischen ihrer Arbeit und den Kindern machte Michelle das Leben schwer. Auch dass sie das Gefühl hatte, weder den einen noch den anderen Job richtig zu machen, schlauchte sie. Diese Einschätzung entsprach natürlich nicht der Realität: Ihre Arbeitgeber schätzten sie sehr, und alle machten ihr Komplimente, was für eine gute Mutter sie sei. Ich selbst erkannte jedoch mit der Zeit, dass in ihrem Innern zwei Selbstbilder miteinander im Zwist lagen: die Sehnsucht, eine Frau wie ihre Mutter zu sein, solide, verlässlich, häuslich und immer für die Kinder da, und die Sehnsucht, im Beruf Großes zu leisten, ihre Spur in der Welt zu hinterlassen und all die Pläne zu verwirklichen, die sie schon gehabt hatte, als wir uns zum ersten Mal trafen.

Letztlich schreibe ich es Michelles Stärke zu, ihrer Bereitschaft, diese Spannungen zu ertragen und für mich und die Kinder Opfer zu bringen, dass wir diese schwierige Zeit überstanden haben. Aber wir verfügten auch über Ressourcen, die viele andere amerikanische Familien nicht haben. Zunächst einmal übten wir beide Berufe aus, in denen wir unsere Terminpläne im Notfall ändern (oder einfach einen Tag freimachen) konnten, ohne damit unseren Arbeitsplatz zu gefährden. 57 Prozent der amerikanischen Arbeiter können sich diesen Luxus nicht leisten. Die meisten können nicht einfach frei nehmen, um ein Kind zu versorgen, sie verlieren dann Geld oder müssen einen regulären Urlaubstag nehmen. Eltern, die versuchen, ihren Terminplan auf die Kinder abzustimmen, müssen oft Teilzeit arbeiten, ohne Aufstiegschancen und mit wenig oder gar keinen Sozialleistungen.

Michelle und ich verdienten auch genug, um alle Dienstleistungen in Anspruch zu nehmen, die Doppelverdienern die Elternschaft erleichtern: eine verlässliche Kinderbetreuung; einen zusätzlichen Babysitter, immer wenn er gebraucht wird; Essen zum Mitnehmen aus dem Restaurant, wenn man nicht die Zeit oder die Energie zum Kochen hat; eine Putzkraft, die einmal in der Woche das Haus sauber macht; und eine private Vorschule und Tagesfreizeiten im Sommer, sobald die Kinder groß genug waren. Für die meisten amerikanischen Familien sind solche Hilfen unerschwinglich. Insbesondere die Kosten für die Tagesbetreuung sind abschreckend hoch.

Schließlich hatten Michelle und ich auch noch meine Schwiegermutter Marian. Sie wohnt nur 15 Minuten von uns entfernt in dem Haus, in dem Michelle aufgewachsen ist. Marian ist Ende sechzig, sieht aber zehn Jahre jünger aus, und als Michelle letztes Jahr wieder anfing, Vollzeit zu arbeiten, reduzierte ihre Mutter ihre Arbeitszeit bei der Bank, damit sie die Kinder von der Schule abholen und sie am Nachmittag betreuen konnte. Viele amerikanische Familien haben keine solche Hilfe zur Verfügung; ja bei vielen ist die Situation sogar umgekehrt: Ein Mitglied der Familie muss zusätzlich zu allen anderen Pflichten auch noch einen alten Elternteil betreuen.

Natürlich steht es nicht in der Macht des amerikanischen Staates, jeder Familie eine wunderbare, gesunde, quasi im Ruhestand befindliche Schwiegermutter zu garantieren, die auch noch in der Nähe wohnt. Aber wenn uns intakte Familien wirklich so wichtig sind, können wir politische Maßnahmen ergreifen, die das Jonglieren mit Elternschaft und Beruf ein bisschen leichter machen. Wir können damit anfangen, dass wir für alle, die sie brauchen, eine gute Kinderbetreuung zur Verfügung stellen. Die Kinderbetreuung in den USA ist eine unkalkulierbare Angelegenheit. Eine verbesserte Ausbildungs- und Zulassungspraxis bei der Tagesbetreuung, eine Erweiterung der Steuergutschriften des Bundes und der Einzelstaaten für Kinder und der gestaffelten Unterstützung für bedürftige Familien, all dies würde Arbeiterfamilien und Familien aus der Mittelschicht ihren Alltag ein wenig erleichtern und wegen geringerer Fehlzeiten auch ihren Arbeitgebern nutzen.

Es ist ebenfalls an der Zeit, unsere Schulen umzustrukturieren, nicht nur, weil immer mehr Eltern arbeiten, sondern auch, um unsere Kinder besser auf eine Welt vorzubereiten, die stärker konkurrenzgeprägt ist als früher. Zahllose Studien bestätigen den Nutzen einer guten Vorschulerziehung: Deshalb wird sie sogar von Familien, bei denen ein Elternteil zu Hause ist, oft in Anspruch genommen. Dasselbe gilt auch für längere Schultage, Sommerunterricht und Programme nach der Schule. Es würde Geld kosten, allen Kindern Zugang zu diesen Leistungen zu verschaffen, aber im Rahmen einer breiten Schulreform sollte unsere Gesellschaft bereit sein, diese Kosten zu tragen.

Vor allem müssen wir mit den Arbeitgebern zusammenarbeiten, um die Flexibilität am Arbeitsplatz zu erhöhen. Die Regierung Clinton hat mit dem Family and Medical Leave Act (FMLA) einen Schritt in die richtige Richtung gemacht, aber weil das Gesetz nur unbezahlten Urlaub vorsieht und nur für Betriebe mit über 50 Beschäftigten gilt, hilft es den meisten amerikanischen Arbeitnehmern nicht. Auch ist der Widerstand der Unternehmer gegen einen gesetzlich vorgeschriebenen bezahlten Urlaub, zum Teil wegen der befürchteten negativen Auswirkungen auf Kleinunternehmen, sehr heftig, obwohl in allen anderen reichen Ländern mit einer Ausnahme irgendeine Form von bezahltem Elternurlaub möglich ist.

Mit etwas Kreativität sollten wir jedoch in der Lage sein, dieses Hindernis zu überwinden. In Kalifornien wurde kürzlich ein Gesetz vorgelegt, nach dem der bezahlte Urlaub aus Mitteln der Erwerbsunfähigkeitsversicherung bezahlt wird, sodass die Kosten nicht allein von den Arbeitgebern getragen werden müssen.

Auch den Eltern könnten wir mehr Flexibilität verschaffen, damit sie ihren Alltag besser bewältigen können. Heute schon bieten viele größere Unternehmen offiziell flexible Arbeitszeiten an. Sie berichten, dass sich die Moral ihrer Angestellten dadurch verbessert hat und die Mitarbeiterfluktuation geringer geworden ist. In Großbritannien wird zurzeit ein neuer Ansatz zur Lösung des Problems erprobt: Im Rahmen der sehr populären »Work-Life Balance Campaign« haben Eltern mit Kindern unter sechs Jahren das Recht, bei ihrem Arbeitgeber schriftlich eine Änderung ihrer Arbeitszeiten zu beantragen. Die Arbeitgeber sind nicht verpflichtet, dem Antrag stattzugeben, aber sie müssen die Sache mit ihren Beschäftigten besprechen, und bis jetzt hat ein Viertel aller in Frage kommenden Eltern für sich familienfreundlichere Arbeitszeiten ausgehandelt, ohne dass ihre Produktivität gesunken wäre. Durch eine Kombination solcher innovativer Maßnahmen mit fachmännischer Hilfe und der Förderung eines größeren öffentlichen Problembewusstseins kann der Staat Unternehmen dabei helfen, die Lage ihrer Beschäftigten mit minimalen Kosten zu verbessern.

Natürlich braucht sich keine Familie durch solche Maßnahmen davon abhalten lassen, dass ein Elternteil trotz der notwendigen finanziellen Opfer zu Hause bleibt. Für manche Familien bedeutet dies vermutlich, dass sie auf bestimmte materielle Annehmlichkeiten verzichten müssen. Für andere kann es bedeuten, dass sie ihre Kinder zu Hause unterrichten oder in eine billigere Wohngegend ziehen müssen. Bei einigen Familien wird vielleicht auch der Vater zu Hause bleiben, obwohl in den meisten Familien immer noch die Mutter die meisten Betreuungsfunktionen übernimmt.

Wie auch immer die Entscheidung im Einzelfall ausfällt, sie sollte auf jeden Fall Anerkennung finden. Wenn die Konservativen in einem Punkt Recht hatten, dann in dem, dass der außerordentliche finanzielle und emotionale Beitrag (die Opfer und die schlichte harte Arbeit) einer Mutter, die zu Hause bleibt, in unserer modernen Gesellschaft manchmal nicht genug Anerkennung findet. Unrecht haben die Konservativen, wenn sie darauf bestehen, dass die traditionelle Rolle naturgegeben ist – das beste oder einzige Modell der Mutterschaft. Ich will, dass meine Töchter selbst die Wahl treffen können, was für sie und ihre Familien das Beste ist. Ob sie diese Wahl haben werden, hängt nicht nur von ihren eigenen Anstrengungen und Einstellungen ab. Wie Michelle mich gelehrt hat, wird es auch davon abhängen, ob die Männer – und die amerikanische Gesellschaft – ihre Entscheidung respektieren und mittragen.

»Hi Daddy.«

»Hey, Süße.«

Es ist Freitagnachmittag, und ich bin früh nach Hause gekommen, um auf die Kinder aufzupassen, während Michelle zum Friseur geht. Als ich Malia auf den Arm nehme, sehe ich, dass ein blondes Mädchen bei uns in der Küche sitzt und mich durch seine übergroße Brille mustert.

»Wer ist das?«, frage ich und setze Malia ab.

»Das ist Sam. Wir haben einen Spieltermin.«

»Hi Sam.« Ich strecke Sam die Hand hin, und sie zögert einen Moment, bevor sie sie ergreift und unsicher schüttelt. Malia verdreht die Augen.

»Hör mal, Daddy … Kindern gibt man nicht die Hand. Du hast es vielleicht noch nicht gemerkt, aber wir leben im 21. Jahrhundert.« Malia schaut Sam an, die ein Grinsen unterdrückt.

»Ja was tut man denn im 21. Jahrhundert?«

»Man sagt einfach: ›Hey.‹ Manchmal winkt man auch. Das ist so ziemlich alles.«

»Aha. Ich hoffe, ich habe euch nicht in Verlegenheit gebracht.«

Maila lächelt. »Schon in Ordnung, Daddy. Du hast es ja nicht gewusst. Du bist eben daran gewöhnt, dass du Erwachsenen die Hand schüttelst.«

»Das stimmt. Wo ist deine Schwester?«

»Sie ist oben.«

Ich gehe nach oben, wo ich Sasha in Unterwäsche und in einem rosa Top vorfinde. Sie zieht mich zu sich herunter und umarmt mich, und dann sagt sie, dass sie keine geeigneten

Shorts findet. Ich schaue nach und finde blaue Shorts ganz oben in ihrer Kommode.

»Wie wär's damit?«

Sasha runzelt die Stirn, nimmt mir die Hose widerstrebend ab und zieht sie an. Ein paar Minuten später klettert sie mir auf den Schoß.

»Diese Shorts sind unbequem, Daddy.«

Wir gehen wieder zu Sashas Kommode, und ich finde weitere Shorts, ebenfalls blau. »Wie wär's mit denen?«, frage ich.

Sasha runzelt wieder die Stirn. Wie sie so dasteht, sieht sie aus wie eine 90 Zentimeter große Version ihrer Mutter.

Malia und Sam kommen herein und beobachten das Geschehen.

»Sasha mag weder die einen noch die anderen Shorts«, klärt mich Malia auf.

Ich frage Sasha, warum. Sie schaut mich prüfend an, versucht mich einzuschätzen.

»Rosa und blau passen nicht zusammen«, sagt sie schließlich.

Malia und Sam kichern. Ich versuche, streng zu sein, wie Michelle es in einer solchen Situation wahrscheinlich wäre, und sage Sasha, sie solle die Shorts trotzdem anziehen. Sie tut, was ich sage, aber ich merke, dass sie es nur mir zuliebe tut.

Meine Töchter nehmen es mir nicht ab, wenn ich den harten Mann spiele.

Wie viele Männer von heute bin auch ich ohne einen Vater im Haus aufgewachsen. Meine Mutter und mein Vater ließen sich scheiden, als ich erst zwei war, und den größten Teil meines Lebens kannte ich ihn nur aus seinen Briefen und den Geschichten, die meine Mutter und meine Großeltern erzählten. Es gab Männer in meinem Leben: einen Stiefvater, mit dem wir vier Jahre zusammenlebten, und meinen Großvater, der zusammen mit meiner Großmutter den Rest der Zeit half, mich aufzuziehen. Beide waren gute Männer, die mich liebevoll behandelten. Aber meine Beziehung zu ihnen war naturgemäß unvollständig. Bei meinem Stiefvater war dies auf die begrenzte Dauer der Beziehung und seine natürliche Zurückhaltung zurückzuführen. Und meinem Großvater stand ich zwar sehr nahe, aber er war zu alt und auch zu unglücklich, um mich stark zu prägen.

Also waren es Frauen, die meinem Leben Gewicht gaben: meine Großmutter, die die Familie mit ihrem unbeirrbar praktischen Wesen über Wasser hielt, und meine Mutter, die meinem Leben und dem meiner Schwester mit ihrer Liebe und ihrem klaren Geist eine klare Richtung gab. Wegen dieser beiden Frauen hat mir nie etwas Wichtiges gefehlt. Von ihnen habe ich die Werte, die mich bis heute leiten.

Trotzdem wurde mir, als ich älter wurde, klar, wie hart es für meine Mutter und meine Großmutter gewesen sein muss, uns aufzuziehen, ohne eine starke männliche Persönlichkeit im Haus zu haben. Und ich spürte auch die Wunde, die das Fehlen des Vaters bei einem Kind hinterlassen kann. Ich kam zu dem Schluss, dass die Verantwortungslosigkeit meines Vaters gegenüber seinen Kindern, die Distanziertheit meines Stiefvaters und die Fehler meines Großvaters allesamt warnende Beispiele für mich waren und ich selbst für meine Kinder ein Vater sein wollte, auf den sie sich verlassen konnten.

Auf der fundamentalsten Ebene ist mir das gelungen. Meine Ehe ist intakt, und für meine Familie ist gesorgt. Ich besuche Elternabende und Tanzstunden, und meine Töchter schwelgen in meiner Bewunderung. Und doch zweifle ich im Gegensatz zu allen anderen Bereichen meines Lebens an meinen Fähigkeiten als Ehemann am meisten.

Mir ist klar, dass ich damit nicht der Einzige bin; auf einer bestimmten Ebene plagen mich dieselben widersprüchlichen

Gefühle, die auch andere Väter haben, wenn sie sich angesichts des rapiden Wandels der Volkswirtschaft und der Werte zu behaupten versuchen. Das Bild des typischen Vaters der fünfziger Jahre, der seine Familie mit einem Achtstundenjob ernährt, der jeden Abend am Familientisch das von seiner Frau zubereitete Essen isst, der eine Kinderfußballmannschaft trainiert und daheim mit Elektrowerkzeugen hantiert, ist genau wie das Bild der Hausfrau und Mutter immer noch ein mächtiges Vorbild in unserer Gesellschaft, obwohl eine solche Existenz immer schwerer zu realisieren ist. Viele Männer von heute sind frustriert oder gar beschämt, weil sie nicht in der Lage sind, ihre Familie allein zu ernähren. Und man muss kein ökonomischer Determinist sein, um die Ansicht zu vertreten, dass die hohe Arbeitslosigkeit und die niedrigen Löhne bei afroamerikanischen Männern eine Teilursache dafür sind, dass sie sich als Väter so wenig engagieren und so selten heiraten.

Für arbeitende Männer haben sich die Beschäftigungsbedingungen geändert und für arbeitende Frauen genauso. Gleichgültig, ob die Väter als Fließbandarbeiter oder in einem akademischen Beruf arbeiten, es wird von ihnen erwartet, dass sie mehr Zeit für den Beruf aufwenden als früher. Und diese Verschärfung der Arbeitsverhältnisse tritt genau zu dem Zeitpunkt auf, an dem von den Vätern erwartet wird (und viele dies auch von sich aus wollen), dass sie auch im Leben ihrer Kinder eine größere Rolle spielen, als ihre eigenen Väter es taten.

Aber auch wenn ich nicht der Einzige bin, der unter der Kluft zwischen der idealen Vaterschaft in seinem Kopf und der von Kompromissen geprägten Vaterschaft in seinem Leben leidet, befreit mich das nicht von dem Gefühl, dass ich meiner Familie nicht immer alles gebe, was ich könnte. Am letzten Vatertag wurde ich gebeten, zu den Mitgliedern der Salem Baptist Church in der South Side von Chicago zu sprechen. Ich hatte keinen vorbereiteten Text, sondern sprach frei über das Thema

»Was nötig ist, um ein wirklich erwachsener Mann zu sein«. Ich vertrat die Ansicht, es sei an der Zeit, dass Männer im Allgemeinen und schwarze Männer im Besonderen keine Ausreden mehr erfinden, um sich vor den Aufgaben in ihren Familien zu drücken. Ich ermahnte die Männer unter meinen Zuhörern, dass Vater sein mehr bedeutet, als ein Kind auf dem Arm zu haben, dass selbst Männer, die physisch anwesend sind, gefühlsmäßig abwesend sein können; dass wir uns, gerade weil viele von uns keinen Vater im Haus hatten, doppelt anstrengen müssen, um den Teufelskreis zu durchbrechen; und dass wir, wenn wir von unseren Kindern viel verlangen, von uns selbst noch mehr verlangen müssen.

Wenn ich daran denke, was ich damals gesagt habe, frage ich mich, ob ich eigentlich meinen eigenen Ermahnungen gerecht werde. Schließlich muss ich im Gegensatz zu vielen Männern, die mir damals zuhörten, nicht zwei Jobs haben oder in der Nachtschicht arbeiten, um genug Essen auf den Tisch zu bringen. Ich hätte eine Stelle finden können, bei der ich jeden Abend hätte zu Hause sein können. Oder ich hätte eine Arbeit finden können, bei der ich mehr Geld verdiente, sodass die langen Arbeitszeiten immerhin dadurch gerechtfertigt gewesen wären, dass meine Familie messbar davon profitiert hätte, etwa weil Michelle ihre Arbeitszeit hätte reduzieren können oder weil wir ein Vermögen für die Kinder hätten anhäufen können.

Stattdessen habe ich ein Leben mit einem lächerlichen Terminplan gewählt, ein Leben, bei dem ich Michelle und die Kinder lange Zeiträume allein lassen und Michelle alle Arten von Stress zumuten muss. Ich kann mich damit trösten, dass ich in einem weiteren Sinn auch für Malia und Sasha Politiker bin, dass sie wegen meiner Arbeit in einer besseren Welt leben werden. Aber solche Rationalisierungen wirken schwach und schmerzlich abstrakt, wenn ich wegen einer Abstimmung ein Schulfest der Kinder versäume oder wenn ich Michelle anrufen muss, um ihr zu sagen, dass die Sitzungsperiode verlängert worden ist und wir unseren Urlaub verschieben müssen. Tatsächlich ist mein jüngster Erfolg in der Politik kaum geeignet, meine Schuldgefühle zu dämpfen. Wie Michelle mir einmal nur halb im Scherz sagte, ist es vielleicht irgendwie nett, wenn man das Bild seines Vaters zum ersten Mal in der Zeitung sieht, aber wenn das pausenlos der Fall ist, wird es wahrscheinlich irgendwann peinlich.

Und so gebe ich mir alle Mühe, die Vorwürfe zu entkräften, die mir im Kopf herumgehen: dass ich selbstsüchtig bin, dass ich tue, was ich tue, um mein eigenes Ego zu befriedigen oder um eine Leere in meinem Herzen zu füllen. Wenn ich in der Stadt bin, versuche ich, zum Abendessen daheim zu sein, damit mir Malia und Sasha von ihrem Tag erzählen können, damit ich ihnen vorlesen und ihnen die Bettdecke feststecken kann. Und ich versuche, keine Auftritte auf den Sonntag zu legen. Im Sommer gehe ich am Sonntag mit den Kindern in den Zoo oder ins Schwimmbad, und im Winter gehen wir vielleicht in ein Museum oder ins Aquarium. Ich weise meine Kinder freundlich, aber bestimmt zurecht, wenn sie sich schlecht benehmen, und versuche sowohl ihren Konsum von Fernsehen als auch von Junkfood in Grenzen zu halten. Bei alledem werde ich von Michelle unterstützt, auch wenn ich mich hin und wieder wie ein Eindringling fühle, weil ich durch meine häufige Abwesenheit ein Stück weit das Recht verspielt habe, mich in die Welt einzumischen, die sie aufgebaut hat.

Was die Mädchen betrifft, so gedeihen sie allem Anschein nach, obwohl ich so häufig abwesend bin. Das spricht vor allem für Michelles erzieherische Fähigkeiten; sie scheint bei Malia und Sasha eine absolut glückliche Hand zu haben: die Fähigkeit, klare Grenzen zu setzen, ohne je erstickend zu wirken. Sie hat außerdem dafür gesorgt, dass sich der Alltag der Kinder durch meine Wahl in den Senat nicht allzu sehr verändert hat, obwohl das, was heute in der amerikanischen Mittelschicht als eine normale Jugend gilt, sich offenbar genauso sehr verändert hat wie die Elternschaft. Vorbei die Zeit, als Eltern ihre Kinder einfach zum Spielen hinaus in den Park schickten und ihnen nur sagten, sie sollten zum Abendessen wiederkommen. Heute, mit all den Berichten über Entführungen in den Nachrichten und angesichts der weit verbreiteten Haltung, alles mit Misstrauen zu betrachten, was spontan ist oder vielleicht sogar ein kleines bisschen nach Faulheit riecht, ist der Terminkalender der Kinder oft fast so voll wie der ihrer Eltern. Es gibt Spieltermine, Ballettstunden, Gymnastikkurse, Tennisstunden, Klavierstunden, Fußballmannschaften und anscheinend jede Woche eine Geburtstagsparty. Ich erzählte Malia einmal, dass ich während meiner ganzen Kindheit und Jugend nur zwei Geburtstagspartys besucht habe. Sie wurden jeweils mit fünf oder sechs Kindern gefeiert, es gab einen Kuchen, und wir trugen spitze Hütchen. Sie sah mich genauso an, wie ich meinen Großvater angesehen hatte, wenn er von der Depression erzählte: mit einer Mischung aus Faszination und Ungläubigkeit.

Es bleibt Michelle überlassen, alle Aktivitäten der Kinder zu koordinieren, was sie mit der Effizienz eines Generals tut. Wenn ich kann, biete ich meine Hilfe an, und das ist ihr durchaus recht, obwohl sie sehr darauf achtet, mich nicht zu überfordern. Einen Tag vor Sashas Geburtstagsparty im vergangenen Juni erhielt ich den Auftrag, 20 Ballons, genügend Pizza für zwanzig Kinder und Eis zu besorgen. Das schien leicht zu bewältigen, und als Michelle sagte, sie werde »Goody Bags« besorgen, um sie am Ende des Fests zu verteilen, sagte ich, das könne ich doch auch noch übernehmen.

Sie lachte und sagte: »Goody Bags sind zu schwierig für dich. Lass dir die Sache erklären: Du musst in die Party-Abteilung eines Spielzeugladens gehen und die Tüten aussuchen. Dann musst du auswählen, was in die Tüten hineinkommt, und in den

Tüten der Jungen muss etwas anderes sein als in den Tüten der Mädchen. Du würdest eine Stunde lang in den Regalen herumsuchen, und dann würde dir der Kopf explodieren.«

Nach diesem Gespräch hatte nicht mehr so viel Selbstvertrauen wie zuvor und ging ins Internet. Ich fand in der Nähe des Fitnessstudios, in dem die Party stattfinden sollte, einen Laden, der Ballons verkaufte, und eine Pizzeria, die versprach, die Pizza um 15.45 Uhr zu liefern. Als die Gäste am folgenden Tag eintrafen, waren die Ballons an ihrem Platz, und die Saftkartons lagen auf Eis. Ich saß bei den anderen Eltern und schaute zu, wie die etwa zwanzig Fünfjährigen wie eine Bande vergnügter Elfen auf dem Equipment des Fitnessstudios herumsprangen. Ich war leicht beunruhigt, als die Pizzas um 15.50 Uhr noch nicht da waren, aber der Lieferant kam, zehn Minuten bevor das Essen der Kinder geplant war. Michelles Bruder Craig hatte gewusst, unter welchem Druck ich stand, und gratulierte mir. Michelle blickte auf und schenkte mir ein Lächeln, als sie die Pizzas auf Papiertellern verteilte.

Nachdem die Pizza vertilgt war und die Saftkartons geleert waren, nachdem wir »Happy Birthday« gesungen und noch etwas Kuchen gegessen hatten, versammelte die Gymnastiktrainerin alle Kinder um einen alten farbenprächtigen Fallschirm zum großen Finale. Sie sagte Sasha, sie solle sich in seine Mitte setzen. Dann zählte sie bis drei, und bei drei wurde Sasha in die Luft geschleudert und wieder aufgefangen, dann ein zweites Mal und ein drittes Mal. Und jedes Mal, wenn Sasha über der sich bauschenden Seide schwebte, lachte sie mit einem Ausdruck reiner Freude im Gesicht.

Ich frage mich, ob sie sich an diesen Augenblick noch erinnern wird, wenn sie erwachsen ist. Wahrscheinlich nicht. Ich selbst habe jedenfalls nur minimale Erinnerungsfragmente aus der Zeit, als ich fünf war. Trotzdem vermute ich, dass das Glück, das Sasha auf diesem Fallschirm empfunden hat, irgendwo in ihrem Inneren für immer abgespeichert wird; dass sich solche Glücksmomente akkumulieren und sich dem Charakter eines Kindes einprägen; dass sie ein Bestandteil seiner Seele werden. Manchmal, wenn Michelle von ihrem Vater erzählt, höre ich das Echo solcher Freude in ihrer Stimme, ich höre die Liebe und den Respekt, die sich Frasier Robinson verdiente, und zwar nicht durch Ruhm oder spektakuläre Taten, sondern durch kleine, alltägliche, normale Verrichtungen. Er verdiente sich die Liebe, indem er da war. Und ich frage mich, ob meine Töchter eines Tages auch auf diese Weise von mir sprechen werden.

Das Zeitfenster, in dem ich solche Erinnerungen hinterlassen kann, schließt sich schnell. Malia kommt offenbar schon in eine andere Phase. Sie interessiert sich schon für Jungs und Beziehungen und achtet immer mehr darauf, was sie anzieht. Sie ist reif für ihr Alter und sehr gescheit. Einmal, als sie gerade erst sechs war und wir einen Spaziergang am See machten, fragte sie mich aus heiterem Himmel, ob unsere Familie reich sei. Ich sagte, wir seien nicht wirklich reich, aber wir besäßen eine Menge mehr als die meisten anderen Leute. Dann fragte ich sie, warum sie das wissen wolle.

»Na ja, ich habe darüber nachgedacht und bin zu dem Schluss gekommen, dass ich nicht wirklich reich sein will. Ich glaube, ich will ein einfaches Leben haben.«

Was sie sagte, kam für mich so überraschend, dass ich lachen musste. Sie schaute mich an und lächelte, aber in ihren Augen konnte ich sehen, dass sie es ernst meinte.

Ich denke oft an dieses Gespräch. Ich frage mich, wie Malia mein gar nicht so einfaches Leben einschätzt. Bestimmt merkt sie, dass andere Väter öfter zuschauen, wenn sie mit ihrer Fußballmannschaft ein Spiel hat, als ich. Wenn sie das verletzt, zeigt sie es nicht. Malia nimmt sehr viel Rücksicht auf die Gefühle ihrer Mitmenschen und versucht in jeder Lage das Beste zu sehen. Trotzdem ist es mir nur ein schwacher Trost, dass mich meine achtjährige Tochter so sehr liebt, dass sie über meine Fehler hinwegsieht.

Neulich hatte ich Gelegenheit, bei einem von Malias Fußballspielen zuzuschauen, weil die Sitzungswoche ungewöhnlich früh zu Ende war. Es war ein schöner Sommernachmittag, als ich bei den Fußballfeldern ankam, auf denen sich schon zahlreiche Familien tummelten: Schwarze und Weiße, Latinos und Asiaten aus der ganzen Stadt, Frauen auf Liegestühlen, Männer, die mit ihren Jungen Schüsse übten, Großeltern, die Babys halfen, auf den Beinen zu stehen. Ich erspähte Michelle und setzte mich neben sie ins Gras, und dann kam Sasha und setzte sich auf meinen Schoß. Malia war schon auf dem Feld und jagte in einem Schwarm von Spielerinnen dem Ball hinterher, und obwohl Fußball nicht die ideale Sportart für sie ist (sie ist einen Kopf größer als manche ihrer Freundinnen, und ihre Füße haben sich noch nicht an ihre neue Größe angepasst), spielte sie mit einer Begeisterung und einem Kampfgeist, die uns laute Jubelschreie entlockten. In der Halbzeit kam sie zu uns herüber.

»Na wie geht's dir, Sportskanone?«, fragte ich sie.

»Hervorragend!«, sagte sie und trank einen Schluck Wasser. »Daddy, ich habe eine Frage.«

»Schieß los.«

»Kriegen wir einen Hund?«

»Was sagt deine Mutter dazu?«

»Sie hat gesagt, ich soll dich fragen. Ich glaube, ich mache sie allmählich mürbe.«

Ich sah Michelle an, die lächelte und die Schultern zuckte.

»Wie wär's, wenn wir nach dem Spiel darüber reden?«, fragte ich.

»Okay.« Malia nahm noch einen Schluck Wasser und gab mir einen Kuss auf die Wange. »Ich bin froh, dass du zu Hause bist«, sagte sie.

Bevor ich antworten konnte, hatte sie sich umgedreht und

rannte wieder aufs Spielfeld. Und einen Augenblick schien ich im warmen Licht der Abendsonne meine ältere Tochter als die Frau zu sehen, die sie einst sein würde. Es war, als ob sie mit jedem Schritt größer würde. Ihre Figur wurde voller, und ihre langen Beine trugen sie in ihr eigenes Leben hinein.

Ich drückte Sasha ein bisschen fester auf meinen Schoß. Vielleicht spürte Michelle, was ich empfand, jedenfalls nahm sie meine Hand. Und mir fiel ein, was sie einmal im Wahlkampf zu einem Reporter gesagt hatte, der sie fragte, wie es sei, die Frau eines Politikers zu sein.

»Es ist hart«, hatte sie gesagt. Und dann hatte sie, wie der Reporter berichtete, mit einem verschmitzten Lächeln hinzugefügt. »Und deshalb ist Barack so ein dankbarer Mann.«

Und wie üblich hat meine Frau Recht.

Mit meiner Vereidigung als US-Senator im Januar 2005 kam ein Prozess zum Abschluss, der begonnen hatte, als ich 2003 meine Kandidatur bekannt gab: der Tausch eines relativ privaten gegen ein relativ öffentliches Leben.

Natürlich sind auch viele Dinge gleich geblieben. Unsere Familie wohnt immer noch in Chicago. Ich lasse mir immer noch in demselben Friseurgeschäft in Hyde Park die Haare schneiden. Michelle und ich laden noch dieselben Freunde zu uns nach Hause ein wie vor der Wahl, und unsere Töchter toben immer noch auf denselben Spielplätzen herum.

Trotzdem hat sich für mich die Welt zweifellos massiv verändert, und zwar auf eine Weise, die mich mitunter bedrückt. Meine Worte, meine Taten, meine Reisen und meine Steuererklärung landen jetzt alle irgendwann in der Morgenzeitung oder den Abendnachrichten. Meine Töchter müssen sich Unterbrechungen durch wohlmeinende Fremde gefallen lassen, wann immer ihr Vater mit ihnen in den Zoo geht. Sogar außerhalb von Chicago wird es schwieriger, sich unerkannt auf Flughäfen zu bewegen.

In der Regel fällt es mir schwer, diese Aufmerksamkeit sonderlich ernst zu nehmen. Es gibt immer noch Tage, an denen ich mit einer Anzugjacke aus dem Haus gehe, die nicht zu meiner Anzughose passt. Meine Gedanken sind so viel weniger geordnet und meine Tage so viel weniger organisiert als in dem Bild von mir, das nun der Welt vermittelt wird, dass dies gelegentlich zu komischen Situationen führt. Ich weiß noch, dass mein Mitarbeiterstab und ich beschlossen, am Tag vor meiner Vereidigung eine Pressekonferenz in unserem Büro zu veranstalten. Damals war ich in der Altersrangliste der 99. Senator, und alle Reporter drängten sich in meinem kleinen provisorischen Büro, das gegenüber dem Senate Supply Store im Keller des Dirksen Office Building liegt. Es war mein erster Tag in dem Gebäude. Ich hatte noch kein einziges Mal abgestimmt und noch kein einziges Gesetz vorgelegt, ja, noch nicht einmal an meinem Pult gesessen, als ein Reporter die Hand hob und mich allen Ernstes fragte: »Senator Obama, was ist Ihr Platz in der Geschichte?«

Sogar ein paar von den anderen Reportern mussten lachen.

Zum Teil kann diese Übertreibung auf die Rede zurückgeführt werden, die ich 2004 auf dem Wahlparteitag der Demokraten in Boston hielt. Damals erregte ich erstmals nationale Aufmerksamkeit.

Tatsächlich ist es mir bis heute ein Rätsel, auf welche Weise ich dazu auserwählt wurde, die Grundsatzrede zu halten. Ich war John Kerry nach den Vorwahlen in Illinois zum ersten Mal begegnet, als ich auf einer Spendenwerbungs-Veranstaltung von ihm sprach und ihn zu einer Wahlkampfveranstaltung begleitete, bei der die Wichtigkeit von Berufsbildungsprogrammen im Mittelpunkt stand. Einige Wochen später bekamen wir die Nachricht, dass Kerrys Mannschaft mich als Redner für den Parteitag haben wollte, wobei freilich noch nicht klar war, was für eine Rede ich halten sollte. An einem Nachmittag, als ich wegen einer abendlichen Wahlkampfveranstaltung von Springfield nach Chicago unterwegs war, teilte mir Kerrys Wahlkampfmanagerin Mary Beth Cahill die Nachricht telefonisch mit. Als das Gespräch zu Ende war, sagte ich zu meinem Fahrer Mike Signator: »Ich glaube, das ist ein ziemlich großes Ding.«

Mike nickte. »Das können Sie laut sagen.«

Ich war erst einmal auf einem demokratischen Wahlparteitag gewesen, auf der Democratic Convention 2000 in Los Angeles. Damals hatte ich eigentlich gar nicht geplant teilzunehmen. Ich erholte mich noch von meiner Niederlage bei den demokratischen Vorwahlen für einen Sitz im US-Repräsentantenhaus und war fest entschlossen, den größten Teil des Sommers meiner Anwaltstätigkeit zu widmen, die ich während des Wahlkampfs völlig vernachlässigt hatte (weshalb ich mehr oder weniger pleite war). Außerdem wollte ich wieder mehr Zeit mit meiner Frau und meiner Mutter verbringen, die ich in den sechs Monaten zuvor viel zu wenig gesehen hatte.

In letzter Minute jedoch beknieten mich mehrere Freunde und Unterstützer, die auf den Parteitag gingen, mich dort mit ihnen zu treffen. Ich müsse doch für den Fall einer erneuten Kandidatur Kontakte auf Bundesebene knüpfen, meinten sie, und außerdem werde es Spaß machen. Auch wenn sie es nicht aussprachen, dachten sie vermutlich, die Reise zu dem Wahlparteitag werde vielleicht eine gute Therapie für mich sein, und zwar nach dem Grundsatz, dass es am besten ist, gleich wieder aufzusteigen, wenn man von seinem Pferd abgeworfen wurde.

Schließlich gab ich nach und buchte einen Flug nach Los Angeles. Nach der Landung nahm ich den Bus zum Hertz-Autoverleih, gab der Frau hinter der Theke meine American-Express-Karte, um den Mietwagen zu bezahlen, und suchte auf der Karte nach dem Weg zu einem billigen Hotel, das ich mir in der Nähe des Venice Beach ausgesucht hatte. Nach ein paar Minuten erschien die Frau wieder und sagte verlegen:

»Tut mir leid, Mr. Obama, aber Ihre Karte wird nicht angenommen.«

»Das kann nicht sein. Können Sie es noch einmal probieren?«

»Ich habe es schon zweimal versucht, Sir. Vielleicht sollten Sie bei American Express anrufen.«

Nach einem halbstündigen Telefonat autorisierte der gutherzige Mann am anderen Ende der Leitung die Bezahlung meines Mietwagens. Doch die Episode erwies sich als angemessenes

Omen für das, was mich erwartete. Da ich kein Delegierter war, bekam ich keine Eintrittskarte für den Saal; der Vorsitzende des Landesverbands von Illinois sagte, er sei bereits mit Anfragen überschwemmt worden, und konnte mir nur eine Karte für das Gelände geben. Am Ende sah ich mir die meisten Reden auf den verschiedenen, im Staples Center verteilten Bildschirmen an oder wurde gelegentlich von Freunden oder Bekannten in Ehrenlogen mitgenommen, wo ich ganz offensichtlich nicht hingehörte. Bis Dienstagabend hatte ich erkannt, dass meine Anwesenheit auf dem Parteitag weder mir noch der Demokratischen Partei etwas nutzte, und am Mittwochmorgen saß ich im ersten Flug zurück nach Chicago.

Angesichts des Kontrasts zwischen meiner damaligen Rolle als ungebetener Zaungast und meiner neuen Rolle als Grundsatzredner war die Sorge, dass mein Auftritt in Boston zum Debakel werden könnte, nicht ganz abwegig. Aber vielleicht weil ich inzwischen gewohnt war, dass in meinem Wahlkampf merkwürdige Dinge passierten, war ich nicht sonderlich nervös. Einige Tage nach dem Anruf von Ms. Cahill war ich wieder in meinem Hotelzimmer in Springfield und machte mir Notizen für einen ersten Entwurf der Rede, während ich mir ein Basketballspiel ansah. Ich dachte an die Themen, die ich im Wahlkampf angesprochen hatte: die Bereitschaft der Leute, hart zu arbeiten, wenn sie die Chance dazu bekamen; die Notwendigkeit, dass der Staat mit dazu beitrug, solche Chancen zu schaffen; die Überzeugung, dass die Amerikaner untereinander loyal waren. Ich machte eine Liste der Dinge, die ich vielleicht ansprechen wollte: das Gesundheitswesen, das Bildungswesen, den Krieg im Irak.

Vor allem jedoch dachte ich an all die Leute, mit denen ich im Wahlkampf gesprochen hatte. Ich erinnerte mich am Tim Wheeler und seine Frau in Galesberg, die nicht wussten, wie sie ihrem Sohn im Teenageralter die benötigte Lebertransplantation finanzieren sollten. Ich erinnerte mich an einen jungen Mann namens Seamus Ahern in East Moline, der kurz vor der Abreise in den Irak stand, an seinen Wunsch, seinem Land zu dienen, und an den Ausdruck von Stolz und Sorge auf dem Gesicht seines Vaters. Ich erinnerte mich an eine junge schwarze Frau, die ich in East St. Louis getroffen und deren Namen ich nicht verstanden hatte und die mir von ihren Anstrengungen berichtete, aufs College zu gehen, obwohl niemand in ihrer Familie je einen Highschool-Abschluss geschafft hatte.

Ich war nicht nur gerührt über die Mühen, die diese Frauen und Männer auf sich nahmen. Noch mehr rührte mich ihre Entschlossenheit, ihr Vertrauen auf ihre eigene Kraft, ihr ungeheurer Optimismus angesichts widriger Umstände. Mir kam dabei eine Wendung in den Sinn, die mein Gemeindepfarrer Rev. Jeremiah A. White einmal in einer Predigt gebraucht hatte.

Die Kühnheit der Hoffnung.

Sie war das Beste an unserem Geist als Amerikaner, dachte ich, die Kühnheit: Wir glaubten trotz aller gegenteiligen Anzeichen, dass wir in einem von Konflikten zerrissenen Land wieder ein Gemeinschaftsgefühl herstellen könnten; die Frechheit zu glauben, dass wir trotz persönlicher Rückschläge wie dem Verlust des Arbeitsplatzes oder einer Krankheit in der Familie oder einer durch Armut beschwerten Kindheit eine gewisse Kontrolle über unser Schicksal und deshalb eine gewisse Verantwortung für dieses hatten.

Es war diese Kühnheit, dachte ich, die uns als Volk miteinander verband. Es war dieser alles durchdringende Geist der Hoffnung, der die Geschichte meiner Familie mit der größeren amerikanischen Geschichte verband und meine eigene Geschichte mit der Geschichte der Wähler, die ich zu vertreten versuchte.

Ich machte das Basketballspiel aus und begann zu schreiben.

Ein paar Wochen später kam ich in Boston an, schlief drei Stunden und fuhr dann von meinem Hotel ins Fleet Center zu meinem ersten Auftritt in *Meet the Press*. Gegen Ende des Gesprächs ließ Tim Russert für die Zuschauer einen Auszug aus einem Interview auf den Schirm projizieren, das ich 1996 dem *Cleveland Plain-Dealer* gegeben und inzwischen völlig vergessen hatte. Damals hatte mich der Reporter (als einen Mann, der gerade seine Politikerkarriere begann, indem er für den Senat von Illinois kandidierte) gefragt, was ich vom Wahlparteitag der Demokratischen Partei in Chicago hielte.

> Der Parteitag steht zum Verkauf, stimmt's ... Da gibt es diese Dinner, wo das Gedeck 10 000 Dollar kostet, so genannte Golden Circle Clubs. Ich glaube, wenn die Durchschnittswähler das sehen, fühlen sie sich zu Recht vom politischen Prozess ausgeschlossen. Sie können kein Frühstück für 10 000 Dollar bestellen. Und sie wissen, dass die Leute, die es können, dabei Beziehungen knüpfen, die sie selbst sich nicht einmal vorstellen können.

Als das Zitat vom Schirm verschwand, sagte Russert zu mir: »Für diesen Parteitag haben hundertfünfzig Spender vierzig Millionen Dollar gespendet. Es ist schlimmer als in Chicago, wenn man Ihre Maßstäbe anlegt. Stört Sie das? Und was für eine Botschaft vermittelt es dem Durchschnittswähler?«

Ich antwortete, dass politische Manipulation und Geld für beide Parteien ein Problem seien, dass jedoch das Abstimmungsverhalten von John Kerry und mir zeige, dass wir für das stimmten, was für das Land das Beste sei. Ich sagte, ein Parteitag werde daran nichts ändern, meinte jedoch, je besser es uns Demokraten gelinge, allen, die sich aus dem politischen Prozess ausgeschlossen fühlten, wieder die Teilnahme zu ermöglichen, umso mehr blieben wir unseren Ursprüngen als Partei des Normalbürgers treu und umso stärker würden wir als Partei sein. Im Stillen dachte ich, dass meine Stellungnahme von 1996 besser gewesen war.

Es gab eine Zeit, in der Wahlparteitage den Druck und die Dramatik in der Politik widerspiegelten, als die Nominierungen durch die Parteigeschäftsführer, durch Abstimmungen, durch Nebenabsprachen und Druckausübung entschieden wurden, als aufgrund von Leidenschaften oder Fehlkalkulationen zweite, dritte oder vierte Wahlgänge notwendig wurden. Aber diese Zeit ist lang vorbei. Dank der Einführung bindender Vorwahlen und der dringend notwendigen Beendigung der Herrschaft der Parteibosse und der schmutzigen Deals in verrauchten Hinterzimmern gibt es auf den Wahlparteitagen von heute keine Überraschungen mehr. Sie dienen vielmehr als einwöchige Informations- und Werbeveranstaltung für die Partei und den nominierten Kandidaten und als Mittel, die treusten Parteimitglieder und größten Spender durch vier Tage Essen, Trinken, Unterhaltung und politische Fachsimpelei zu belohnen.

Ich verbrachte den größten Teil der ersten drei Tage auf dem Parteitag, indem ich meine Rolle auf dieser Bühne spielte. Ich sprach auf Versammlungen wichtiger demokratischer Spender und frühstückte mit Delegierten aus allen 50 Staaten. Ich übte meine Rede vor einem Videobildschirm und wurde eingewiesen, wie ich zum Rednerpult gehen, wo ich stehen bleiben, wo ich winken und wie ich die Mikrofone am besten benutzen sollte. Mein Kommunikationsdirektor Robert Gibbs und ich trotteten die Treppen des Fleet Center hinauf und hinunter und gaben, manchmal im Abstand von zwei Minuten, Interviews an ABC, NBC, CBS, CNN, Fox News und NPR, wobei wir stets auf die Punkte zu sprechen kamen, die das Team von Kerry und Edwards vorgegeben hatte und die zweifellos durch eine Unzahl von Umfragen und eine Legion von Focusgruppen getestet worden waren.

Ich hatte in den drei Tagen so schrecklich viel zu tun, dass ich kaum Zeit hatte, mir Sorgen zu machen, wie meine Rede ankommen würde. Erst am Dienstagabend, nachdem meine Mitarbeiter und Michelle eine halbe Stunde darüber diskutiert hatten, welche Krawatte ich tragen sollte (wir entschieden uns schließlich für die Krawatte, die Robert Gibbs gerade trug), nachdem wir zum Fleet Center gefahren waren und Fremde unterwegs »Viel Glück!« und »Mach ihnen die Hölle heiß, Obama!« geschrien hatten und nachdem wir eine sehr nette und witzige Teresa Heinz Kerry in ihrem Hotelzimmer besucht hatten, erst dann, als ich schließlich allein mit Michelle hinter der Bühne stand und wir uns die Live-Übertragung im Fernsehen anschauten, wurde ich ein kleines bisschen nervös. Ich sagte Michelle, dass ich ein leichtes Grummeln im Magen habe. Sie umarmte mich fest, sah mir in die Augen und sagte: »Vermassle es bloß nicht, Junge.«

Wir mussten beide lachen. Just in diesem Moment erschien ein Mann von der Parteitagsregie in dem Warteraum und sagte, ich müsse jetzt meine Position hinter der Bühne einnehmen. Als ich hinter dem schwarzen Vorhang stand und zuhörte, wie Dick Durbin mich ankündigte, dachte ich an meine Mutter und meinen Vater und meinen Großvater und fragte mich, wie es für sie gewesen wäre, jetzt unten im Saal zu sitzen. Ich dachte an meine Großmutter, die sich den Parteitag in Hawaii im Fernsehen ansah, weil ihr Rückgrat so stark geschädigt war, dass sie nicht reisen konnte. Und ich dachte an all die ehrenamtlichen Wahlhelfer und Unterstützer, die daheim in Illinois so hart für mich gearbeitet hatten.

Lieber Gott, gib, dass ich ihre Geschichten richtig erzähle, sagte ich zu mir selbst. Dann ging ich auf die Bühne.

Ich würde lügen, wenn ich sagte, dass mir die positiven Reaktionen auf meine Bostoner Rede – die Briefe, die ich bekam, die großen Menschenmengen, die zu unseren Veranstaltungen kamen, als ich wieder in Illinois war – keine persönliche Genugtuung gewesen wären. Schließlich war ich in die Politik gegangen, um einen gewissen Einfluss auf die öffentliche Debatte zu erlangen, weil ich dachte, ich hätte etwas darüber zu sagen, welche Richtung unser Land einschlagen sollte.

Trotzdem verstärkte die Flut von Publicity, die auf die Rede folgte, mein Gefühl dafür, wie vergänglich der Ruhm ist – abhängig von 1000 verschiedenen Zufällen und Ereignissen, die diese oder jene Wendung nehmen können. Ich weiß, dass ich heute nicht sehr viel klüger bin als der Mann, der vor sechs Jahren eine Weile auf dem LAX (dem internationalen Flughafen von Los Angeles) festsaß. Meine Ansichten über das Gesundheits- oder das Bildungswesen oder über die Außenpolitik sind nicht sehr viel ausgereifter als zu meiner Zeit als unbekannter Community Organizer. Wenn ich weiser geworden bin, dann vor allem, weil ich von dem Weg der Politik, den ich gewählt habe, ein ordentliches Stück zurückgelegt habe und weil ich einen flüchtigen Eindruck gewonnen habe, wie dieser Weg zum Guten oder zum Bösen führen könnte.

Ich erinnere mich an ein Gespräch, das ich vor fast 20 Jahren mit einem Freund führte, einem älteren Mann, der in den sechziger Jahren in Chicago in der Bürgerrechtsbewegung aktiv gewesen war und nun an der Northwestern University Urban Studies (Stadtentwicklung) lehrte. Ich hatte nach drei Jahren als Organizer gerade beschlossen, Jura zu studieren, und ihn, weil er einer der wenigen Hochschullehrer war, die ich kannte, gefragt, ob er mir eine Empfehlung schreiben würde.

Er sagte, er werde mir gern eine Empfehlung schreiben, aber zuerst wolle er wissen, was ich mit einem Juraabschluss vorhabe. Ich sagte, ich hätte Interesse, als Bürgerrechtsanwalt zu arbeiten und irgendwann vielleicht für ein politisches Amt zu kandidieren. Er nickte und fragte, ob ich mir überlegt habe, was ich alles tun könne, wenn ich einen solchen Weg einschlage. Was ich tun wolle, um es in die Redaktion der juristische Fachzeitschrift der Universität zu schaffen oder um Partner in einer Kanzlei zu werden oder um tatsächlich in mein erstes politisches Amt gewählt zu werden und danach Karriere als Politiker zu machen. In der Regel müsse man sowohl als Jurist wie als Politiker Kompromisse schließen; nicht nur Kompromisse in Einzelfragen, sondern Kompromisse grundsätzlicher Natur in Bezug auf Ideale und Werte. Er sage das nicht, um mich von meinem Vorhaben abzubringen. Es sei schlicht und einfach eine Tatsache. Er selbst sei in seiner Jugend oft gefragt worden, ob er nicht in die Politik gehen wolle, habe aber immer abgelehnt, weil er nicht bereit gewesen sei, Kompromisse zu schließen.

»Nicht, dass es unbedingt falsch ist, Kompromisse zu schließen«, sagte er. »Ich fand es nur nicht befriedigend. Und eines habe ich entdeckt, als ich älter wurde: Man muss das tun, was einen befriedigt. Tatsächlich ist es vermutlich einer der Vorteile des Alters, dass man endlich begriffen hat, was einem wichtig ist. Es ist schwer, das schon mit sechsundzwanzig zu wissen. Und das Problem ist, dass einem keine andere Person diese Frage beantworten kann. Man kann es nur selbst herausfinden.«

Zwanzig Jahre später denke ich an dieses Gespräch zurück und weiß die Worte meines Freundes mehr zu schätzen als damals. Ich komme nämlich jetzt selbst in ein Alter, wo ich zu beurteilen vermag, was mich befriedigt, und obwohl ich vielleicht bei Streitfragen ein wenig kompromissbereiter bin als mein Freund, weiß ich doch, dass meine Befriedigung nicht darin liegt, möglichst oft im Fernsehen zu kommen oder den Beifall der Massen zu erhalten. Stattdessen bereitet mir offenbar das Bewusstsein immer mehr Befriedigung, dass ich nachweislich Menschen dabei helfen kann, ihr Leben mit einem gewissen Maß an Würde zu leben. Mir kommt in den Sinn, wie Benjamin Franklin in einem Brief seiner Mutter erklärte, warum er so viel von seiner Zeit dem Dienst an der Allgemeinheit gewidmet hatte: »Mir ist es lieber, wenn man über mich sagt: Er führte ein nützliches Leben, als: Er starb reich.«

Heute befriedigt mich wohl vor allem Folgendes: Meiner Familie und den Menschen, die mich gewählt haben, von Nutzen zu sein und ein Erbe zu hinterlassen, durch das unsere Kinder in ihrem Leben mehr Hoffnung haben können als wir in unserem. Manchmal, wenn ich in Washington arbeite, habe ich das Gefühl, dass ich dieses Ziel erreiche. Aber manchmal kommt es mir auch so vor, als sei es in weite Ferne gerückt und meine gesamte Arbeit (die Anhörungen und Reden und Pressekonferenzen und Positionspapiere) sei nur eine Übung in Eitelkeit, die niemandem etwas nütze.

Wenn ich in einer solchen Stimmung bin, jogge ich gerne eine Runde. In der Regel laufe ich am frühen Abend, insbesondere im Sommer und Herbst, wenn die Luft in Washington warm und ruhig ist und die Bäume kaum rauschen. Nach Einbruch der Dunkelheit sind nicht mehr viele Leute unterwegs, nur wenige Paare, die einen Spaziergang machen, oder Obdachlose, die auf einer Bank sitzen und ihre Habseligkeiten ordnen. Meistens halte ich am Washington Monument an, aber manchmal laufe ich auch weiter zum National World War II Memorial, dann den Reflecting Pool entlang zum Vietnam Veterans Memorial und schließlich die Treppe hinauf zum Lincoln Memorial.

Sein Innenraum ist auch nachts beleuchtet, aber häufig leer. Ich stehe zwischen den Säulen und lese Lincolns Gettysburg-Rede und seine zweite Inaugurationsrede. Ich schaue auf den Reflecting Pool und stelle mir die Menschenmenge vor, die Martin Luther King 1963 mit der mächtigen Schlusskadenz der berühmten Rede besänftigte, die er beim Marsch auf Washington vor dem Lincoln Memorial hielt. Dann schaue ich etwas weiter in die Ferne zu dem beleuchteten Obelisken und der leuchtenden Kuppel des Kapitols.

Und an diesem Ort denke ich an Amerika und die Menschen, die es geschaffen haben. Ich denke an die Gründer dieser Nation, denen es irgendwie gelang, kleinlichen Ehrgeiz und engstirniges Kalkül zu überwinden und sich eine Nation vorzustellen, die sich auf einem ganzen Kontinent entfaltet. Ich denke an Männer wie Lincoln und King, die für das Bestreben, eine unvollkommene Union zur Vollendung zu bringen, schließlich ihr Leben geopfert haben. Und ich denke an all die gesichtslosen, namenlosen Männer und Frauen, Sklaven und Soldaten und Schneider und Metzger, die sich und ihren Kindern und Kindeskindern Stein für Stein, Schiene für Schiene, schwielige Hand für schwielige Hand ein eigenes Leben aufbauten und damit die Landschaft unserer kollektiven Träume belebten.

An diesem Prozess mochte ich gerne beteiligt sein.

Mein Herz ist erfüllt von Liebe für dieses Land.

Dieses Buch wäre nicht möglich gewesen ohne die außerordentliche Unterstützung durch eine ganze Reihe von Personen.

Beginnen muss ich mit meiner Frau Michelle. Mit einem Senator verheiratet zu sein, ist schon schlimm genug, aber wenn er auch noch ein Buch schreibt, braucht man die Langmut eines Hiob. Michelle hat mich nicht nur während des Schreibens emotional unterstützt, sondern half mir auch, viele der Ideen zu entwickeln, die in diesem Buch dargestellt werden. Jeden Tag verstehe ich besser, was für ein großes Glück ich habe, dass Michelle in mein Leben getreten ist, und ich kann nur hoffen, dass die grenzenlose Liebe, die ich für sie empfinde, sie wenigstens ein bisschen für meine vielen außerfamiliären Tätigkeiten entschädigt.

Großen Dank schulde ich auch meiner Redakteurin Rachel Klayman. Schon bevor ich die Vorwahlen bei meiner Kandidatur für den US-Senat gewonnen hatte, machte sie Crown Publishers auf mein erstes Buch, *Dreams from My Father*, aufmerksam, das damals schon lange vergriffen war. Und sie war es auch, die sich für meinen Vorschlag einsetzte, das jetzt vorliegende Buch zu schreiben. Außerdem war sie meine unermüdliche Partnerin bei der häufig schwierigen, aber immer aufregenden Arbeit an der Vollendung dieses Buches. Sie war in jedem Stadium der Redaktion anregend, ungemein sorgfältig und stets voll Begeisterung. Häufig verstand sie schon, was ich mit dem Buch erreichen wollte, bevor ich es selbst genau wusste, und sie korrigierte mich freundlich, aber bestimmt, wann immer ich meine persönliche Stimme verlor und in bloßen Politikerjargon verfiel, Phrasen drosch oder falsche Gefühle artikulierte. Außerdem war sie unglaublich geduldig mit meinem erbarmungslosen Terminkalender als Senator und meinen periodischen Schreibblockaden. Mehr als einmal musste sie ihren Schlaf, ein Wochenende oder Urlaubstage mit ihrer Familie opfern, um das Projekt durchzuziehen.

Kurz gesagt, sie war eine ideale Redakteurin und ist mir eine geschätzte Freundin geworden.

Natürlich hätte sie das alles nicht leisten können, wenn uns meine Lektoren Jenny Frost und Steve Ross bei der Crown Publishing Group nicht unterstützt hätten. Wenn das Verlegen eines Buches einen gesunden Kompromiss zwischen Kunst und Kommerz darstellen soll, dann sind Jenny und Steve ständig vom rechten Weg abgewichen, weil sie das Buch so gut wie irgend möglich machen wollten. Sie hatten so viel Vertrauen in mein Werk, dass sie immer wieder weit über das Notwendige hinausgingen, und dafür bin ich ihnen sehr dankbar.

Derselbe Geist war auch typisch für alle anderen Mitarbeiter von Crown, die so hart für dieses Buch gearbeitet haben. Amy Boorstein gelang es trotz ausgesprochen enger Termine, die Produktion über die Bühne zu bringen. Tina Constable und Christine Aronson waren energische Befürworter des Buchprojekts und machten (oder verlegten) geschickt die Termine, damit sie mit meiner Arbeit im Senat vereinbar waren. Jill Flaxman arbeitete sehr gut mit der Verkaufsabteilung von Random House und mit den Buchhändlern zusammen, damit das Buch seinen Weg zu den Lesern fand. Jacob Bronstein produzierte – zum zweiten Mal – eine hervorragende Hörbuchversion des Buches, und das auch noch unter recht widrigen Umständen. Ihnen allen danke ich von Herzen, und dasselbe gilt auch für die restliche Mannschaft von Crown: Lucinda Bartley, Whitney Cookman, Lauren Dong, Laura Duffy, Skip Dye, Leta Evanthes,

Kristin Kiser, Donna Passannante, Philip Patrick, Stan Redfern, Barbara Sturman, Don Weisberg und viele andere.

Mehrere gute Freunde und Freundinnen nahmen sich die Zeit, das Manuskript zu lesen, und machten überaus wertvolle Vorschläge: David Axelrod, Cassandra Butts, Forrest Claypool, Julius Genachowski, Scott Gration, Robert Fisher, Michael Froman, Donald Gips, John Kupper, Anthony Lake, Susan Rice, Gene Sperling, Cass Sunstein und Jim Wallis. Samantha Power hat wegen ihrer außerordentlichen Großzügigkeit eine Extra-Erwähnung verdient. Obwohl sie gerade damit beschäftigt war, selbst ein Buch zu schreiben, kämmte sie all meine Kapitel durch, als wären es ihre. Sie half mir mit einem steten Strom von nützlichen Kommentaren und richtete mich auf, wann immer ich entmutigt oder erschöpft war.

Auch einige meiner Mitarbeiter aus dem Senat, darunter Pete Rouse, Karen Kornbluh, Mike Strautmanis, Jon Favreau, Mark Lippert, Joshua DuBois und insbesondere Robert Gibbs und Chris Lu, lasen das Manuskript in ihrer Freizeit und halfen mir mit redaktionellen Vorschlägen und politischen Empfehlungen und Korrekturen. Ich danke ihnen allen, weil sie wahrlich mehr als ihre Pflicht taten.

Madhuri Kommareddi, eine frühere Mitarbeiterin von mir, überprüfte in dem Sommer, bevor sie in Yale ihr Jurastudium begann, die Fakten in dem Buch. Ihr Talent und ihre Energie waren atemberaubend. Vielen Dank auch an Hillary Schrenell, die Madhuri bei der Recherche einiger Probleme in dem Kapitel über Außenpolitik half.

Schließlich will ich auch meinem Agenten Bob Barnett von Williams und Connolly für seine Freundschaft, seine Sachkenntnis und seine Unterstützung danken. Sie haben ungeheuer viel bewirkt.